JN115867

尾張藩の米切手

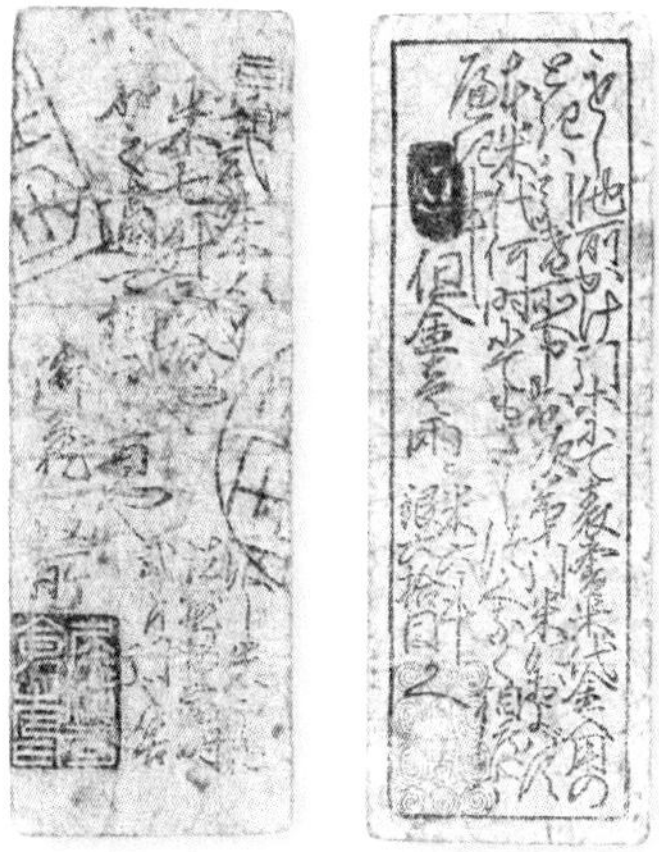

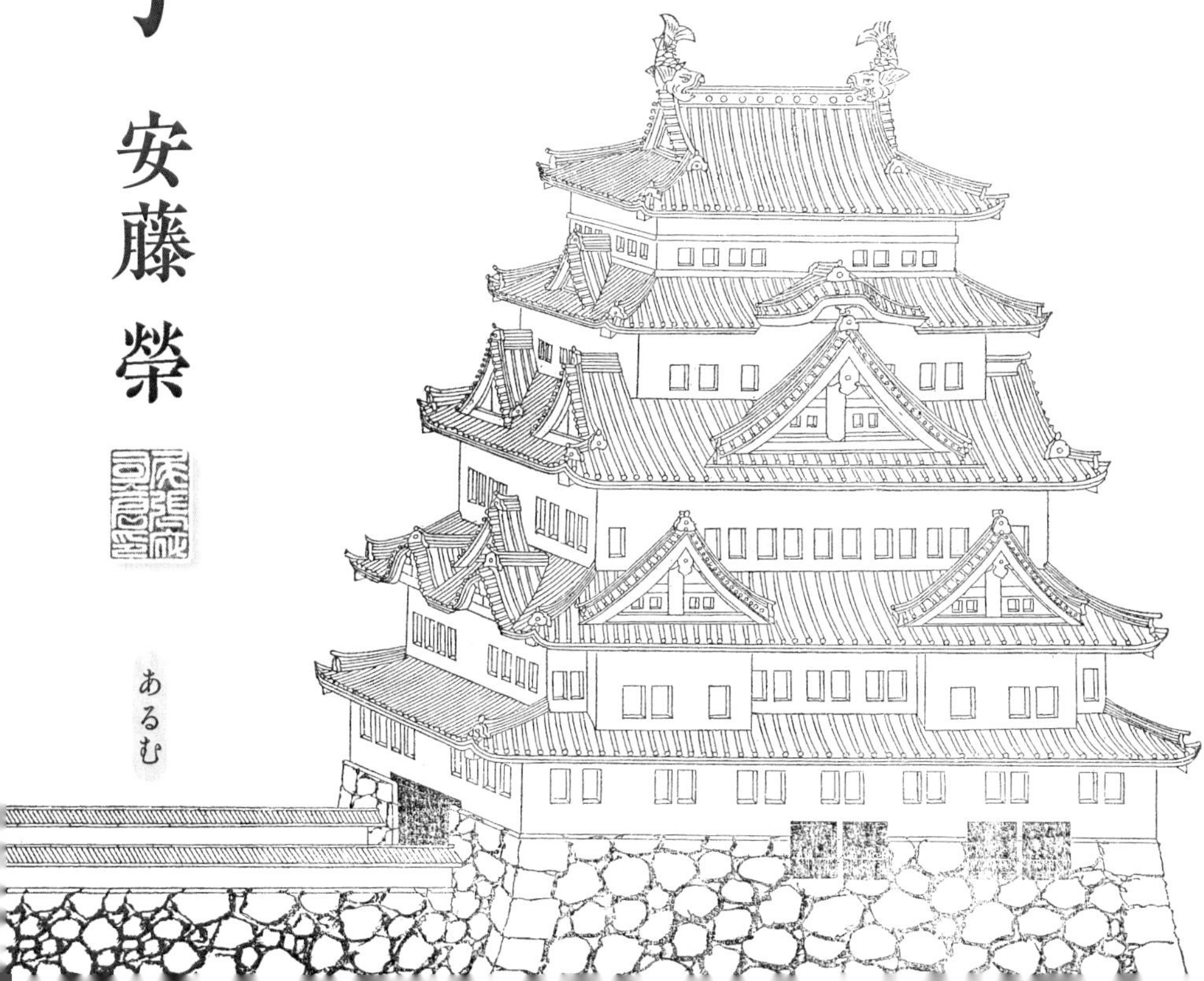

安藤榮

あるむ

1

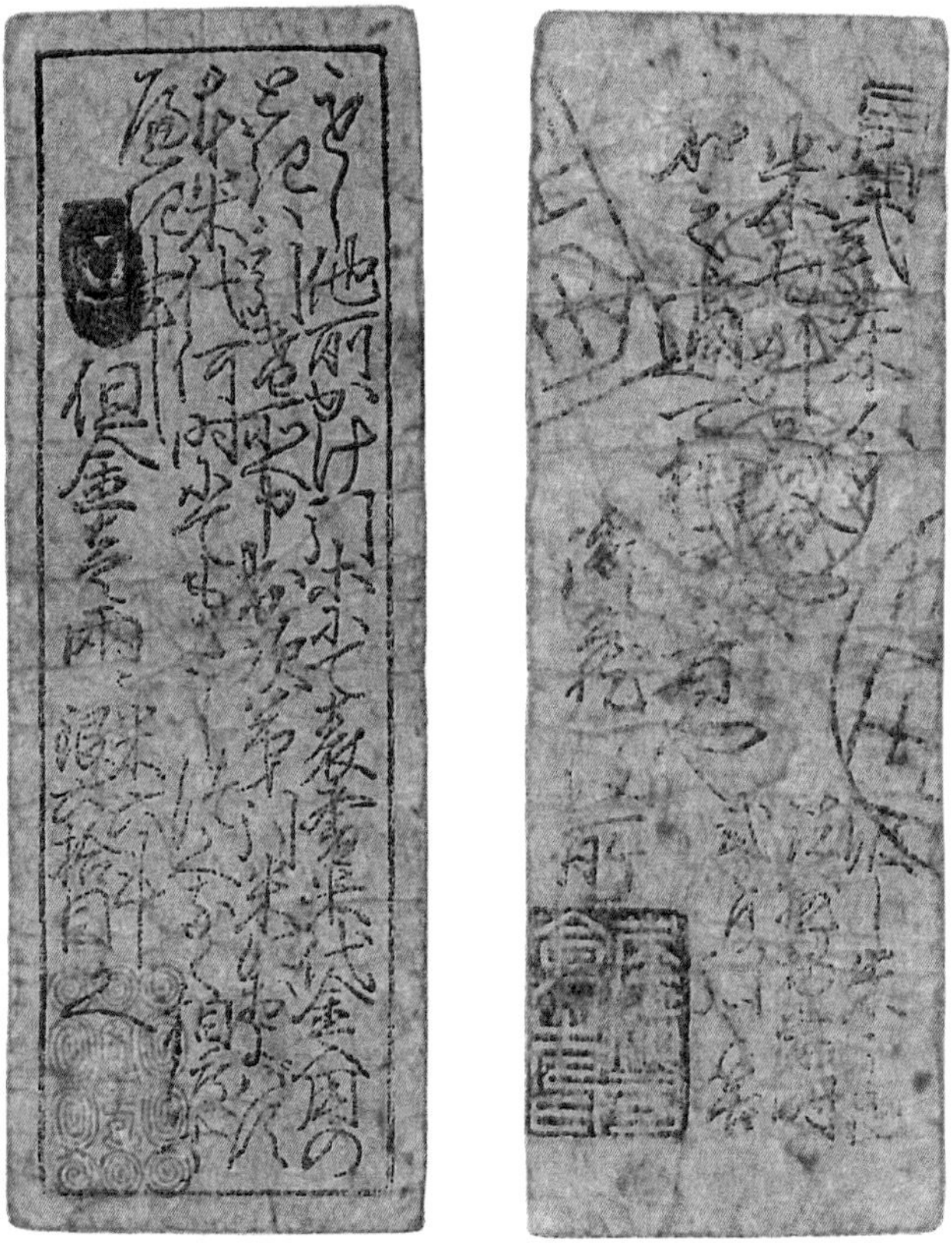

←丸朱印が二つある。印一つは四年札

オモテ
改札

四年改　五年札
（寛政５年）

ウ　　オ

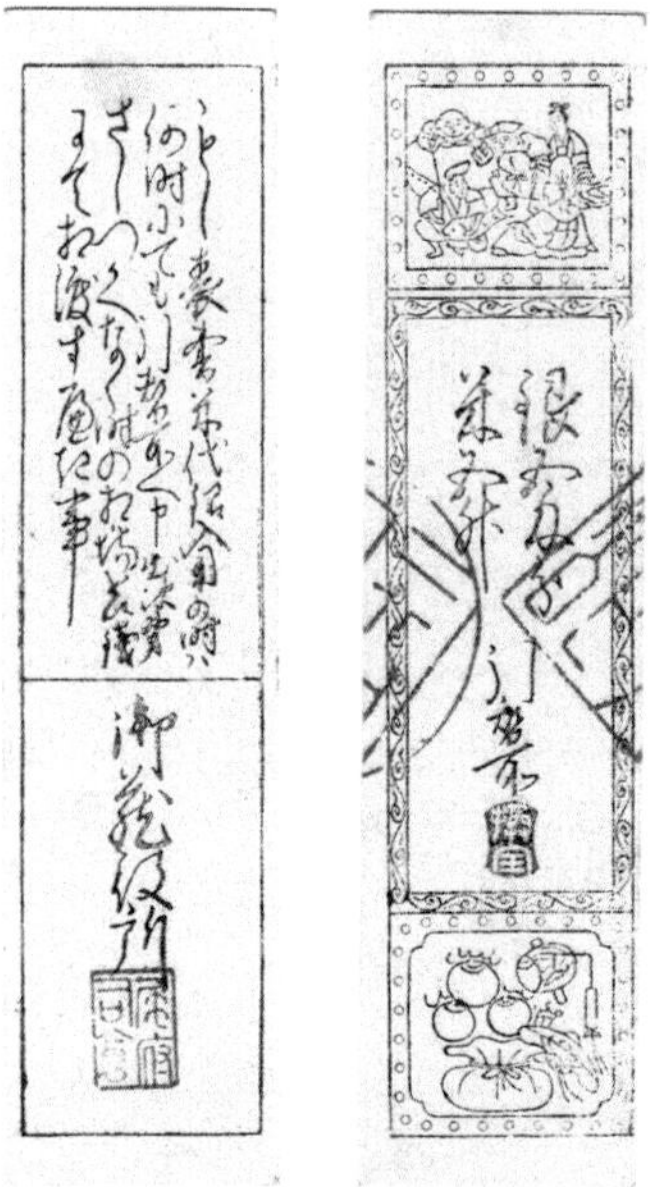

五匁札（享和２年）

ウ　　オ

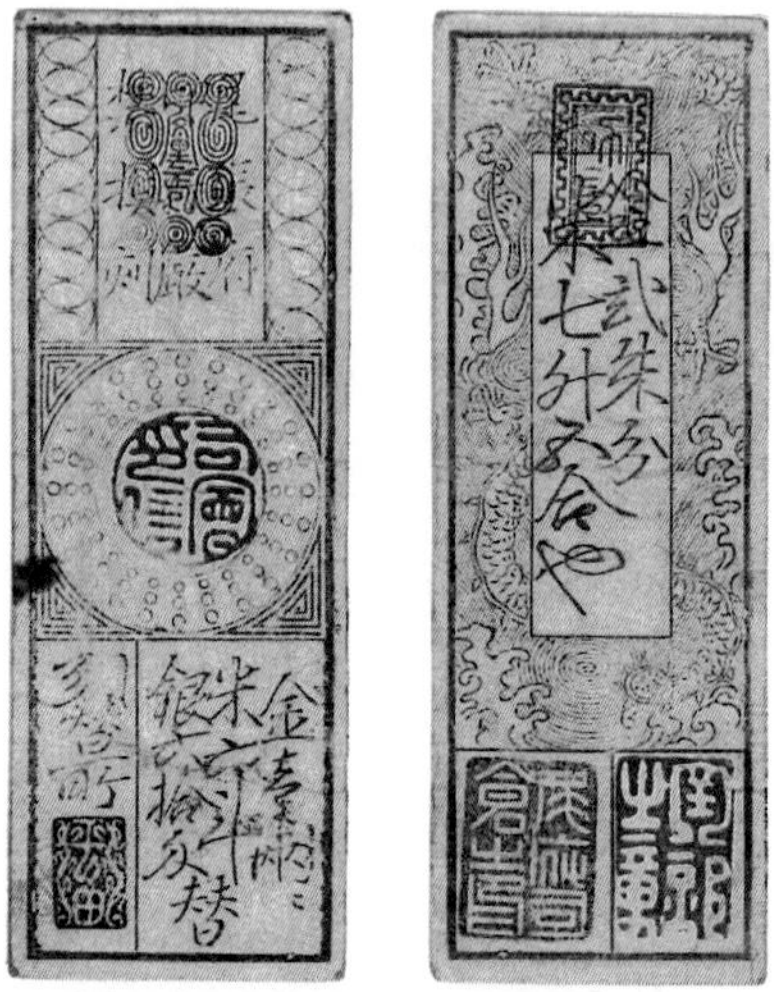

米方両替屋札（米方の切手）
（寛政10年）

角切↓

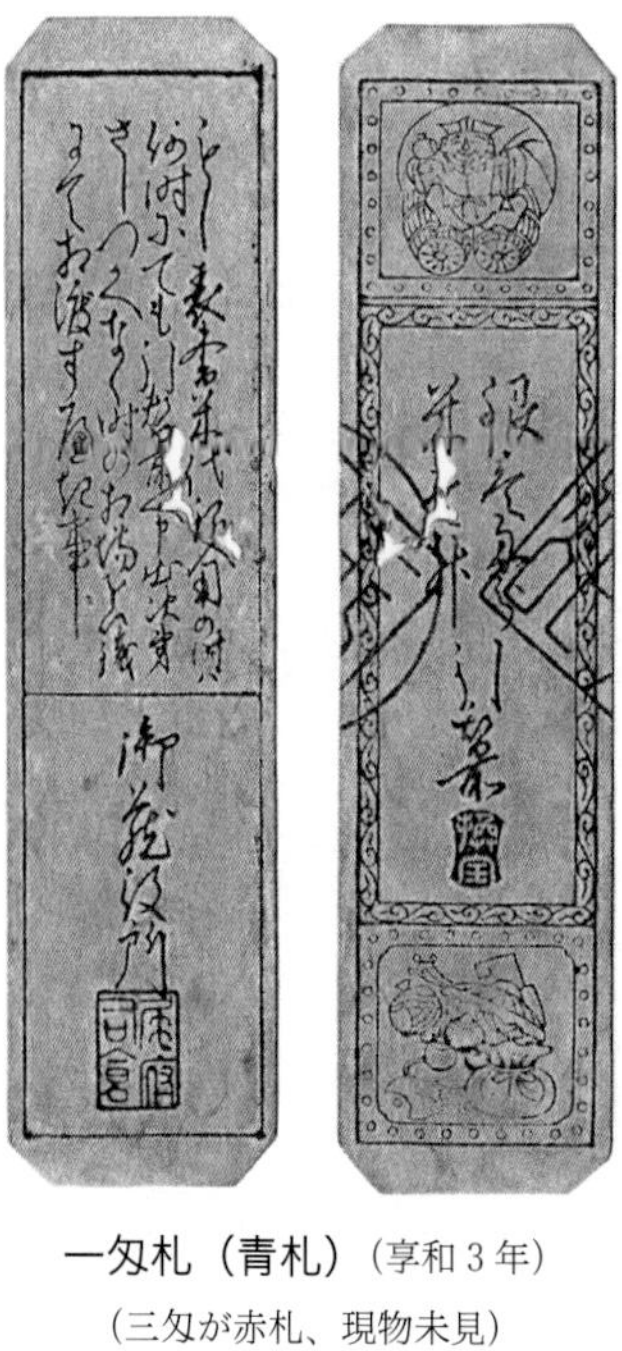

一匁札（青札）（享和３年）
（三匁が赤札、現物未見）

一匁札
（享和２年）

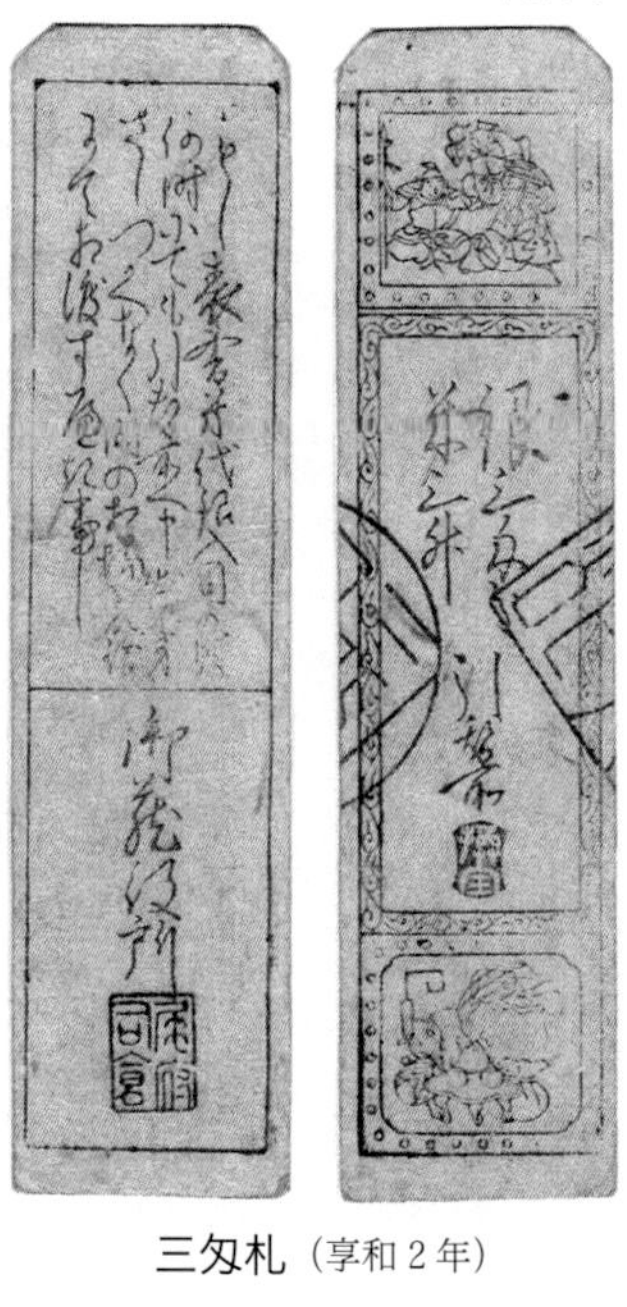

三匁札（享和２年）

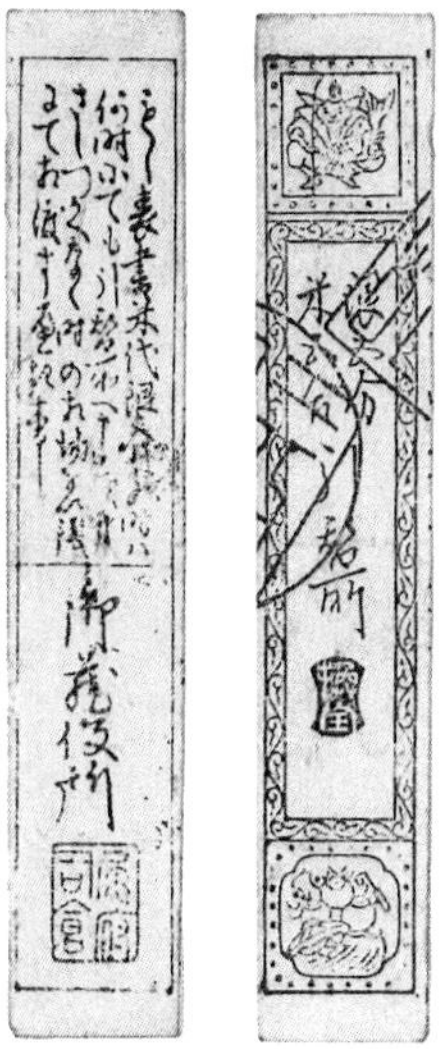

銀五分札
（文化元年）

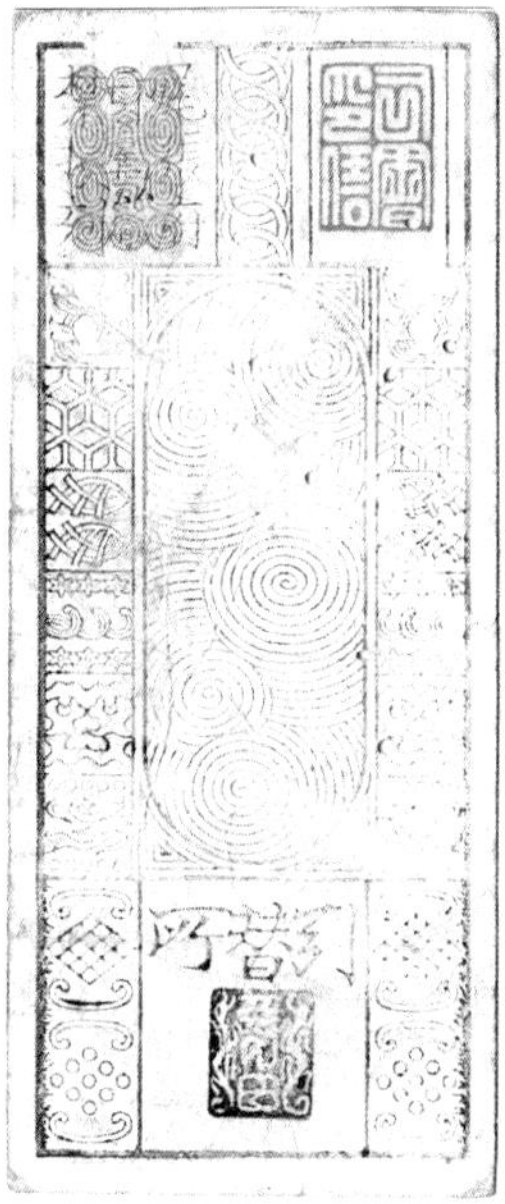

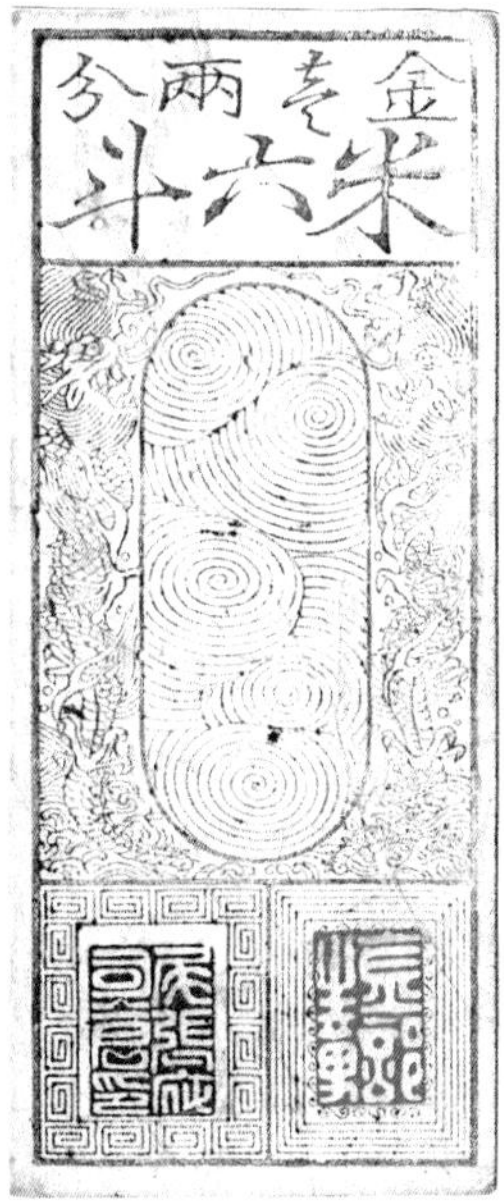

双龍札（享和３年）　金一両

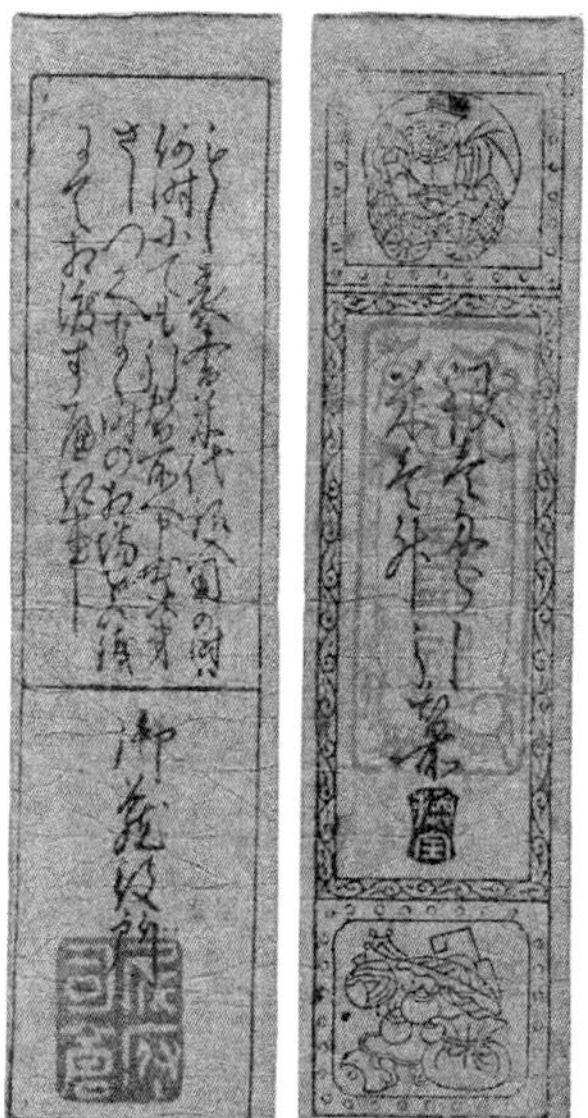

一匁札（文化３年）
青

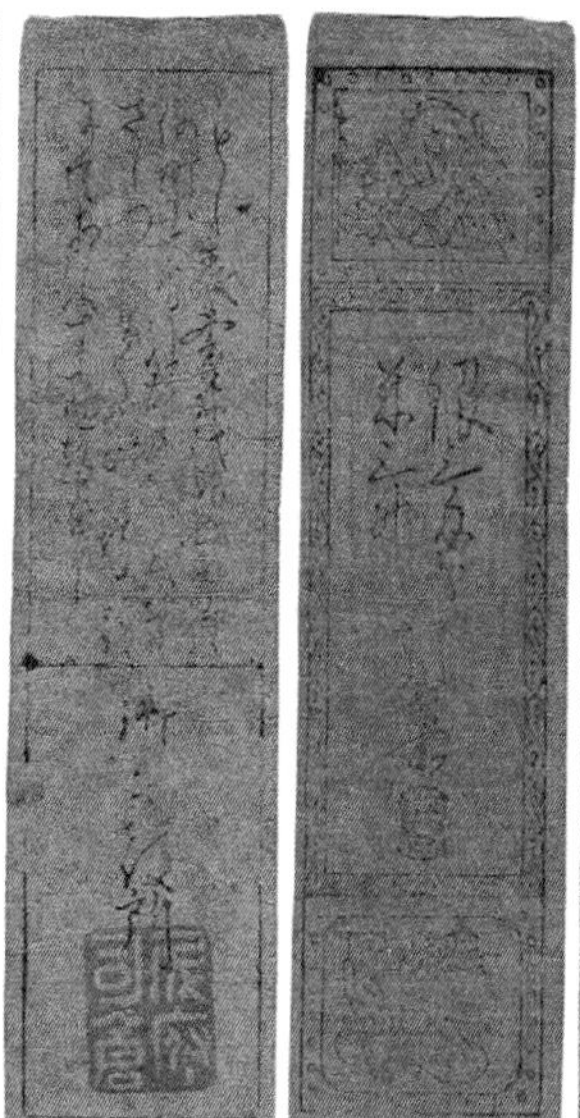

三匁札（文化３年）
赤

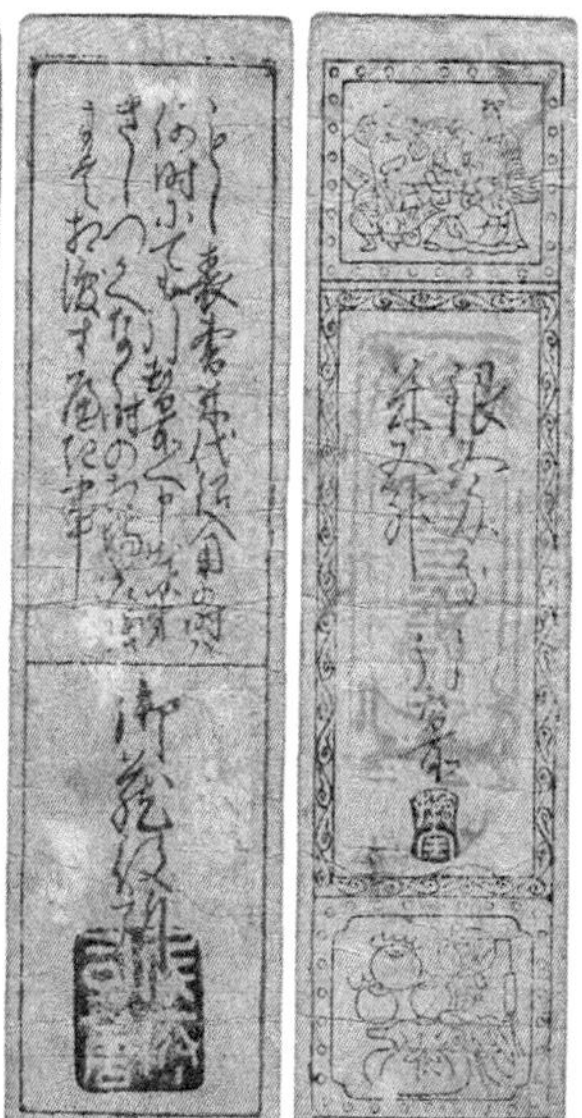

五匁札（文化３年）
黄

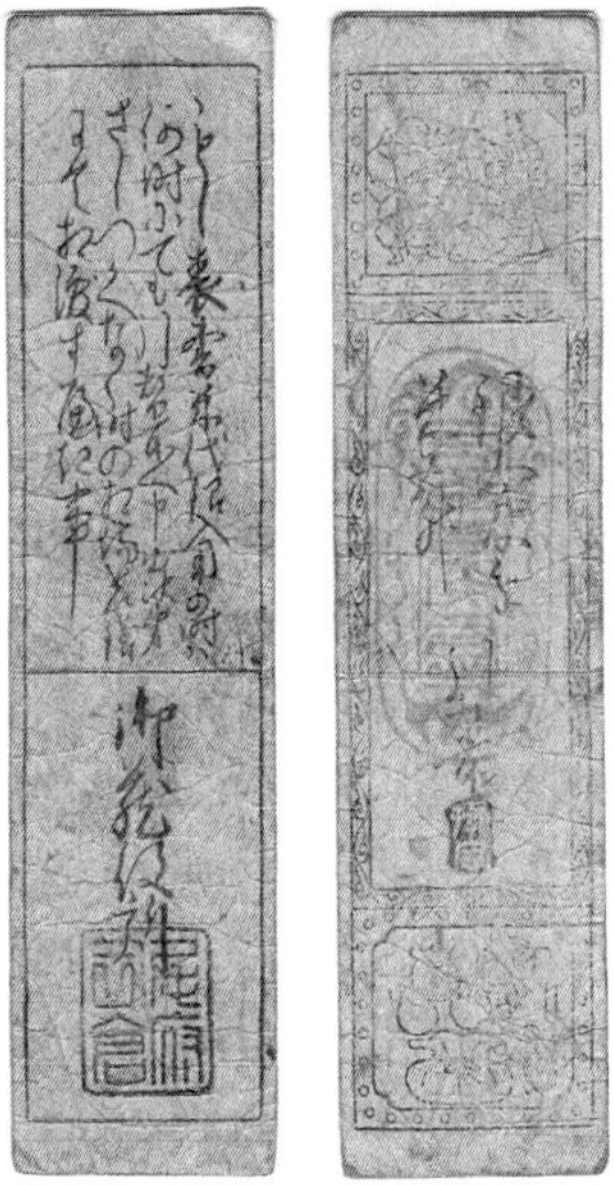

農方会所札（文化15年）
（農商方会所へ変更による発行）

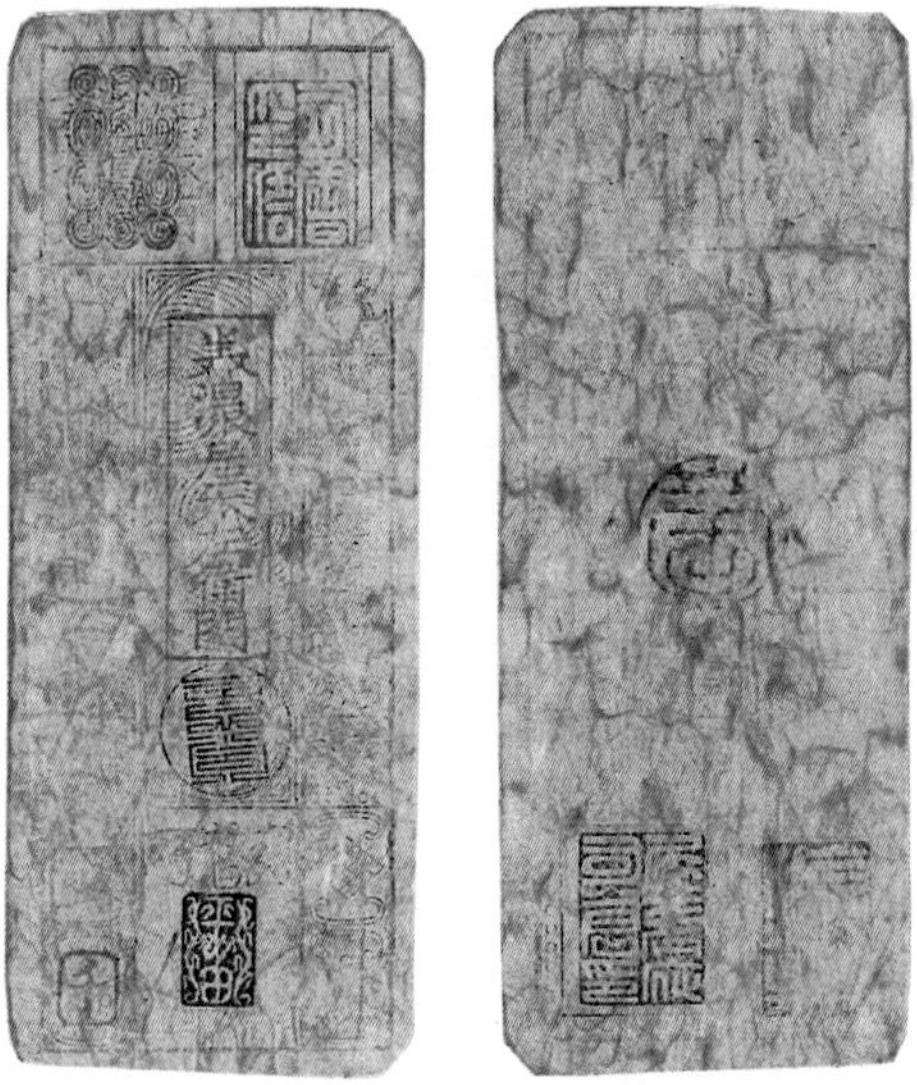

商方会所札（文化５年）
（名印と組印を押す）

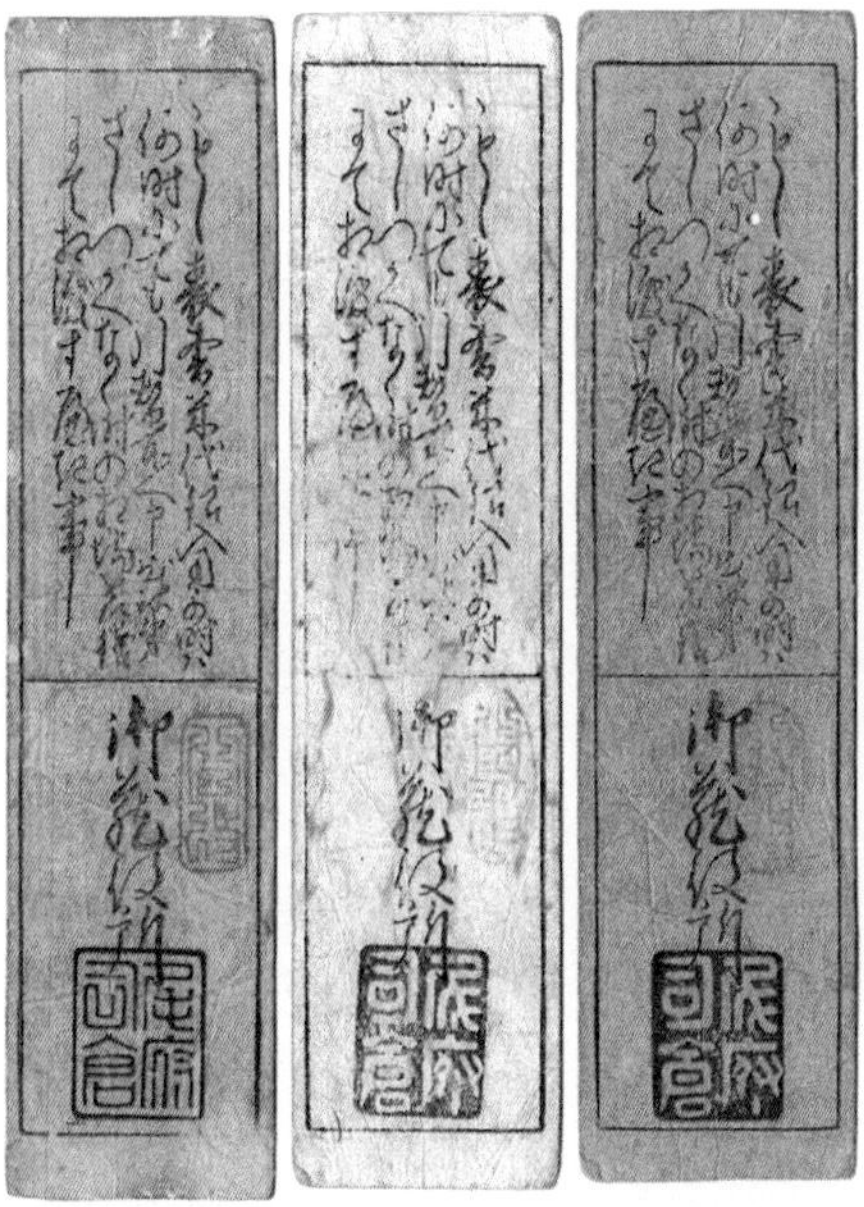

印

角丸形　　つぼみ形　　小判形

文政八年酉改札（文政８年）

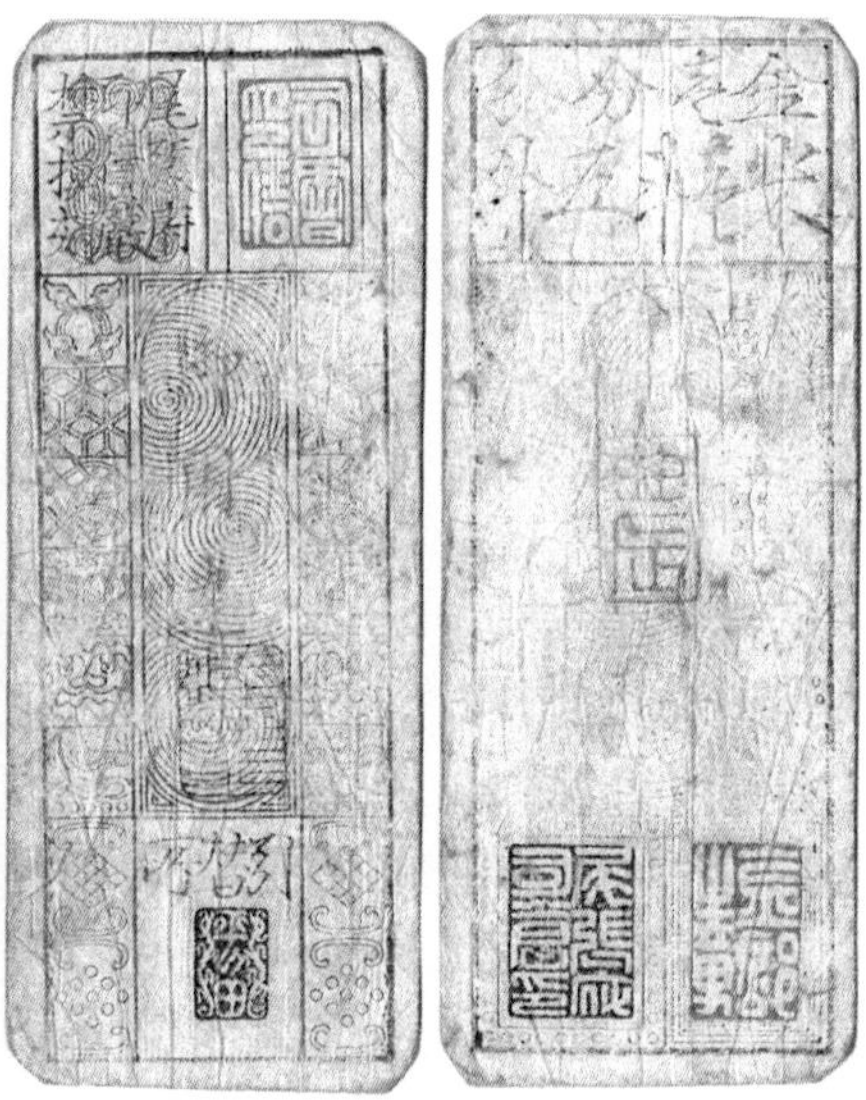

農方会所札（文政３年）
（御用達印を押す）

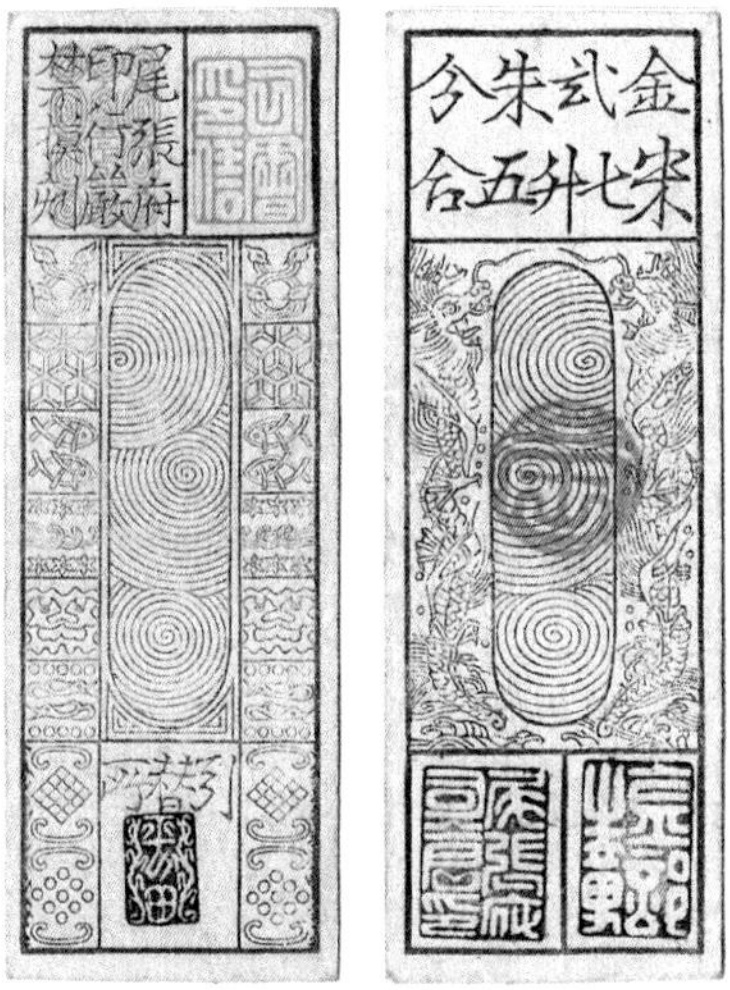

二朱札（天保２年）
（黒黒印）

ウ　オ

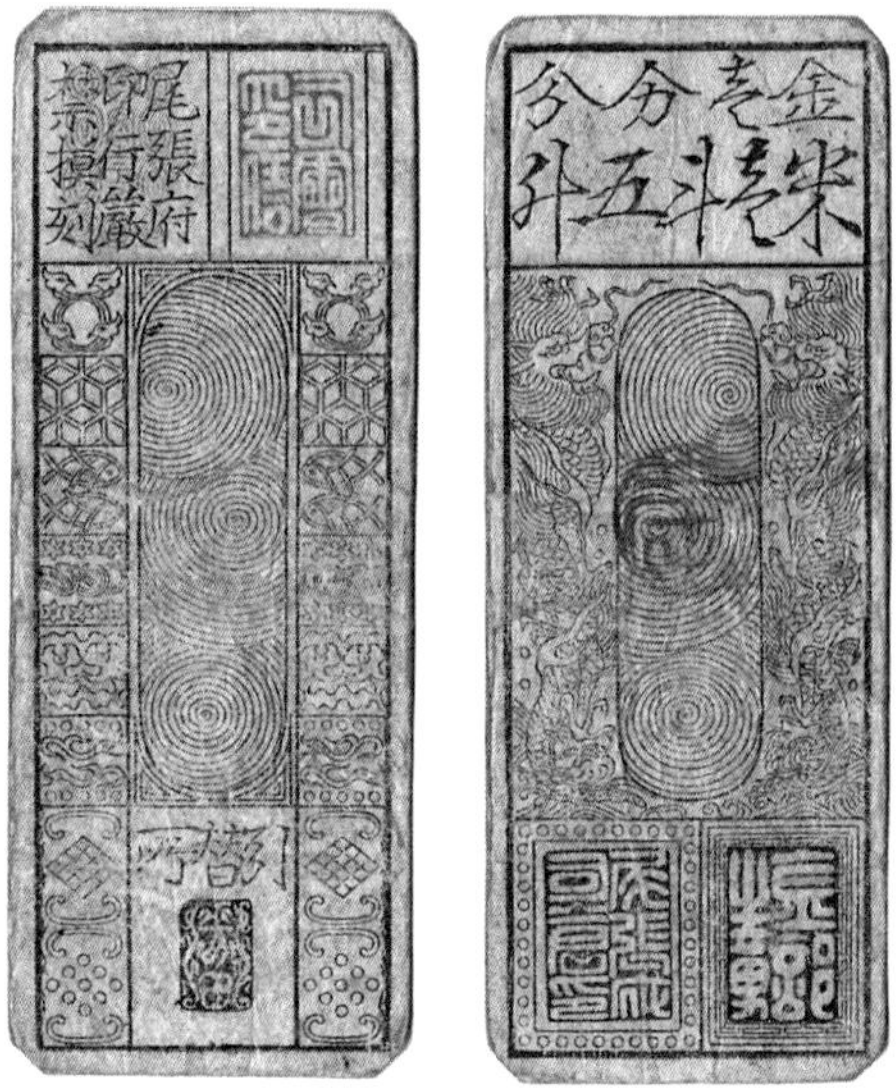

一分札（文政12年）
（黒黒印　p. 140参照）

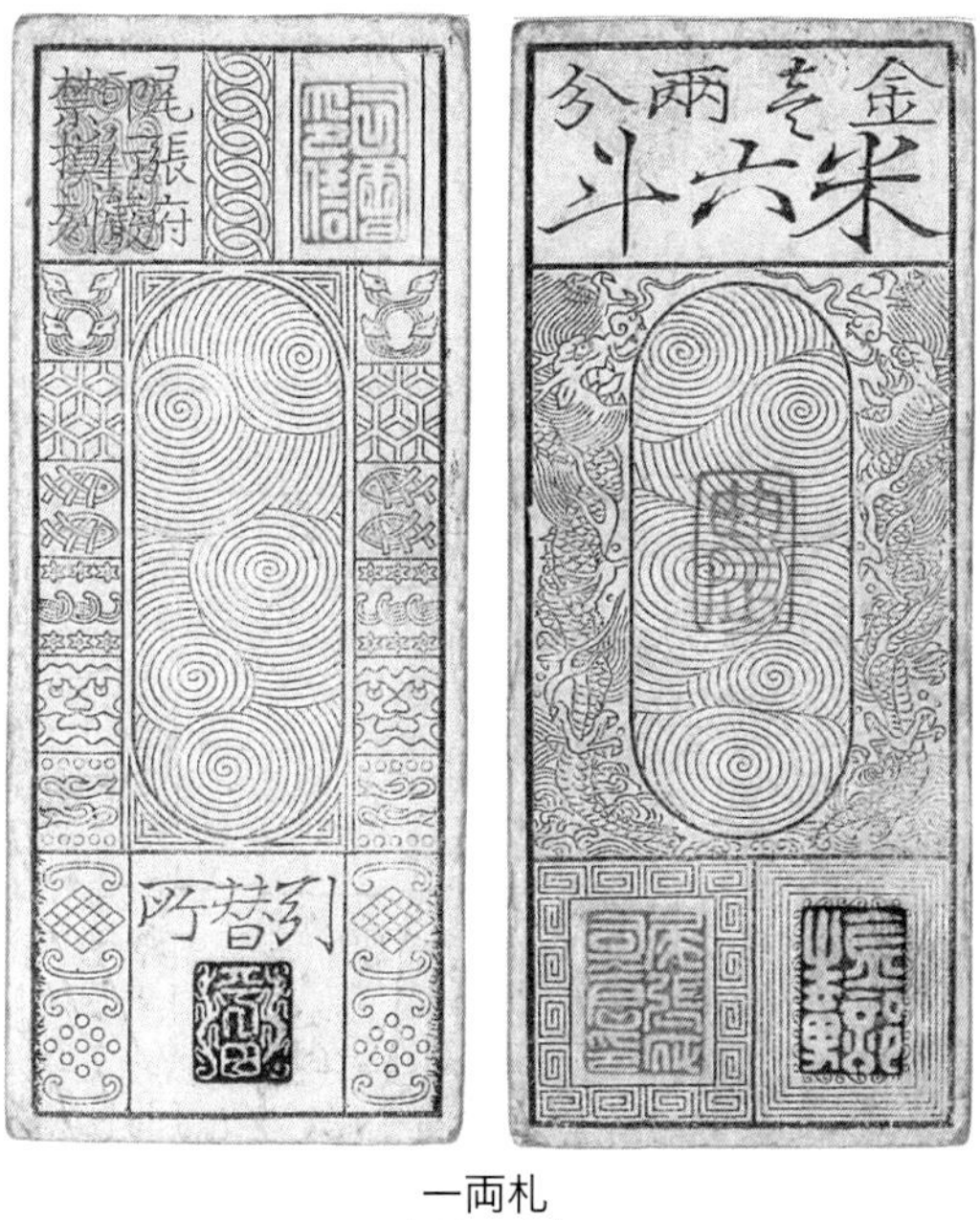

一両札
（天保６年）

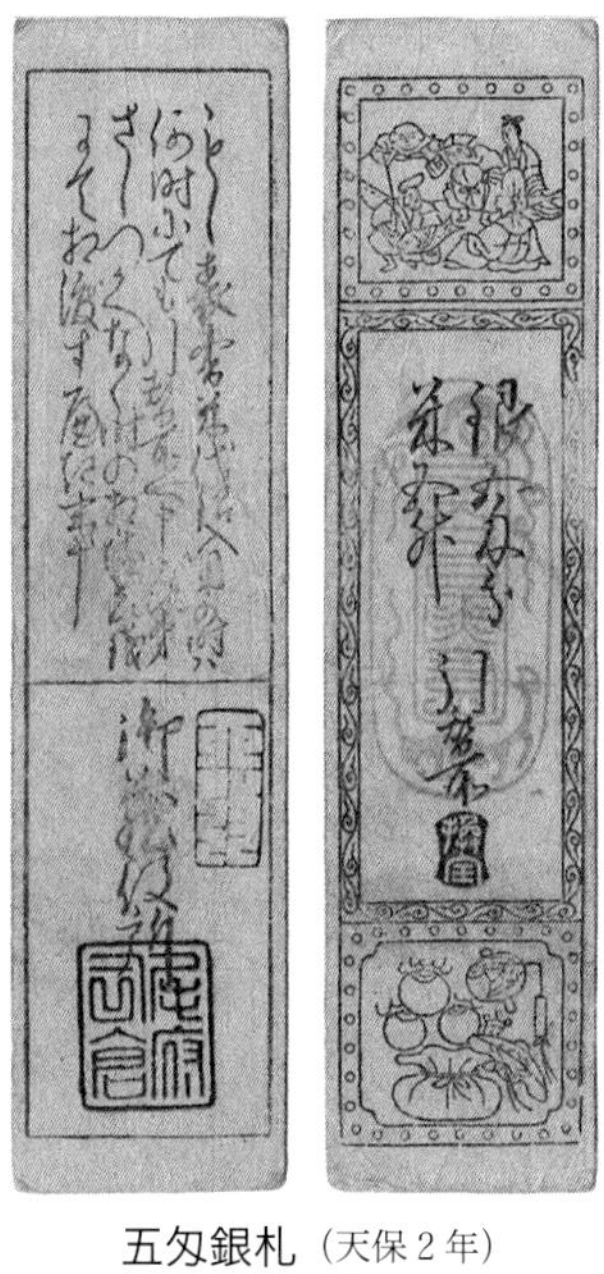

五匁銀札（天保２年）
（卯印）
卯改印札

↑ 天保12年寄改印札

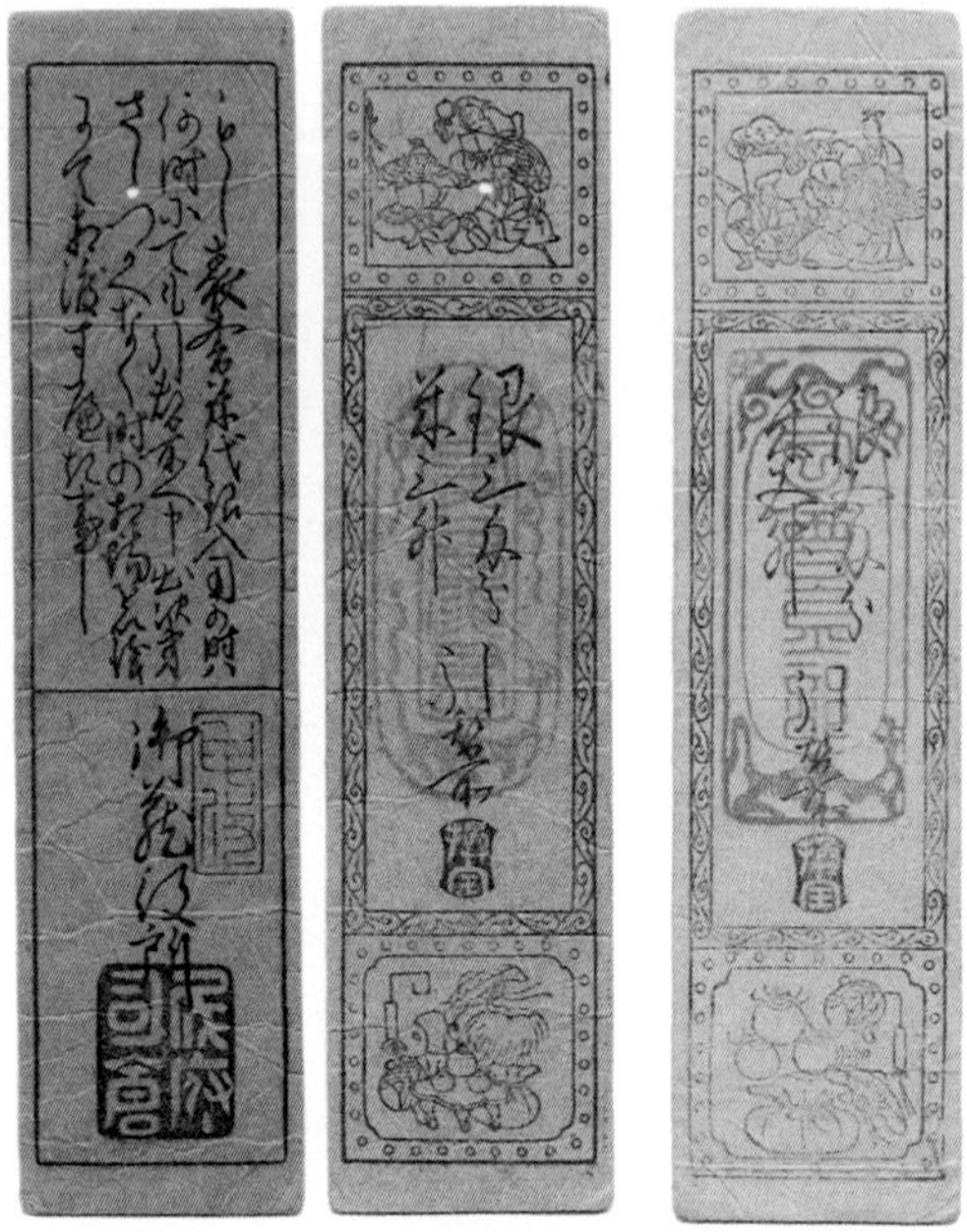

三匁札（左）と五匁札（右）（天保７年　申年）
申改印札

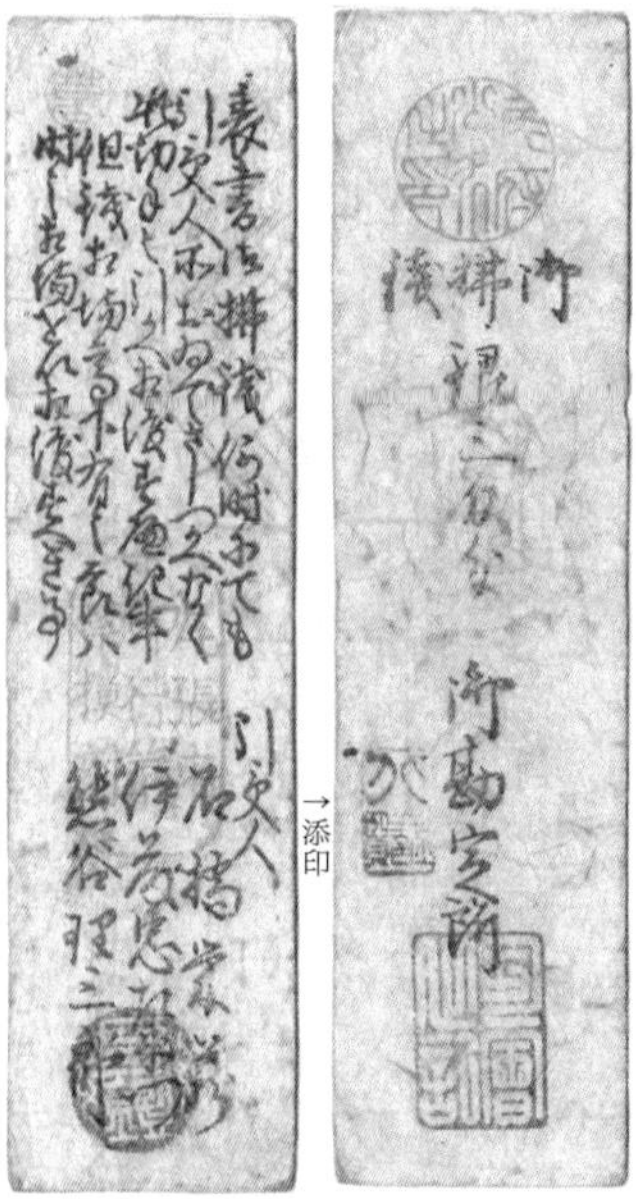

→添印

同右（天保15年２月）
地方押印（北方）
銀三匁札

→似せ札対策の印

（同右６月）
尾府公処印
銀二匁札

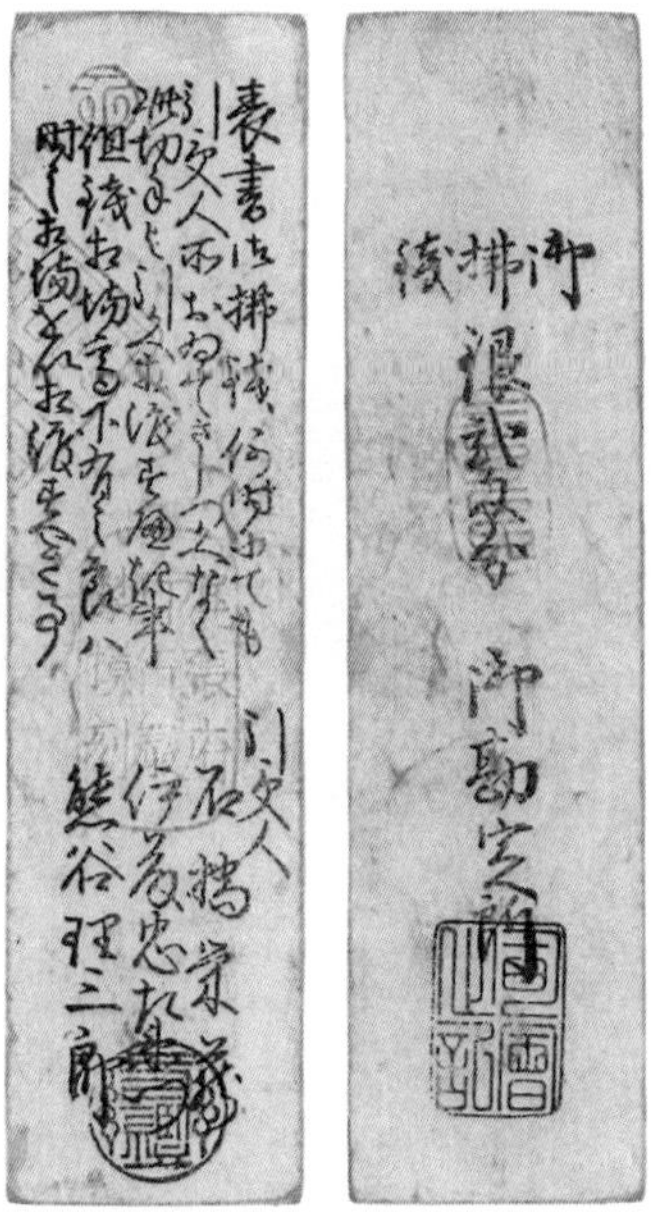

御払銭　銭切手（天保14年４月）
銀二匁札

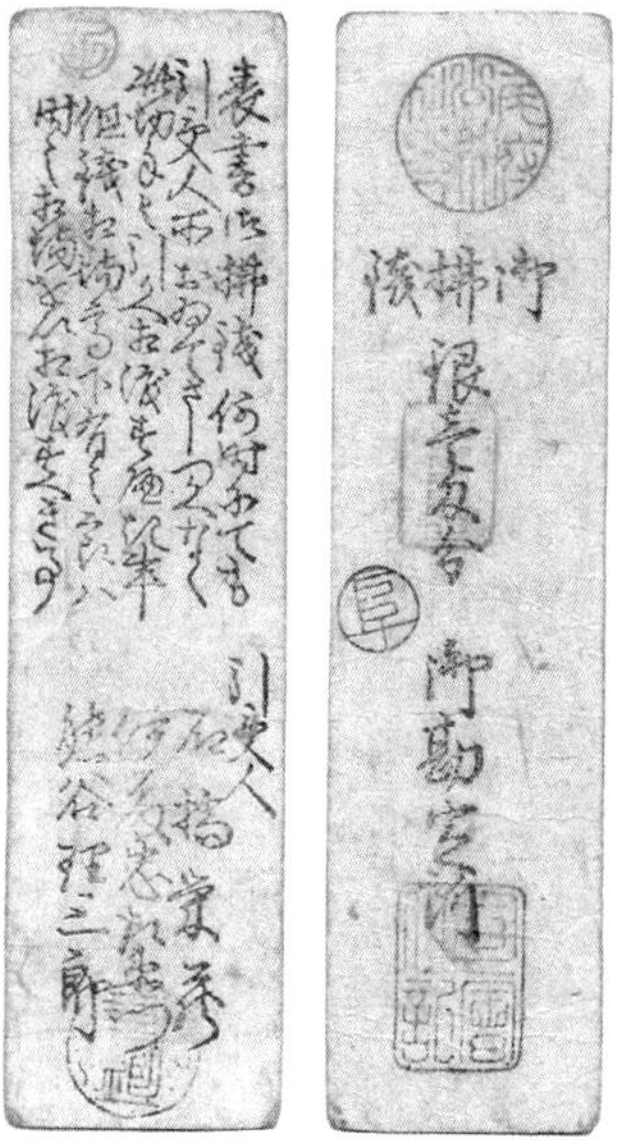

同右 (阜)印（岐阜印）
岐阜代官所（天保15年３月）

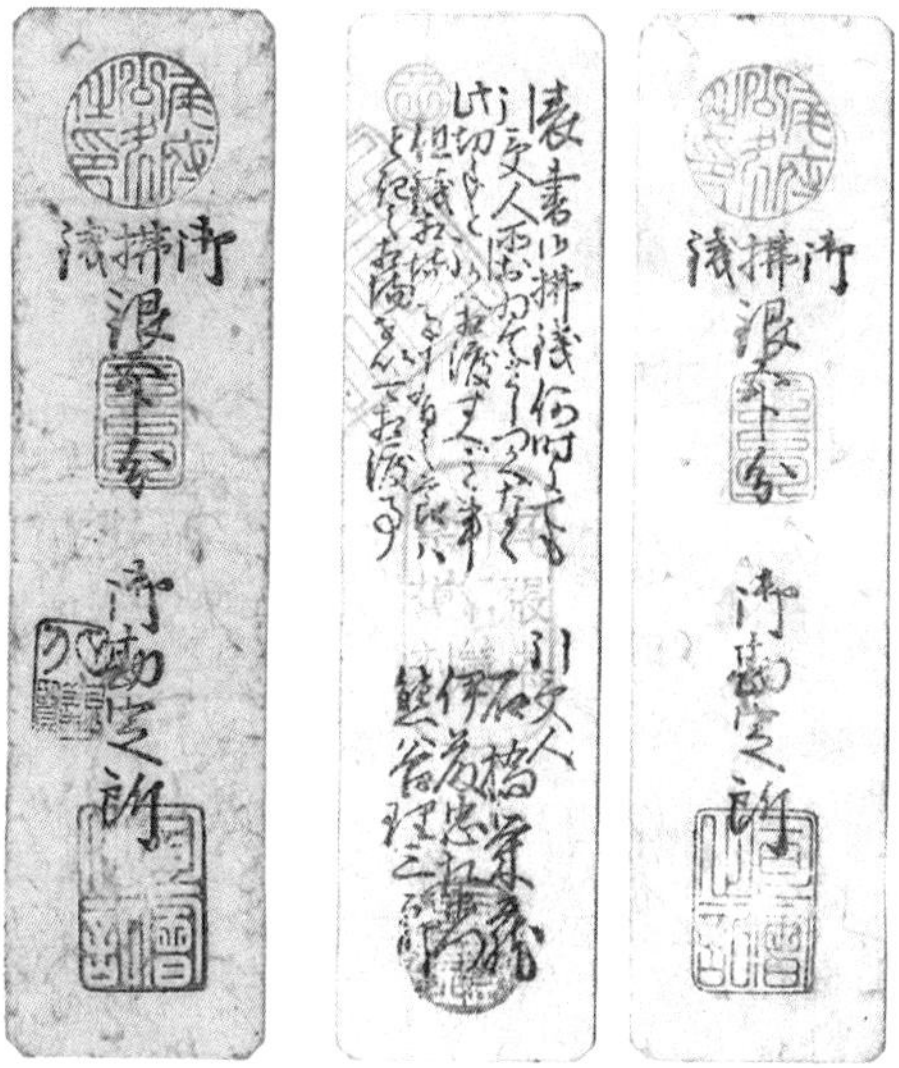

↑角切

御払銭 銀五分切手（天保15年２月）

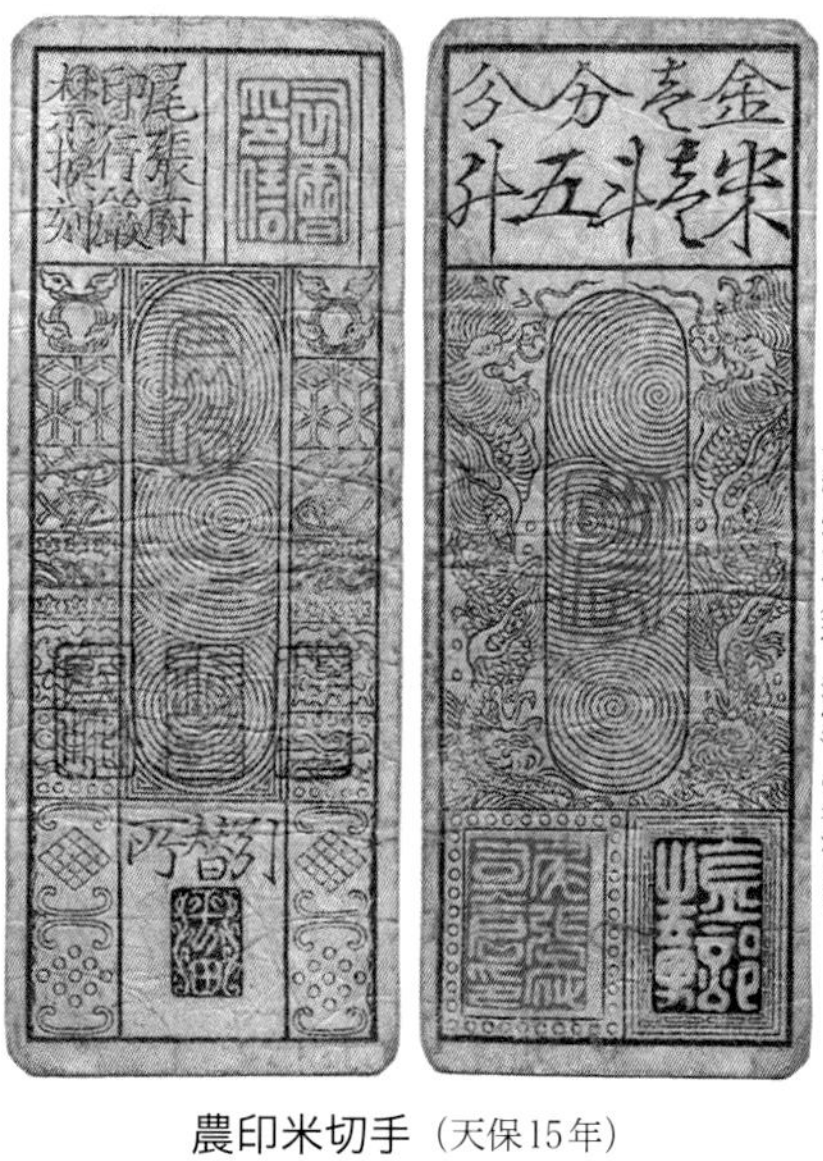

→絹屋定助（現・滝定）の名がある

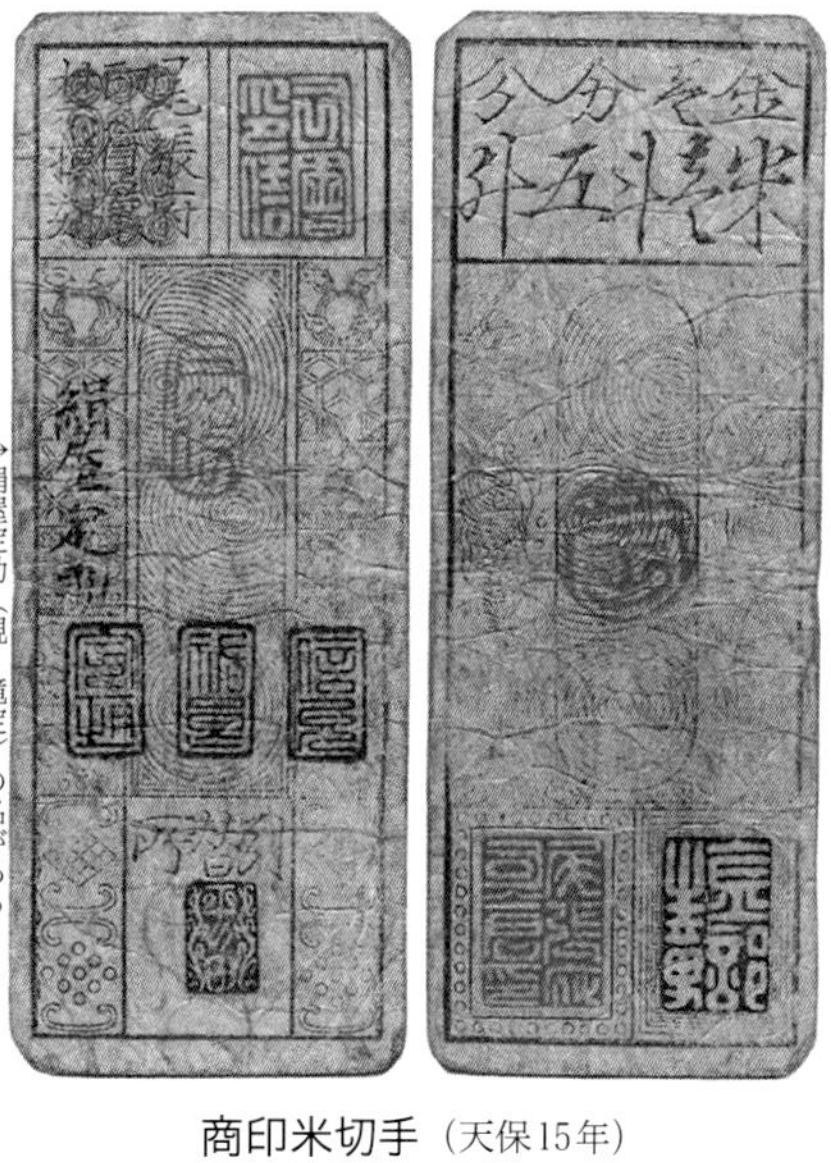

農印米切手（天保15年）
加印：内田、伊藤、関戸

商印米切手（天保15年）

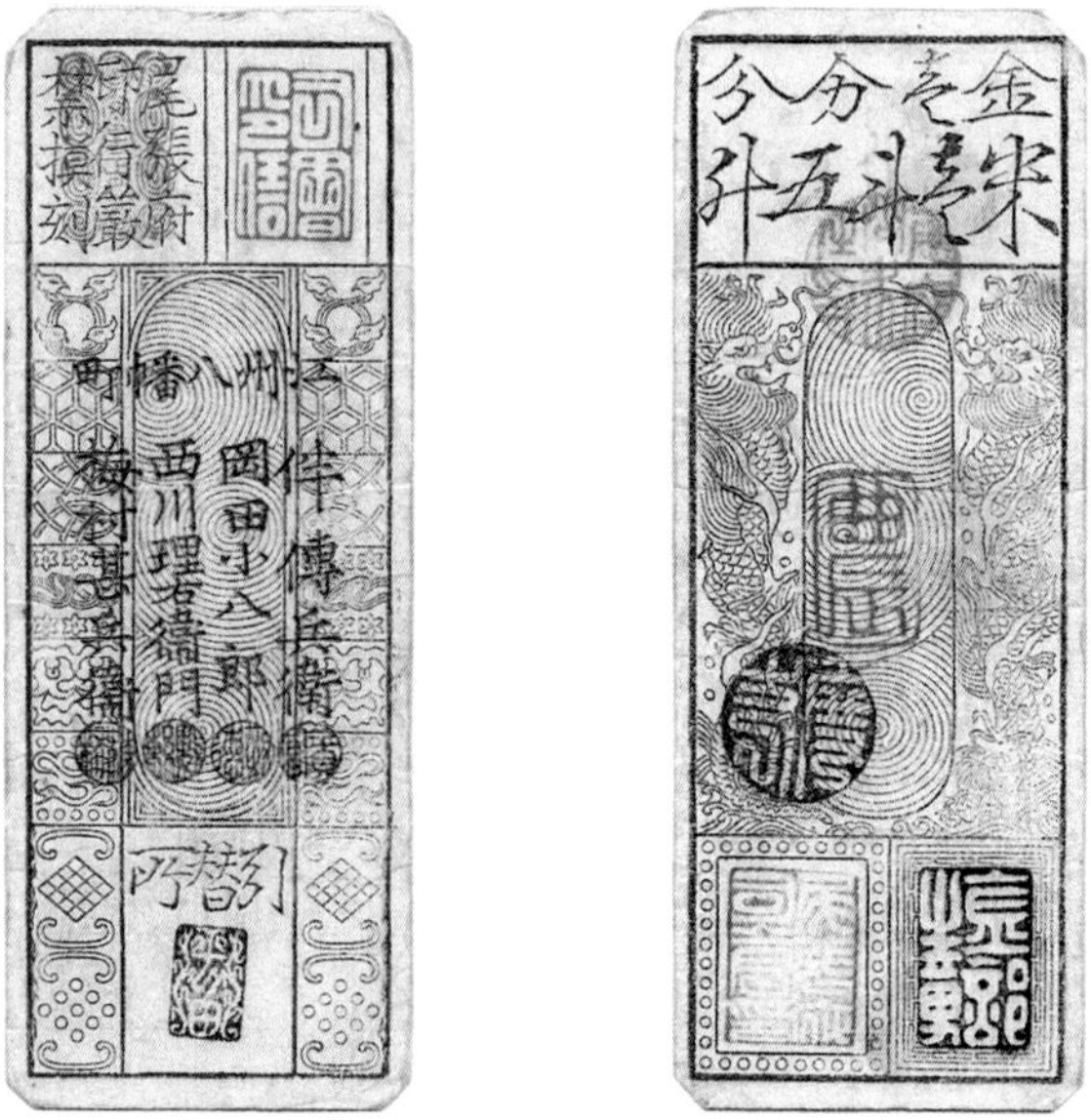

金一分米切手（天保14年９月）

江州八幡町添印金一分札

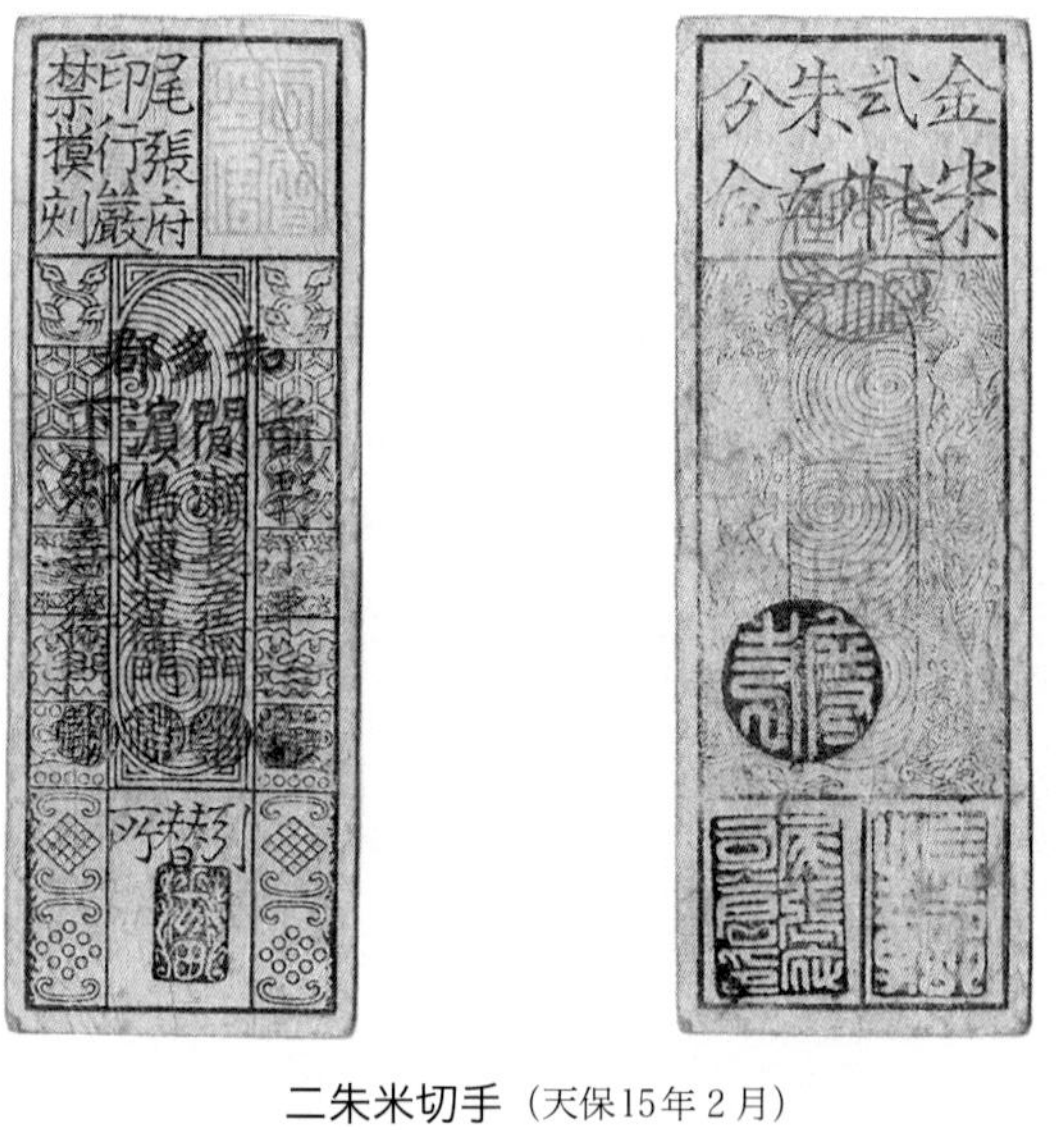

二朱米切手（天保15年２月）

知多郡添印金二朱札

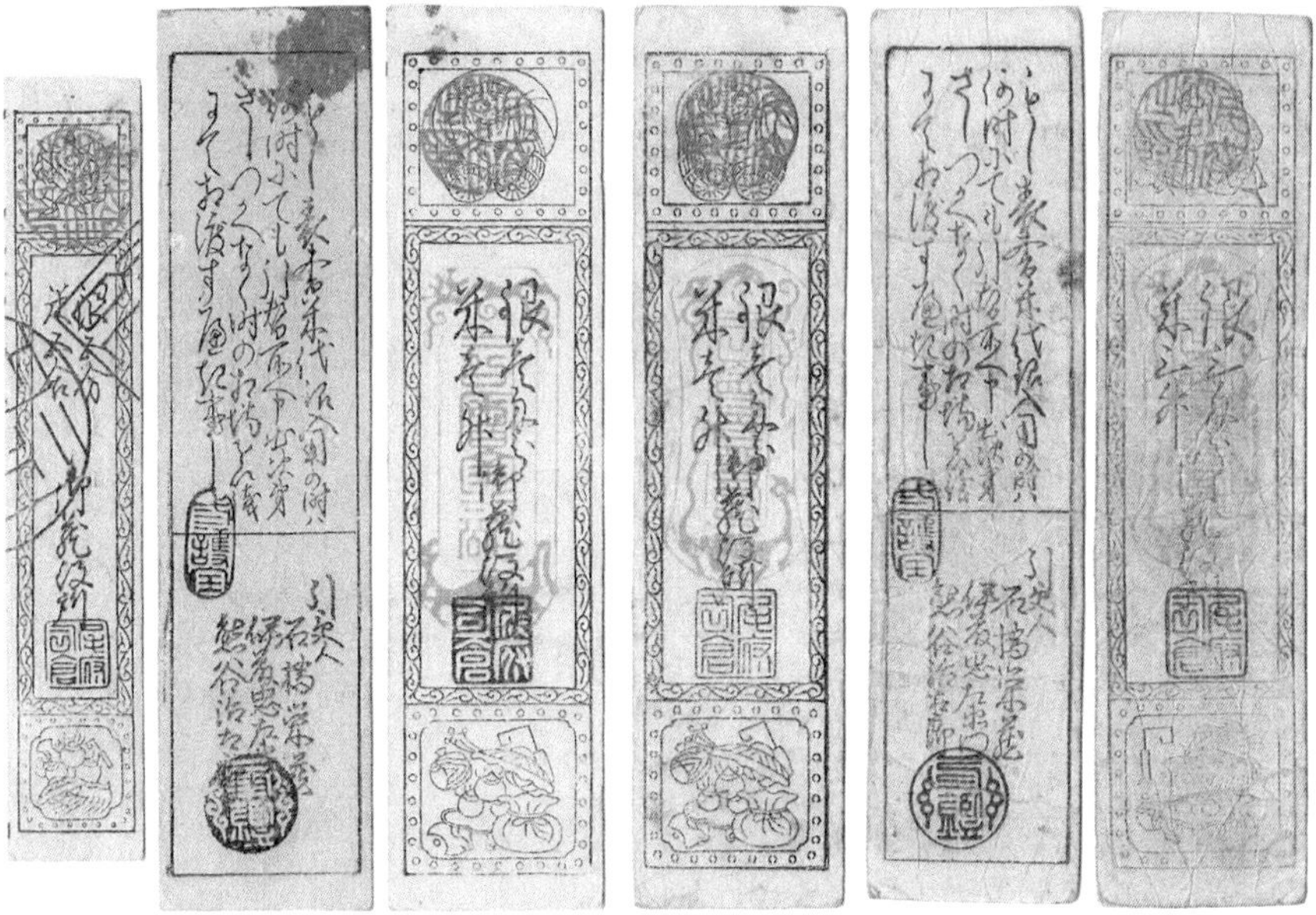

八角印　　分銅印

小札米切手（銭切手廃止後、弘化２年）

尾府公処添印金一両商印
（弘化３年）

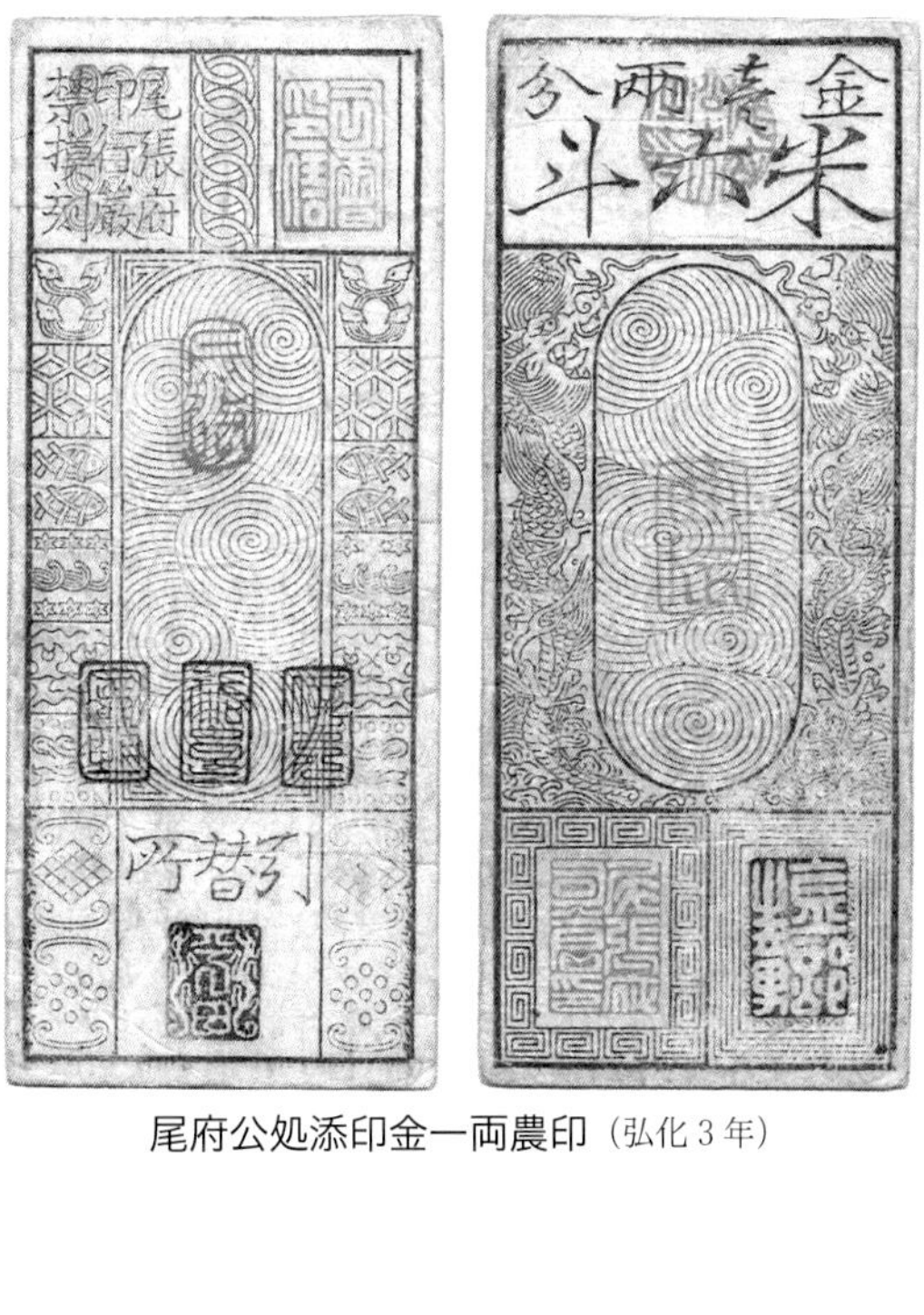

←御印（添印）

尾府公処添印金一両農印（弘化３年）

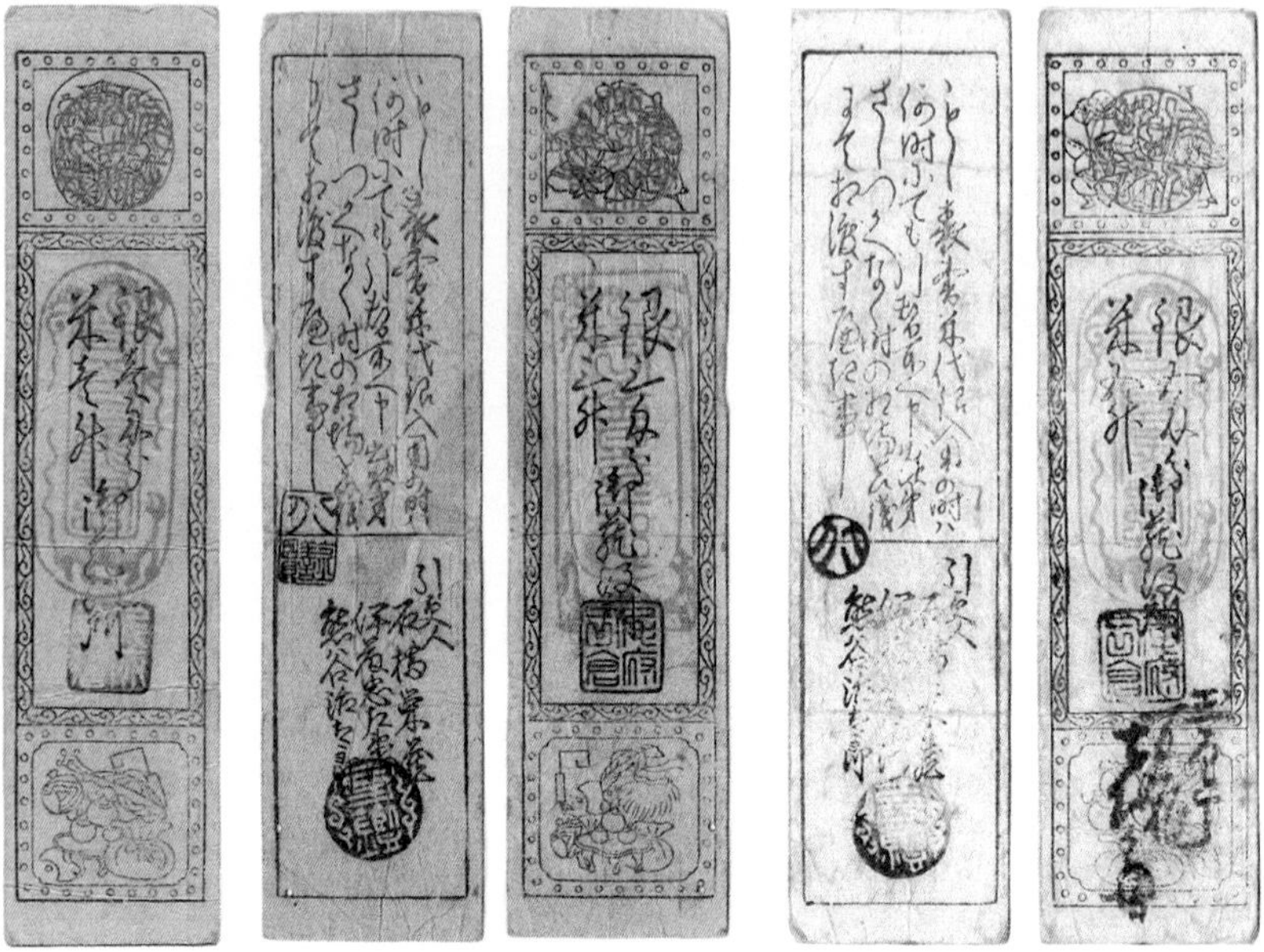

銀一匁　銀三匁　銀五匁

小切手（弘化3年）

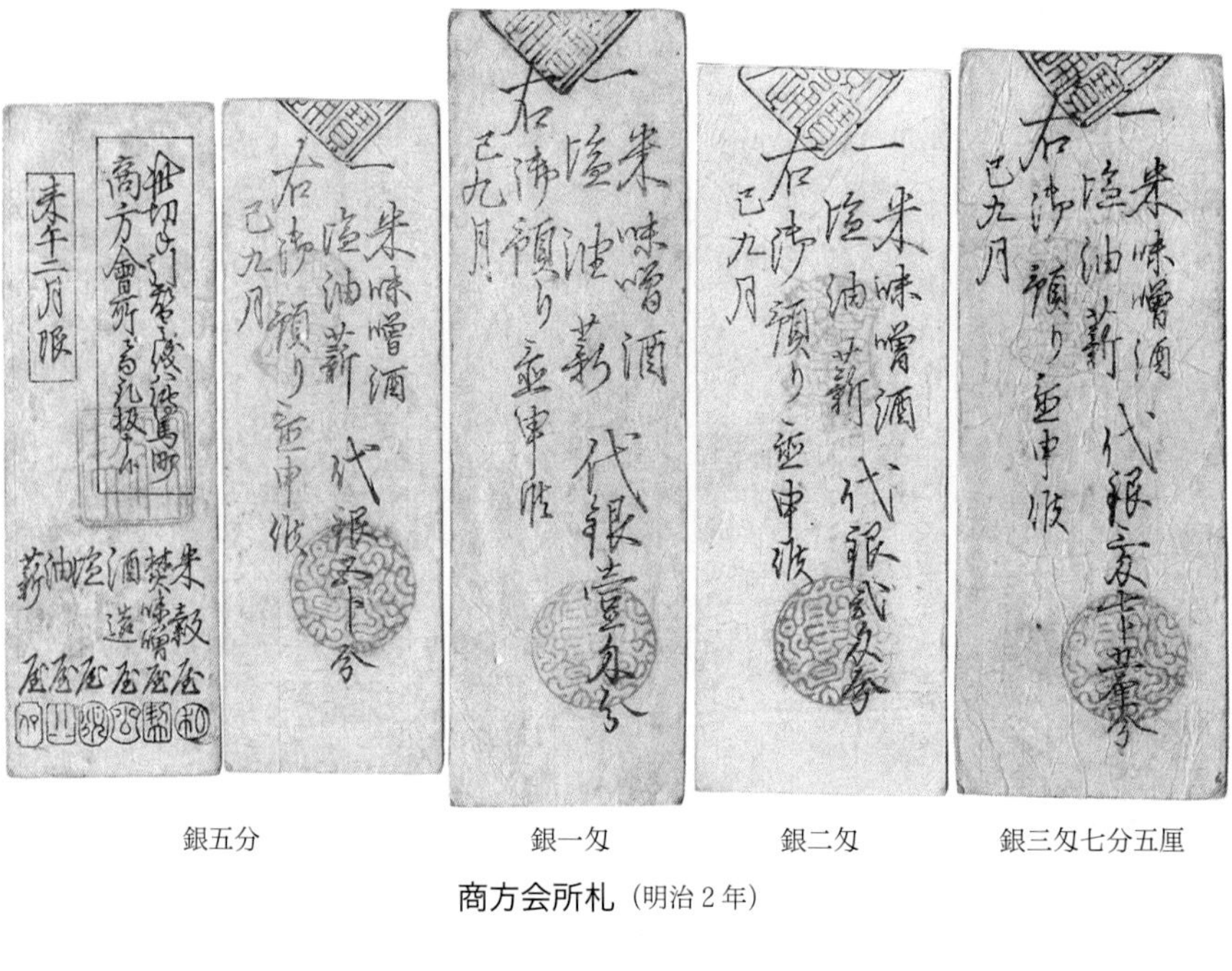

銀五分　銀一匁　銀二匁　銀三匁七分五厘

商方会所札（明治2年）

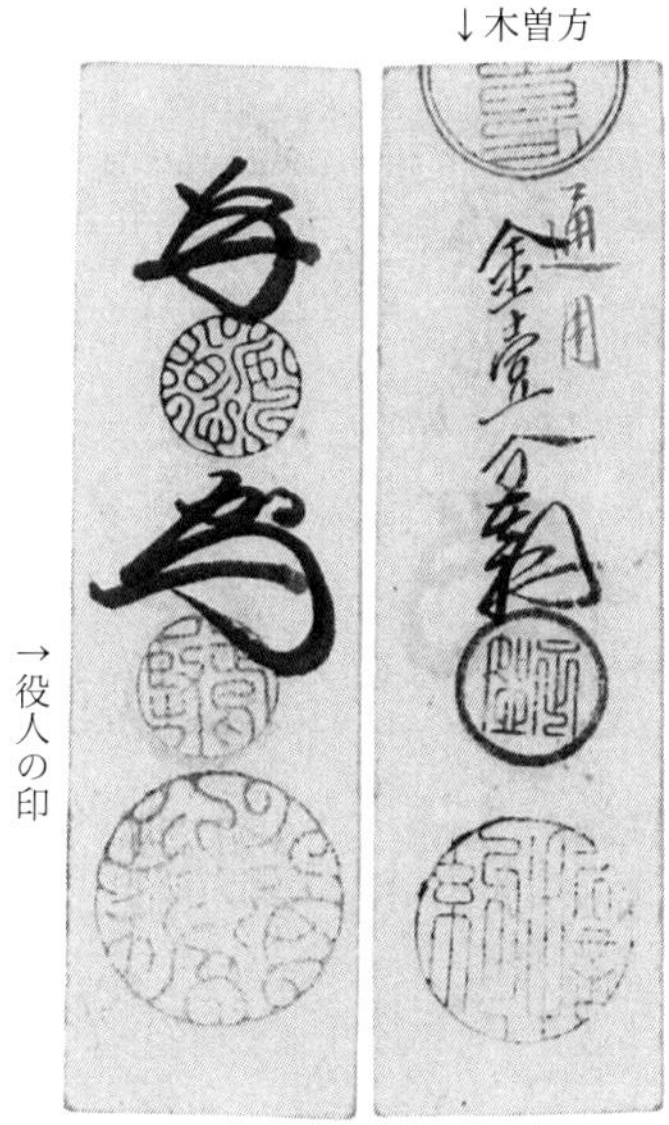

福島代官所札（木曽福島）

金一分札

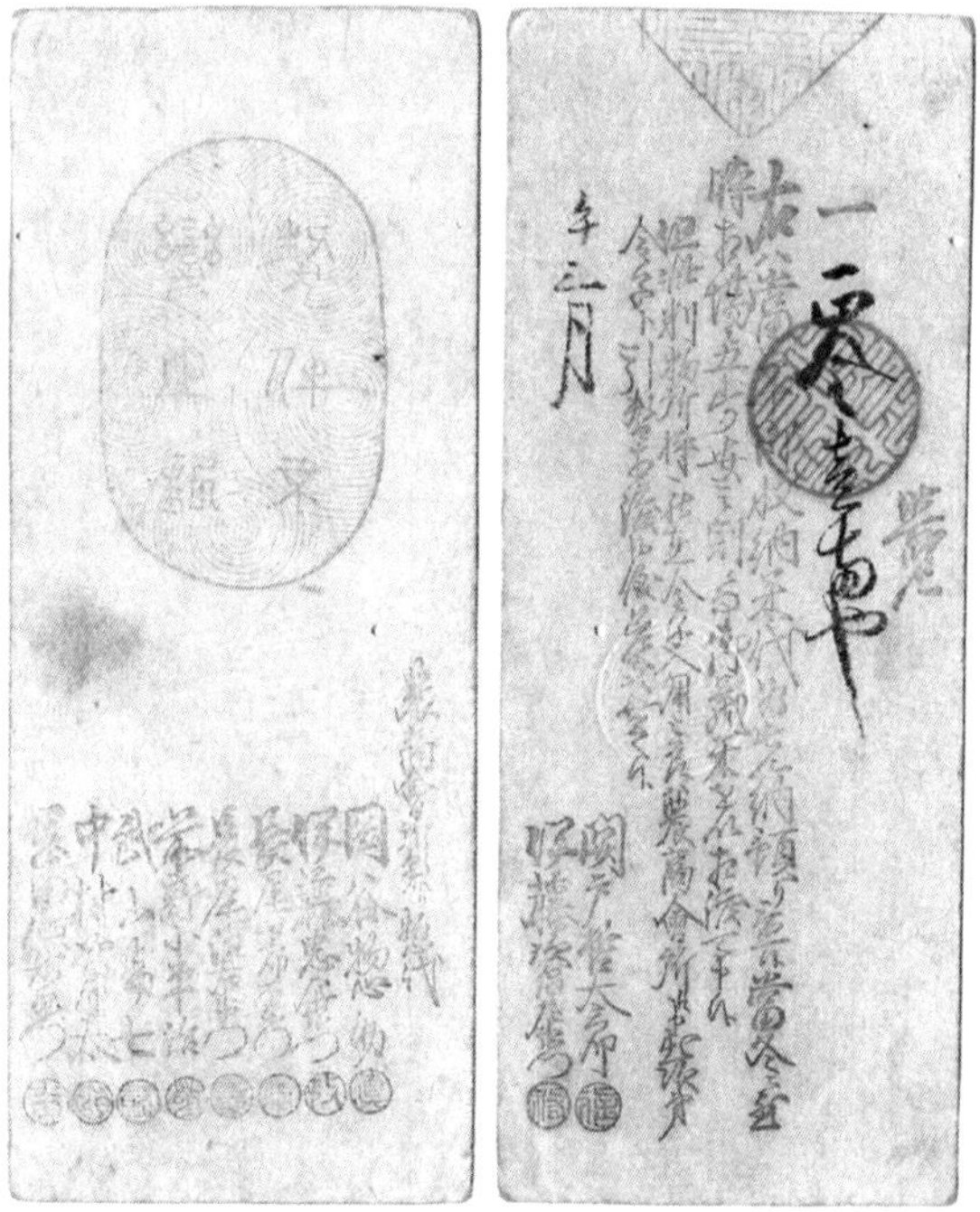

農商会所 正金一両札（明治３年）

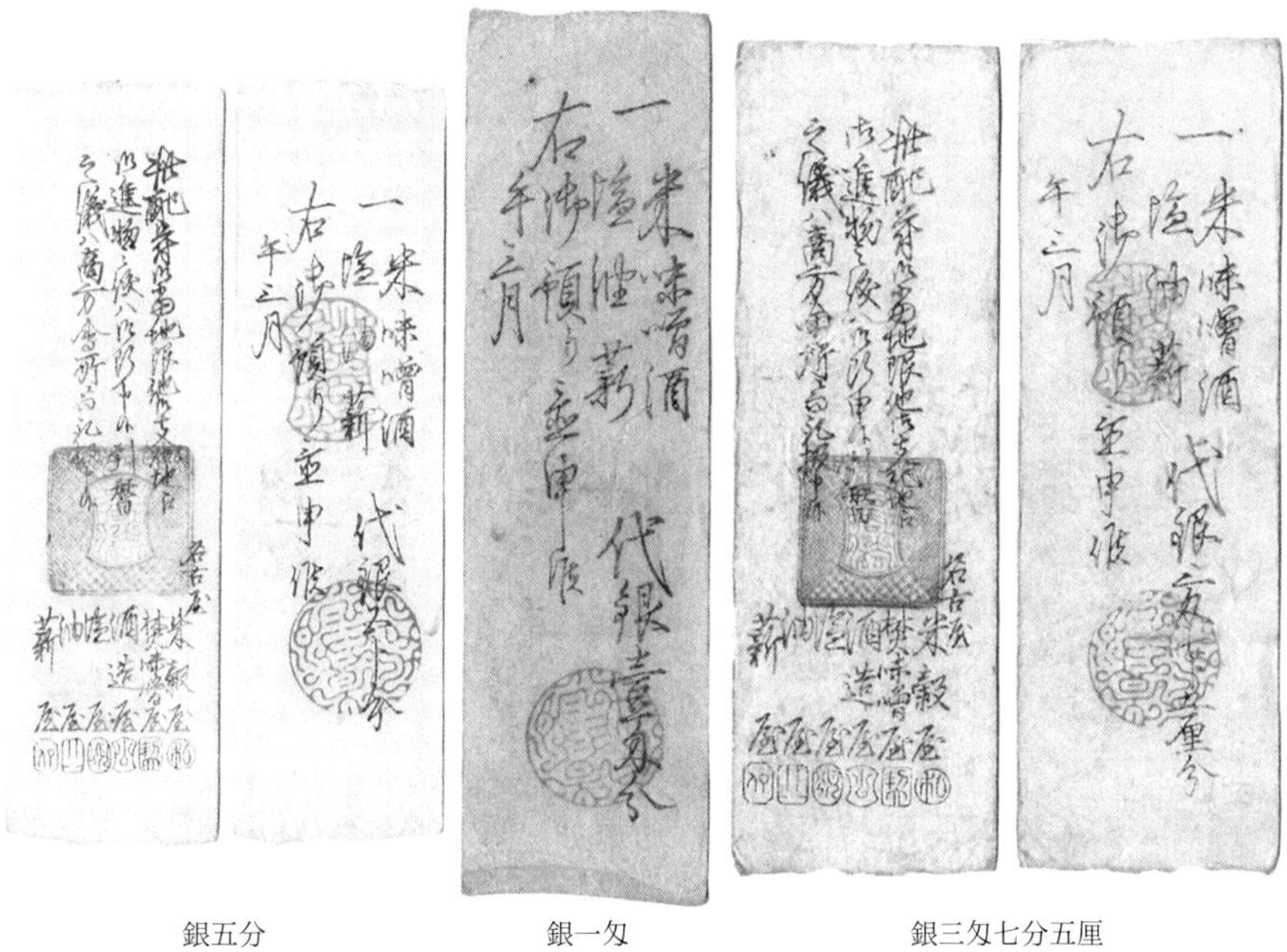

銀五分　　銀一匁　　銀三匁七分五厘

商方会所札（明治３年）

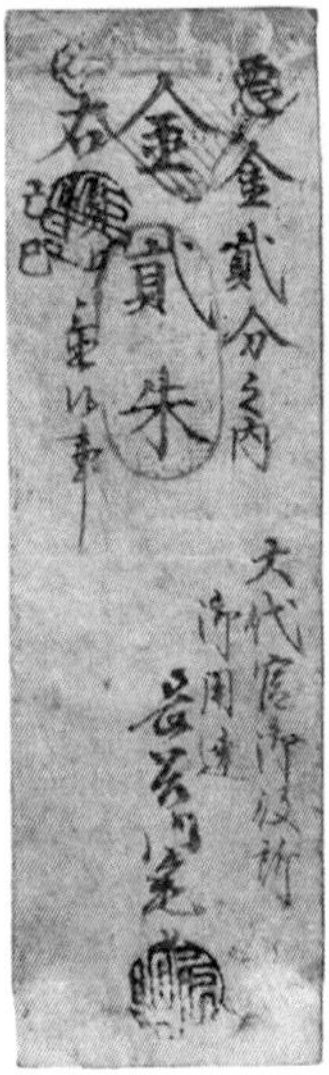
金二朱

金二朱

金一朱

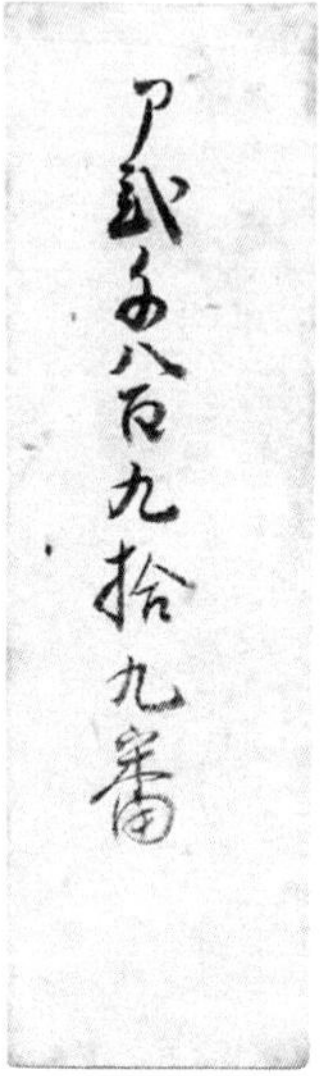

金一朱

大代官所 悪金札（二分金　似せ金対策札　明治２年）

銀一匁五分

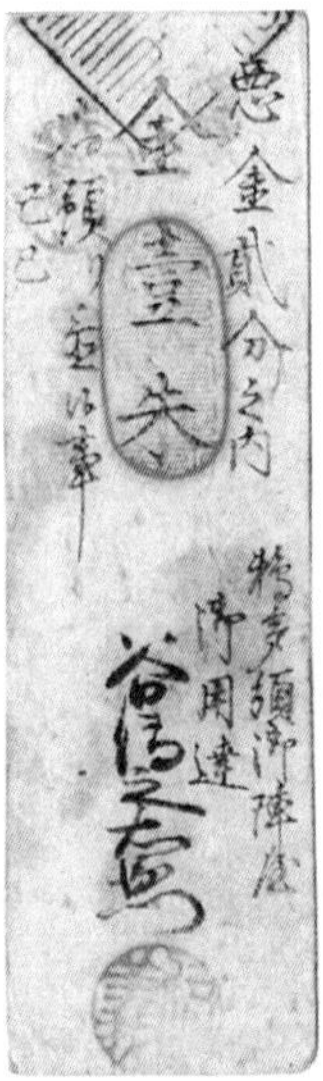
金一朱

金一朱

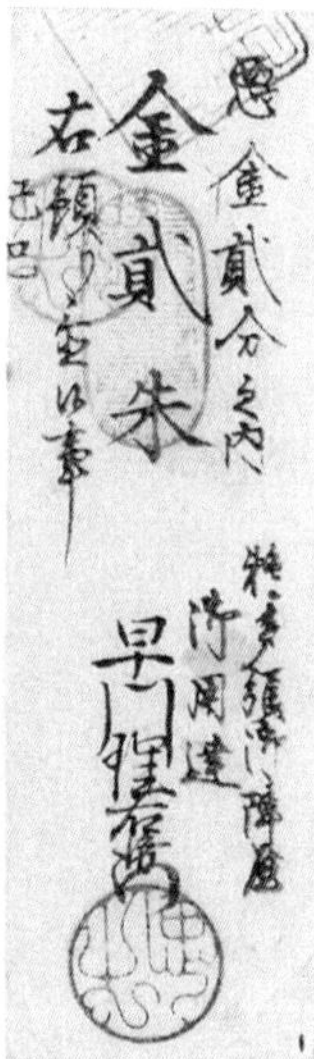
金二朱

農方会所（明治２年12月）

鵜多須陣屋 悪金札（明治２年９月）

荘*
内

佐
屋

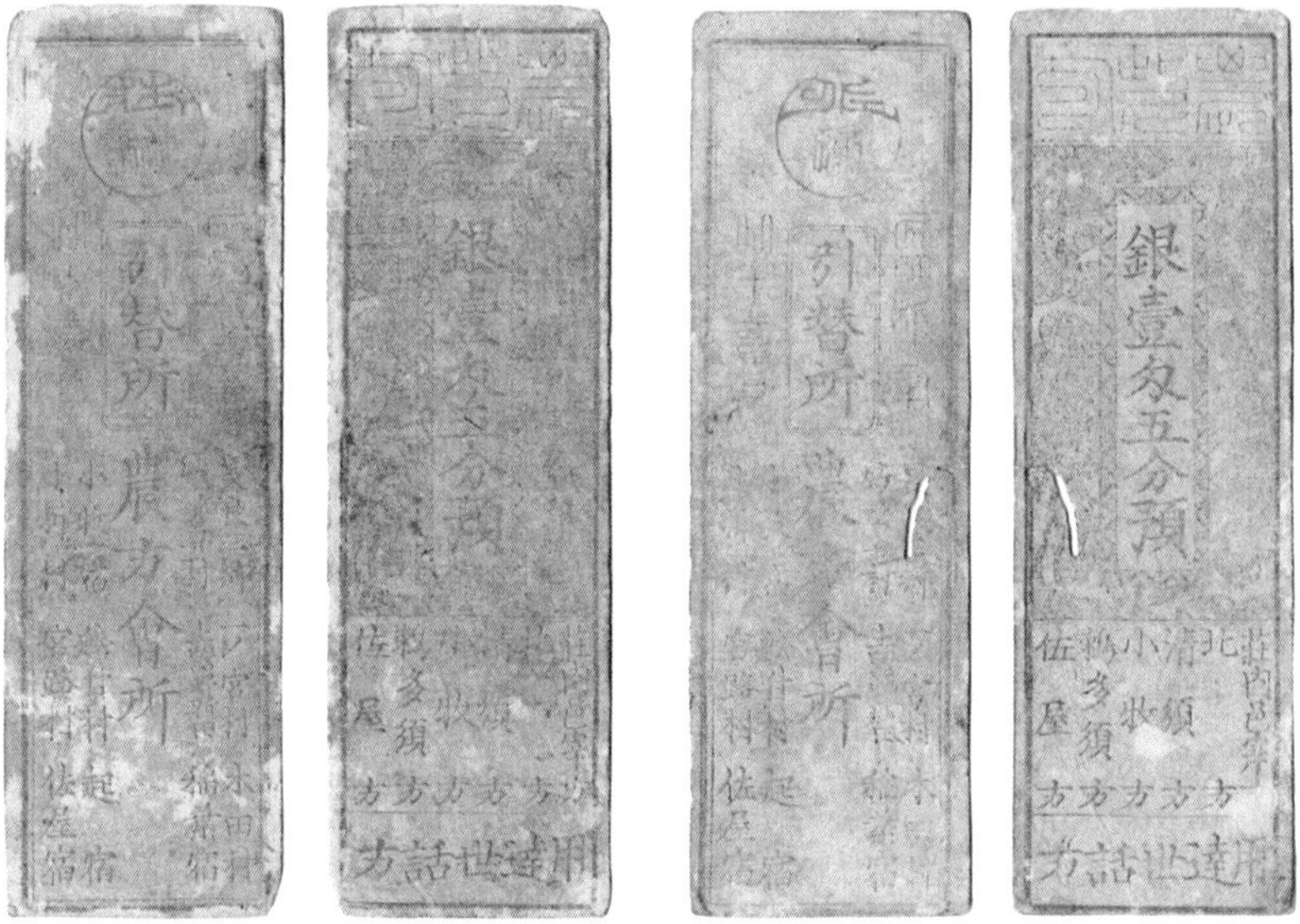

*―現在の名古屋市北区方面

荘内邑宰方　銀一匁五分　　佐屋方　銀一匁五分（佐屋陣屋の管轄）

農方会所

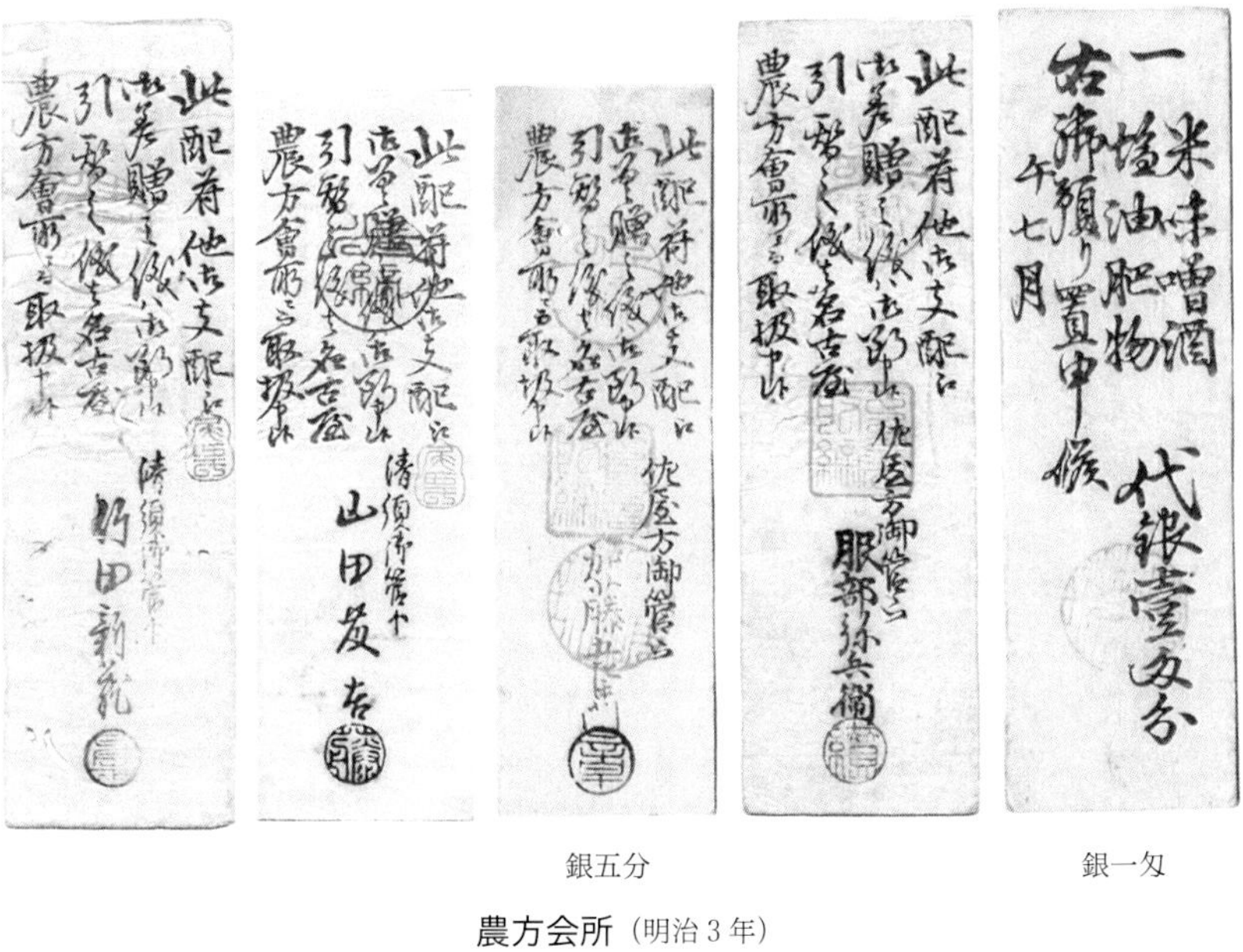

銀五分　　銀一匁

農方会所（明治3年）

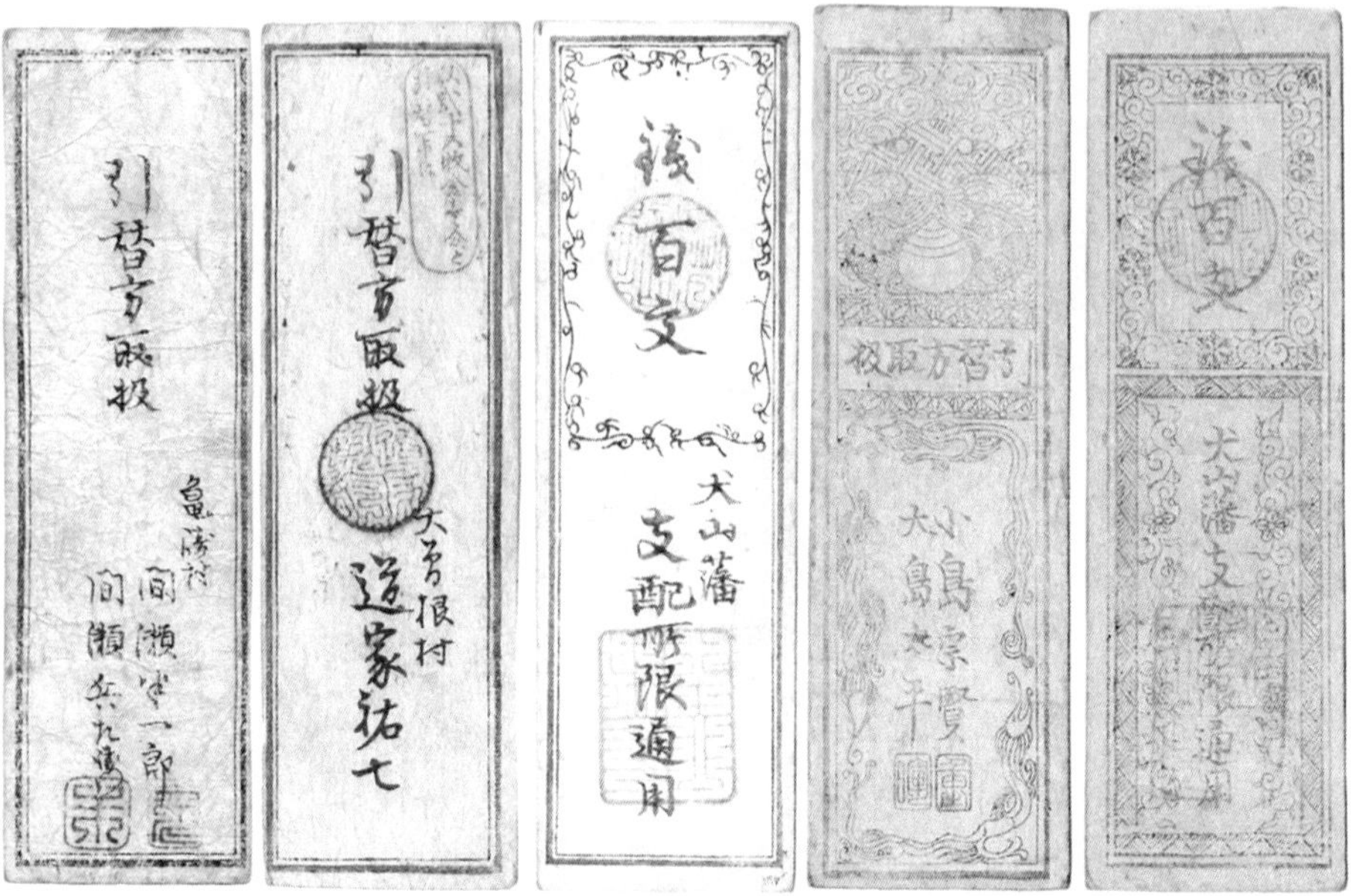

犬山藩札　銭百文

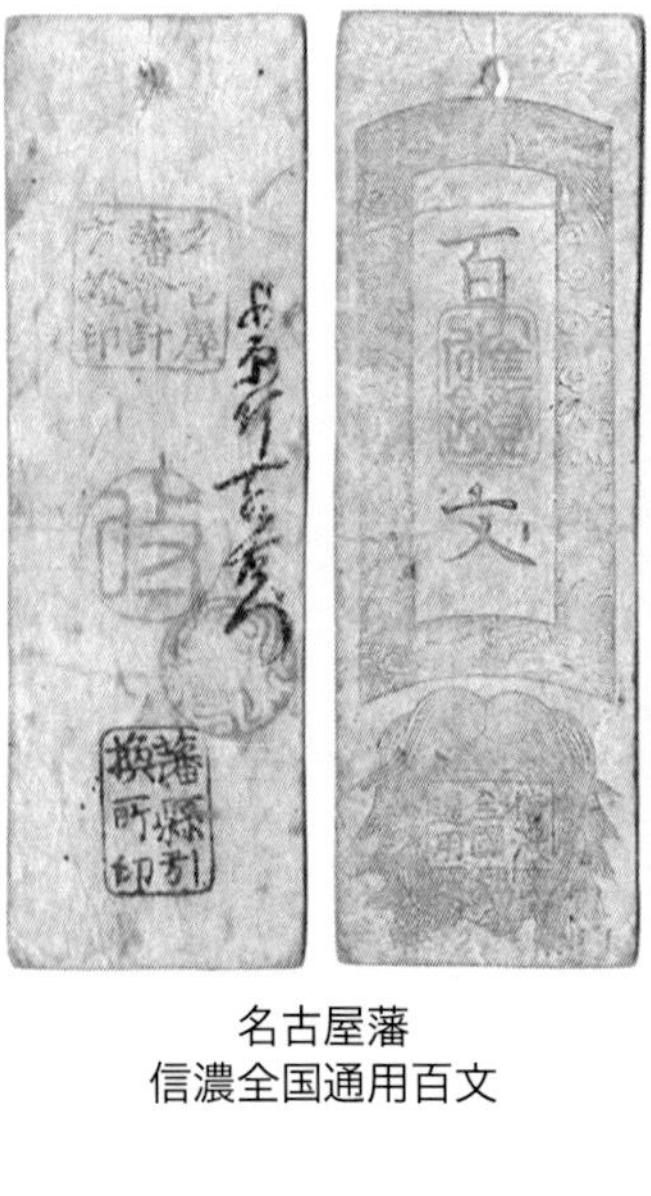

名古屋藩
信濃全国通用百文

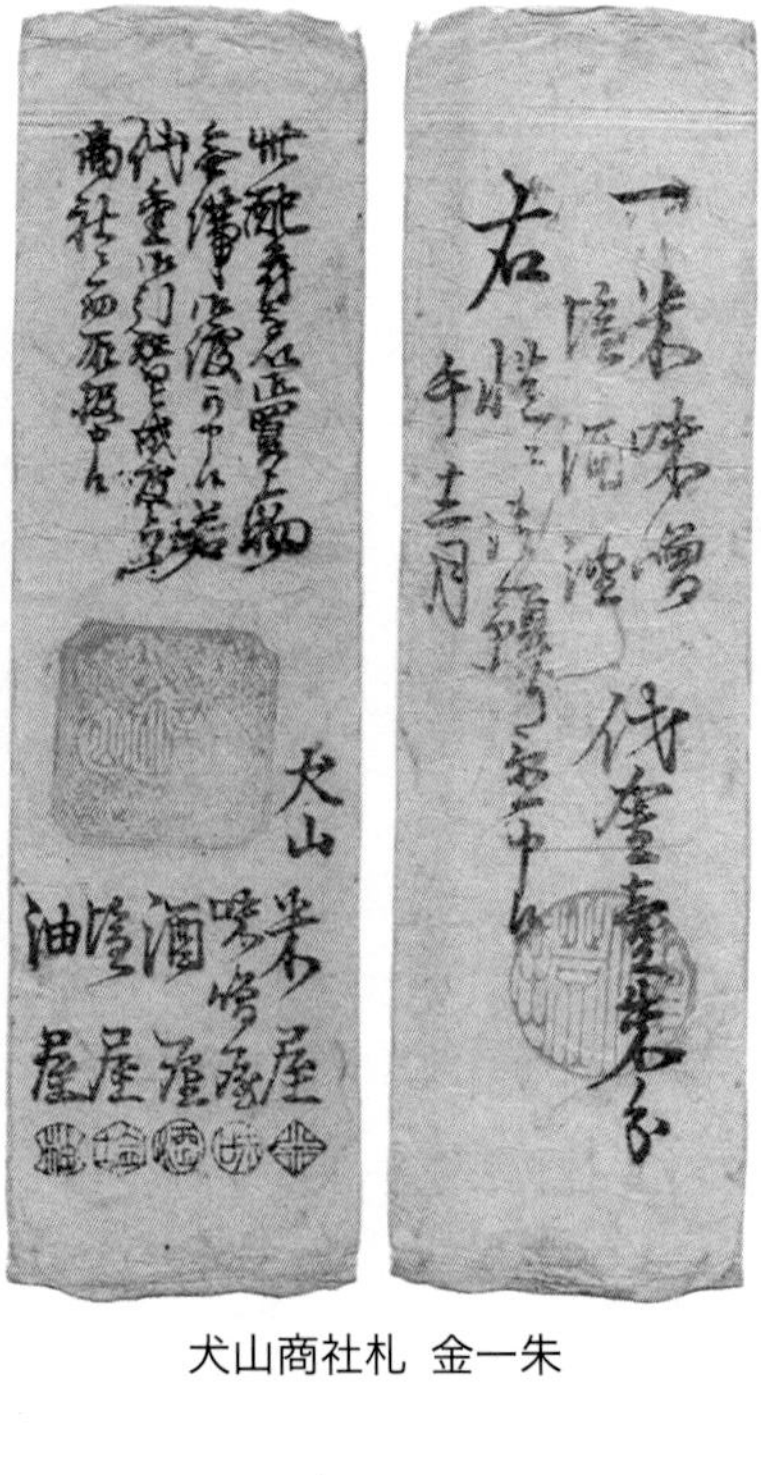

犬山商社札　金一朱

銭四十八文

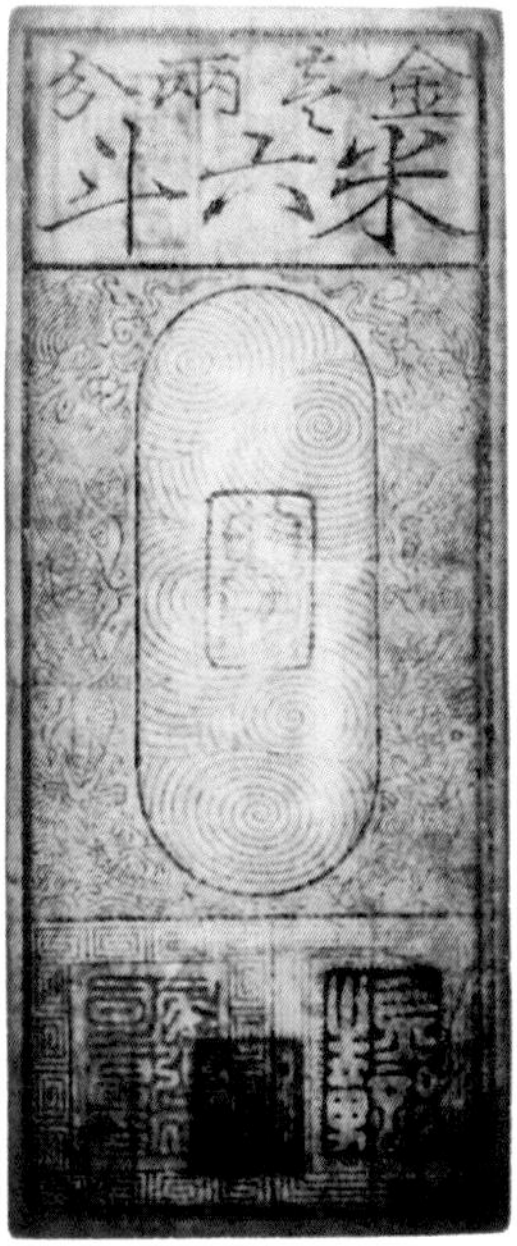

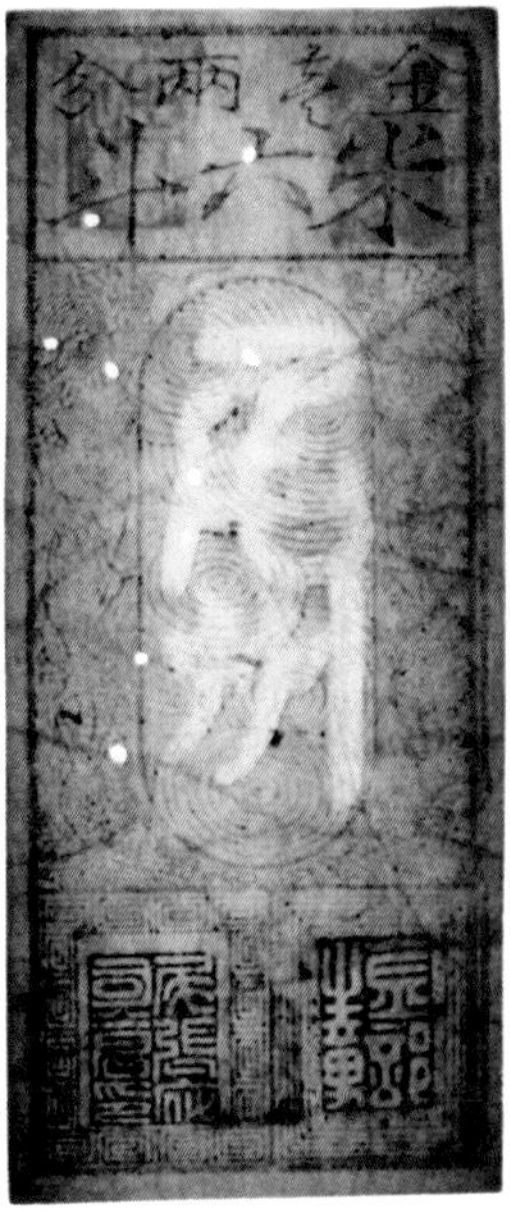

尾州

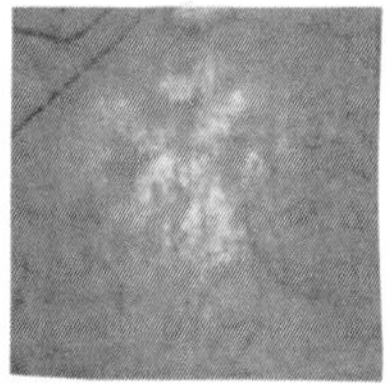

※（米の字）

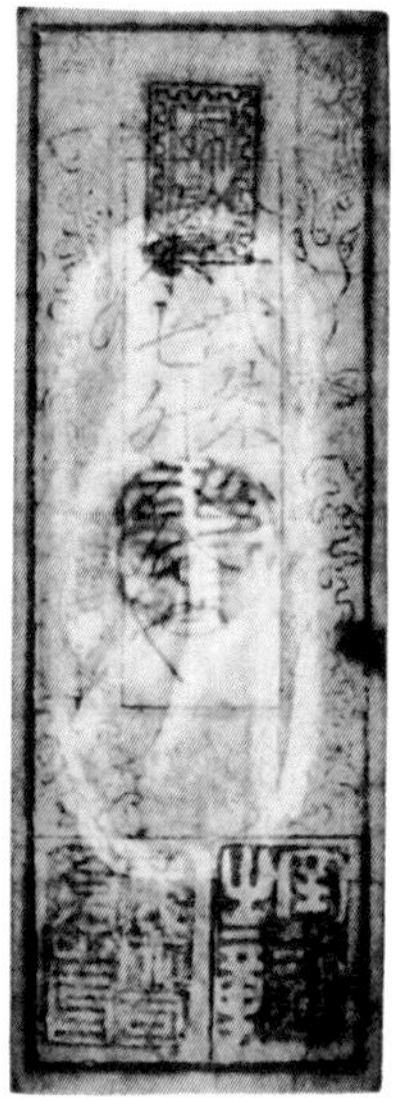

尾州

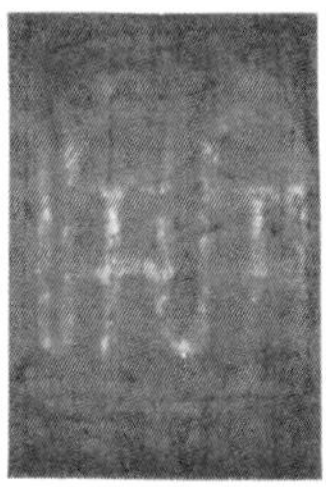

宝

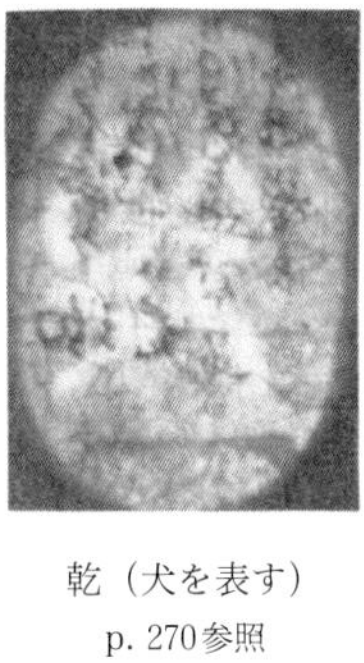

乾（犬を表す）

p. 270参照

農

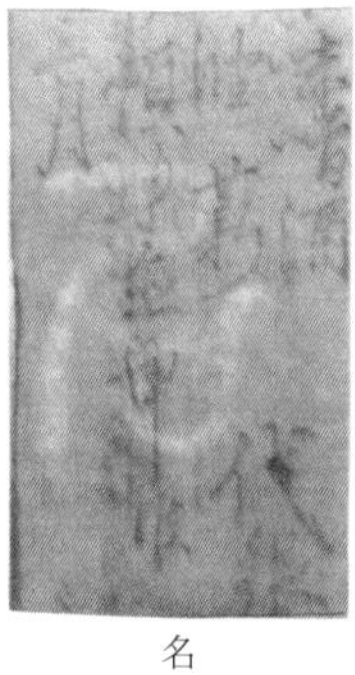

名

尾

尾張藩札の各漉かし文字

第十一国立銀行　伊藤次郎左衛門*　五円

*――現在の伊藤家では「衞」を公式な名称としているが、本書では常用漢字とする。

同上　一円

第百三十四国立銀行　岡谷惣助　五円

新国立銀行券

◎――郡司氏の手紙

収集家はいつでも、どんな状況下でも、常に同じように、ものを見るべきだとは十分承知していながら、現実には、見る対象の内容やその量、または時間的制約などによって同じ行動をとれにくいものである。コイン収集の世界を知って数年、多くのものを見る機会に恵まれ、一応知識も深まりつつあった昭和十二〜十三年ころだったと思う。銭幣館主田中啓文先生からきびしいご注意を頂いたことがある。

「見馴れたもの、珍しいと思われないものでも、表裏をしっかり見届けなければいけない。ものの見方、鑑別のポイントは年を重ねて自然と会得した方がよいが、いつもきちんと表裏を見ることは習慣付けることが肝要。見落とすということは最も恥としなければならない」

私にはやさしくいつも温かいものを見せて下さる先生がこんなきびしい人とは思わなかったものである。私が少し生意気になって無雑作にものによっては扱っていたのを見ておられたのであろう。自分でも反省して思い当たるところがあって、爾来十分注意して一刻も早く、先生の訓誡を身につけるべく努めることとした。併し、この習性を徹底するまでには時間がかかる。私の場合せっかちが災いして、ものを見る機会が多いわりには、よい習性が定着するのが遅い方だったようである。でも新しい発見を重ね、その喜びを味わうにつれ、徐々に慎重になって行ったものである。併し、時には鑑査中途で、自分の見方の粗雑さに気付いて再鑑して新発見に至ったこともあり、顧みて結構見落しがあったように思えてならない。こう語ると自虐的表現という人があろうか。

何年か前にある先輩と話し合った時、見落したものの追求は容易ではない、見落したものが多かったと思うのが人間的だと笑い合ったものである。見落しは自分では究明出来ないが私が一度見ているうちに自分で気付いて再度見直して収穫を得たことの方が忘れられない。再鑑したため、見落しを免れた喜びは大きい。

ここに三*枚の古札を披露してご参考に供す。

参考にして頂ければ幸せ。

陶泉　郡司勇夫

一九九四年七月十五日

安藤　榮　様

郡司先生は私共の師である。歳は私とは親子以上の違いがあった。日本銀行に勤められ、古貨幣、紙幣の研究をされていて、この世界では日本中に厳しい先生と知れ渡っていた。名古屋で古紙幣の研究を始め、都度小論文の発表を始めると傍に来ては何かと話しかけられた。こちらは「昔気質（かたぎ）の気にいらないことがあったら小言をどこであっても云う」むずかしい先生とは聞いていたのでなるべく近寄らないようにしていた。でも、我々名古屋人にはそういうことはなかったように思う。先生の積極性で自然に付き合いが始まると研究する人には親切で後任を育てるがごとく自分の手持ちの資料や日銀の資料を研究の足しにするように惜しみなく送っていただけた。現在も参考資料として使用させてもらっている。前文は先生の教えである。

尾張藩札である米切手は常に改め印を以って新札の発行をせしめた。表の顔は同じであるが裏印、添え印の違いが発行年を決める。それぞれ違いのある米切手を探し求めることとそれに伴う資料探しと古文書、御触書留状の新規発見が解決の糸口となっていった。

*―古札の図版は省略

◎――実物本位の歴史研究

安藤さんと知り合ったのは、もう三十年も前のことになろうか。ご自身で収集した古札を名古屋市博物館にお持ちくださった際に、たまたまお目にかかったのが私だった。お話を伺えば、尾張藩の藩札（米切手）を中心に収集し、その成果を『収集』というコイン収集の情報誌に連載されている由。収集品の藩札類を写真掲載されているのは興味深く、厚かましくも博物館図書室へのご寄贈をお願いしたところご快諾いただき、そのご寄贈は現在も続いている。

こんな事もあった。博物館が受贈した史料の中に、藩札類が含まれていた。すぐに安藤さんを思い出し、教えを請うたところ、日を置かずにかけつけ、藩札の発行年の決め方、印鑑のこと、透かしのこと、偽札の特徴など、実物を指し示しながら丁寧に教えて下さった。いずれも書物では学べない知識で、その広さ、深さに舌を巻いた。実物を常に観察している収集家ならではの視点で、学芸員としては心から共感し、また尊敬の念を深めた。

博物館で史料の収集に携わっていると、史料の方に意思のようなものがあって、ここにやって来たのではないかと思うことがある。もちろん妄想に違いなかろうが、こと安藤さんを見ていると、史料の方が好んで安藤さんのもとにやって来たと思えてならない。収集熱もさることながら、秘匿することで満足するのでなく、研究し公開することで、史料の存在意義を世に示す、という方針。実物の言葉を聞き、その意味を探る、という姿勢。その安藤さんを信頼して集まってきた実物史料が、この『尾張藩の米切手』の中で光り輝いている。

ご自身も述べていらっしゃるように、渾身のライフワーク。既刊の市町村史等から関係記事を編年しつつ、収集の実物により新たな知見を加えている。口絵写真の豊かさにまず圧倒されるが、加えて本文で引用される『永代万日記帳』などは歴史研究者なら垂涎の新出史料であろう。偽札造りに、れっきとした家柄の尾張藩士が関わり、追放の罰を受けているのも大変興味深かった。他にも、目から鱗の数々、尾張藩の藩札について知りたいときは、この本を開くべし。

令和二年九月朔日

元名古屋市博物館学芸員　山本祐子

◎――古札の研究について

筆者の尾張の古札研究について多大な恩恵をいただいた方がいます。その方は温和な性格でいつもにこにこ、でも地元の古札を見ると目が鋭くなる。岐阜県中津川市の町中で歯医者を営み、そして中津川貨幣研究会の会長を務められた尾澤先生でした。先生は地元をはじめとする東濃の古札や中山道を中心とする信州の宿場札の研究をされ、ある古札を骨董店の店主からの紹介で木曽中山道の須原宿の旧家から購入したという情報を元に、この札は何者なのか本来の札の姿を読み取らんと資料探しが始まったそうです。財布の中にはいつもその札のコピー図を忍ばせ、事あるごとに地元に残る古文書との照らし合わせが始まったのですが、押印された地元の古文書に出会うまでには二十余年の日にちがかかったそうです。その押印は尾張藩木曽代官所、山村家の家臣松井八右衛門の印鑑と判明し、まさに地元の木曽山村家発行の紙幣だったのです。先生はボロボロになったコピー図を広げられ嬉しそうに話されていました。

このように資料は探してすぐに見つかる場合もあれば何十年とかかってやっと見つかる場合、探せず次世代に任せる場合もある。資料にあって現物のない場合、現物があって資料のない場合、ともにむずかしい課題である。それを足で探してひとつひとつ潰していくのである。苦労してやっと探した資料、でもその話を聞いた人は「そうか、ありがとう」で終わってしまう。それでも失った記憶を取り戻そうと資料を探し歴史的位置に納めていくのである。

まえがき

藩札との出会い、それは国宝犬山城にあった。筆者は犬山の生まれで御城下材木町に育った。当時の犬山城は天守閣の登城券が二十円であったが天守閣に登らなければ城郭内の公園は全て無料であった。小学生であった筆者はその二十円を払って天守閣に登ることができなかった。当時は十円のこづかいもなかなか貰えなかった。お菓子等は秤売りで五円ほどで買うことができた。当時の十円はキャラメルなら一箱、げんこつ飴なら十個買えた。たまに、ぼて屋（鉄くず、新聞紙等の紙類、ガラス、銅、その他の買取業者）が買いに来るので売るものがたまっていると我が家としては臨時収入となりこづかいを貰うことがあった。誰かに連れて行ってもらうかどうかでなければお金を払って天守閣に登ることは滅多になかった。ただし、天皇陛下行幸（昭和二年）の十一月二十日は開放日であったので無料で登ることができた。そこには犬山藩札四十八文が展示してあり、その場所に来ると「ジー」といつも眺めていた自分がいた。その表面を見ていつも考えていたのは裏面は何と書いてあるのだろうかということであった。

その後、初めて手に入れた古札は尾張知多郡松原の銀一匁札であった。昭和四十四年頃だろうか、名古屋のテレビ塔西側の骨董屋に勧められて購入した。その後、尾張藩の天保二年二朱札や銀一匁札を手にするのは昭和四十八年頃になる。その頃はまだ特別な思いはなかったがそれからしばらくすると名古屋の町にも藩札収集ブームがやってきた。昭和五十二、三年の頃だったと思う。それは古銭専門誌の『ボナンザ』が四十六年頃より藩札について掲載、火付け役となり地域ごとに札の存在が明らかになり多く知られるようにもなり花咲いたのである。これら古札は明治の中、後期頃から収集されてはいたが、材質が「紙」ということと多くが幕末から維新前後という歴史の新しさから馴染みが薄くその存在は表面化しなかったのであるが、一部の人には根強い人気があったようである。

古銭との出会い、これは筆者の祖父、勝平にあった。勝平は明治十八年の生まれ（正確には十七年）で、財布の中にはいつも一文銭や四文銭が入っており、一文銭を出してはこれは一厘銭、文久銭を出せばこれは一厘五毛、四文銭ではこれは二厘銭という具合に古銭について話してくれた。筆者にとっては一文銭と四文銭であって遠い江戸時代の話であり、当時はよくわからなかった。しかし、思えば十年程前までは銭、厘の時代であって祖父にとっては生まれてこの方、一厘、一厘五毛、二厘として四、五十年使ってきた貨幣である。まだ現行貨同様の気持ちであったのであろう。これらが法律で廃貨*になったのは昭和二十八年であり、廃貨となって間のない頃の話である。財布からは一枚、また、一枚とこれは使えないといって貰い受けていった。当時はどこの家にも茶碗一杯位の寛永銭はあった。家の引き出しを開ければ半銭、アルミ銭、錫銭はどこからでも出てきた。そして、小学校五、六年、昭和三十二、三年頃になると切手、古銭ブームが起きた。戦中の中国の札も多く残されており、学校へ持って行っては取り上げられ、帰りに職員室へ行って返してもらった。犬山城でも切符売場で寛永銭は売っており購入した。切手は明治九町*の文房具屋で購入した。犬山外町の道具屋の軒下には具足や陣笠がいくつも下がっていた。そこでは鉄銭を分けてもらった。ある時、主人が「珍しい物を分けてあげる」と言って奥から持ってきて分けて貰ったのが鉄の四文銭であった。鉄の四文銭を見たのはその時が初めてであった。

筆者も藩札に魅了され、尾張紙幣に手を染める。だんだんと札が増えてくると所蔵資料では間に合わず、資料探しに至ってくる。名古屋の資料では『名古屋市史』（大正発刊）、『名古屋叢書』、『尾張藩の財政と藩札』（昭和十年）、『名古屋商人史』（昭和四十一年）があった。寛文札については『尾張藩の財政と藩札』に詳しく、札の通用期間の短さもあって研究としてほぼ完成されていると思われた。問題は寛政以降で、寛政の発行時期と天保頃と、回収時には詳しいが、それ以外は全くの中抜きで記述はなかった。これらは『名古屋市史』が参考とされ、以降の諸本もこれを参考にして展開されたと考えている。そのため、それ以降の研究がおそらくなされてこなかったと思われた。もう一つはより多くの実物の「札」を見なかったのが原因であろう。見た数量が少ないので何も疑問も持たず、「はい、終り」である。数が集まってくるといろいろと違いが見えてくる。札の表面は同じ顔をしていても裏面を見ると印判が違うのはなぜだろうと考え、文書探し、資料探し、分類と始まったのである。

新しい資料として大変役に立ったのが『一宮市史』（昭和四十四年）で村方の御触書がまとめてあった。事は町で行われている町方の資料の重要性に思い至り、古文書の収集も始まった。一宮市史を埋めるには新規発見が必要であるがそんなに都合のよい古文書がほいほいとは出ない、地道な作業である。古文書を集めようと思うと頼りになるのは基本的には古書店であるが、以前はデパートを始めとして各所で定期的に行われていた古書市が最近では極端に少なくなり物も出なくなっている。古文書は天保以降はまだ出てくるが、それ以前となると少なくなるが一番ほしいところである。また、古文書は各地から集まって来るので尾張物かどうかを見極めることも必要である。

手元の資料の中でも尾張藩御用達商人である御三家（伊藤・関戸・内田）に準ずる岡谷家の御触書は特級の資料であった。それには藩札であった米切手の廃棄処分の様子が「絵入り」で書かれていたのである。発行の記録は多くの触書から読み取ることができるが廃棄処分の記録はこれが初めてであった。

もう一つは名古屋の御用達商人である上御園町の吉野屋吉右衛門の日記であるが、これも絵入りで紹介してあり、今までの解明の証拠附けとなった。日記は芝居、相撲、祭り、事件、事故と名古屋をはじめとして見聞したことを丁寧に書き留めた天明から文化までの記録である。従来の不足分を一気に埋め初期藩札である米切手の一連を解読し明確にすることができた。それゆえ、寛政から享和の金銀札の分類、振り分けの整理整頓、そして裏付が取れたのである。これによって札の流れが解明できた。

まだ資料不足の面があるかも知れない。時間が勝負と思うが時を待っても資料はあるかないかは知れないし、出ないかも知れない。取りあえず一度、この辺でまとめることとした。

米切手は当初は藩営であったが後に半官半民となり、領民を巻き込み、後半は藩指導のもと富農、富商人の運営へと変わっていった。繰り返しの対応にも関わらず藩の財政は悪くなる一方で、特に天保期は多くの災難を始めとする出費増を米切手の乱発によって凌ぎ、その発行量の多さに驚いた幕府は幕府令により停止とした。官民協力のもとに何とか停止に持っていったものの領民には多くの損害をあたえた。農商の御用達商人はその後も藩を支え続け解放されずに明治維新に至ったのである。

詳しくは本書をご覧いただきたいが、とりあえず尾張藩の米切手としての研究は完成したと思っている。

令和二年八月八日

安藤　榮

＊廃貨――昭和二十八年三月「小額通貨の整理及び支払金の端数計算に関する法律」＝一円以下の補助貨幣及び日本銀行の小額通貨の十二月三十一日限りの通用禁止

＊明治九町――めいじくちょう。通称。中本町と下本町の堺を西へ。明治九年に新しくできた町であることから名付けられた。

凡　例

本書は江戸時代の尾張藩領で発行された藩札・米切手について著者所蔵資料を使い網羅的に紹介したものである。

一、引用資料は、底本の記載方法によったが適宜あらためた箇所もある。

一、原則、常用漢字をつかい、必要に応じて旧字体も残している。

一、できるだけ表記の統一を図ったが、近世文書の性格上、そのままとしたところもある。

一、本書で登場する町名はとくに記載がないものは名古屋城下の町である。

一、現在では使われない表現方法、差別語があるかもしれないが歴史的資料としてご理解いただきたい。

一、藩札・米切手の印鑑の色表示については、黒印＝墨印、赤印＝朱印。

尾張藩の米切手　目次

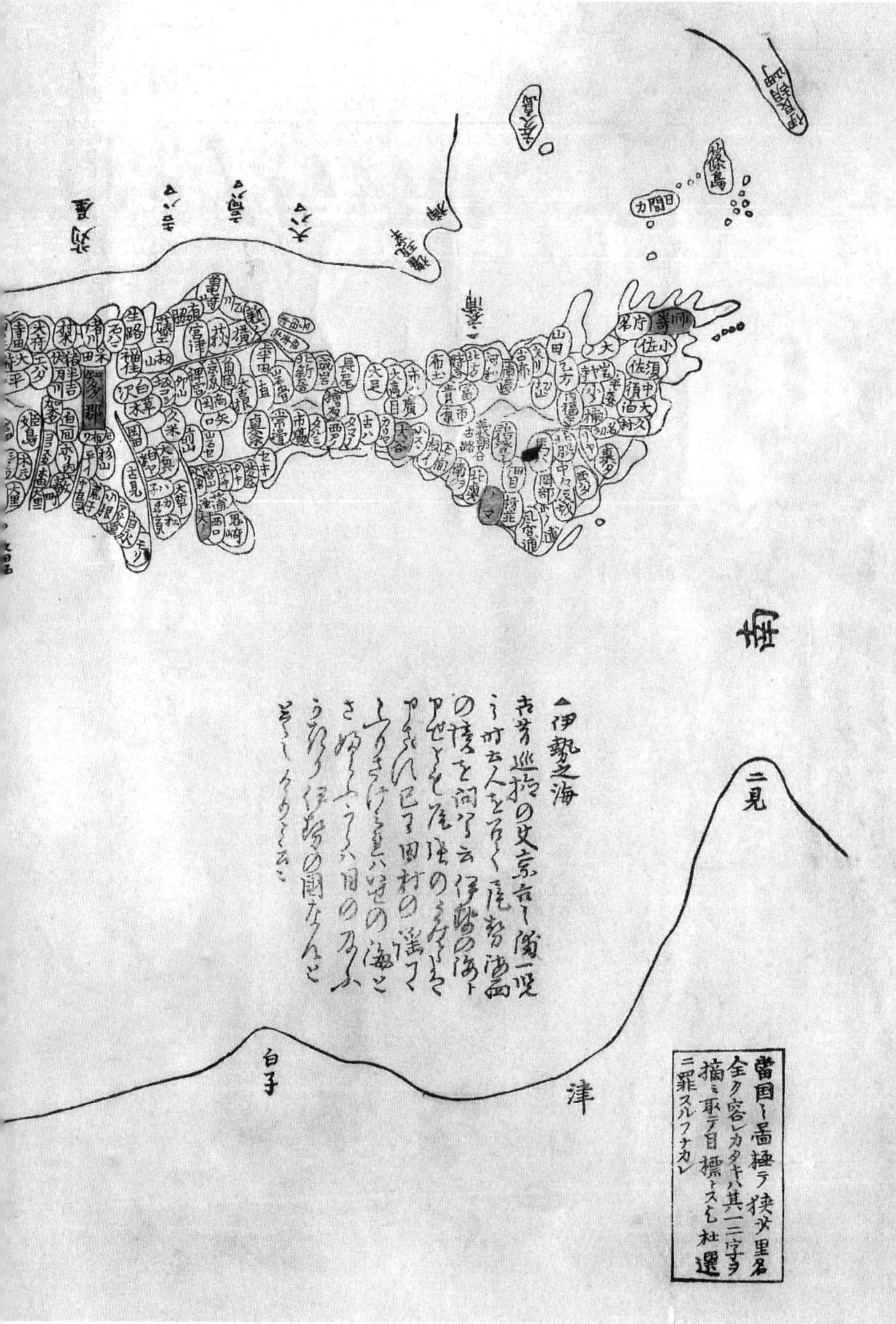
篠島
二見
津
白子
伊勢之海
當国ノ畾極テ狭ソ里名全ク容レカタキハ其一二字ヲ摘ミ取テ目標トス乞杜選ニ罪スルコナカレ

江戸時代後期の尾張国図

尾張藩の米切手

序　章

◇――札の始まり

札（ふだ）の始まりは伊勢神宮の神宮領（門前町である宇治山田）の商人による発行といわれており、慶長以前とされている。江戸時代の通貨は金、銀、銭（金とは小判・歩金、銀とは丁銀・小玉銀、銭は銅銭）であるが、東国は金、西国は銀が主流の通貨であり、その銀は秤量貨幣であるため重さがまちまちで釣り銀の計量に手間取り、端銀ができ、都合のよい釣りを出すことが難しく「はしがき」に書き付け、銀の預り書として渡したのが札の始まりとされ、羽書（はがき）、端書（はがき）と呼ばれた。

それが発展してくると有力商人は財力と信用力で組合を作り、信用力をたかめ、丁銀の定額の預り書として小額札を発行した。その信用力と利便性は庶民にも広く受け入れられていくようになる。また、商人は札の発行高に対して兌換準備用の正*金を備えることにより、余剰正金が増え、商用投資により多くまわすことができて地域経済は発展すると同時に商人の力も増

＊**正金**――紙幣に対して金銀銭の正貨のこと。

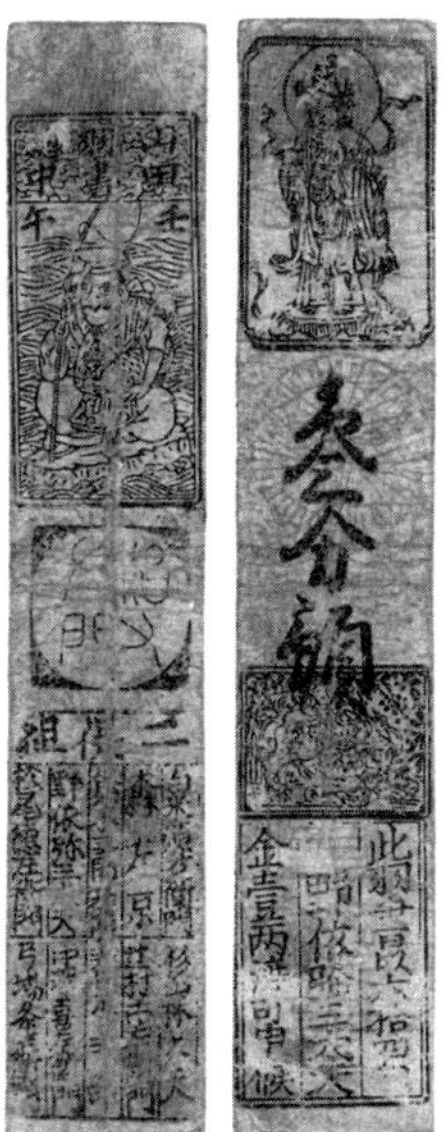

山田羽書（文政札　赤色三分札）

してくるようになる。札の発行は連綿と続き変遷を繰り返しながら明治初年まで続くが、明治新政府の新貨幣の発行と共に通用停止となっていく。それらの札は現在、「私札」とか「商人札」とか呼ばれている。

◇――藩札の始まり

藩札の始まりは文献上では寛永七年（一六三〇）備後福山といわれ、大垣藩は寛永十六年の記録が残っている。現存最古では寛文元年（一六六一）の越前の福井藩のものがある。尾張藩の初回は寛文六年の発行で比較的初期の発行となる。

藩札の発行は一般的には財政難からであるといわれているが、江戸時代中期、後期になってくると領内の産物運営や銭不足など藩によって色々理由が異なるので札発行の理由はいちがいにはいえない。

たとえば美濃、加納藩の場合には「傘」切手という札がある。「傘」は加納藩の特産物であり、藩の管理下にあった。藩は傘作りの職人から傘を「札」で買い上げ、江戸から現金が届くまで職人に対し「札」を使用させることにより、「一文」の正金も使わずして運営利益がでた。つまり、現在でいう手形みたいな性格のもので、藩は傘を手形で買い、その手形は定額、小額化されており藩の信用力で通用させるという制度である。美濃の造り酒屋の天保年の記録では、江戸へ酒を送ると請求額の約三分の一の正金がすぐ送られてきて、約九〇日後にさらに三分の一が送られ、最後の三分の一は約一八〇日後であった。現在の手形方式はこの時代に既に確立されており、商人は仕入れに金を要してもすぐには入金が無かったのである。

また、岡崎藩の場合は小銭不足のために札を発行している。そのため札は「売り」出されていた。物価高が進むとそれに伴い銭需要が高まるが、当時の鋳銭は鋳型から銭を造るので現在のように型で打ち抜くという大量生産ができない。その不足銭を補う形で小額札を発行して領内の銭不足を安定させ解消させた。つまり、「札」は「金、銀」で売り渡し、銭札として使用したのである。藩力によって強制通用された場合と違い、正金に裏付けられているので下落することがなく領民は安心して使用することができた。

さらに、藩域を越えて札が通用している場合では、札が領内に入り込むことによって正金が他領へ流出してしまうため、その対抗処置、防御策として札の発行に踏み切る場合もあった。

以上のように藩札の発行にはいろいろな理由があり、それぞれ研究が必要となる。決め付けでおっしゃる方がいるが答えは一つとは限らない。解決には資料の発掘が重要な鍵となる。

◇──尾張藩　寛文札の発行

尾張藩は表高六十一万九千五百石、尾張全土を始めとして美濃、三河、信濃、近江、摂津の一部を領し、二代目藩主の徳川光友（一六二五〜一七〇〇）の代で実高百万石であった。しかし、以下にあげる災害により多くの金銀の払出を行った。

慶安三年（一六五〇）　木曽川の大洪水。田畑の損害甚大。

慶安四年（一六五一）　海東、海西郡の水害。

承応二年（一六五三）　六月、暴風雨。城、櫓、門が壊れ、二万二千の民家が壊れる。

万治三年（一六六〇）　正月、名古屋大火*。侍屋敷百二十、町屋二千二百四十七、寺院四十焼く。

寛文四年（一六六四）　三月、名古屋火災。町屋百七十、侍屋敷、会所五軒焼く。

寛文六年（一六六六）　七月、洪水。十五万五千石の水損、堤防十八里、橋百二十八、家屋二百四十五軒、材木五万本の流失。

（参考：名古屋市史「災異年表」）


*――万治の大火。碁盤割地区（現在の中区丸の内・錦）の七割が焼けたともいわれる。

打ち続く災害に負債の高まった尾張藩は負債を補うため、札発行に動きだす。

寛文六年四月十一日　御国御用人、田辺四郎右衛門と渡辺新左衛門の二名が裁配を命じられる。
〃　四月十九日　御材木奉行、加藤半兵衛が札奉行を仰せ付けられ、御加増百石。
〃　四月二十七日　長者町一丁目町屋を買い上げ、札扱い所とした。
〃　五月三日　京都御買物奉行、東　武右衛門が札奉行を仰せ付けられ、御加増百石で三百石となる。

〃　五月十九日　平田惣助、庄七、新六が札遣い御用掛りを仰せ付けられ、切米三十石と手代二名付けられた。

〃　六月晦日　久保金左衛門門人の江府浪人山本藤兵衛が金左衛門のすすめで書札方、右筆に召しだされ、切米三十石御＊扶持五人分下される。

〃　九月三日　先の平田三名に加増十石ずつとする。

〃　九月九日　当月二十八日の朝より札づかいになるが二十七日、朝五ツより八ツ時までに札入り用分、金子をもって札所へくるようにと触れている。

（参考：尾張藩の財政と藩札　(二)発行準備）

＊**扶持**――家臣などに与える俸禄のこと。扶持米の量の単位は一人扶持で一日あたり五合で、年一石八斗にあたる。

藩では寛文六年四月から九月までに「札奉行、札会所、札役人」と矢継早に取り決めている。文中の平田は藩の御用両替商で札奉行の下におかれ、札の引き替え、真贋の見極めをする役目と、藩への金銀の上納のすべてを行った。

（寛文六年九月）

覚

一　札払金子壱両に付　札目六拾弐匁宛相渡候

一　札にて金子請取候時は壱両に付札目六拾弐匁四分宛持来可有之事

一　金銀に而諸色一円売買仕間敷事

一　銭遣百文迄は不苦百文ゟ上は札遣たるべし　但往還之人足賃　駄賃　船賃*
旅籠銭何程に而も銭遣不苦事
一　他国之者　一宿は札に不及一日にても逗留におゐては札たるべし　但往還
之旅人は逗留中金銀銭遣不苦事
一　札と札は望次第替可遣　幷損候札持来替申度と申ものには　札之見分有之
分は無相違替可遣事以上
寛文六年九月　日　　東武右衛門
加藤半兵衛
（尾張藩の財政と藩札）

*――ゟ（より）

（寛文六年九月二十八日）
兼而被仰出候　御領分中金銀札遣之儀今日ゟ札遣ニ相成り通用方等之儀御触有
之
（御口記）

（寛文六年九月二十八日）
御家中金銀遣札遣被仰出同八年相止
御国中札遣に被仰出　平田三人に三拾石つゝ被下　判書奉行加藤半兵衛　御材
木奉行ゟ東武右衛門　御買物奉行ゟ　百石つゝ御加増　三百石に被成下
（編年大略）

寛文六年九月二十八日に国中の金銀遣いを中止して、札遣いが始まった。この札を判書（はがき）といった。長者町二丁目を判書場として朝五時より七時までとする。金一両の札での受け取りは六十二匁ずつとして、札にて金子を受け取る場合は六十二匁四分での引替えとしている。つまり銀四分が手数料となる。札は一分から一匁、十匁までいろいろあり、銭百文以下は銭遣いを許し、他国の者のうち、逗留者は札遣いとした。

札の種類は銀一分〜一匁、五匁、十匁とあり、十二種類の発行となった。

覚

一、米弐拾石　尾州　犬山　十右衛門
一、同　同　津島　源三右衛門
一、同　同　大野村　彦左衛門
一、同　濃州　岐阜　源四郎
一、同　同　上有知村　甚右衛門
一、同　同　兼山村　又八郎
一、同　同　竹鼻村　七左衛門
一、同　同　中津川　新　六
一、同　木曽　福島　弥三右衛門

右於其所之札宿ニ被仰付候　当午之年ゟ如斯為　御合力米新規に被下置候而
御国奉行衆手形を以自今已後無相違可被相渡者也

寛文六年午十二月八日

（佐藤半太夫諸事覚書）

本町、長者町の札会所のみでは庶民の暮らしに不都合なため、尾州で三ケ所、美濃で四ケ所、信州木曽福島に一ケ所と米二十石の手当てで札の引替えを申しつけた。

定

一、似せ札仕候者の訴人黄金弐拾枚
一、札をけつり銀目を書替申者の訴人同拾枚
一、札の銀目を偽　安キ銀目を高き銀目ニ申様相渡し申者の訴人同五枚
寛文六年午十二月十五日

（尾張藩の財政と藩札）

年貢米や浮役*において金銀で納めても札で納めてもよいとされた。

札遣いは始まったが寛文七年正月、信州の札遣いの引替えは木曽福島であり、信州の近くでは濃州の中津川となるが、尾州領である木曽は山奥で米は取れず、米や大豆は飯田方面から購入するため札の引替えが遠くてこまるので札遣いは許してほしいとの願い書が出された。

また、続いて寛文七年二月になると前々から中津川（尾州領）で市が開かれていたが、昨年冬よりは他領である美濃の苗木で市が開かれるようになった。また、岩

＊浮役——うきやく。正式な年貢以外に必要に応じて臨時に徴収された雑租の一種（人足を出すなども含む）。

村領の今宿に新しく市が立つというので困っている。贄川より馬篭まで札遣いをやめているなら、中津川もだんだんさびれてきているので札遣いをやめさせてほしいと福島の山村代官所へ訴状を出している。

（参考：山村代官所留書）

昨年、金遣いを停止して札遣いをしたが札ばかりでは問題が多く、金遣いを許可してきたが、許可のない所でも内密で金遣いをしている者が多いと聞くので新しい札を出して新札と交換する。許可のないところでは金遣いをしないようにとしている。

（参考：寛文七年六月晦日　瑞龍院様御代御日記）

一、今度被仰付候新札出来古札ニ取替候間今月二十日ゟ八月晦日迄之内只今迄所持之古札札場江指出新札ニ取替可申且又八月晦日迄ハ古札新札共ニ通用之筈ニ可心得旨御触有之

（御日記　寛文七年七月十七日）

以上のように寛文七年七月二十日に新たに新札が発行されたが、同年十一月八日には早くも似せ札（偽札）作りが捕まり処罰されている。清安寺弟子の弁我が作り、知南が使ったとして首をはねられ、弁我の親と兄は「所払い」*とされた。

（参考：尾張藩の財政と藩札「判書の改変」）

＊**所払い**――江戸時代の刑罰の一つ。居住の町村から追放され、そこへの立ち入りを禁止される。

一、今度被仰付候五匁出来拾匁札ニ取替候間来正月四日ゟ同晦日迄之内是迄出
　置候拾匁札を札場ニ可差出且正月晦日迄ハ拾匁札も通用致候筈御触有之
（御日記　寛文七年十二月二十四日）

この御触では十匁札を止めて五匁札に振り替え発行するとしている。高額札に似せ札が多いための十匁札の回収であるが、七年七月二十日に発行に踏み切った十匁札を遅れて発行される五匁札で回収に踏み切ったのである。

一、一筆令啓上候仍近年御領分札遣ニ被仰付候処諸売買不自由にて諸人迷惑仕
旨趣共具被聞召自今以後は札遣御止被成候間各所持之札　明五日ゟ三月五
日迄之内ニ札場へ為、御持可被下候　金子ニ引換可申候　就夫明日ゟ札遣
一円ニ不仕金銀鳥目*取引之筈ニ候其心得可被成候恐々謹言
申二月四日　鈴木半右衛門
加藤半兵衛
（寛文八年　尾藩令條）

一　正月　金拾万両御拝借有之五万両江戸五万両大坂渡り也
（寛文八年戌申年　編年大略）

寛文八年の二月五日から三月五日までに札は引き替えられ、寛文六年九月から始

*鳥目——一文銭をいう。

まった札遣いは似せ札と商売の不自由、庶民の不平でわずか一年半という短さで通用は終わった。尾張藩は幕府から十万両の借財をして札の回収をおこない、四十年余りの間に七万両を返済したが、三万両は宝永六年（一七〇九）将軍家宣の新政で拝領となった。

参考文献　名古屋市史、尾張藩の財政と藩札、尾張札の部（名古屋古札研究会）
名古屋叢書、藩札と羽書（松阪市立歴史民俗資料館）
日本貨幣物語、名古屋叢書第四巻編年大略

1 尾張藩札米切手

◇——米切手発行までの歩み

尾張藩は寛文六年（一六六六）九月に領内の正金流通を禁止し、初めての銀札（判書）を発行したが、「似せ札」や領民の反対により、寛文八年二月五日からは流通停止となり、三月五日までに回収となった。約一年半の初期における藩札の流通は止まった。その後の尾張藩は国内の黒字化に努め、享保三年（一七一八）には金で一万三三〇〇両余と米で七二〇〇石余の余剰を生んだ。同十三年（一七二八）には米で二万七八〇〇石余の余剰を生み、金では一万三三〇〇両余を保持していたが、享保十五年七代藩主宗春の繁栄政策により、たちまち二万七〇〇〇両の欠損に転じた。元文三年（一七三八）には七万四六〇〇両余、米では三万六四〇〇石余の欠損となった。元文四年、八代藩主宗勝は緊縮政策を取り続け、延享四年（一七四七）には金一万四〇〇〇両余の余剰を生むことになるが、宝暦、明和年間に風水飢饉等により歳入不足となり、更に土木救援により多大な歳出に見舞われ、明和三年（一七六六）には幕府より二万両の借財にいたり、名古屋城下商人には五〇〇〇両の調達金を課した。同六年（一七六九）よりは家士に高百石につき三石五斗の上米を行い、また対策として蔵奉行、水谷茂左衛門等により銀札の再発行の評議がされた。

寛政二年（一七九〇）には高百石に二石の上米を行ったが藩債は二二万両に膨らみ、寛政元年、三年両年に調達金五一〇〇両を課した。寛政四年（一七九二）になると藩は藩債整理として、従来の調達金の利子を無利子として、すでに支払った利息金を元金にあてるという策を行った。よって、総額二二万五五〇〇両余の負債に支払い済みの利子分六万五七〇〇両余を元金に加え、残金は一五万九八〇〇両と減じたがこの残りの債務処理が問題として残った。

（参考：尾張藩の財政と藩札　第三章　後期藩札／
名古屋市史（大正三年）財務及経済　二期三章）

○従公儀被仰出候　御書付写　壱通（宝暦九年）

金銀銭札遣候儀　宝永年中相止メ候処
前々札遣致来候所ニハ勝手次第可仕旨　享保十五年相達候
其後新規之場所ニ茂（も）銀札遣願相済候も有之候へ共
新規之分も段々相済候而ハ類例茂（も）多相成後々差支之儀茂（も）可有之候而
前々ゟ札遣致来候場所幷享保十五年以後新規ニ相願済候分ハ格別右之外
向後新規之場所　札遣候義者難成候間　可被得其意候
一金銭札遣候儀者前々通用致来候分茂（も）向後願難成候事

但　当時通用致候分ハ年季之内ハ只今迄之通之為遍具（たるべく）候

卯八月

右之通可被相触候

（信州竹佐村庄屋　久保田六郎衛門　宿継御廻状留（高須領））

当時、幕府は宝暦五年（一七五五）に金札の禁止、宝暦九年に金銀札の禁止、安永三年（一七七四）には金銀札の禁止の再令をしていて、尾張藩は「米切手」の名目にすり替え幕府に許可を願うに至った。米札発行については反対する者も多く、年寄山澄淡路守は石河伊賀守に対し反対すると同時に広小路の牢屋敷を広げるよう に進言している。津金文左衛門は「米札通用となれば正金は富家に退蔵され、諸税、世情通用が切手ばかりとなり江戸への御下金の七万両が二、三年のうちに支出困難になる。米札は*揉札になるので引替え手数が増え、似せ札もできる。米切手と正金では取引に差ができ、米札は下落して米札買いは高値で買うこととなり諸人が困るであろう。正金は富家の手元に残り、札ばかりが国中通用する。米札通用となれば正金は他国に分散し、米札停止になっても正金は戻らない」と反対意見を述べたが、寛政四年発行に至る。

（参考：尾張藩の財政と藩札　第三章　後期藩札／名古屋市史（大正四年）第三章五節）

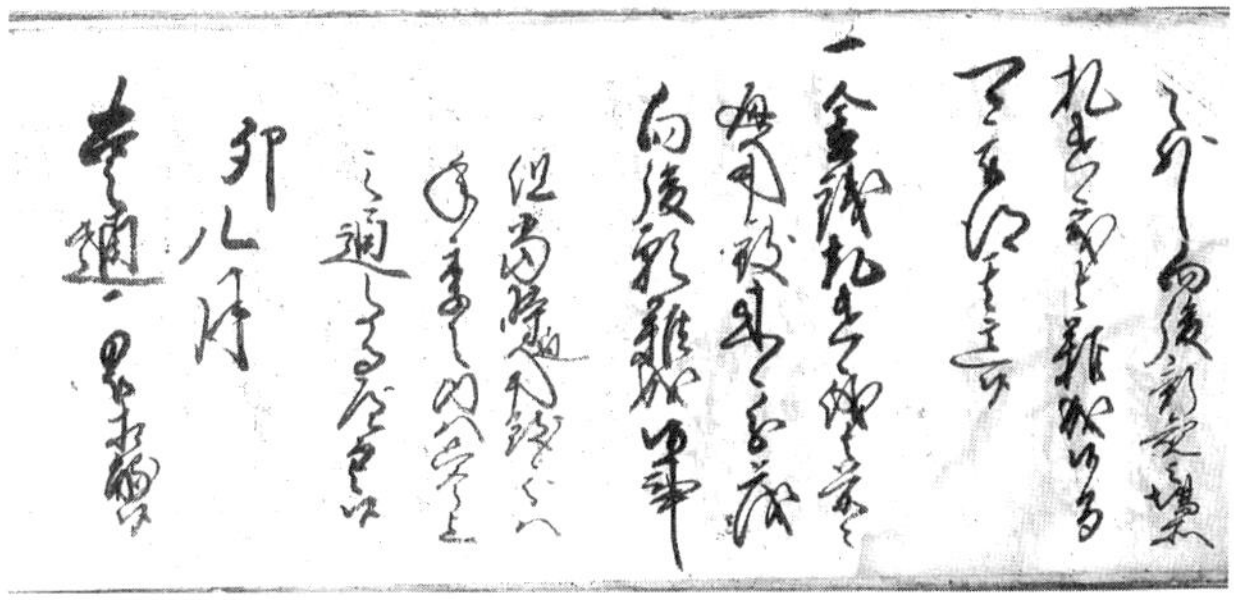

従公儀被仰出候　御書付写壱通（宝暦九年）

*揉札——通用中にいたんで見づらくなる札のこと。

〇明和四年名古屋の調達金　柴田新兵衛（納屋町　医者）

尾張藩五〇〇〇両調達金の五十両である。

> 請取候金子之事
> 文金五拾両　但八歩利
> 右者　為御借上金　請取之候　当暮
> 元利共　可被返下所如件
> 明和四年　亥　正月
> 柴田伊右衛門
> 坂　嘉兵衛
> 渡辺新右衛門
> 納屋町柴田屋
> 新兵衛殿

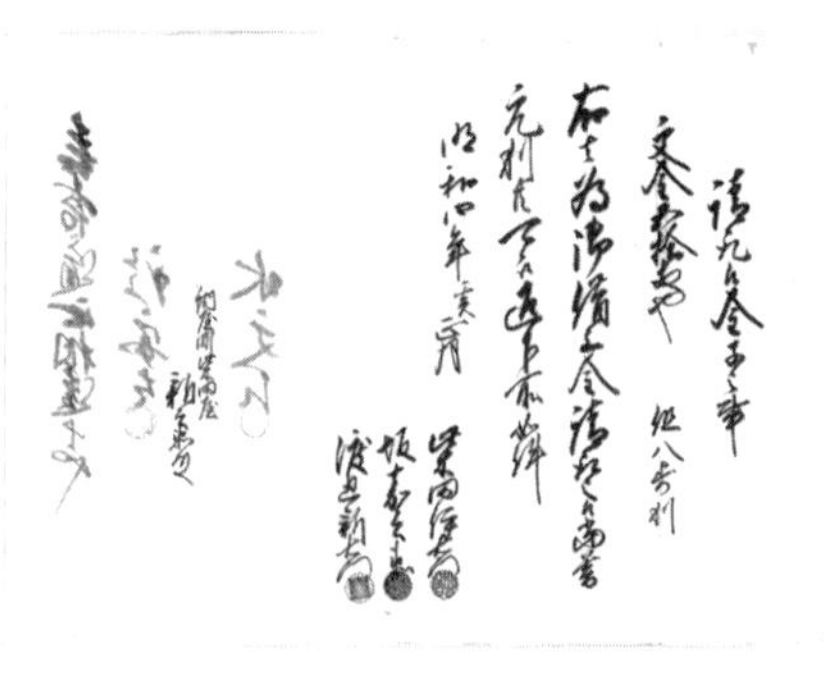

柴田新兵衛　尾張藩五〇〇〇両調達金（明和四年）

尾張藩は藩債整理の目的で「米切手」という形で藩札を発行することになるが、本来の米切手とは領民から年貢として納められた米を正金化（小判等）のために「払米」として藩の米蔵から競売により売り出された時に米の引替用の「手形」として発行されたのが生来の「米切手」といわれているものである。そのため、尾張文書のなかではそれを区別する必要がある。

尾張藩の経済の研究として藩札である「米切手」が多く紹介されているが、本来の米切手と混同して紹介している場合もある。

○尾張藩　渡辺家の米切手の紹介（石高一万三三〇石四升二合）

六拾五番
　納米弐拾五俵　　但　四斗入壱割廻
右者当丑収納米相払者也
　　寺部代官
慶応元年丑十月　　進藤後藤太
来寅八月限切手引揚切之事

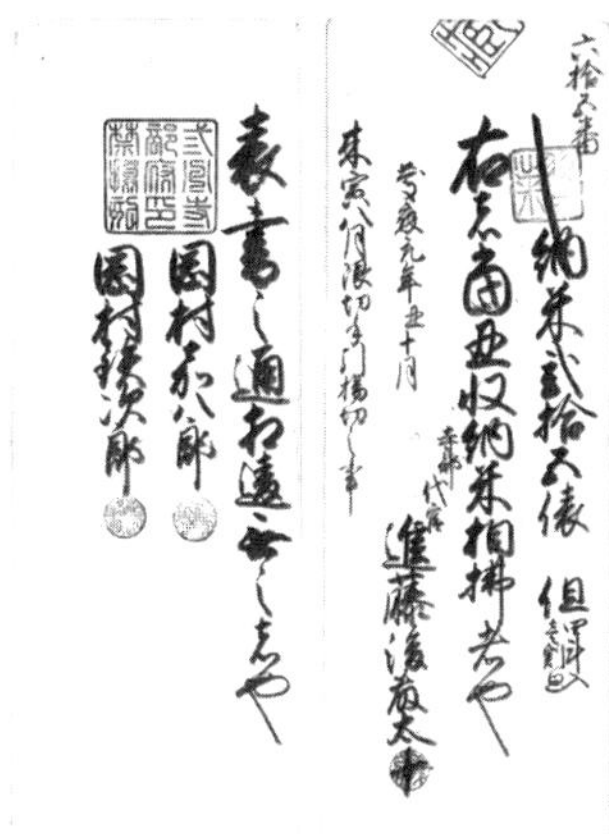

渡辺半蔵家　尾張藩一万三三〇石　蔵米切手

◇米切手黄色札の発行

尾張藩は、幕府による金札の禁止（宝暦五年）、金銀札の禁止（宝暦九年）、金銀札の禁止の再令（安永三年）により金銀札の発行ができず、「米切手」の名目にて幕府の許可を得て発行に至った。

一　米高拾弐万石を超過せざること。
一　発行二十五年後に之を停止すること。
一　米札を金銀札と混同せざること。

発行には以上の三ケ条の条件がついた。

（参考：尾張藩の財政と藩札　第三章　後期藩札／
名古屋市史（大正四年）財務及経済　二期三章）

（寛政四年（一七九二））

御領分在町等江追々調達金被仰付　随而金銀不融通之趣相聞候付　今般公義に
御伺之上　御領分中米切手通用被仰出　別紙之通　在町江相触候付而ハ御普請
役を始諸上納物幷拝借返上等　米切手を以　上納之義　不指支筈ニ候間　通用
方無差支様可被心得候

子十一月

（尾張藩の財政と藩札）

御領分在町共　追々多分之調達金被　仰付　随而米金不融通之趣相聞候ニ付
公儀え御伺せ之上　米切手ニ代金書加　御領分中通用被仰付候間　存其旨　通
用差支無之様可相心得候
一右米切手を以調達金之内え相応ニ被返下　幷御払方えも取交相渡筈ニ候
一米切手左之通り

金壱両分　　米六斗

但し金壱両ニ米六斗替

金壱分分　　米壱斗五升

但シ右同断

金弐朱分　米七升五合

但し右同断

右三通之米切手　書面之通時之相場ニ不拘　米切手面極相場之米代金を以通用之筈ニ候

一米切手を以諸上納幷御家中在町取やり差支無之候　右切手を以米納ニハ不相成候

但　若心得違候者有之　差支候儀も候ハ、　其趣可申出候

一他所懸引等ニ而米代金入用之節は　於引替所ニ　米切手と引替へ金子可相渡候

但　当分於*平田所ニ　引替筈ニ候

一米切手金ニ引替候節ハ　金壱両ニ銭八文　同壱分ニ銭弐文　同弐朱ニ銭壱文添可差出候

但　払方等取遣ニハ歩合ニ不及候

一米切手水濡或ハ損等有之引替之儀申出候ハ、　於引替所　吟味之上引替可相渡候

但　札大小之無差別　切手一枚銭四文相添可差出候

一若似せ切手等取扱候者有之候ハ、　御吟味次第　重キ御仕置可被仰付事

寛政四年子十一月

小牧御役所

馬　養　助

＊平田所――尾張藩の御用両替所。

「米切手通用被（荷添書）　仰出候付　別紙之通相触候様年寄衆被仰渡候間　御国奉行衆被相渡候付相触之候間　村中被洩様可触知候

十一月十四日　　　　　　橘　長七郎」

（一宮市史　資料編七　寛政四年）

表書きは金一両に米六斗替え、金一分に米一斗五升、金二朱に米七升五合で金一両、一分、二朱の三種類の金札を発行した。この米切手は年貢米の代わりの「米納」のみ許可せずその他、諸上納物は許可した。米切手の金一両の兌換手数料は銭八文として金一分は銭二文、金二朱は銭一文とし、水濡、揉損*等の引替えには銭四文を必要とした。似せ札作りは重き御仕置きとしている。こうして発行された米切手であるが御触書からはどのような姿をしていたかは不明である。

金一両に米六斗替としているが寛政四年近辺の米価を紹介する。寛政三、四年の米価は比較的高値であった。

（一両当たりの米価）

寛政元年	八斗五升
寛政二年	九斗三升
寛政三年	六斗三升
寛政四年	六斗六升
寛政五年	七斗五升

＊**揉損**――揉札。傷んで文字等見づらくなった札。

寛政六年　八斗七升
寛政七年　六斗七升

（名古屋商人史　新興商人の積極的な経営ぶり（第九表））

（寛政四年十二月二十三日）
一　其比　米札トシテ　金壱両ニ　米六斗ト定　金壱分トシテ　壱斗五升
弐朱トシテ　七升五合
右之米札　拾万両斗（計り）出来いたし候　町ゝ御借り上金　弐分通り御返済被
成候
其外　大小家迄　百石ニ付　拾両ツゝ御貸し被成候　当国中通用もつ
う分成

（永代万日記帳　名古屋上御園町　吉野屋吉右衛門）

御城下の上御園町の商人、吉野屋吉右衛門は以下のように日記に書き記している。

金一両に米六斗、金一分に一斗五升、金二朱に七升五合として三種類の金札の発行を書いており、「米札拾万両斗り出来いたし」としていて、幕府の許可高、二〇万両が当初の発行は一〇万両での運営で始まったことが解る。また、「町ゝ御借り上金　二分通り御返済被成候」とあるが御領内の御借上金二二万五五五六二両の二分は四万五一一三両になるが利息分の返済組入は六万五七〇〇両とあ

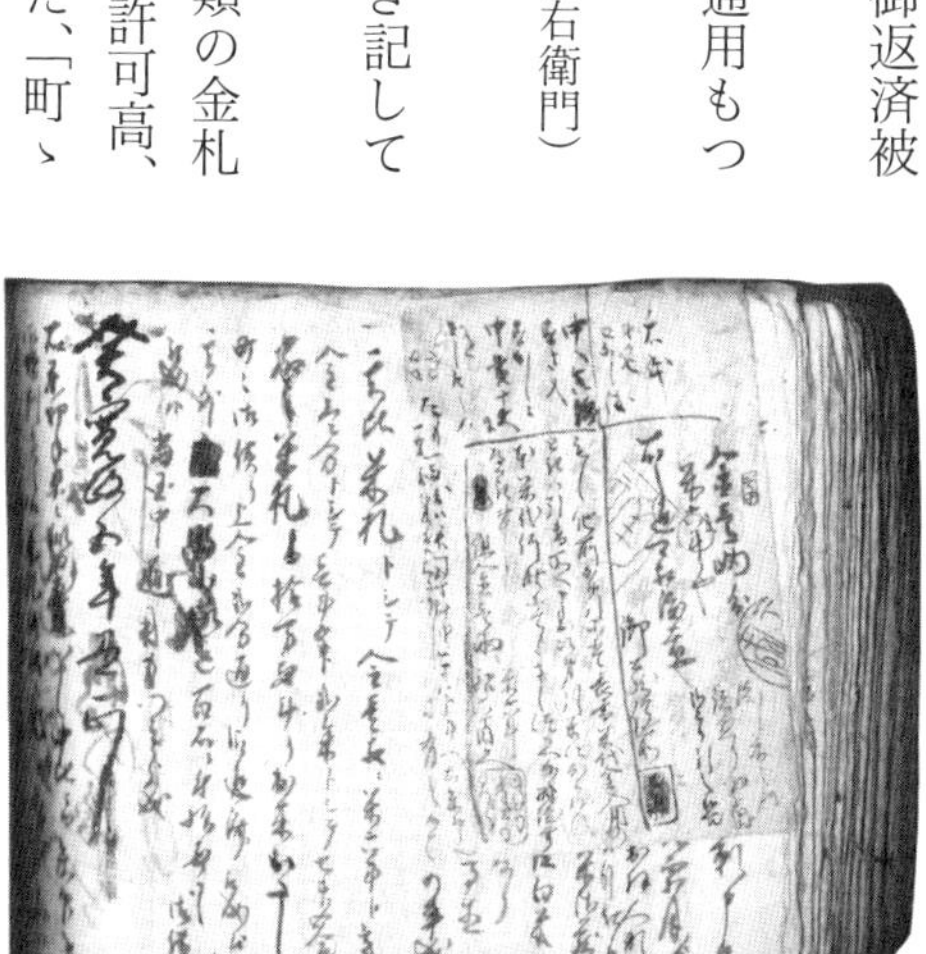

吉野屋吉右衛門「永代万日記帳」（寛政四年）

るので、思いの違いは少しあるが近く物語っていると思われる。そして、米切手の発行は困窮している藩士に「百石ニ付　拾両ツヽ御貸し被成候」と早速の貸し出しを始めている。「米切手」で貸し付けを行ったのであろう。米切手の発行により、目先のゆとりが出たようである。御触書では読めなかったことがいろいろと読み取ることができる。

　ここで、吉野屋吉右衛門の日記について簡単に紹介しておきたい。

　当日記は御城下上御園町、名古屋城に近い上町*に住む吉野屋吉右衛門が天明二年（一七八二）より文化八年（一八一一）までの二十九年に及ぶ見聞きした出来事、琉球人の渡来や芝居、角力のにぎわい、祭りや諸事件や事故等を名古屋のみならず日本国中の事柄を時折、絵姿を含めて綴った貴重な日記であり、この二十九年の長さはおそらく当主一代の記録であったと思われる。

　現在、天保以降の古文書はまだ比較的見ることができるが、その少し前の文化以前となるとなかなか出にくく貴重である。また、この日記は帳面の裏の反古紙を利用している。

○寛政五年丑正月

　右米切手未ニ段々出来いたし候　中比ニ而　朱印を　御模判有之候　米札罷紙ニ衆（多く）を在而　比色ハ黄ニして紙の中へ　真綿を漉入れ㊉　右すかし有

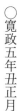

（永代万日記帳）

当時通用小判（元文小判）

*上町――うわまち。御城下の中心に住んでいる商人町。おもに東は久屋町あたりから西は堀川、南は広小路までの範囲を指す。碁盤割地区（現在の中区丸の内・錦）。

吉野屋吉右衛門は寛政五年（一七九三）正月の「永代万日記帳」にさらに知りえたことを書き加えている。米切手の中央に「朱印」の判があり、いろいろ多くの工夫がしてあり、「色は黄色」紙の中に「真綿」の漉き込みがあり、十字の漉かし文字（透かし文字）があるとしているので、このような「壱両、壱分、弐朱」札が寛政四年の発行札である。

前もってこの日記の形態について説明したが、この日記は帳面の反古紙である。当時の帳面は二ツ折りにして使用しているので裏面が再使用できるわけで、裏面にも大きな秘密が隠されており、筆者は入手して半年以上それに気付くことができなかった。

吉野屋吉右衛門は四年十一月に米切手通用の御触や噂を記録したが、五年正月には実物を手にとったのか、米切手をより詳しく記録している。そのより重要な米切手の「絵姿」を正月の記録とせず、遡り四年十一月の御触の廻った時の記録とするため、四年の日記に「貼り紙」として記録したのである。貼り紙は日記二ツ折りの中に糊付され挟まれていたので気付かなかったのである。吉野屋吉右衛門は丁寧に絵姿として残していた。

寛政四年札の絵姿である。米切手を写し、印鑑は「朱」と色

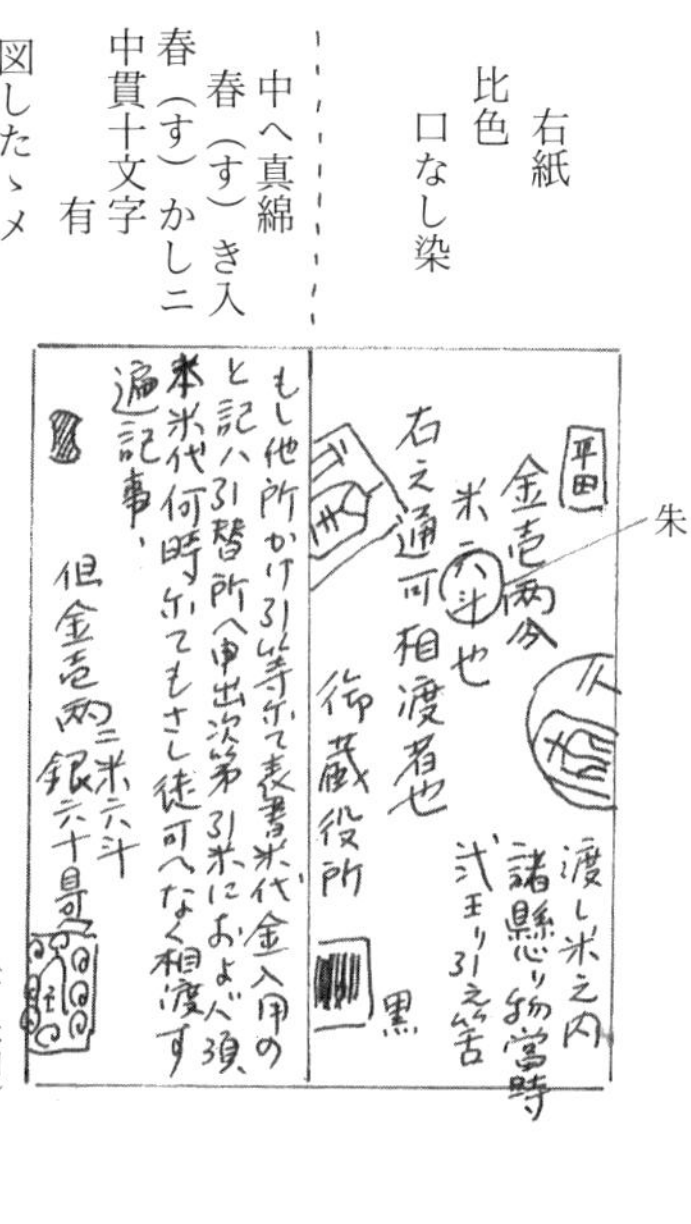

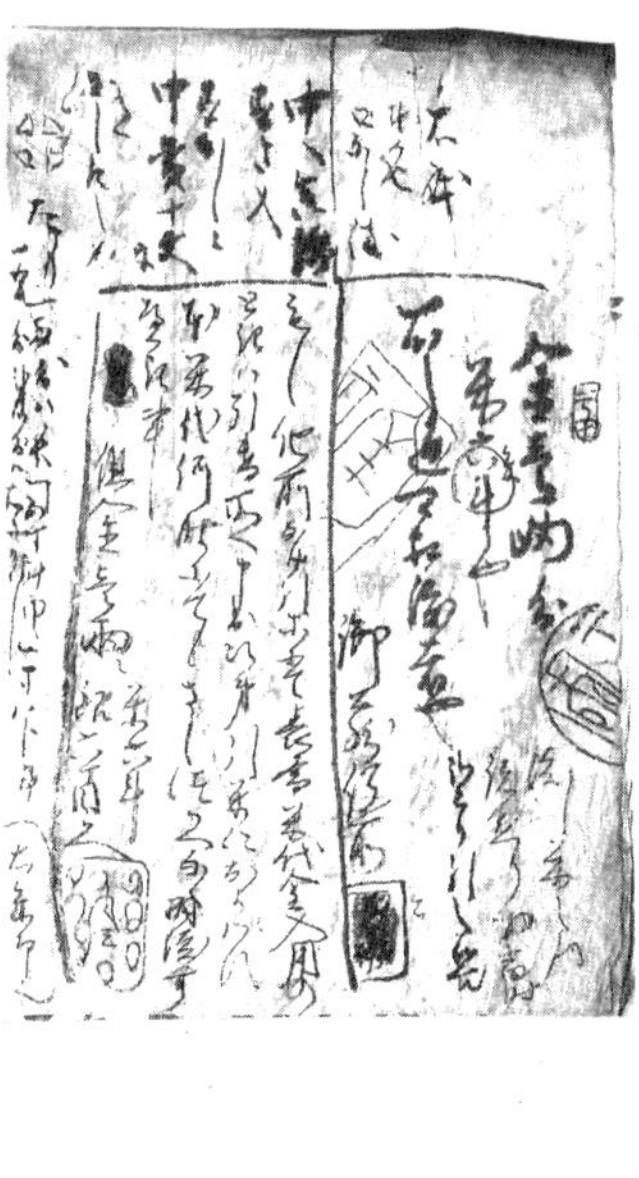

貼り紙

で紹介している。

紙の色は「口なし染」として
紙の中には「真綿」を漉き入れ
漉かしに「中貫十文字有」として
㊉がある。

金壱両分　　渡し米之内
米六斗也　　諸懸り物當時
右之通可相渡者也　弐王（わ）り引之筈
御蔵役所

米切手の一両札の寸法も書いてある。

長さ「五寸ばかり
巾　「一寸八分ばかり」

「五寸＝一六五ミリ
一寸八分＝六〇ミリ

もし他所かけ引等尓て表書米代金入用の
と記ハ引替所へ申出次第引米におよバ須
本米代何時尓てもさし徒（つか）可へなく相渡す
遍（へき）記事
但金壱両ニ米六斗
銀六十目可へ

（永代万日記帳　寛政四年）

これは貴重な記録である。寛政四年の米切手の絵姿である。
米切手の黄色はこの記録にて「口なし」染であり、紙質を強くするためか「真綿」

＊色表示について
藩札・米切手の印鑑は黒印＝墨印、赤印＝朱印。

を漉き込んでいる。また、似せ札防止として「中貫十文字有」を漉かし文字として漉き込んでおり、長さ「五寸ばかり」巾「一寸八分ばかり」と一両札の寸法まで書き入れ残されていた。

(寛政五年〈一七九三〉)
今般米切手ニ添印出来候ニ付　是迄通用之分添印出来之米切手と引替候筈候間当月二十一日、二十二日両日之内　面々持合候切手　勝手次第平田所え持参添印出来之米切手と引替候様可致候
　但　切手包紙ニ切手員数名前等委書記差出候様可致候
一後家寡等之類ハ庄屋等え取集　銘々包分ケ　其上ニ名所等書記可差出候
一病気等ニ而難罷出候ハ丶　庄屋幷親類模寄之者相頼差出候義勝手次第之筈候
一諸向ニ持合候切手　来ル五日ゟ晦日迄ニ引替候筈ニ付　右日限之内ハ添印有之切手　添印無之切手も取交通用不苦筈候　右日限相済候上ハ添印無之切手通用不相成候
一添印有之切手と引替候上　添印無之切手受取候儀有之候ハ丶　早速平田所へ差出　添印有之切手と引替候様可致候
一右引替之節金子と引替候儀ハ不相成筈候
一右日限過　他所者添印無之米切手を払方等ニ相渡し候ハ丶　添印出来之訳申聞　平田所ニて添印有之切手と引替来候様申談候様可致候
一諸向引替日限之内　外ゟ受取候切手添印無之分ハ　夫々包分ケ、請取先名前

日限等委記置候様可致候
八月
右之通相触候様御国奉行衆被申聞候間　村中不洩様可申通辞候
八月　　　　　　　　　　　　　橘　長七郎

……………………

去冬ゟ通用之米切手を　いつれ之者ニても　若似せ作る者有之段見及聞およひ
候ハヽ、早々其筋え可訴出候　相違無之ニおゐてハ訴人え急度御褒美可被下候
存なから訴出さるにおゐてハ可為曲事者也
寛政五年丑七月
別紙書付之趣板ニ認　庄屋宅前又ハ人立多キ場所々々見合可建置候　尤高札と
一所ニハ相成間敷候間　其心得ニ而建置　場所いつれニ建候哉以書付早速役所
え可相達事
丑八月　　　　　　　　　　　　橘　長七郎
米切手之儀ニ付別紙書付之通相触候様　寺社奉行衆　御国奉行衆被相渡候間
寺社之輩え不洩様申通　且村方之者へも相触置候様可致候
八月十六日

（一宮市史　資料編七　寛政五年）

似せ札作り訴出の御触であり、触廻しと同時に庄屋所の前、または人通りの多い所へ高札を立てると同時に高札場を役所へ連絡するようにいっている。

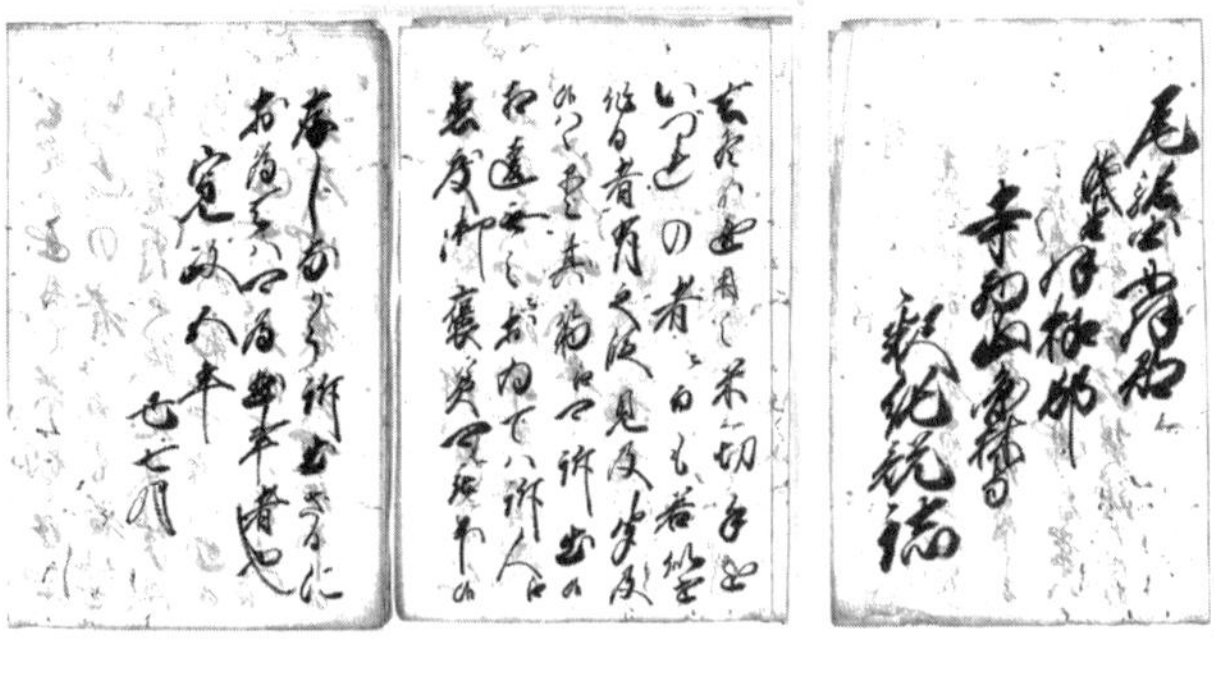

寛政五年七月　米切手高札の写し　尾張国丹羽郡御触書留

（寛政五年八月）

当春　本町広小路角本国屋佐市ト申者　米切手似寄判を誂へ候処　割木屋より御役所へ達し申し其より本国屋佐市召捕られ御金儀有し徒いに牢に落申候処未米切手出来不致　たくみ斗りの事ゆへ　八月中旬に嶋流しに相成　命助り申候　同二十二日岐阜町人是も米札似セを作り出し遣イ候て召捕られ永々入獄致候て　獄門にかかり申候　是は作り人壱人遣イ人壱人両人共岐阜町ニて獄門ニ懸り候又壱人岐阜在之者ニて召捕ニ参り候て川水へ飛込て相果申候　塩徒（つ）けニ相成居申候処　是も同日に獄門に懸り申候

（永代万日記帳　寛政五年）

似せ札作りの話である。米切手発行の御触は寛政四年十一月であるが「当春」とあるので一月か二月頃の話であろうか。割木屋より役所へ訴出された佐市は捕らえられ、「未(いまだ)米切手出来不致(できいたさず)」とあることから似せ札ではあるが未完成だったためか島流しとなった。一方の岐阜町人は八月二十二日、似せ札を二人のうち一人が作り、一人が使い、二人は捕らえられて獄門*となり、一人は逃げて川に飛込み死んだが塩付けにされて獄門となったとある。川に飛込みとあるが長良川であろう。尾張藩は似せ札作りに対して重罪に処した。このように米切手発行から二、三ケ月のうちに似せ札が作られたので、尾張藩は寛政四年札に「添印」を追加再発行することで「似せ札作り」に対しての対策とした。添印は朱色の丸印（「穀倉」印）であり、同印が二つある米切手が寛政五年の改め札である。

***獄門**――江戸時代の死刑の一つ。斬首刑の後、死体を試し斬りにし、刎ねた首を台に載せて三日間（二晩）見せしめとして晒しものにする公開処刑の刑罰。梟首(きょうしゅ)、晒し首ともいう。

（寛政六年御触）
今般依願　納屋町大鐘屋藤七　大船町伊藤屋忠左衛門*　同町麻屋権七義　米方両替屋就申付候　当時通用之米切手貸渡　右切手ニ米方両替と有之印押添通用致筈候　右添印有之切手之分ハ　正金引替之義平田町ニ而ハ不引替　添銭等都而平田所同様ニ而　右両替屋おゐて引替可申候　尤右添印有之米切手　上納物ニ差加へ候節無差別平田所ニ而包候筈候
　　十一月
別紙夫々相触之候間　村中不洩様相触之可申候　且又寺社奉行衆添書有之分ハ寺院之輩へ不洩様可申通辞候
　　閏十一月十二日　　　橋田長七
（一宮市史　資料編七　寛政六年）

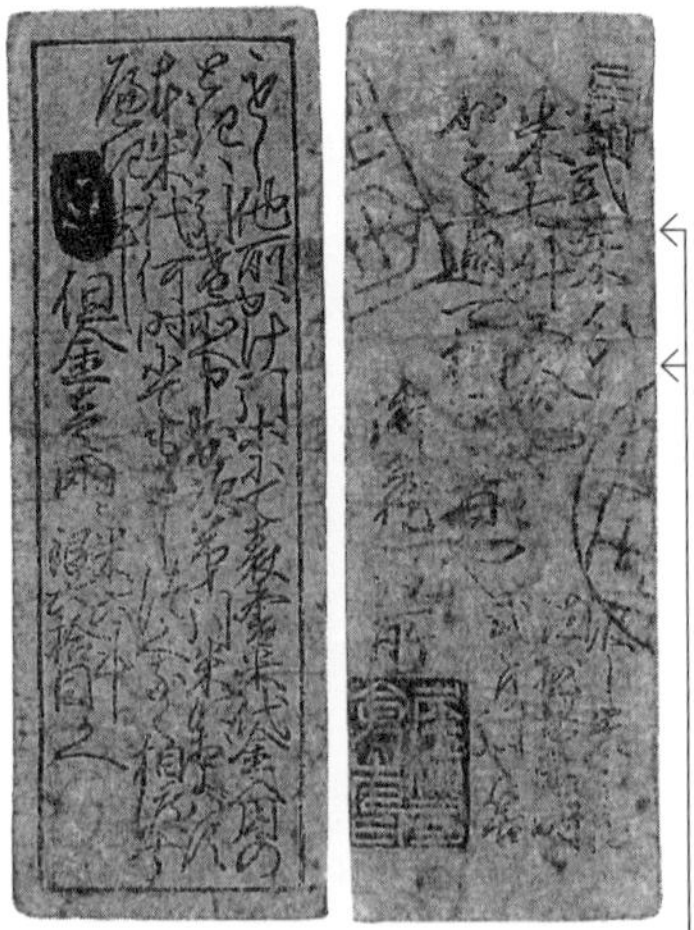

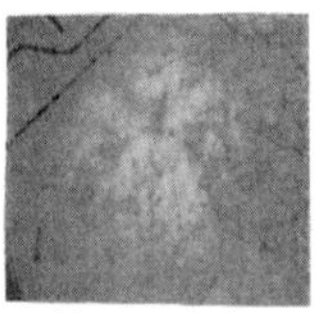

漉かし文字
（米の字）

寛政四年五年改札
丸朱印二ケ（丸印二ケ有）
口絵 p. 1参照

寛政六年の御触に「今般依願」により納屋町大鐘屋藤七、大船町伊藤屋忠左衛門、同町麻屋権七の三名に「米方両替屋就申付候」つまり米方両替屋を申し付け、米切手を貸し渡し、その米切手には「米方両替と有之印押添通用致筈候」「米方両替」の「印」を追加押印して通用させる。また、この押印札の米切手の正金への引き替えは藩の両替屋の平田所では取り扱わない。三名の米方両替屋にて取り扱う。藩への上納物については差別がなく平田所で取り扱うといっている。

この、今般、願いに依って、とあるが実はこれらの商人は「米方」とあるように

***伊藤忠左衛門（伊藤屋）**――堀川端の大船町に居住。御用達商人、新田地主。伊藤次郎左衛門との混同をさけて川伊藤とも呼ばれる。店舗住宅は愛知県の文化財に指定。

名古屋で米を扱う有力商人で御蔵米の売買を始め、藩士への切米の支払い、買い上げ等を行っており、「米会所」の運営も行っている。また、名古屋は町の大きさから多くの米会所が成り立っていた。この米会所、天明七年（一七八七）七月支配人信濃屋五兵衛（関戸家）の名において「会所内にて羽書通用可仕候事」としている。二回目の藩札米切手を発行する五年前に既に「羽書」つまり銀札を発行しており、「札」の利便性を感じとっていた商人たちは藩に願い出たのである。充分な資金力があればより資本力が増し大変有効な手段なのである。この三名は代表者であって多くの米商人が協力したであろう。藩は米切手を貸し出し、利銀を取り上納させ、その運営も米方商人に肩代わりさせていたこととなる。これによって、平田所の扱いの米切手と米方両替所扱いの米切手と二種類の米切手が通用することになったのである。

（参考：名古屋叢書　第十二巻　資料から見える米会所名（正米会所、小場会所、大場会所、米穀会所、長者町米会所、久屋町米会所、犬山会所、今尾会所、駒塚会所、延米会所）

寛政六年　米方両替屋札の新規発行である。

寛政四年札	黄色札　穀倉印
寛政五年札	黄色札　穀倉印二ケ
寛政六年札	黄色札　穀倉印二ケ　米方両替印

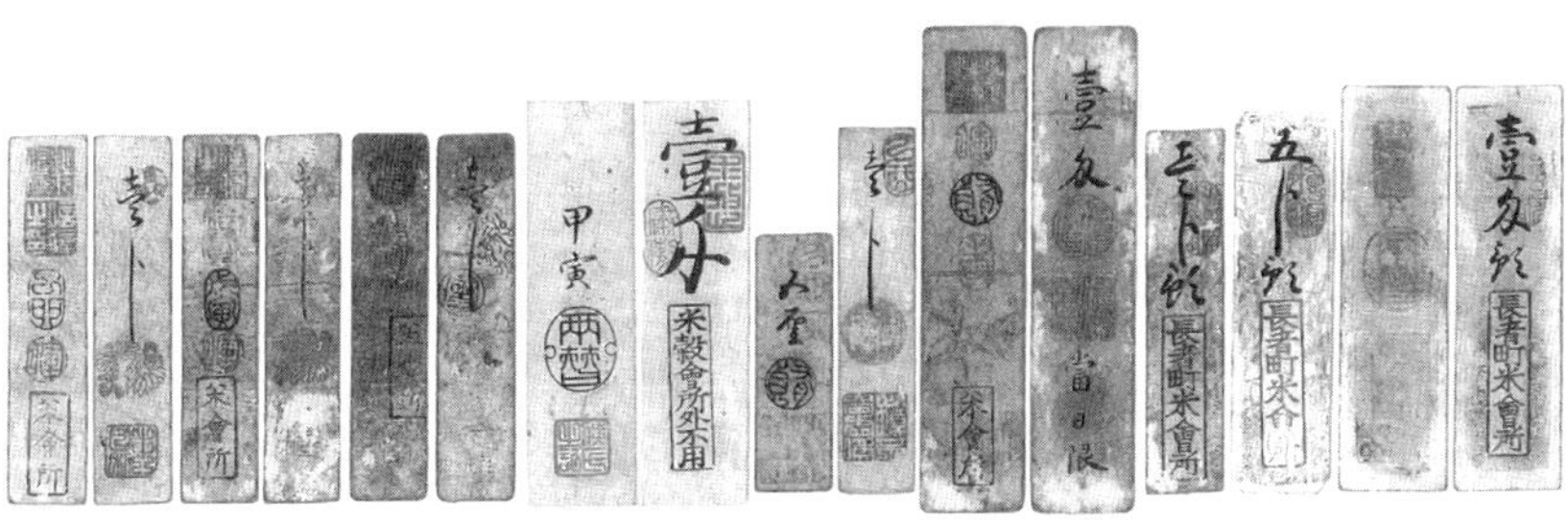

名古屋米会所札

◆――単龍札の発行

（寛政十年御触）

是迄通用之米切手　今般新刻切手と引替候間　面々持合候米切手　別紙日割之
通勝手次第平田所え持参　新切手と引替候様可致候　尤米方両替添印切手之儀
も　於平田所　無差別新切手と引替候

但　切手包紙ニ切手員数名前等委ク書記差出候様可致候

一後家　寡等之類ハ町代え取集　銘々包分　其上ニ名前等書記可差出候　病気等
ニ而難罷出候ハヽ　町代幷親類模寄之者相頼差出候儀ハ可為勝手次第候

一諸向持合候切手来ル九日ゟ来月九日まて引替候ニ付　右日限之内ハ新切手古切
手取交通用不苦候　右日限相済候上ハ古切手通用不相成候

一右日限過　他所者古切手を払方等ニ相渡候ハヽ　新切手引替之訳申聞　平田所
ニ而新切手と引替来候様申談候様可致候

一諸向引替日限之内　外ゟ請取候古切手之分ハ　夫々包分ケ　受取先名前日限等
委書記　早速平田所え差出新切手と引替候様可致候

三月七日

今般新刻切手引替方日割左之通

一　三月九日ゟ　同二十三日迄　町方支配所之分　但　地方とも

一　二十四日ゟ　同二十五日迄　御家中　寺社　之分

一　二十六日ゟ　同二十七日迄　庄内　清須　御代官所之分
一　二十八日ゟ　同二十九日迄　横須賀　鳴海　　同断
一　同晦日ゟ　四月朔日迄　佐屋　神守　鵜多須　同断
一　同二日ゟ　同三日迄　北方　太田　上有知　同断
一　同四日ゟ　同五日迄　錦織　岐阜地方　　同断
一　同六日ゟ　同七日迄　熱田　小牧　水野　　同断
一　同八日ゟ　同九日迄　熱田　岐阜　町方之分
　　　　　　　　　　　　　　御船方支配地之分
但、木曽谷中弁江州　摂州　三州御領分ハ　三月九日ゟ四月九日まて　犬山之分三月二十六日ゟ四月九日迄　勝手次第為引替候
　三月

……………………………

是迄通用之米切手今般新切手と引替候間　寺社之輩持合之分　当月二十四日二十五日両日之内平田所え差出　新切手と引替可申候　尤米方両替添印切手之儀も平田所おゐて無差別新切手と引替候
　但　右切手包紙ニ切手員数　寺号　名前等　委書記可差出候
一諸向持合之米切手　当月九日より来月九日迄ニ引替候ニ付　右日限之内ハ古切手新切手取交通用不苦候　右日限相済候上ハ　古切手通用不相成候　右引合之当日金子ニ引替候義不相成候
　三月

別紙書付壱通差越之候　書面之通承知有之寺社末寺当地一派之宗門中其外支配之輩へも如例不洩様可被相触候　以上

三月

深田　彦九郎

五味　平　馬

米切手引替候儀ニ付　別紙之通相触候様地方御勘定奉行衆被申聞候間　日限無間違持参引替候様　村中不洩様可申通候

三月十四日

佐屋地方御役所

（一宮市史　資料編七　寛政十年）

寛政十年の御触である。「是迄通用之米切手　今般新刻切手と引替候間」（これまで通用の米切手、今般新刻切手と引き替え）とあるので寛政十年に新刻切手、つまり、新しく作り変えた米切手の発行のことである。その中で「米方両替添印切手之義も於平田所　無差別新切手と引替候」とあり、米方両替添印切手も同じく平田所で差別なく引き替えられることとなる。似せ札作りに悩み、それを「添え印」札で切り抜けようとした尾張藩は「新札」の発行に踏み切ったのである。

*新刻切手——新しく作り発行される米切手。

○永代万日記帳　吉野屋吉右衛門　寛政十年

寛政四年　壬子の願ゟ通用之米札

限引替日三月九日ゟ二十五日在、町方之分

御引替　同二十四日二十五日御家中御引替　二十六日ゟ
四月九日迄御領分中御引替ニ相成候刻
当年御引替之米札色白く大キサ前ゝ
通り左之記
紙色白春(すか)可しハ
左之ことく　(尾州)
大キサ前ゝことく
尓両ト壱分ト弐朱分也
表うつまきニ
主流ニ龍也

表
吟味刻
朱印

裏
此上ニうつまき
朱い連(れ)

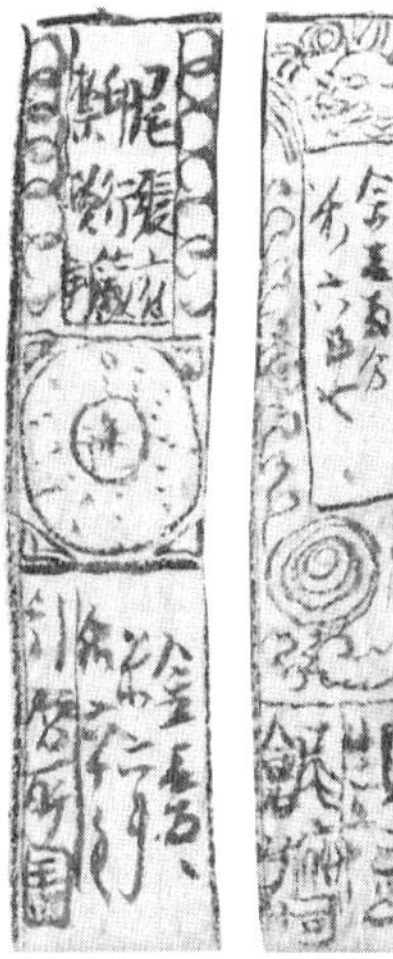

朱印
黒印

（永代万日記帳）

単龍札の絵姿に朱印札である。

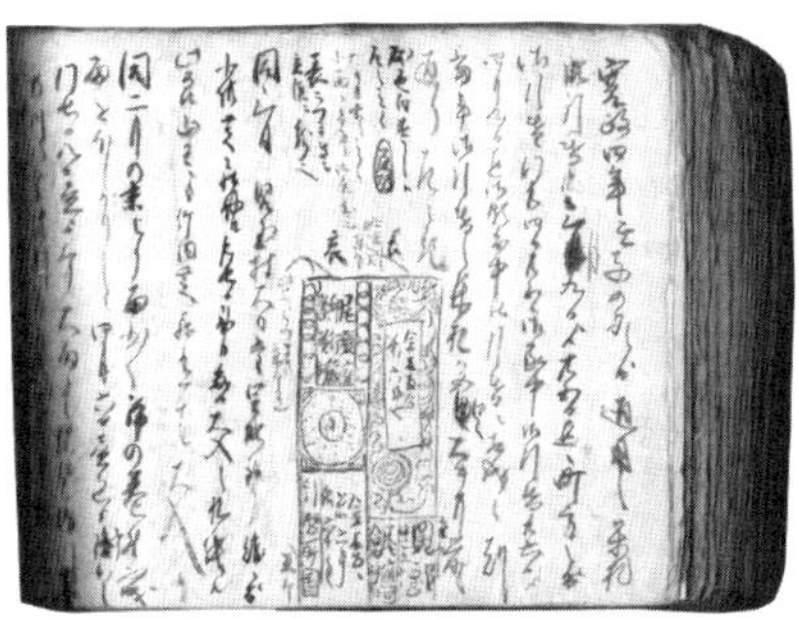

(尾州)の漉かし文字

（裏）

（表）

吉野屋吉右衛門の永代万日記帳にこれまた同じように「絵姿」で寛政十年札を残してくれている。後の米切手の絵柄は「双龍」であるのに対し、この米切手は「単龍」なので、前の米切手黄色札に対し単龍札といわれている。

尾張藩御用両替商、平田文書の宝暦〜寛政十二年までの御扶持米及び褒美金の資料である。ここで米切手との流れを紹介する。

御扶持方雑用金御褒美被下置候書付

申五月（寛政十二年）　平田惣助

平田新六

七人扶持　平田惣助

申六十七歳

雑用金二十七両

一宝暦八年寅十一月十二日　親跡平田職無相違被仰付　御扶持五人分被下置候

一天明七年未十二月二十八日　御用向出精相勤候由にて　御褒美銀二枚被下置候

一同九年酉十二月二十八日　御用向摸通り能く出精　骨折相勤候由にて　御褒

平田包・銀三枚（丁銀）

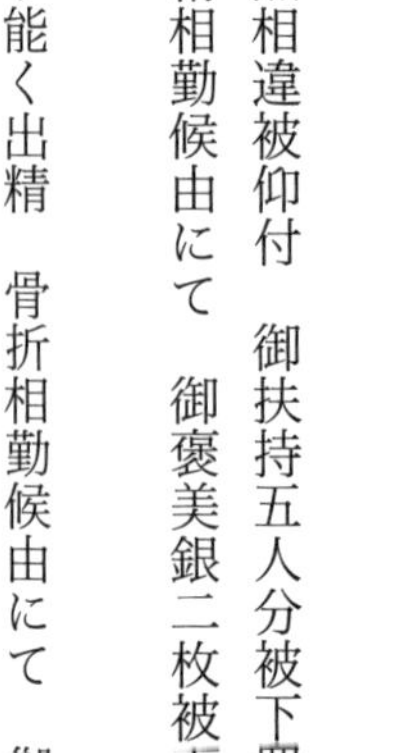

文政丁銀　元文丁銀

美銀二枚被下置候
一寛政三年亥十二月二十八日　御用向摸通り能く出精相勤候由にて　御褒美銀
二枚被下置候
一同四年子十二月二十九日　米切手引替之儀　取扱候付　当年分金五両　為雑
用　被下置候
一同五年丑四月晦日　米切手引替取扱候内は　一ヶ年に金二十両ヅ、　為雑用
被下置候
一同年七月十一日　米切手出来　追々贋切手等出　改方骨折候由にて　御褒美
金二分　手代共へ被下置候
一同年十一月十三日　久々出精相勤候由にて　御加扶持二人分被下置　都合御
扶持七人分に被成下候
一同年十二月二十六日　米切手添印出来　引替之節　雇人等仕候に付　雑用金
一両被下置候
一同七年卯十二月二十三日　増雑用金七両被下置　都合二十七両に被成下候
一同九年巳十二月晦日　御用向出精相勤候由にて　御褒美銀二枚被下置候
一寛政九年巳十二月晦日　米切手引替　且つ贋切手出候に付　改方骨折　并ニ
木綿屋九郎三郎　正金引替等相勤候由にて　御褒美金一両二朱　手代共四人
へ被下置候
一同十年午七月十一日　新刻米切手御引替に付　雇人等仕候為御手当金　三分
二朱被下置候

一同年十二月二十九日　新刻米切手御引替之節　幷ニ御指急之米切手増出来等出精相勤候由にて　御褒美銀三枚被下置候
一同年同月同日　新刻米切手御引替之節　御指急之米切手増出来　幷ニ木綿屋九郎三郎　正金引替等相勤候由にて　御褒美金一両一分二朱　手代共四人へ被下置候
一寛政十二年申二月二十三日　御用向出精相勤　米切手引替之儀も骨折候由にて　御褒美銀二枚被下置候
一同年同月同日　御用向出精　米切手引替　幷ニ木綿屋九郎三郎　正金引替等相勤候由にて　御褒美金一両二朱　手代共四人へ被下置候
寛政十二年申　五月十七日に御金場へ差出す

五人扶持　　　　　平田新六
　　　　　　　　　申二十三歳
雑用金二十七両

一寛政四年子三月五日　親跡平田職無相違被仰付　御扶持五人分被下置候
一同年十二月二十九日　米切手引替之儀取扱候由付　当年分金五両　為雑用被下置候
一寛政五年丑四月晦日　米切手引替取扱候内は　一ケ年に金二十両宛　為雑用被下置候
一同年七月十一日　米切手出来　追々贋切手等出改方骨折候由にて　御褒美金

二分　手代共へ被下置候
一同年十二月二十六日　米切手添印出来　御引替之節　雇人等仕候に付　為雑用金一両被下置候
一同七年卯十二月二十三日　増雑用金七両被下置　都合二十七両に被成下候
一同九年巳十二月晦日　御用向出精相勤候由にて　御褒美銀二枚被下置候
一同年同月同日　米切手引替　且つ贋切手出候に付　改方骨折　幷ニ木綿屋九郎三郎　正金引替等相勤候由にて　御褒美金一両一分　手代共へ被下置候
一同十年午七月十一日　新刻米切手御引替之節　雇人等仕候に付　為御手当金三分二朱被下置候
一同年十二月二十九日　新刻米切手御引替之節　幷に御指急之米切手増出来等出精相勤候にて　御褒美銀三枚被下置候
一寛政十年午十二月二十九日　新刻米切手御引替之節　御指急之米切手増出来等　幷ニ木綿屋九郎三郎　正金引替等相勤候に付　為御褒美金一両二朱　手代共四人へ被下置候
一同十二年申二月二十三日　御用向出精相勤　米切手引替之儀も骨折候由にて御褒美銀二枚被下置候
一同年同月同日　同役惣助儀　去年中　病気等引篭多に付　御用向格別骨折候由にて　御褒美銀一枚被下候
一同年同月同日　御用向出精　米切手引替　幷ニ木綿屋九郎三郎　正金引替等相勤候由にて　御褒美金三分二朱　手代共三人へ被下置候

右之通り御座候　以上

寛政十二年申五月

平　田　新　六

御金場御役所

（名古屋叢書　第十二巻　平田文書　二）

○寛政十三年御触（二月五日には享和と改まる）

今般　米切手ニ添印出来　是迄通用之米切手と引替候筈候間　面々持合せ候米切手　別紙日割之通勝手次第平田所え持参　添印出来之米切手と引替候様可致候　米方両替添印切手之儀ハ　三月二日ゟ同四日之内　是又平田所へ差出添印請候筈候

但　切手包紙ニ切手員数　名前等委書記指出候様可致候

一後家　寡等之類等之類ハ庄屋え取集　銘々包分名前等書記可差出候

一病気等ニ而難罷出候ハ、　庄屋幷親類最寄之者相頼差出候義勝手次第之筈

一諸向持合せ候米切手　当月十二日ゟ三月四日迄ニ引替候筈ニ付　右日限之内ハ今般添印有之切手　添印無之切手も取交　通用不苦筈候　右日限相済候上ハ　添印無之切手通用不相成筈候

一右日限過　他所者添印無之米切手を払方等ニ相渡候ハ、　添印出来之訳申聞平田所ニ而添印有之切手と引替来候様申談候様可致候

一諸向引替日限之内　外ゟ請取候切手添印無之分ハ　早速平田所え差出　添印

有之切手と引替候様可致候
　酉正月
　米切手引替日割左之通
一二月十六日より　佐屋方支配所之分
　同十八日迄
一三月二日より　米方両替添印切手之分
　同四日迄
米切手引替之儀ニ付　別紙之通相触候様地方御勘定奉行衆　寺社奉行衆被申聞
候付　右弐通相廻し候間　夫々不洩様可触知候
　正月十七日　真　茂太夫
一二月七日ゟ　寺社方米切手引替日限
　同九日迄

（一宮市史　資料編七　享和元年）

この寛政十三年の御触は「米切手ニ添印出来」とあるので単龍札に「添印」して米切手を発行したのである。また、寛政十年に新規に米切手の単龍札を発行したが寛政十三年の御触に米方両替添印切手引換えの記録があることから寛政十年の新札も続いて米方両替添印切手が発行されていたこととなるので、この時「平田所」引き替えの米切手と二種類を発行していたこととなる。そうなると吉野屋吉右衛門の永代万日記帳には寛政十年札の表、中央に「吟味刻、朱印」と紹介されているが、実際にはここの「印」の無い札もあることから、永代万日記帳の添印札は「米方両替添印」札となる。黄色札の時には「米方両替」の添印としてあったがこの印を読み取ると「加訂」印である。

（寛政十三年一月）

米切手正金引替候添銭　今般左之通相改候
一金壱両ニ付　添銭百三拾弐文
一同壱分ニ付　同　三拾弐文
一同弐朱ニ付　同　拾六文
　但　払方等取替ニハ歩合不及候
　　酉正月

米切手正金引替候添銭之儀　今般別紙之通相改候付　右一通差越之候　書面之通承知有之　寺家　末寺　当地一派之宗門中其外支配之輩えも　如例不洩様可被相触之候　以上
　　正月二十五日　深田　彦九郎
　　　宛　高橋　司　書

米切手正金引替候添銭之義ニ付　別紙之通相触候様ニと地方御勘定奉行衆　寺社奉行衆被申聞候付相触之候　村中不洩様可申聞候
　　正月二十六日　仕埋　真　茂太夫

（一宮市史　資料編七　享和元年）

（寛政十三年一月）
同十二日ゟ二月六日迄之内米札御引替
右ハ今迄之米札ニ印刻一ツ相添申候
右之古札之添印相増申候
又新米分加え御出申候
（永代万日記帳　寛政十三年）

単龍札の彫師・彫物師

第三回　名古屋藩札の分類
寛政の大坂の判師の印判帳が残されており、
○彫師　前川一右衛門鋳　彫物師孫七　久治の彫り
荒木豊三太郎著
（収集　一九七九年七月号
第三回　名古屋藩札の分類）

右記の冊子には単龍札が寛政四年札として紹介されているが、筆者資料により寛政十年であることが判明している。

今般　年号享和ニ改元被　仰出候
右之趣相触候様　地方御勘定奉行衆被申聞候付　相触之候間　村中不洩様可申聞候
二月二十九日　太　文左衛門

米切手正金ニ引替候添銭之儀　是迄之員数にてハ諸向難渋之由　追々相聞候付
来ル八月朔日ゟ別紙之通相改候付　右壱通差越之候　書面之通承知有之　寺家
末寺当地一派之宗門中其外支配之輩えも如例可被相触之候　以上

七月十一日　　　深田　彦九郎
　　　　　　　　高橋　司　書
宛　　　　　　　成田貞之右衛門

（一宮市史　資料編七　享和元年）

（添書　省略）

米切手正金ニ引替候添銭　今般左之通相改候

一金壱両ニ付　添銭三拾弐文
一同壱分ニ付　同　八文
一同弐朱ニ付　同　四文

但　払方等取遣りニハ歩合不及候

七月

（一宮市史　資料編七　享和二年）

寛政十二年（一八〇〇）享和元年（一八〇一）と二回に渡り、名古屋商人から一万三千両の調達金を課しているとしている。

（参考：名古屋商人史）

寛政十三年の添印は名古屋商人からの調達金をもって準備を整えると添印札との引き替えと同時に正金引き替えの「添銭」の御触が出ているが金一両につき添銭百三十二文、一分につき三十二文、二朱につき十六文と引き上げた。難渋する財源の改修を計ろうとしたのであろうが世情の非難も多く、享和二年に添え銭を四分の一に引き下げている。

一　先年米切手出候節ハ　一両之米札金ニ替賃
八文ツヽ　御引替有之候処追々御金不如意相成
御支法ニ依　金壱両之引替添百三十弐文ツヽ相成候処
其ゆへ次第ニ御金不如意ニ相成
引替所ニ而拾両以上之金ハ不替候間
旅*寄へ迷惑いたし　旅ゟ送り候
荷物も御金ニ指つかへ　次第ニ*寄売筋
不寄無事ニ付　諸問屋より御願ひ申上
米札引替　銭引下り　壱両ニ付　三十八文ツヽニ相成
八月朔日より　相定御引替有之処
町中甚談申候
同八月朔日より平田所へ金ニ引替ニ来ル人
群集いたし　又ヽ　御金指つ可(か)へ
又　御触状候趣

*寄——客のことと思われる。

一　米切手金引替添銭
高直ニ付　諸人難渋之所　相聞候処
添銭引下ケ候所　心得違之者有之
当時不用　金子迄引替候由　相聞候
或ハ旅引合入用之金子斗引替
遣ス筈ニ候　後日　其心得而当時不要
金子ハ指控可申候　御被　仰出候

（永代万日記帳　享和二年）

添銭が一両に百三十二文となってから段々と不如意となり、引替所は十両以上の引替えができなくなり商売に差し支えるようになり、諸問屋からの願いによって引き下げられたが平田所へは金子に引替えをする多くの人が集まったので考え違いをしないように必要以外の金子は引替えをしないようにと御触が出された。城下の人々は正金に引き替えて貯えようとしたのであった。

米切手通用為模通　今般　弐朱以下之小切手出来　御領分中通
用為致候間　諸事是迄之米切手同様通用差支無之様可相心得候
一右切手左之通ニ候
銀五匁分　　米五升

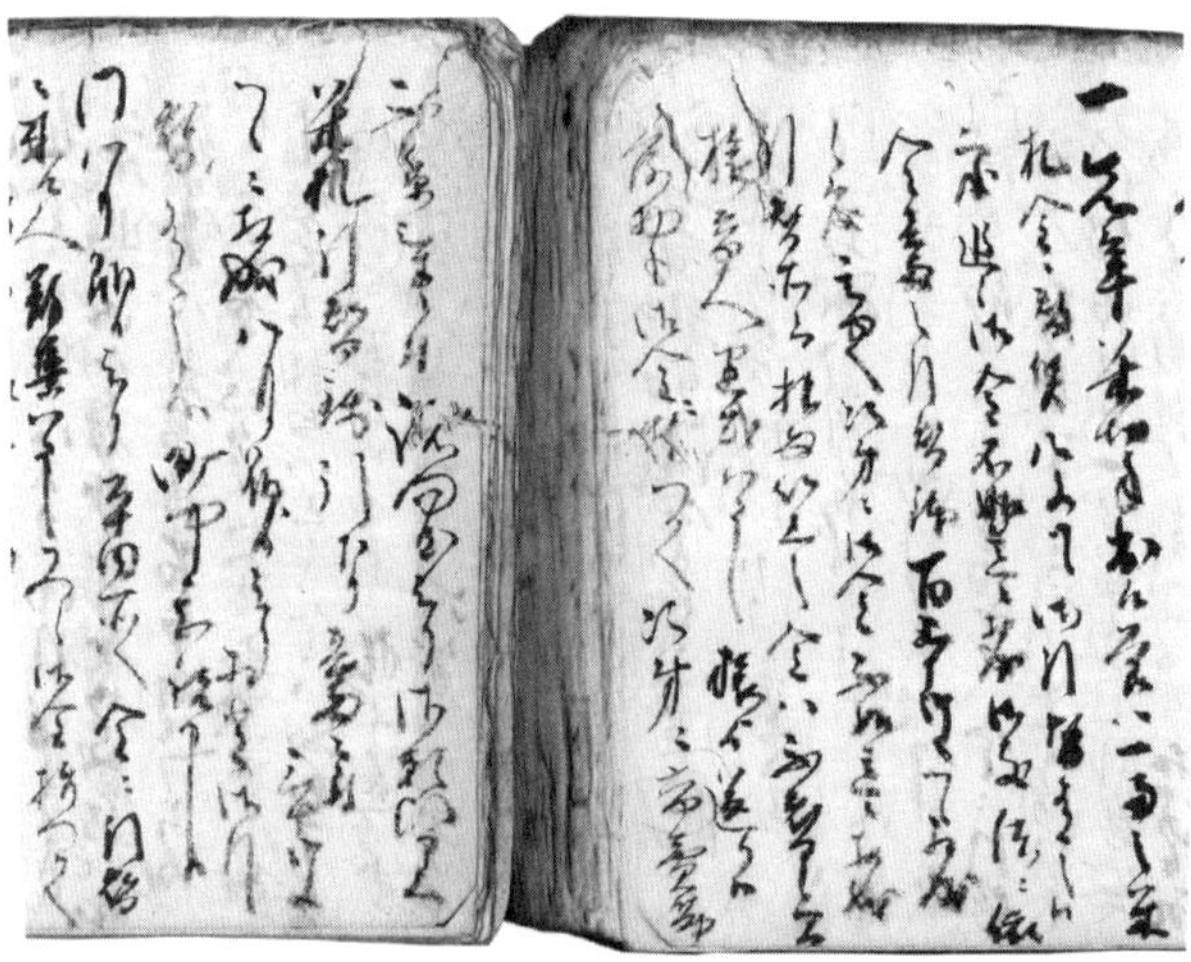

永代万日記帳（享和二年）

銀三匁分　　米三升
　銀壱匁分　　米壱升
一右切手を以諸上納差支無之候　米納ニハ不相成候
一右米代銀入用之節ハ於引替所時之相場を以銭ニ而可相渡候　右引替候節ハ
五匁分ニ銭三文　三匁分ニ弐文　壱匁分ニ銭壱文添へ可差出候
　但シ　払方等取遣ニハ歩合ニ不及候
一右切手水濡或ハ損等有之　引替之儀申出候ハ、　於引替所ニ吟味之上　引替
可相渡候
　但　右切手三通り共　切手一枚ニ銭四文ツ、相添へ可差出候
一右切手引替所之義　玉屋町菱屋平七え取扱為申付候
　享和弐年戌十二月四日
　　　　　　　　　小牧御役所
　　　　　　　　　　馬場　養助
（一宮市史　資料編七　享和二年）
後引替所東西南北ニ而被仰付駒屋小左衛門、竹皮屋治郎八、竹屋彦八、高麗屋
小西利左衛門
（名古屋商人史　三二　奇絶集）
（名古屋城下お調べ帳には高麗屋新三郎　橘町油商　五匁以下米切手引替とある）

享和二年の十二月になると金札のみでは高額のため、通用不便として銀札の発行に踏み切る。銀五匁分、銀三匁分、銀一匁分の三種類である。この銀札の引替え取り扱いを従来の藩の御用両替屋平田所や米方両替所ではなく玉屋町菱屋平七へ引受させている。

後に一人では引替え不便のため、駒屋小左衛門、竹皮屋治郎八、竹屋彦八、高麗屋新三郎の四人を引受人として増やしている。

◇――双龍札の発行

（享和三年）

近来米切手正金引替不融通ニ付　弐朱以上之米切手不残引揚可申候　然処　多数之事故一時ニ難取斗　可成丈今般引揚候得共　残之漸々引揚可申候　仍之残分ハ新刻切手と引替　右切手正金ト引替方之義ハ在町之者共え申付　添銭之義ハ時之相場を以引揚候様申渡候間　右新切手も是迄之切手同様可令通用事

十一月

……………………

当時通用弐朱以上米切手　今般正金幷新刻米切手を以引替候付　面々所持之分　来月二日ゟ当年中勝手次第平田所え持参　正金幷新刻米切手ト引替候様可致候

但　切手包紙ニ員数幷名前書記候事

一後家　寡等ハ庄屋町代え取集　銘々包分ケ　員数　名前書記可指出事

一病気等ニ而難罷出候ハヽ、庄屋町代親類模寄之者相頼差出候事

一当年中ハ是迄之米切手　今般之新刻米切手取交通用可致候　来正月朔日ゟ是迄之米切手通用不相成候

一右之通ニ而　来正月ゟ平田所おゐて引替ハ差止候

十一月

……………………

是迄通用之弐朱以下小切手之内　三匁切手赤色　壱匁切手浅黄色ニ　今般染分通用為致候間　是迄之不染切手ト取交通用可致候

十二月

……………………

是迄通用弐朱以上米切手　今般正金幷新刻切手を以当年中ニ引揚候　付而ハ当月二十九日夕方ゟ夜ニ入　古切手請取　無拠年内引替方難取斗分ハ　来正月八日、九日両日之内平田所へ差出引替候様可致候

但　右日限以後ニ相成候ハヽ、古切手捨り相成候事

十二月

（一宮市史　資料編七　享和三年）

○単龍札の種類

寛政十年	単龍札		平田所
	同	加訂印	米方両替所
寛政十三年	単龍札	添印	平田所
	同	加訂印　添印	米方両替所

（筆者作成）

享和三年になると「弐朱以上之米切手不残引揚可申候」（二朱以上の米切手を残らず引き揚げる）とあり、一両札、一分札、二朱札が回収され、続いて「正金幷新刻米切手ト引替候様可致候」（正金ならびに新刻米切手ト引替候様）となっているので新しい米切手の発行と正金に替えられるという処置がされたこととなる。

「是迄通用之弐朱以下小切手之内　三匁切手赤色　壱匁切手浅黄色ニ　今般染分通用為致候間　是迄之不染切手ト取交通用可致候」とあるように、享和二年札は「是迄之不染切手」とある染めのない「白」切手であることがわかる。一方、享和三年に新しく発行された銀札は「三匁切手赤色　壱匁切手浅黄色ニ　今般染分通用為致候間」とあるように、三匁切手は「赤色」、壱匁切手は「浅黄色（薄青色）」に染め分け、五匁切手は「白札」のままであることがわかる。それは三種類の銀札はみな大きさが同じで銀札の角を切ることで額面の区別を図ろうとしたが、それでは間違いが起きやすいため、染め切手に変更したものと考える。

○銀札裏面

「もし表書米代銀入用の時ハ
何時尓ても引替所へ申出次才
さしつ可えなく時の相場を以銭
尓て相渡す偏記事　　　　　」

銀札の裏面には以上のように書かれており、表面は「銀」の額面表記となっているが、実質は「銀」との引替えではなく銀相場をもって「銭」にて引き替えられているのである。

それに対し金札は金、銀に替えられていたのであり、両替所も平田所や米方両替所から銭両替として玉屋町菱屋平七、駒屋小左衛門、竹皮屋治郎八　竹屋彦八、高麗屋新三郎に追加依頼したのである。

（享和三年）
　同　十二月二日より平田ニ而　米切手新刻幷ニ生金四分通り御引替ニ相成候
間　同晦日までニ只今迄通用之米切手と引替可申様　御請渡候　尤古米札も当
年中ハ通用有之来正月より相不用候様ニ御件儀候　米札拾両ニ生金四両ト新刻
米切手六両ツヽ打銀なしニ御引替被下候

（永代万日記帳　享和三年）

永代万日記帳では平田所にて米切手を正金にて四分、新刻米切手で六分の割合で引き替えるといっており、米切手の打銀＝添銀なしでの引替えをするという重要な資料である。

享和三年亥十一月十日
御用達弐十人仲満之内　十人御城御呼出御勘定所に而左之通御書弐通御
渡　被仰渡候趣左之通　早速内輪内寄合　追々仕方之評定　本町三丁目
井桁屋控*に而会所普請出来同十二月二日見世開会所仲満中
　正金五千両　新刻米切手五千両　都合壱万両御預り
一　壱方は本町壱丁目　取扱方同様

美濃大矢田　　美濃笹洞
小森　彦三郎　　長尾　四郎右衛門
同　栗笠　　同　下笠
佐藤　与三郎　　田中　権之右衛門
尾州鳥願寺　　同　津島
佐野　斎兵衛　　佐藤　源　七
知多郡半田　　同　内海
中野　半　六　　前野　小平治
同　所　　知多郡内海
小栗　専右衛門　　日比　半次郎

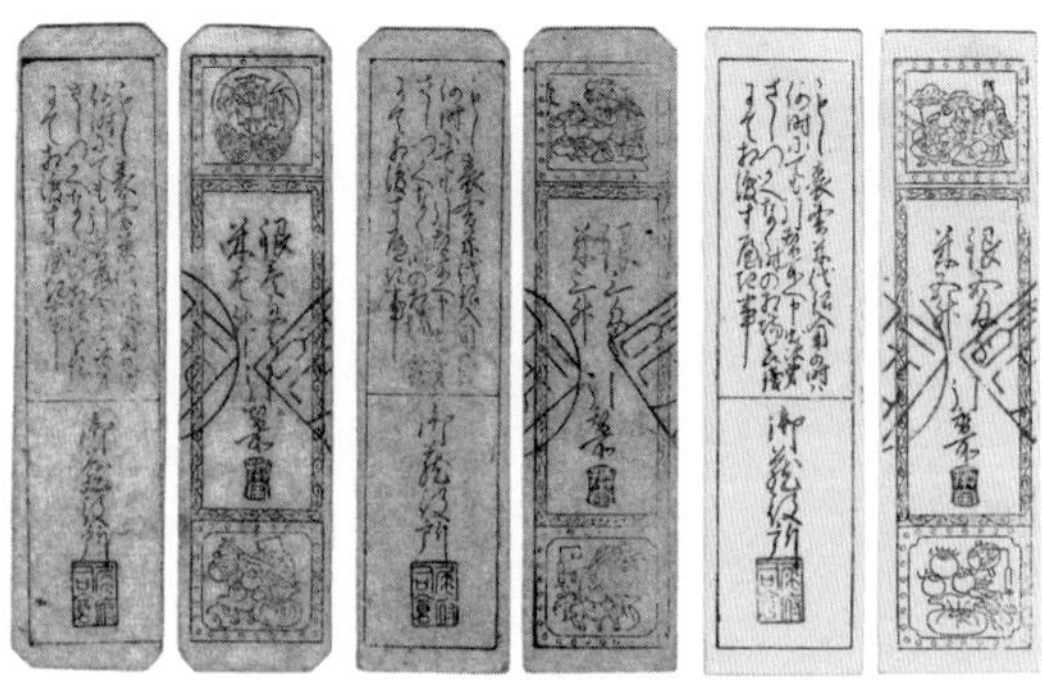
銀五匁　銀三匁　銀一匁

白札（享和二年）

*控（ひかえ）——借家、貸店舗のこと。文中の意は、井桁屋が所有する借家（店）。

菱　屋　太兵衛　　水口屋　伝兵衛
駒　屋　小左衛門　十一屋*　庄兵衛
伊藤屋　次郎左衛門　麻　屋　吉右衛門
菱　屋　喜兵衛　　小西　利左衛門
升　屋　彦　八　　笹　屋　惣　助

米切手通用段々相増隋而正金不融通に而諸向令難儀候由相聞候　此分に而者　後々猶以差支可及難渋候　當時御勝手向御差支之御時節には候得共　別段之御評議を以　米切手之儀不残御引揚に相成筈候然共多数事故　一時に難引揚可成丈今般引揚候得共　残申候分漸々引揚可申候　依而右残り申候分　新刻切手と引替　是迄之切手同様通用之筈候　右新刻切手通用中は正金引替方おゐて可為取計旨被仰渡候付而は　右引替方之儀其方共江　申附候間　申合引受可取扱候

一　御勝手御用達之儀是迄弐拾人申渡置候所　拾人相減右代り在方に而十人人別申渡有之候間　金銀筋江付候御用　是迄申通可相勤付而者金銀筋江付候御用之儀　當分之内　御勝手方御勘定所役所両支配之筈候間　當分調達等御繰合御用出精可相勤候

亥十一月十日

菱　屋　太兵衛　　水口屋　伝兵衛
駒　屋　小左衛門　十一屋　庄兵衛

*十一屋庄兵衛――十一屋（屋号）小出庄兵衛。玉屋町にあった呉服小売商。丸栄デパートの前身の一つ。

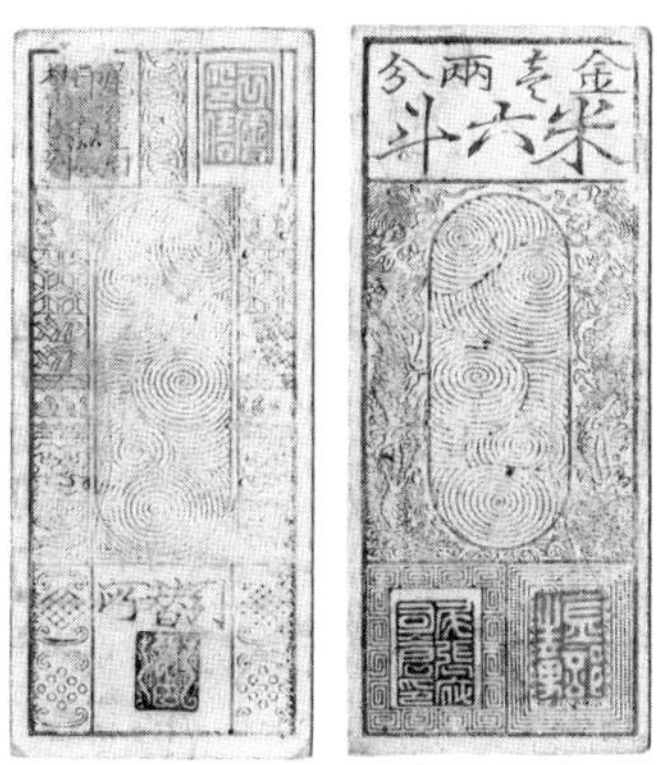
↑赤印　↑黒印

享和三年札

双龍札漉かし文字

伊藤屋　次郎左衛門　　麻　屋　吉右衛門
菱　屋　喜兵衛　　小西屋　利左衛門
升　屋　彦　八　　笹　屋　惣　助

別紙申渡候　今般引替之新刻切手七万両之内　三万五千両正金引かへに而其方共へ引請取扱候筈候　添銭之儀は時之相場以相対引替可申事

但　平田所おゐて引替之儀は被差止筈候

一　正金引替手繰として新刻切手五千両　正金五千両　都合壱万両通用中無利にて貸渡候筈候

但　正金之儀者差當り手繰之ため相渡し候間　来二月中に上納可致候　新刻切手と　引替可相渡候

一　其方共引請取扱候　新刻切手三万五千両幷に貸渡候壱万両都合四万五千両役所おいて其方共為致添印筈候

但し　其方共添印致候分は引請取扱　百姓共添印有之候分は勿論取扱に不及候

一　右引替所之儀　年番或は月番相立　最寄に而引替　或は会所相立引替候ても可然候　右之趣　篤と申合相極　早速可申達候

一　右に付　百姓共取扱方之儀は別紙名前之者共へ地方御勘定所おいて申渡し有之候　御城下之内に而引替所相立候筈に候間　諸事申合出精宜取扱候間人別書附壱通相渡候

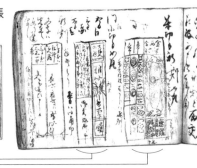

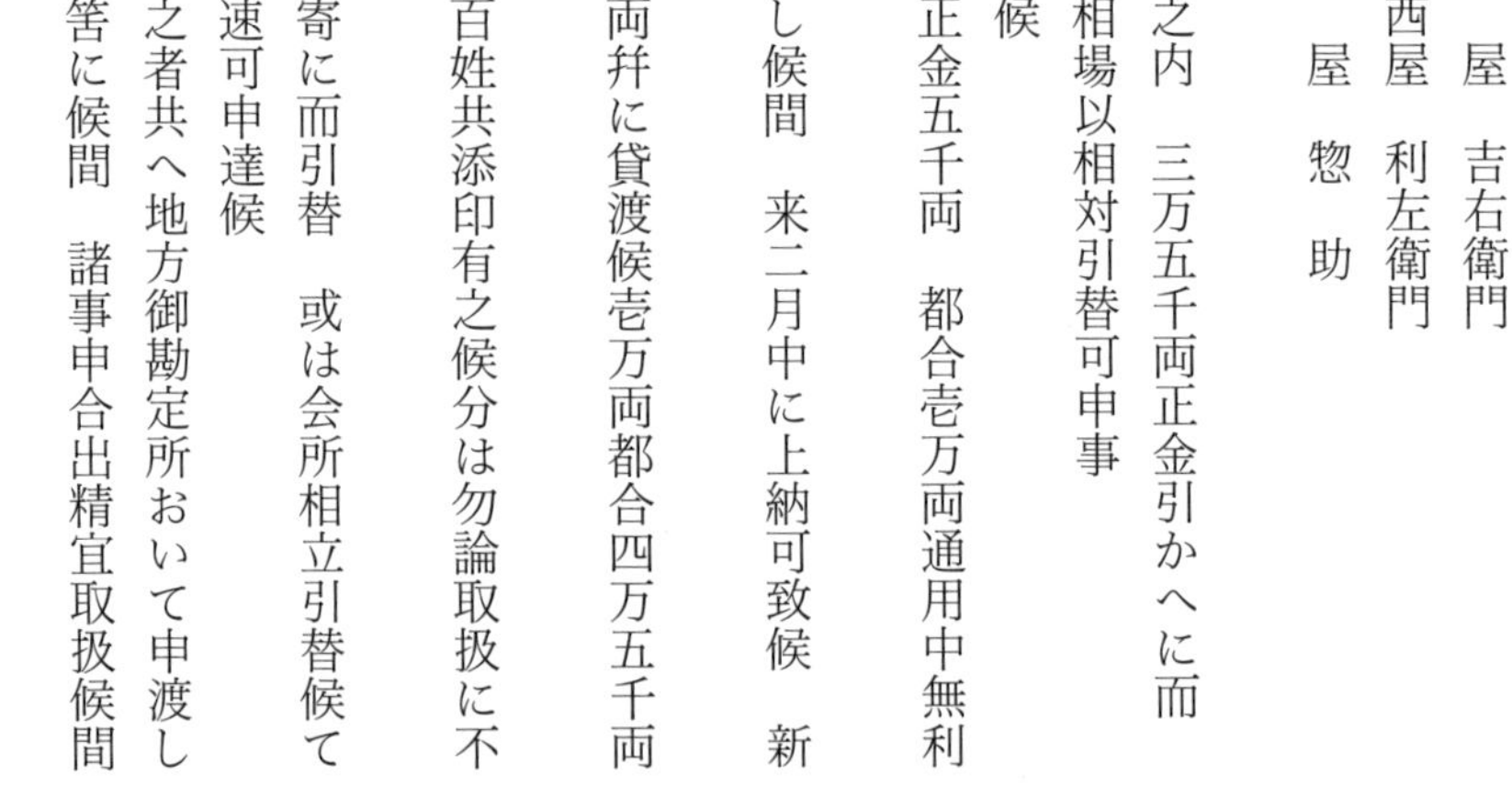

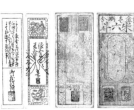

十一月十日

近来米切手正金引替不融通に付　二朱已上之米切手不残引揚可申候　然所多数之事故一時に難取計可相成丈ケ今般引揚可申候　依之引残り之分は新刻切手之引替　右切手正金引替之儀は在町之者共申附　添銭之儀は時之相場を以引替候様申渡候間　右新切手も是迄之通切手同様可令通用事

亥十一月二十二日

亥極月朔日相廻候御触左之通

當時通用弐朱已上米切手　今般正金幷新刻切手を以引揚候に付　面々所持之分　来月二日ゟ當年中勝手次第平田所江持参正金幷新刻切手之引替候様可致候

但　切手包紙に員数幷名前書記候事

一　後家寡等は庄屋町代江取集銘々包紙分　員数　名前書記可差出事

一　病気等に而難罷出候はゞ庄屋町代親類模寄之者江頼差出候事

一　當年中は　是迄之米切手　今般之新刻切手取交通用可致候　来正月朔日ゟ是迄之米切手通用不相成候

一　右之通に付　来正月ゟ平田所引替は差止候事

十一月

右之通御触也

一　平田に而引替候故　朔日ゟ引替給申候　正金四分さし只替也

一　同二日　町在会所見世開

一　右会所江弐人づつ詰　當月之役割左之通

同小切手如比
五匁　白
三匁　赤
壱匁　青
文字ハ
先達之
通り相違
なし

前頁の永代万日記帳に記された文

二日　七日　十二日　菱屋　太兵衛
十七日　二十二日　二十七日　水口屋　伝兵衛
三日　八日　十三日　駒屋　小左衛門
十八日　二十三日　二十八日　笹屋　惣助
四日　九日　十四日　十一屋　庄兵衛
十九日　二十四日　二十九日　菱屋　喜兵衛
五日　十日　十五日　伊藤屋　次郎左衛門
二十日　二十五日　麻屋　吉右衛門
六日　十一日　十六日　小西屋　利左衛門
二十一日　二十六日　升屋　彦八

右當番之人納翌朝當番江相渡引取可申事

関戸　鉄太郎　水口屋　伝兵衛
伊藤屋　次郎左衛門　麻屋　吉右衛門
笹屋　惣助

（名古屋市史　大正四年／資料　第二期　第三章）

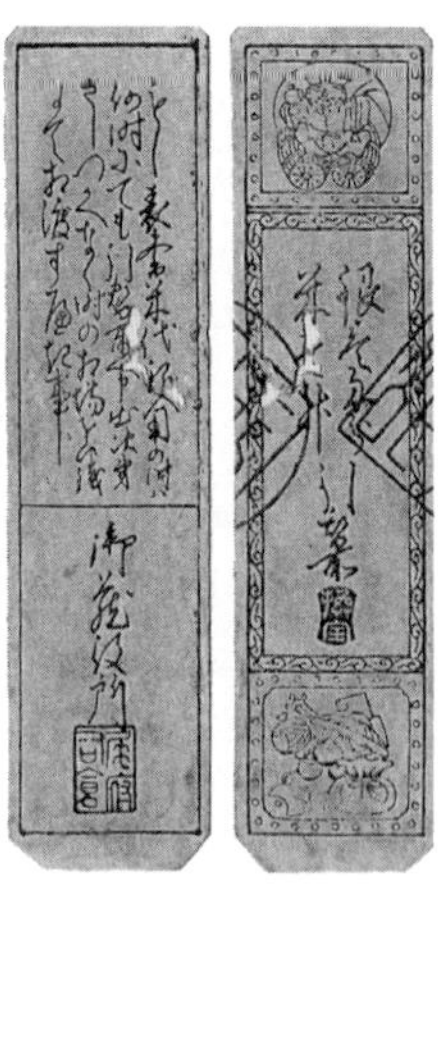

青札　銀一匁札（享和三年）

是迄通用之弐朱以下小切手之内　三匁切手赤色　壱匁切手浅黄色*ニ　今般染分
通用為致候間　是迄之不染切手ト取交通用可致候
十二月
（一宮市史　資料編七　享和三年）

享和三年になると新刻米切手とあるので、また新しい米切手の発行である。「弐朱以上は全て引き揚げる」とあるので金札は回収されて新規札と交換されることになるが、今回は金十両に対し、正金で四両、新刻米切手六両で引き替えるとしている。

そして御用達商人のうち、十人を呼び出して米切手の引替えを仰せ付けることとなった。これが商方である。一方、御用達農方十人も同様に仰せ付かる。農方である。本町三丁目と本町一丁目で運営が始まる。理由としては米切手がだんだん増えて正金の引替えが不自由になってきたとしている。そして今後は平田所での引替えは無くなるので藩営から半官半民へと移行したのである。

「新刻米切手七万両之内三万五千両　正金引かへに」とあるので商方、農方で三万五千両ずつであり、「正金引かへに」とあるのは尾張藩に「正金を納める」ということであり、この七万両は旧札の六割分である。

藩には七万両の正金が入るが米切手を四分は正金に替えるとしているので、実質五万両は米切手償却分として消えてしまい、残りの二万両のうち、一万両を商方、農方の運営資金として正金を貸し出しているので実質ほとんど残らないこととなる。

そして、商方、農方会所は藩から「新刻米切手五千両と正金五千両」の都合、一

＊**浅黄色**――浅葱色とも書く。＝薄青色。

万両ずつを借り受け運営が始まったのである。商方、農方印の押された米切手はそれぞれの会所で正金引替えの任を負うこととなったのである。

（文化二年）
米切手通用為模通　銀五分分米五合之米切手　今般為致通用候　是迄之通小切手同様無差支可致通用事
但　銭ニ引替候節ハ　壱枚ニ銭壱文　水濡損等之分引替候節ハ壱枚ニ付銭弐文宛添可差出候
十二月
別紙之通相触候様　御勘定奉行衆幷寺社奉行衆被申談ニ付相触之間　村中不洩様可申通候
正月十日　　長　萩助
（一宮市史　資料編七　文化二年）

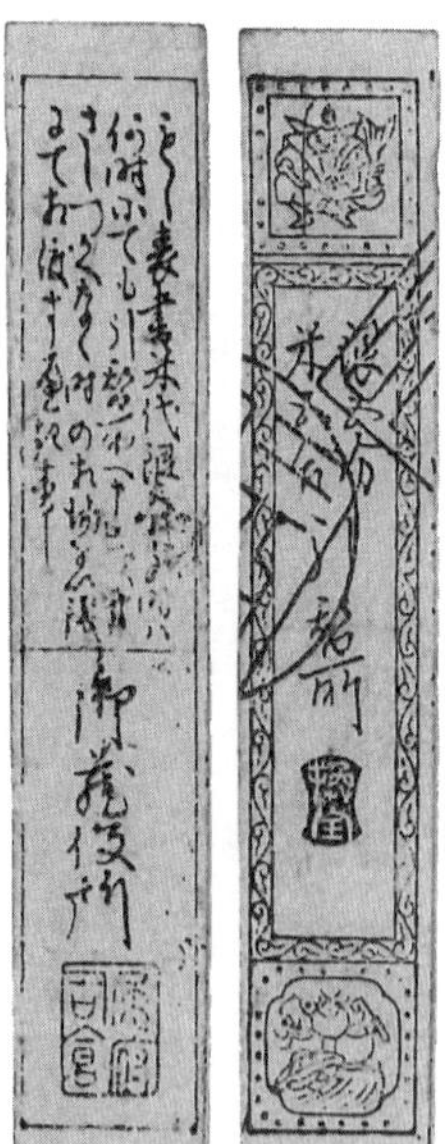

文化元年小切手銀五分札

小切手である銀札五匁、三匁、一匁に続いて文化元年に五分札の発行である。

（文化二年）
御城下町人共之内　御勘定所御用之由申立　封米切手引当正金致調達候趣ニ而
当春以来専正金取集候者共有之　右ニ懸り合　彼是申触候者有之由相聞候処
右躰之儀其筋役所ゟ申付ハ無之候間一切携申間敷事
右之通相触候様　御勘定奉行衆被申聞候間　村中不洩様触知セ可申候
三月十一日　　　長　萩助
（一宮市史　資料編七　文化二年）

同暮より五ト（分）之米切手出流（る）
其外　米札幷に切手数多出来
引替金之相場師有　中比迄
一両之立も六ト（分）也　新切手出して
（虫）四匁　今以之引取申候
（永代万日記帳　文化元年）

永代万日記帳では暮れに五分札ができ、「米切手」や「米小切手」とは、米切手が金札で、米小切手が銀札のことであることを記録している。「引替金之相場師有」とあるのは闇取引であろう。一両に添え銭、銀六分程であったが新切手ができて銀

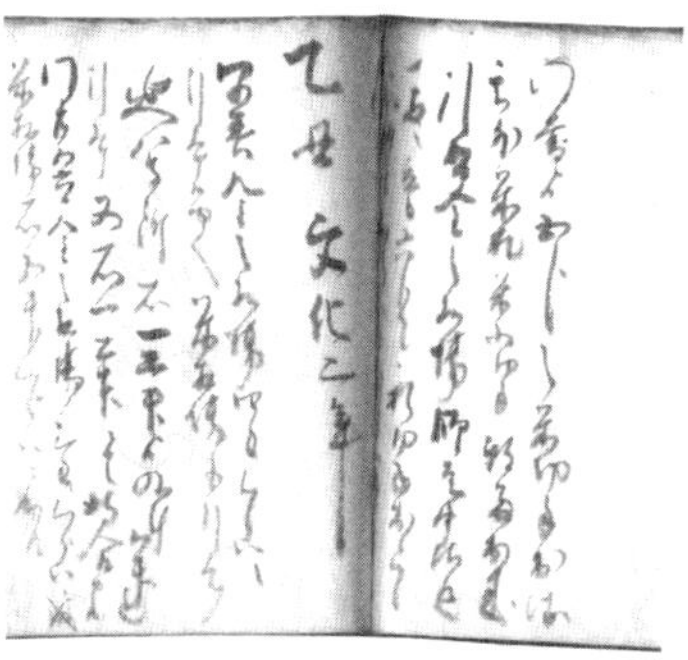
永代万日記帳（文化元年）
五分札の発行

四匁の添銀で「今以之引取申候」とあるのは、闇取引での引替えであろう。正金不足に困った商人達が会所では思うように引替えができず、高値の添銀を支払って正金を得ていたのであり、それだけ米切手が下落したこととなるのである。

2 商人の台頭

◇――文化三年・五年札

（文化二年）

米切手添銭高下いたし難渋之趣相聞候付　左之趣為触知候間　心得違無之様正道ニ取遣可致候

一町在共　会所を離れ正金相対にて引替候儀　銘々模通ニいたし候義ニ付　勝手次第之事ニ候得共　添銭之義ハ向後相対ニ而致高下候義堅不相成　両会所之相場ニ壱分ツ、引下ケ取遣可致事

一是迄指懸り正金入用之節ハ　専ラ銭屋共相頼買入候由候得共　以来銭屋共正金商ひ候義差留　別紙十人之者共会所附ニ申付候事　但　本文十人之者共正金買入之義　会所相場ニ壱分ツ、引下ケ買取　両会所へ正金売込候節ハ会所相場之通為買上候筈

一町在正金所持致居候者　両会所え致持参候得ハ　会所相場ニ五厘ツ、下値ニ為買上可申事

一両会所添銭之義　当時壱両ニ付銀五匁六分ニ候　已来　相場下り候節々右会
　所ゟ申通ニ而可有之候
右之通為触知候上　若私ニ相場を立　会所ゟ高ク又ハ前顕之趣相背キ取遣いた
し候者於有之は　急度可申付候間　心得違無之様相守可申事
　八月
　　会所附銭屋人別
広井四軒通*　　　　　　　大和町
　　銭屋長右衛門　　　　　　同　　武　助
同　所　　　　　　　　　茶屋町
　　同　　儀　助　　　　　　同　　左兵衛
八百屋町　　　　　　　　巾下江川町
　　同　　藤兵衛　　　　　　蔦　屋　治兵衛
上長者町　　　　　　　　嶋田町
　　袴　屋　九兵衛　　　　　井筒屋平兵衛
新　町　　　　　　　　　上材木町
　　万屋新右衛門　　　　　　中　屋　伝兵衛
別紙之通相触候様　御勘定奉行衆被申聞候ニ付相触之候間　村中不洩様可申通
候
　八月二十七日　　　　長　萩助

（一宮市史　資料編七　文化二年）

*四軒通――しけみち。四間道とも書く。現・西区那古野一丁目。

尾張藩は正金不足がだんだんと進み、正金買入のために会所付銭屋*を十ケ所増やし、会所付銭屋の正金買入は一分ずつ引き下げ買取りさせ、会所では相場で買い取ることとした。直接会所へ持ち込めば五厘引きで買い取ることを御触に出している。永代万日記帳では添え銭を四匁としているので八ケ月ばかりで銀五匁六分と一匁六分の添銀高となり、その分米切手が安くなったこととなる。

御倹約之儀ハ追々被　仰出候事ニ候得共　無拠臨時御入用筋等有之　無余儀度々御用金も被　仰付　米切手増通用等相成　一統之難儀候旨相聞　尤之事候付而ハ夫々御下ケ金幷米切手減方等之儀　此節一時ニも為取斗　下々不及難儀様御仕向も有之度候得共　大数之金高　如何様御省略被　仰出候而も　一時ニ事済候儀ハ　迚も難相成候　尤一統難渋之段ハ難捨置時節ニ付　今度格段ニ御改正被　仰付候　右ハ万端要用之事迄も御省略可行届分ハ相省　已来可成丈御用金も不被　仰付　是迄之調達金も新古之差別を以多少ニよらす夫々訳立漸々ニ被返下　米切手減方をも専為取斗候御主意ニ候　付而ハ不遠難渋も可相緩哉ニ候得共　当分取続之筋令迷惑候ニ付　是迄売買等ニ付願品之内取揚無之分も　強而差響不相成義ハ　吟味之上差免候儀も可有之候条　農商共職分ニ応シ銘々利潤ニも相成　且米切手減方御益筋等之儀ハ　心付次第可相願候　此方ゟ申付候儀も可有之候　右ハ全一統潤之為候間　尤銘々家業之儀ハ無油断可令出精候　右之通申渡候迚　是迄之諸法度都而被　差免候訳ニハ無之候間　銘々無心得違急度相守　不法之騒カ敷目論見筋等ハ決而相願申間敷候　諸事実意ニ

＊**銭屋**――江戸時代の両替屋。もっぱら小額の銭貨の両替を行い、正規の両替商の下請的な業務であった。

永久之利潤筋ハ　願之上御吟味可有之候事

十二月

（文化三年）文化二年の御触

当時無用之農印米切手之儀ハ　尾濃御領分之者共えも正金引替方内輪手繰引受申渡候付　農印之外右引受之者共名印等相記候米切手通用之筈候　尤右名印有之米切手ニ而も　正金引替之儀ハ無差別農方米切手引替会所ニ而引替候事

但　右米切手不残名印出来不致内ハ　名印無之切手共取交通用可致候

十二月

別紙書付弐通差越之候　書面之通承知有之寺家末寺当地一派之宗門中其外支配之輩ニも如例不洩様可被相触之候

小瀬　新右衛門
熊沢　又八
林　小八郎

十二月二十八日

宛

米切手正金ニ引替方之儀ニ付　別紙之通相触候様　御勘定奉行衆幷寺社奉行衆被申聞候間　此段村中え申通幷寺社之輩えも不洩様相触可申候　幷去々年十二月二十五日四軒道通ニ而金子拾ひ候者之儀ニ付　別紙之通　是又寺社奉行衆ゟ在々寺社之輩えも相触候様被申聞候間　別紙之通夫々為触知候間　其旨可令承知候

寅正月　　　　　　　　　　　　　　　　　　　金　市之助

…………………………………………

農印米切手正金引替方之儀　農方御用達を初在々之内え引請申付候付　右引請之者共儀　米切手面々名前　村名等相記候筈候　然処　当時通用いたし居候切手繰替添印為致候間　在々之内右添印無之切手所持之分ハ　此節ゟ当正月中迄ニ本町壱丁目農方米切手引替所へ差出　引請名印等記シ候切手と引替可申旨幷右日限以後ニ諸向ゟ添印無之切手請取候ハ丶　是又農方会所え差出引替　又ハ模寄之農方御用達之者え引替方懸合可申候　御用達おいて心得罷在候由をも相触候様　御勘定奉行衆被申聞候付為触知候間　村中え不洩様相触可申候

寅正月十三日　　　　　　　　　　　　　　　金　市之助

（一宮市史　資料編七　文化三年）

享和三年（一八〇三）、農方御用達十人で始まった農方会所であるが、正金引替えの資金繰りに苦しみ、添銀は五匁六分に引き上がり文化二年（一八〇五）わずか二年で破綻した。そして多くの在の者*に資金を求め、その資金力に応じ「引請名」と「村名」を添え印させ文化三年、農印米切手の発行に至った。御触は文化二年に出されているが文化三年の御触では「此節ゟ当正月中迄ニ……差出　引請名印等記シ候切手と引替可申」となっているところより「此節」とは御触の出された正月十三日となるのでこの米切手の発行は文化三年となる。

「農印」札に「引請名」と「村名」の「添印」の入った札がそれにあたり個人とし

***在の者**――町方に対して近郷近在の者。おおむね農民のことであるが、必ずしも農業だけをしていたのではない。

ての引替え責任を負うこととなった。

（文化二年）

乍恐奉願上候御事

一今般正金御模通ニ付　引替方御用被為　仰付奉畏候　然所私共儀御百姓相続
助力之ため　少々質物取扱候迄ニ而　諸向売買欠引等之儀ハ至而不案内ニ而
正金手当之程茂　無覚束迷惑仕候　御米切手ニ印形仕候段者　難有奉存候得
共　名印仕候後　御用御差支等出来候而ハ　奉恐入候　依之印形之儀者　先
御差延シ被下置　右被為　仰付候金高之内　毎月壱割ヅツ　会所ニ差出申度
江引替候
右御願申上候通　何卒御聞届ケ被下置候ハ者　難有仕合ニ可奉存候　以上

中奈良村

伝右衛門

伝之右衛門

丑十二月（文化二年）

神間　茂平様

（江南市史　資料三）

文化二年の農方会所御用達の正金引替の任命依頼であるが、とても覚束なく米切手に名印印形できないので差延ししてほしい。その代わり依頼金高の一割を毎月会所へ正金でお届けするという願書である。

（文化三年）

当時通用之小切手五匁　三匁　壱匁分共　今般新小切手出来引かへ候筈候間面々持合之分　三月二十五日ゟ同二十七迄之内　七間町御蔵物瀬戸物店おゐて菱屋平七え懸合差出　新小切手と引かへ候様可致候

但　右切手五匁　三匁　壱匁三通り共　銘々包分ケ　員数　名前共夫々包之上ニ書記可差出候

一後家寡之類又ハ病気等ニ而難罷出者ハ　庄屋幷親類模寄之者え取集　銘々名前分ケニいたし　且五匁　三匁　壱匁とも　是又人別毎ニ包分ケ　夫々名前書記可差出候

一諸向持合候小切手　二月五日ゟ四月四日迄ニ新小切手ニ引かへ候筈候間右日限之内ハ　新古小切手取交通用之筈候　右日限相済候上ハ　右小切手ハ通用不相成筈候

一右日限過　他所向等ゟ右小切手払方抔へ相渡候ハ、　新古引かへ之訳申聞引かへ所ニ而新切手ニ引かへ来候様申談可指戻候

一諸向引かへ日限之内ニ　外ゟ古切手受取候ハ、　早速前顕引かへ所へ差出シ新小切手ニ引替可申候

一右引かへ中ハ正銭と引かへ候儀ハ不相成候

正月

文化三年になると小切手五匁、三匁、一匁の「新小切手と引かへ候様可致候」とあるので小切手の新米小切手の引替えである。小切手は五匁、三匁、一匁の三種類を包み分け、それに自分の名前を書いて届けるのである。引替え中に新旧取り混ぜ通用しても良い。他所から受け取ったら早速新小切手と引替えることとしている。新、旧札の引替え中は正銭と引き替えられないともしている。

小切手、文化三年札の発行である。

（文化三丙寅年）

先年出候
米小切手贋（にせ）出来致ルニ付　今度薪（新）札ニ御引替有之候　二月五日ゟ七日、
日迄御家中幷寺社御引替之候処　至五匁　三匁　壱匁斗御引替なれ共　贋御吟
味被成候間　手間取り申候ニ付　右日限日迄ニ取残十日迄ニ引替候
同十一日ゟ本町西之分同二十日迄ニ引替え筈　御触出之処　此分早行被申候

……………………

右ハ新切手

大黒絵	銀壱匁分 米壱升	宝尽

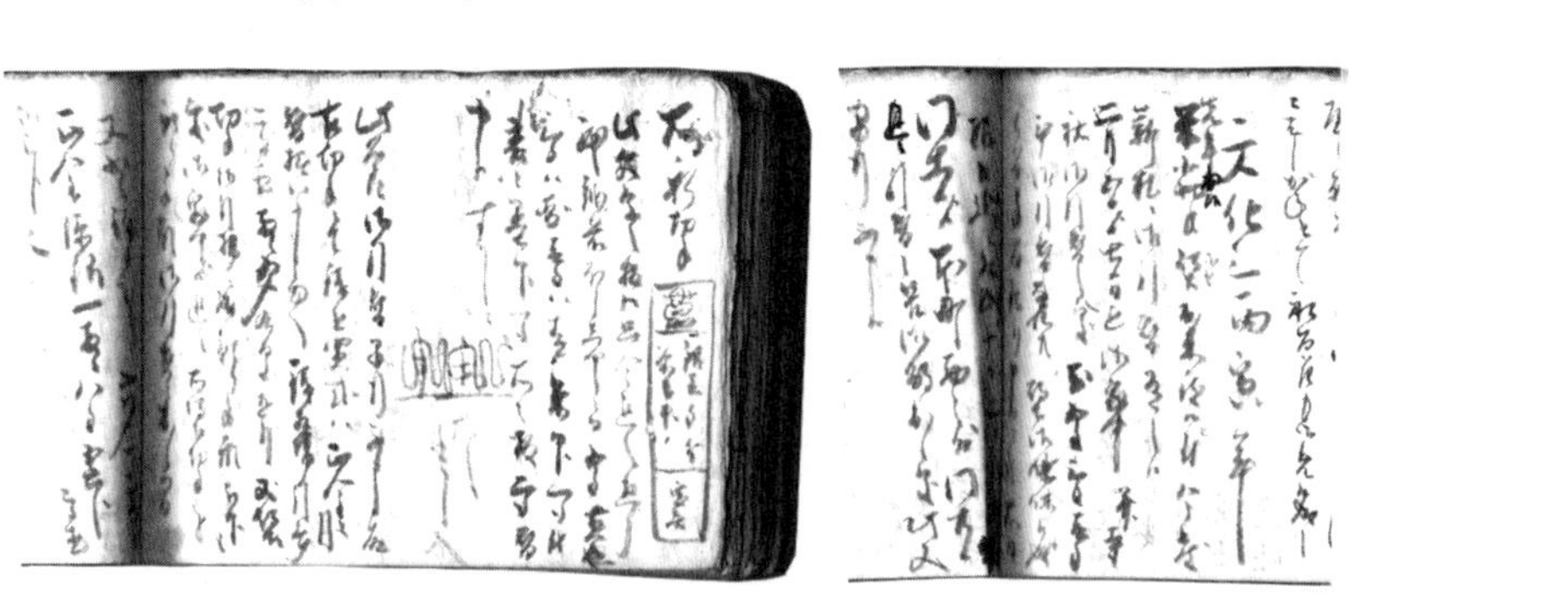

永代万日記帳
文化三年札の発行

此文字之扱ハ只今迄之通り
紙誂前本之志（もとのし）やうニ而　五匁黄色
三匁赤　壱匁ハ青　朱印一ツ付
裏ニ墨印一ツ　右之数二ツ替
中位　す可しニ

右之
寿可（すか）し入

此冬頃　御引替早引不申故
古切手ニて　銭を買　或ハ正金ニ引替
控いたしゆえ銭相場　引上げ
高値　両ニ五〆九百文　懸引　又　贋切手
御引揚ニ成　預り手形被下候処
御家中ニ而　追〻　右贋切手を
預り手形　御引替之有候間
又　少々銭も下り　六〆一二百文
正金添銀　壱両ニ　八匁五六分　高値
弐三分也

（永代万日記帳）

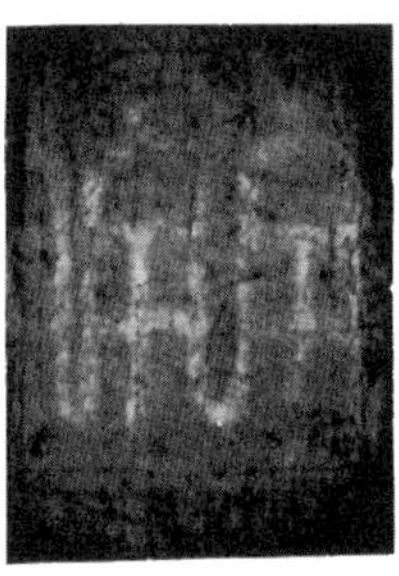

漉かし文字「宝」

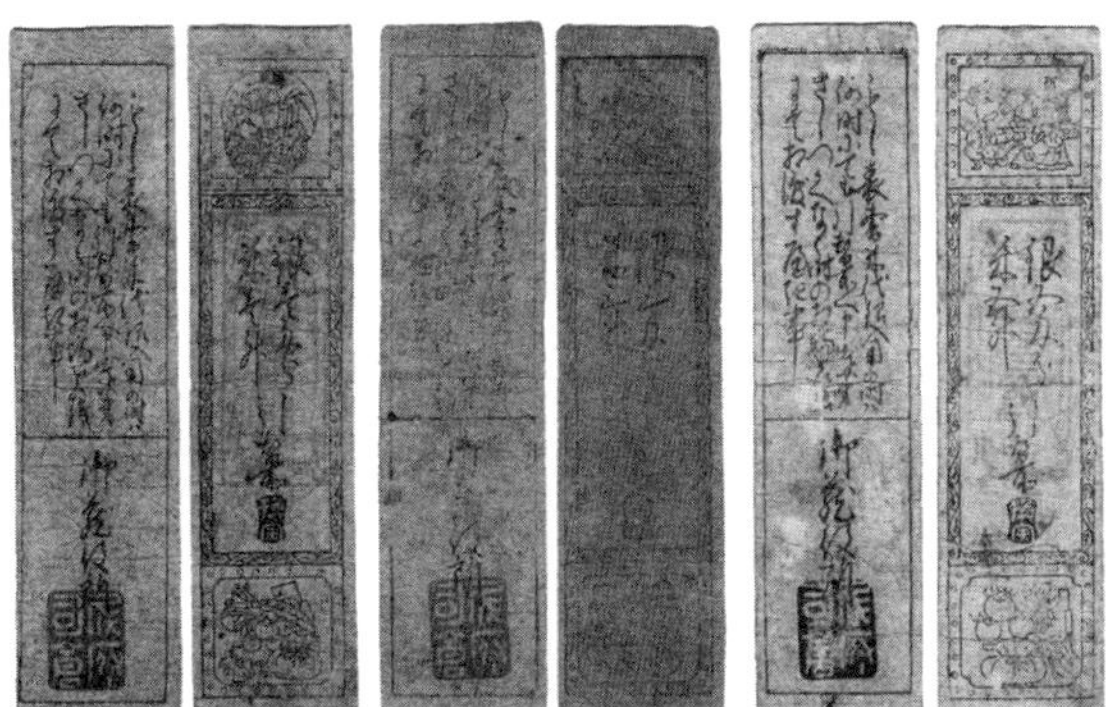

青札　赤札　黄札

この文化三年の小切手は似せ札対策として、この時より「宝」字の「漉かし文字」を入れたが、宝の「ウ」冠の連なった文字が使用された。銀札としての漉かし文字はこれが初めてとなる。さらに残された銀札からは五匁札は「黄色」、三匁札は「赤色」、一匁札は「浅葱色（薄青色）」と染め分けている。

永代万日記帳によると「先年出候　米小切手贋出来致ルニ付」とあるので、この文化三年の米小切手の五匁、三匁、一匁の新札の発行は似せ札の出現による改め札の発行であったことがわかる。続いて文化五年の永代万日記帳に次のような文言が発見できた。

（文化五年）
一　三ケ年以前被召捕上り屋ニ被居候　銀札作り　此節御仕置相定り候趣
　　七月六日
流罪人　　三人
　　尾崎友九郎
　　中嶋久兵衛
　　荒川政右衛門
十里害（外）御追放
　　六人
　　岡田嘉右衛門
　　武田藤右衛門　　四百石
　　同　隠居　楽和
　　星野三四郎　　三百石

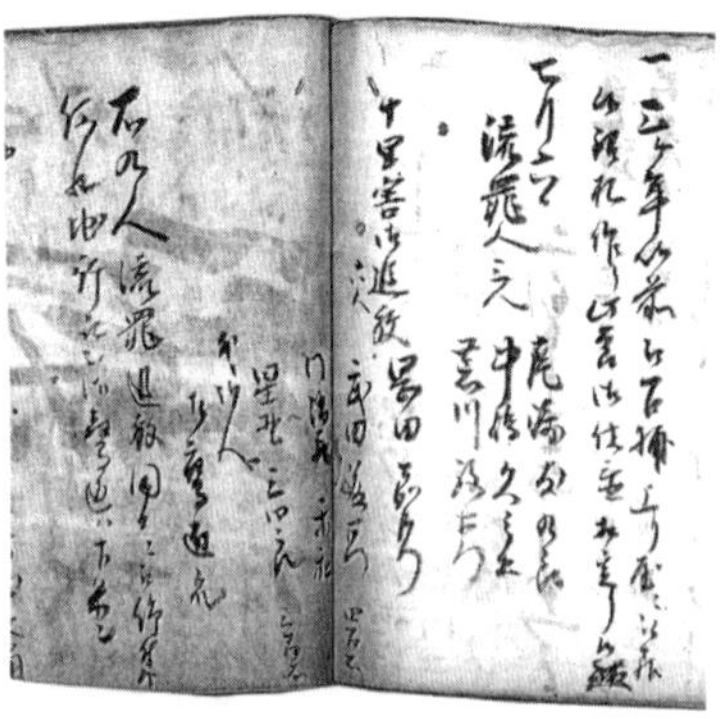
永代万日記帳
似せ札作り流罪の記録

外ニ弐人

御鷹匠衆

右九人流罪追放同日ニ被仰付候　何れ地所被候　御鷹匠ハ下米也

（永代万日記帳）

文化五年の仕置が決定した時の記録である。三ケ年以前とあるので文化二年の似せ札作りの記録である。正に、今回の新札発行の原因となった事柄である。また、武士による大偽造団であり、隠居も含まれる一族によるものであろう。寛政年の町屋の似せ札作りの際には獄門首であったが、武士ゆえであるのか流罪と軽減されている。仕置決定までに三ケ年と長きに渡っているところから、この評議には尾張藩としても悩んだことであろう。

米切手正金引替所添銭　当時壱両ニ付銀七匁五分ニ候処　追々外ゟ相場高料ニ相成　農印切手正金引請之向間損相立難渋之趣ニも相聞　且商印切手之儀も農印切手同振　御城下町々身柄之者え正金引請被仰付候付　旁今般会所添銭相場引揚　拾壱匁五分ツ、ニ而為引替候筈候　付而ハ以来若今般之振相場違出来いたし候共　此上之違ハ不取綺候条　其心得を以銘々相互ニ申相　以後添銭引下ケ方之儀心懸可申候　尤右引下ケ方ニ付　勘考も有之向ハ無差扣可申出候

一村々正金引請罷在候者ともえ是迄会所ゟ正金引替方申遣候節　先ツハ無遅滞

差出来候得共　其内中ニハ申遣候日限令遅滞候向も有之哉ニ相聞候　右ハ今般添銭引揚候上ハ　右躰差出方及遅滞候而ハ引替方之差支ニも相成候間　以来ハ会所ゟ申遣候ニ随ひ　早速正金差出候様可心得旨
右之趣可申渡旨　御勘定奉行衆被申聞候間　左様相心得正金引受之者へ夫々可申聞候

七月十八日

岡　勝　右

荷之上村
服　部　弥　兵　衛

鯏浦（うぐいうら）村
治左衛門

平嶋新田
服　部　市　兵　衛

鎌島新田
木　村　忠左衛門

当時通用之商印米切手　町々之者共えも人別ニ而正金引替方引請申渡候付　右引請之者共添印相記候米切手通用之筈候　付而ハ右添印無之切手之儀　当月二十七日ゟ来月二十八日迄之内商方会所え差出　添印いたし候切手と引替候様可致事
但　右米切手不残添印出来不致内ハ　添印有無共取交致通用　尤正金と引替

方も　無差別商方会所おゐて取扱候事

七月

（寺社奉行衆よりの触）

……………………

当時通用之商印米切手之儀　農印米切手同様　今度町々身柄之者共人別ニ而正金引替方引請申渡候付　以来右引受之者共名前等相記候米切手通用之筈候付而ハ右添印無之切手　当月二十七日より八月二十八日迄之内　商方会所おゐて済（添カ）印相済候切手と引替之筈候間　村々おゐて引請之名前無之切手所持之輩ハ　夫々左之日割之通　商方会所え差出　添印済之切手と引替可申候

一八月十八日　大代官
同　十九日　清須　御代官所之分
一同　二十日　鳴海　同断
一同　二十一日　鵜多須
　　　二十二日　佐屋　同断
一同　二十三日　北方
　　　二十四日　太田
　　　　　　　　上有知　同断
一同　二十五日　小牧
　　　二十六日　水野　同断

右日割之通差出引替可申候

一右米切手引替中ハ　添印有之切手　無之切手共取交致通用　尤正金引替方之

義も無差別商方会所おゐて取扱之筈
一後家寡之類　或者病気等之輩ハ　村役人共心を付遣し　引替方ニ難罷出者ハ
庄屋又ハ親類模寄之者相頼差出候義勝手次第之筈候
辰七月
（一宮市史　資料編七　文化五年）

文化二年に農方会所が破綻して尾張領内の多くの豪農に正金引替えの資金を求め米切手の裏面に「何処の誰、名前と印判」を押させ、引替え保証分の米切手を発行させたが、文化五年商方会所も正金引替えの資金繰りにつまり御城下商人に多くの資金を求めることとなった。この米切手も商方の米切手に「名前と印判」を押し、その商人が引替え保証を担うこととなった。

○名古屋商人
人数　〆三百〇五人　　金高拾*壱万〇百九拾両
後呼出し分
人数　〆　四拾四人　　金高　参千九百弐拾両
惣合て
人数　〆参百四拾九人　　金高拾壱万四千百拾両

*——名古屋市史では「拾」がぬけているが間違いなのでここでは補った。

○金高による組訳

○　△　マチカタキツテクミワケノイム
○　三千両　△　千　両　マ　九百両　チ　七百両　カ　九百五拾両
タ　木綿問屋　キ　五百五拾両　ツ　三百三拾両　テ　二百三拾両
ク　弐百両　ミ　百七拾五両　ワ　百　両　ケ　七拾両、六拾両
ノ　四拾両　イ　参拾両　ム　参拾両
（名古屋市史　資料二期　第三章二節）

○	三千両	海老屋町	関　戸	鉄太郎
○	三千両	茶屋町	伊　藤	治郎左衛門
○	三千両	鉄砲町	笹　屋	惣　助
○	三千両	玉屋町	水口屋	伝兵衛
○	三千両	五条町	麻　屋	吉右衛門
○	三千両	鉄砲塚町	駒　屋	小右衛門
○	三千両	門前町	小西屋	利右衛門
○	三千両	琵琶島	升　屋	彦　八
○	三千両	納屋町	皆川屋	庄　蔵
○	三千両	納屋町	淀　屋	庄右衛門
△	千　両	玉屋町	美濃屋	惣兵衛
マ	九百両	福井町	井桁屋	久　助
マ	九百両	納屋町	清水屋	太左衛門
マ	九百両	大舟町	伊藤屋	忠左衛門
マ	九百両	納屋町	内海屋	忠　蔵
マ	九百両	諸　町	山口屋	藤九郎
チ	七百両	塩　町	小島屋	庄右衛門
チ	七百両	樽屋町	美濃屋	治右衛門
チ	七百両	小牧町	吉文字屋	惣兵衛
チ	七百両	戸田町	御溜屋	清兵衛
チ	七百両	玉屋町	道具屋	惣十郎
チ	七百両	長島町	古金屋	与左衛門

チ	七百両	福井町	吉島屋	佐兵衛
チ	七百両	橘　町	高麗屋	新三郎
チ	七百両	万屋町	美濃屋	勘　七
チ	七百両	祢宜町	油　屋	伊　助
チ	七百両	舟入町	小川屋	宮　助
チ	七百両	鉄砲町	駒　屋	文　助
チ	七百両	米倉町	酢　屋	勘三郎
チ	七百両	呉服町	美濃屋	太左衛門
チ	七百両	葭　町	舟津屋	七郎右衛門
チ	七百両	海老屋町	松本屋	源兵衛
チ	七百両	米倉町	小松屋	又　八
チ	七百両	橘　町	大　屋	源　八
チ	七百両	玉屋町	水口屋	伝　七
チ	七百両	伝馬町	萱津屋	武兵衛
チ	七百両	米倉町	美濃屋	重右衛門
カ	九百五十両	舟入町	半田屋	助左衛門
カ	九百五十両	伝馬町	鈴村屋	庄兵衛
カ	九百五十両	長者町	和泉屋	権右衛門
カ	九百五十両	琵琶島	油　屋	司馬太郎
カ	九百五十両	玉屋町	十一屋	庄兵衛
カ	九百五十両	伝馬町	菱　屋	喜兵衛
カ	九百五十両	笹屋町	井桁屋	彦兵衛
カ	九百五十両	鉄砲塚町	永楽屋	伝右衛門
カ	九百五十両	杉ノ町	井筒屋	甚右衛門
カ	九百五十両	小牧町	山本屋	甚兵衛
カ	九百五十両	伝馬町	田島屋	与次兵衛
カ	九百五十両	元材木町	大山屋	辰次郎
カ	九百五十両	伝馬町	萱津屋	伊右衛門
カ	九百五十両	伝馬町	堀田屋	治左衛門
タ	千三百両	上畠町	吹　原	九郎三郎
タ	七百両	万屋町	大口屋	清兵衛
タ	四百五十両	広井町	綿　屋	喜兵衛
タ	三百五十両	車ノ町	浜島屋	栄太郎
タ	二百両	車ノ町	磯貝屋	忠左衛門
キ	五百五十両	九十軒町	佐野屋	清左衛門
キ	五百五十両	杉ノ町	桔梗屋	佐兵衛
キ	五百五十両	納屋町	藤　屋	新左衛門
キ	五百五十両	納屋町	大鐘屋	藤　七
キ	五百五十両	伝馬町	杉　屋	与左衛門
キ	五百五十両	坂上町	山城屋	左兵衛

キ	五百五十両	本町	駒屋	源兵衛
キ	五百五十両	舟入町	伊藤屋	与兵衛
キ	五百五十両	下材木町	白木屋	武兵衛
キ	五百五十両	塩町	近江屋	藤兵衛
キ	五百五十両	堀詰町	奈良屋	源左衛門
キ	五百五十両	小牧町	笹屋	伝兵衛
キ	五百五十両	大船町	麻生屋	権吉
キ	五百五十両	坂上町	井桁屋	茂兵衛
キ	五百五十両	祢宜町	塩屋	利平
キ	五百五十両	玉屋町	鏡屋	正七
キ	五百五十両	琵琶島	茶屋	吉左衛門
キ	五百五十両	伝馬町	笹屋	勘助
キ	五百五十両	葭町	伊勢屋	六兵衛
キ	五百五十両	坂上町	薬屋	左兵衛
キ	五百五十両	納屋町	柴田屋	新兵衛
キ	五百五十両	富田町	大丸屋	正之助
キ	五百五十両	伝馬町	田島屋	与左衛門
キ	五百五十両	塩町	近江屋	孫兵衛
ツ	三百三十両	堀詰町	橘屋	四郎兵衛
ツ	三百三十両	本町	桔梗屋	又兵衛
ツ	三百三十両	伊勢町	白木屋	徳右衛門
ツ	三百三十両	和泉町	信濃屋	吉太郎
ツ	三百三十両	塩町	塩屋	弥兵衛
ツ	三百三十両	本町	笹屋	平吉
ツ	三百三十両	坂上町	近江屋	孫右衛門
ツ	三百三十両	末広町	銭屋	勘助
ツ	三百三十両	小牧町	藤屋	源兵衛
ツ	三百三十両	本町	松前屋	小八郎
ツ	三百三十両	伝馬町	北山屋	惣兵衛
ツ	三百三十両	玉屋町	安田屋	彦兵衛
ツ	三百三十両	伝馬町	山本屋	甚蔵
ツ	三百三十両	大曽根	河内屋	又市
ツ	三百三十両	鉄砲町	本屋	久兵衛
ツ	三百三十両	門前町	三ツ星屋	吉左衛門
ツ	三百三十両	伊倉町	多立屋	作兵衛
ツ	三百三十両	納屋町	見田屋	七右衛門
ツ	三百三十両	御園町	知多屋	半次郎
ツ	三百三十両	御園町	江川屋	与兵衛
ツ	三百三十両	伝馬町	鍵屋	利助
ツ	三百三十両	橘町	宮屋	惣兵衛

ツ	三百三十両	古渡町	米屋	長八
ツ	三百三十両	和泉町	京屋	善兵衛
ツ	三百三十両	下御園町	大屋	彦作
テ	二百三十両	下材木町	賀田屋	源太郎
テ	二百三十両	宮町	伊勢屋	作兵衛
テ	二百三十両	宮町	藤川屋	九郎助
テ	二百三十両	材木町	山本屋	吉右衛門
テ	二百三十両	大船町	升屋	喜作
テ	二百三十両	本町	風月	孫助
テ	二百三十両	玉屋町	小道具屋	喜兵衛
テ	二百三十両	杉ノ町	万屋	善助
テ	二百三十両	堀江町	しなのや	九郎右衛門
テ	二百三十両	材木町	羽柴屋	源七
テ	二百三十両	小牧街	扇屋	半七
テ	二百三十両	中市場町	綿屋	市左衛門
テ	二百三十両	桜ノ町	砥屋	弥三右衛門
テ	二百三十両	江川町	美濃屋	源蔵
テ	二百三十両	万屋町	大黒屋	佐右衛門
テ	二百三十両	赤塚町	大野屋	太七
テ	二百三十両	石町	吉味屋	八郎右衛門
テ	二百三十両	鍋屋町	木瓜屋	平兵衛
テ	二百三十両	宮町	中嶋屋	甚助
テ	二百三十両	蒲焼町	米屋	三右衛門
テ	二百三十両	伏見町	井桁屋	勘兵衛
テ	二百三十両	上材木町	川方屋	善右衛門
テ	二百三十両	樽屋町	嶋屋	彦六
テ	二百三十両	九十軒町	佐野屋	与右衛門
テ	二百三十両	葭町	鵜飼屋	喜兵衛
テ	二百三十両	万屋町	美濃屋	甚左衛門
ク	二百両	駿河町	竹皮屋	治郎八
ク	二百両	材木町	小川屋	治郎左衛門
ク	二百両	石町	福徳屋	市左衛門
ク	二百両	杉ノ町	槌屋	吉兵衛
ク	二百両	小牧町	白木屋	太兵衛
ク	二百両	福井町	吉島屋	市兵衛
ク	二百両	富田町	錺屋	庄六
ク	二百両	伊勢町	白木屋	甚右衛門
ク	二百両	祢宜町	荒物屋	六右衛門
ク	二百両	赤塚町	大仏屋	喜右衛門
ク	二百両	鍋屋町	松尾屋	久蔵

ク	二百両	飯田町	材木屋	八右衛門
ク	二百両	琵琶島	樽木屋	弥八
ク	二百両	中久屋町	美濃屋	甚助
ク	二百両	万屋町	木綿屋	庄助
ク	二百両	永安寺町	伏見屋	長右衛門
ク	二百両	京町	和泉屋	太助
ク	二百両	四軒道	柴田屋	善七
ク	二百両	中市場町	岡田屋	与右衛門
ク	二百両	古渡	美濃屋	要助
ク	二百両	玉屋町	表屋	庄兵衛
ク	二百両	杉ノ町	綿屋	太助
ク	二百両	万屋町	菱屋	源助
ク	二百両	納屋町	大鐘屋	藤右衛門
ク	二百両	赤塚町	紙屋	喜平次
ミ	百五十両	伝馬町	笹屋	孫七郎
ミ	百五十両	茶屋町	佐和屋	利右衛門
ミ	百五十両	茶屋町	井筒屋	武兵衛
ミ	百五十両	納屋裏	油屋	彦兵衛
ミ	百五十両	舟入町	瀬戸物屋	善七
ミ	百五十両	広井町	佐野屋	次重蔵
ミ	百五十両	駿河町	洛雁屋	伝左衛門
ミ	百五十両	福井町	吉嶋屋	九兵衛
ミ	百五十両	石町	鍵屋	善右衛門
ミ	百五十両	小牧町	信濃屋	金兵衛
ミ	百五十両	鉄砲町	笹屋	幸蔵
ミ	百五十両	材木町	千竹屋	文吉
ミ	百五十両	石町	白木屋	吉兵衛
ミ	百五十両	広井村	表屋	嘉吉
ミ	百五十両	舟入町	村田屋	甚八
ミ	百五十両	伝馬町	槌屋	善九郎
ミ	百五十両	本町	両口屋	喜十郎
ミ	百五十両	宮町	三河屋	伊兵衛
ミ	百五十両	鉄砲町	千田屋	弥八
ミ	百五十両	京町	生田屋	治郎八
ミ	百五十両	伝馬町	堀田屋	半右衛門
ミ	百五十両	舟入町	高木屋	久兵衛
ミ	百五十両	琵琶島	晒屋	九八郎
ミ	百五十両	伝馬町	宝山屋	甚右衛門
ミ	百五十両	薮下	丸山	平七
ワ	百両	福井町	京屋	治郎兵衛

ワ	百両	材木町	白木屋　武右衛門
ワ	百両	橘町	宮屋　権九郎
ワ	百両	橘町	立田屋　利助
ワ	百両	伝馬町	大黒屋　孫助
ワ	百両	伝馬町	綿屋　与三兵衛
ワ	百両	琵琶島	井桁屋　長右衛門
ワ	百両	益屋町	小原屋　藤七
ワ	百両	杉ノ町	二文字屋　九兵衛
ワ	百両	石町	丸屋　惣十郎
ワ	百両	伝馬町	福田屋　伝蔵
ワ	百両	葭町	炭屋　清次郎
ワ	百両	坂上町	熊野屋　孫十郎
ワ	百両	伊倉町	板屋　弥吉
ワ	百両	戸田町	綿屋　文三郎
ワ	百両	赤塚町	大丸屋　武兵衛
ワ	百両	針屋町	致知屋　甚九郎
ワ	百両	中須賀町	上文字屋　治平
ワ	百両	御園町	松倉屋　彦九郎
ワ	百両	末広町	亀屋　善右衛門
ワ	百両	坂上町	坂井屋　久蔵
ワ	百両	御園町	美濃屋　市兵衛
ワ	百両	塩町	小松屋　平兵衛
ワ	百両	橘町	石臼屋　儀右衛門
ワ	百両	橘町	亀屋　小兵衛
ケ	六十両	伝馬町	久田屋　伊右衛門
ケ	六十両	笹屋町	米屋　甚蔵
ケ	六十両	京町	桔梗屋　七右衛門
ケ	六十両	万屋町	美濃屋　善七
ケ	六十両	杉ノ町	橘屋　長右衛門
ケ	六十両	押切村	竹皮屋　伊助
ケ	六十両	中須賀町	丸屋　伊兵衛
ケ	六十両	御園町	酢屋　伝左衛門
ケ	六十両	宮町	杉山屋　惣右衛門
ケ	六十両	富沢町	白木屋　利右衛門
ケ	六十両	材木町	福島屋　久右衛門
ケ	六十両	東門前町	米屋　源助
ケ	六十両	堀詰町	井桁屋　茂右衛門
ケ	六十両	舟入町	高津屋　兵左衛門
ケ	六十両	永安寺町	藍屋　平助
ケ	六十両	伝馬町	美濃屋　長右衛門

ケ	六十両	長島町	畳屋	久右衛門
ケ	六十両	材木町	羽柴屋	与吉
ケ	六十両	住吉町	大橋屋	勘右衛門
ケ	六十両	中市場町	藤屋	甚助
ケ	六十両	九十軒町	万屋	佐助
ケ	六十両	納屋町	半田屋	甚八
ケ	六十両	本町	駒屋	嘉兵衛
ケ	六十両	鉄砲塚町	駒屋	五助
ケ	六十両	杉ノ町	亀屋	治助
ノ	四十両	笹屋町	井沢屋	茂兵衛
ノ	四十両	瀬戸物町	杉本屋	長八
ノ	四十両	末広町	美濃屋	清兵衛
ノ	四十両	伝馬町	京屋	新助
ノ	四十両	押切村	吉村屋	藤右衛門
ノ	四十両	伝馬町	小原屋	利助
ノ	四十両	駿河町	綿屋	源六
ノ	四十両	大久保見町	村田屋	五郎兵衛
ノ	四十両	石町	山形屋	太兵衛
ノ	四十両	材木町	材木屋	惣兵衛
ノ	四十両	小牧町	信濃屋	喜介
ノ	四十両	福井町	和泉屋	庄八
ノ	四十両	朝日町	高橋屋	九八
ノ	四十両	葭町	桑名屋	伊右衛門
ノ	四十両	富沢町	大津屋	清兵衛
ノ	四十両	長者町	万屋	彦十郎
ノ	四十両	葭町	山本屋	彦兵衛
ノ	四十両	納屋町	亀屋	喜兵衛
ノ	四十両	材木町	川名屋	久兵衛
ノ	四十両	末広町	簱屋	喜兵衛
ノ	四十両	日置村	表屋	佐治兵衛
ノ	四十両	門前町	梅屋	金左衛門
ノ	四十両	古渡	米沢屋	彦兵衛
ノ	四十両	下材木町	三原屋	新右衛門
イ	三十両	小牧町	吉文字屋	善七
イ	三十両	福井町	井桁屋	徳兵衛
イ	三十両	玉屋町	葉屋	六兵衛
イ	三十両	吉田町	東屋	庄八
イ	三十両	鉄砲塚町	綿屋	甚八
イ	三十両	葭町	槙木屋	常九郎
イ	三十両	奥田町	藤屋	武兵衛

イ　三十両　宮　町　高麗屋　源　蔵
イ　三十両　琵琶島　山田屋　文　吉
イ　三十両　伝馬町　織田屋　善　七
イ　三十両　坂上町　木曽屋　兵　蔵
イ　三十両　駿河町　吉文字屋　治右衛門
イ　三十両　杉ノ町　三河屋　彦兵衛
イ　三十両　堀詰町　秋田屋　作右衛門
イ　三十両　石　町　白木屋　弥　助
イ　三十両　正万寺町　戸　屋　治兵衛
イ　三十両　島田町　三ツ井屋　太兵衛
イ　三十両　小舟町　久木屋　久　助
イ　三十両　材木町　平野屋　太　吉
イ　三十両　米倉町　信濃屋　太左衛門
イ　三十両　橘　町　三笠屋　清　七
イ　三十両　長者町　千竹屋　伝左衛門
イ　三十両　鉄砲塚町　藤　屋　甚九郎
イ　三十両　坂上町　箕　屋　長左衛門
イ　三十両　伝馬町　柏　屋　又右衛門
ム　三十両　材木町　美濃屋　治郎左衛門
ム　三十両　伝馬町　堺　屋　与　助

ム　三十両　古　渡　米　屋　浅右衛門
ム　三十両　戸田道　白木屋　善左衛門
ム　三十両　茶屋町　菱　屋　忠　蔵
ム　三十両　押切村　美濃屋　平　七
ム　三十両　坂上町　酢　屋　惣　助
ム　三十両　坂上町　生鯛屋　作右衛門
ム　三十両　橘　町　幕　屋　伝兵衛
ム　三十両　東問屋町　銭　屋　伝兵衛
ム　三十両　住吉町　鍵　屋　九兵衛
ム　三十両　新　町　古金屋　小　助
ム　三十両　朝日町　美濃屋　佐兵衛
ム　三十両　飯田町　富士代屋　又　吉
ム　三十両　江川町　野間屋　平左衛門
ム　三十両　納屋裏　銭　屋　長右衛門
ム　三十両　広井村　大々屋　勘右衛門
ム　三十両　橘　町　宮　屋　権右衛門
ム　三十両　橘　町　大橋屋　惣右衛門
ム　三十両　橘　町　三文字屋　伊右衛門
ム　三十両　日　置　志水屋　又右衛門
ム　三十両　宮　町　椀　屋　治郎七

ム	三十両	伊倉町	中村屋	権七
ム	三十両	正万寺町	中島屋	源八
ム	三十両	鉄砲塚町	駒屋	忠兵衛
ツ	三百両	巾下奉公人	山名屋	清八
ツ	三百両	小舟町	宮口屋	久助
ク	二百両	伝馬町	茶椀屋	清左衛門
ク	二百両	小牧町	堀田屋	孫左衛門
ク	二百両	万屋町	木綿屋	藤兵衛
ク	二百両	五条町	麻屋	貞助
ミ	百五十両	―	師崎屋	長兵衛
ワ	百両	八百屋町	井桁屋	吉兵衛
ワ	百両	伝馬町	梅屋	清兵衛
ワ	百両	万屋町	万屋	助十郎
ワ	百両	堀詰町	井桁屋	伊右衛門
ワ	百両	塩町	加藤屋	久平
ワ	百両	薮下新道	中島屋	彦兵衛
ワ	百両	五条町	和泉屋	為三郎
ケ	七十両	伝馬町	藤屋	市郎右衛門
ケ	七十両	材木町	牧田屋	武助
ケ	七十両	巾下	遠嶋屋	平兵衛
ケ	七十両	木挽町	紀伊国屋	喜平次
ケ	七十両	御園町	麻生屋	権蔵
ケ	七十両	玉屋町	万屋	喜兵衛
ケ	六十両	大和町	伊勢屋	吉兵衛
ケ	六十両	大和町	近江屋	長七
ケ	六十両	鉄砲町	井筒屋	惣兵衛
ケ	六十両	橘町	扇屋	佐七
ケ	六十両	福井町	井桁屋	甚八
ケ	六十両	玉屋町	植木屋	八郎兵衛
ケ	六十両	杉ノ町	万屋	安兵衛
ケ	六十両	五条町	美濃屋	源兵衛
ケ	六十両	日置村	福島屋	佐右衛門
ケ	六十両	日置村	美濃屋	文四郎
ノ	五十両	舟入町	山名屋	孫右衛門
ノ	五十両	舟入町	讃岐	市三郎
ノ	五十両	八百屋町	米屋	治兵衛
ノ	五十両	杉ノ町	万屋	利右衛門
ノ	五十両	木挽町	葭屋	忠左衛門
ノ	五十両	五条町	種屋	弥助
ノ	五十両	万屋町	美濃屋	弥兵衛

ノ　五十両　葭　町　山田屋　善　蔵
ノ　五十両　玉　屋　町　銀山屋　治兵衛
ノ　四十両　中市場町　八木屋　弥兵衛
ノ　四十両　久　屋　町　京丸屋　善　六
ノ　四十両　古　渡　米　屋　長　七
ノ　四十両　日置村　立田屋　惣右衛門
ノ　四十両　宮　町　井桁屋　吉兵衛
三拾二組　三百四拾九人　金高拾壱万四千百拾両
（名古屋商人史　第十三表「連城亭随筆」より）

米切手正金引替方引受に付き小割のケ条
銘々引請之切手高名印相調置　追て右切手諸向より引替に相越候節　於会所
名印相改　引受主へ相渡し　勿論　添銭之儀も　時之相場を以て可為相渡候
間　其節々正金に引替　差出候様可致候
　但し右正金引替差出方等は　会所より世話人へ申通し　夫より組中ハ通達
　いたし　取集させ候筈に候
一添銭相場之儀　当時　会所相場七匁五分に候所　外ト相場も格別相離れ
銘々引替方難渋に付　会所相場　此節より拾壱匁五分に引揚させ候　尤も右
已後之儀は　其方共　遂勘考　引替方致出精　会所内外共　添銭漸々に引下
げ候様　取計可申候
一会所を離れ　調印主へ相対にて引替に相越候儀は　不為致筈に候
一右切手に相調候名印之儀　雛形之通
　何屋誰　印判　左和屋理右衛門

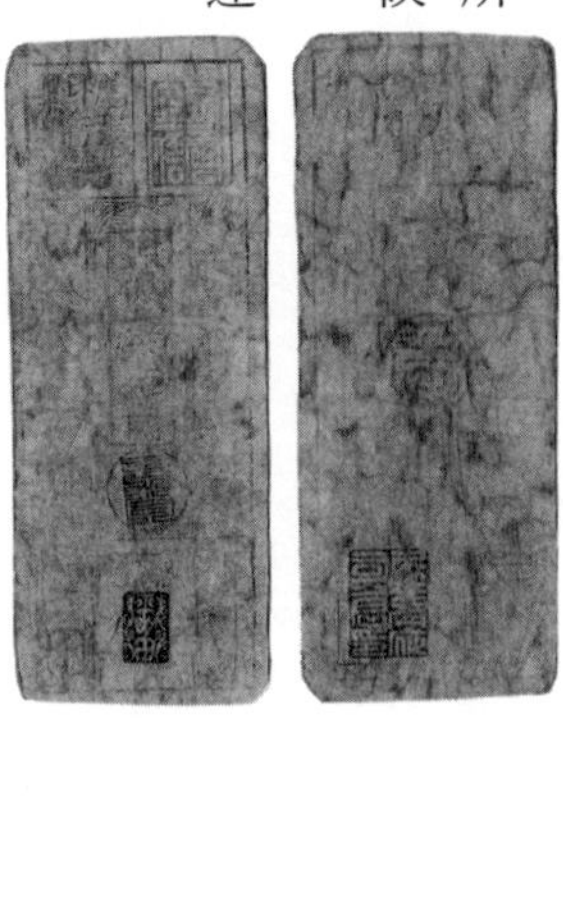
呉服町美濃屋太左エ門　チ組

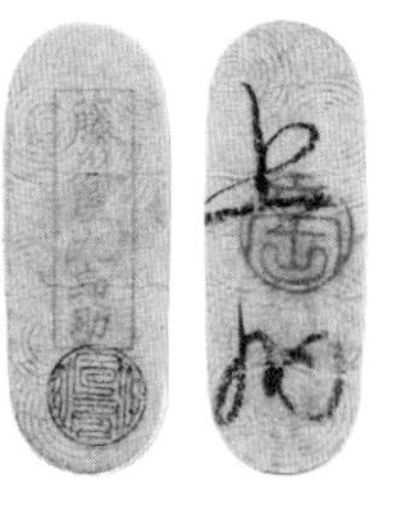
宮町藤川屋九郎助　テ組

「上納」札

早速　彫刻為致可申候
一名印相調候節は　銘々役所へ罷出　調印可致候　尤も引請人組々日割を以
調印いたし候筈に付　追て日限可為申通候　付ては　右名印不残出来不致内
は　名印有無共　切手通用之筈　御領分中へ触出可有之候
一会所におゐて　米切手正金引替方等之儀は　御勝手御用達共引請之事に付
今般　人別にて請受候　商印切手之儀　御勘定所へ引受之外　商方御用達共
多数引請候筈　於御勘定所　申渡有之候　其余　其方共へ引請申付事に候得
ば　別て心得方等　御用達共と一様に相成候様　猶更　遂熟談可申候　尤も
右之趣　御用達共へも申渡にて可有之候
一右之外　差懸候儀は　世話人共へ可申談候間　其方共も存付候儀等有之候
はゞ　世話人を以て可申出候
辰七月

（名古屋叢書　第十二巻　産業経済編3　服部文書）

この服部文書には具体的に商印切手の雛型として「何屋誰、印判、佐和屋理右衛門」と紹介しており文化五年札の内容がよくわかる資料である。また、添銭を銀七匁五分から十一匁五分に引き上げるといっているので一両に銀四匁の正金の流入を図っている。この時より多くの名古屋御城下商人が米切手引替えにかかわることになり、商人は御勝手御用達*として明治まで尾張藩をささえ続けることとなる。

＊御勝手御用達――領内の富商富農でなりたち、財政不足を補佐する。

文化五年戊辰八月八日　町方御役所ゟ可罷出候よし　則五時五分出申候処
米切手裏判可仕候由　被為　仰付候　金百五拾両相当り申候　右組込ハ金百
七拾両「ロ」之内　一処ニ相成申候

世話人　伝馬町
井筒屋武兵衛　金百五拾両也
京　町筋
澤屋利右衛門
伝馬町
笹屋孫十郎
〆三人

右之世話人三人と承可申候由被仰出候
「御役所へ召出　但し　金五拾両持参判済持帰ル　金五拾両ハ御役所之札ニ
而判付申候　残り金五拾両也」

…………………………………………

文化五年戊辰九月十八日　米切手引替　会所へ世話人井筒屋武兵衛罷出　米
切手裏印弐厘ツヽ正金出可申由　仍而手前百五拾両ト正金三両也差出し申候
引替銀拾壱匁五分かへ受取申候
此節　外相庭引替御座候　拾弐匁七分五厘かいとり　拾弐匁八分かへかい申
候正金三両ニて三匁九分不足

文化五年戊辰九月　調印裏判ニ付　正金弐厘五毛出し可申由　井筒屋武兵衛殿方迄戻り　米切手外名前裏判ニ而御返金
　正金三両也上納　米切手拾壱匁五分割受取
同年辰十月十日　裏判米切手拾七両也　つしま富之内へ組入　裏判抜ケ申候
但し　壱両ニ付壱匁五分ツヽ替銀出し申候　外之調印拾七両戻り申し候
受取尾頭勝馬方へ出し申候由　手前しかと不存候
十月
一同金拾七両也遣し申候
十月
一金拾七両也
十一月十九日
一金拾六両也
〆金五拾両也　焼捨ニ相成申候　買残り金百両也　手前支配分有之候
百両之内　辰極月五日　金壱両御焼捨相成　抜判御役所ゟ戻り
残り金九拾九両也
（名古屋納屋町肥物問屋高松家史料　師崎屋諸事記）*

文化五年戊辰改札の御役所よりの百五十両の引受け米切手の裏判押印から世話人と組員の関係、旧札の引替えの様子などがよくわかる資料である。

＊師崎屋（もろざき）――師崎屋長兵衛。

（文化五年）

七月十七日ゟ十八十九日二十日迄ニ町々福
家御呼出し被仰　後日御国通用之
米切手正金引替方差支難渋之候
先年農方之分ハ御国中在々福家へ
申付　百両弐百両ト分限ニ応し引請
方申付　右米切手ニ引請人名前ニト判
相すはり候処　今般商方米切手町々
福家右之通見立刻付相成　引請人名印
相すハり申候　右割付有増　関戸五兵衛
一万両町方十人衆へ三万両十七人衆へ
一万二千両園外四屋殊大家九百五十両
ハ、右ハ伝馬町鈴村　堀田　十一屋　水口や　大丸
綿*原九郎三郎　平野五百両　濱嶋四百両
磯貝弐百両　其外町中見立ニて三十五十両込
被仰付候
刻　七月二十七ゟゟ（日カ）八月三日迄　本町ゟ西之分
右添印之米切手ニ引替り申候
同五日ゟ十日迄本町ゟ東方
同十二日ゟ十七日迄広小路ゟ南之分

＊綿——「吹」の間違いと思われる。
木綿屋九郎三郎（吹原九郎三郎（ふきはらくろさぶろう））。

其外寺社義承在方ハ日限以て引替り候

（永代万日記帳）

商方新米切手通用両口屋引請百七十両分　自分名印押す

（文化六年七月）

現在にあっても名古屋御菓子処の名家、両口屋是清の資料である。これは昭和六十年同社発行『尾張の和菓子を伝えて――両口屋是清の三百五十年』の年表に記されていたものである。当家に尾張藩の藩札である米切手解明への理解を願いつつ、「御触等の記録では文化五年の発行であるので「文化五年」の「名印」押しではないか？」と尋ねてみると「文化六年」と当家に残る原本の資料をコピーして頂けた。

さて、享和三年の発行時での米切手の運用は新刻米切手三万五千両と正金引替え用として米切手で五千両と正金五千両で始まっている米切手が全て流通しているとしても四万両であった。このときの名古屋御城下の御用達商人からの資金繰りは十一万四千百十両であり約三倍弱であるので一度に全ての商人が「名印」を押して発行したのではなく順次必要に応じ発行していったのであろう。

これにより、諸商人は上納金高分、名印札の正金引替えの保証を行い、名印米切手が会所へ廻れば名印商人がその正金引替え責務を果すこととなった。

（文化五年）

当時通用小切手之内　五分切手之儀ハ引揚筈候　付而ハ面々持合之分　来ル二十五日ゟ十二月十五日迄之内　左之通相心得　平田包ニいたし　名前金高等之書付相添　小切手引替所菱屋平七方え差出　正金又ハ銭ニ引替候様可致候

一平田ニ而ハ真偽之差別相改　包方取斗筈候間　引替候前日又ハ右以前為包置筈之事　但　包料差出ニ不及候

一兼而平田包菱屋平七包ニ而有之分も　一旦平田所え差出改メ請候筈之事

一若贋切手出候節ハ平田預書付引替　贋切手ハ吟味中平田え預置筈之事

一右包方之儀　来ル二十二日ゟ十二月十四日迄取斗候筈之事　都而銀高有之分ハ　添銭差引正金と引替　端銀之分ハ正金之銭相場を以添銭差引　銭と引替候筈之事

一右引替中　来ル二十五日ゟ十二月十五日迄ハ五分切手通用いたし　右日限以後ハ通用不相成筈候事

一右引替中　何卒無余儀差支之筋ニ而日限以後ニ相成候分ハ　其訳書付相認切手ニ相添　前顕平七方え可指出候　吟味之上引替候筈之事

一右引替方之儀　人々引替所迄罷出候而ハ及混雑候間　庄屋等之内え一村限取集　平田包ニいたし指出　引替相済候上猶又夫々配分可致候

一諸向引替日限之内ニ外ゟ請取候切手ハ　早速前書之通平田包ニいたし引替可申事

十月
十二月三日ゟ　　佐屋方
同　六日迄　　鵜多須方
（一宮市史　資料編七　文化五年）

小切手のうちの一番小さい五分切手の引き上げ、回収である。米切手の流通が多くなり、より高額の米切手通用を図ったのであろう。文化五年の五分札通用停止である。

農商両会所米切手正金引替相場之義　当十四日ゟ壱両ニ付銀拾匁五分宛ニ引下ケ引替方取扱之筈候間　此段可相心得候
十一月十六日　　岡　勝右
（一宮市史　資料編七　文化五年）

農方、商方共、多くの富農や富商に資金を求め正金が潤沢になると「銀拾匁五分宛ニ引下ケ」といっている。よって銀一匁の添銀の引き下げである。

（文化六年巳）
当時通用小切手之内　壱匁切手之儀者引揚候　付而ハ面々持合之分　来ル二月二十四日ゟ同二十七日迄之内　左之通相心得　平田包或者同所之預り書付ニいたし　名前員数之書付相添　小切手引替所菱屋平七方え差出　正金幷銭

ニ引替候様可致候
一平田ニ而真偽之差別相改候上　包方等取斗候間　引替候前日　又ハ右以前包預り　書付之内ニいたし置可申事　但　包料等不及候
一兼而平田包菱屋平七包ニ而有之分も　猶又平田え差出　改を受可申事
一若贋切手出候節ハ　平田預り書付相渡し　引替方不取斗候　右贋切手ハ吟味中平田え預置候事
一右包方等来ル十三日ゟ三月七日迄取斗候事
一都而銀高有之分ハ　添銭差引正金ニ而相渡　端銀分ハ正金之銭相場を以添銭差引　銭ニ而可相渡事
一右引替中　来ル十五日ゟ三月八日迄ハ　壱匁切手通用いたし　右日限以後ハ通用不相成候事
一右引替中　何卒無余儀差支之筋にて日限以後ニ相成候分ハ　其訳書付ニ相認切手ニ相添　前顕平七方え可差出候　吟味之上引替可申事
一諸向引替日限之内ニ　外ゟ請取候切手ハ　前書之通平田包等ニいたし　早速引替可申事
一右引替方之儀　人々引替所え罷出候而ハ混雑ニおよひ候間　庄屋等之内え一村限取集　平田包等ニいたし　指出引替相済候上　猶又夫々配分為致候事
右之趣相触候様御勘定奉行衆被申聞候付　相触之候間村中不洩様可申通候
正月十六日　　　　　　　　　　　　　　岡　　勝　右

（一宮市史　資料編七　文化六年）

前年の五分切手に続き一匁切手の回収、通用停止である。菱屋平七にて正金あるいは銭にて引替えで三月八日までの通用としている。よって銀札は五匁札と三匁札の二種類となった。

文化十三年は米切手の通用許可から二十五年の満期年であるが、藩は文化三年の農方、文化五年の商方のごとく多くの領民を巻き込んでの米切手の運用を図っており、正金をもって回収停止する目処も力もなく、幕府に二十五年の再延期を願い出た。幕府は藩財政と米切手通用の調査結果として再延期を許可した。

（文化十五年（四月二十二日改元　文政元年））

小切手引替所差止　已来農商御用達米引替所ニおゐて　小切手引替共取扱候事

文化十五年寅三月

（一宮市史　資料編七　文政元年）

銀札の運用を享和二年より菱屋平七らの四名で行っていたが、農商会所では金札と共に小切手も扱われることとなり、菱屋平七ら四名は差止めとなった。銀札の発行量が次第に多くなり銭屋では対処しきれなくなってきたのであろう。

それまで銀札の表面には「赤」の「角印」が押されていたが、農商会所の扱いとなってからは、その会所振り分けのため「赤」の「小判印」が追加されることとなった。この小判印は新たに「農方会所」の発行と考える。

その理由は農方より商方の方が資金力があったため、従来札である表「角印札」をそのまま引き受け、改めて農方扱いとしての表「小判印」赤印札を発行することで利便を高めたのであろう。

この頃の銀札を三十六枚まとめて入手*することができたので分類紹介したい。

年	札種	数	印
文化三年	三匁札	3枚	赤印　角印
	五匁札	26枚	赤印　角印
文化十五年	五匁札	2枚	赤印　小判印
文政八年	五匁札	5枚	

計36枚

五匁札は角印26枚に対して小判印2枚（≒7％）

以上から文化三年の表「角印札」は多く、「小判印」札は後日発行のため数量が極端に少ない。手持ちの同銀札を確認しても少ない。三匁札の「小判印」札の発見は現状なく五匁札のみである。銀札の運用を銭屋から農商会所へ移行したといえども一足飛びの増札はなく五匁札のみで間に合わせたようである。一匁札は文化六年にすでに回収され通用停止となっている。

文政二年六月御触によれば、文政小判と一分金の吹直しが行われている。

（文政二年）

御家中之輩　勝手困窮之上　打続米価下直旁難渋之趣ニ相聞候　仍之　御切米

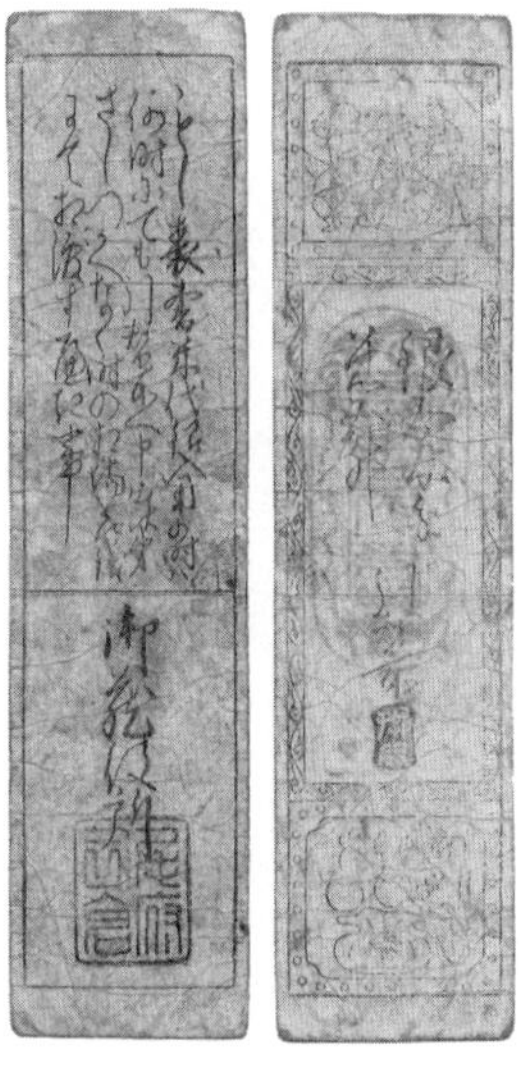

文化十五年札
（表）小判型赤印

*——入手時の一括収集資料中の分類。

御足高等仕送申候米屋共ゟ借用致置候金銀　幷知行所物成取締を以　百姓　町人等ゟ是迄借用之金銀共　以来　無利五拾ケ年符返済可致旨　御家中末々迄為相達候　右は格別難渋之次第難被捨置ニ付　諸拝借之分　都而被下捨ニ被成下候　付而ハ　前顕借財之分棄捐ニも可申付候得共　左候而ハ金主とも可為難渋ニ付　右之通為御取斗有之事候条　此旨可相心得候　右之趣相触候様　御勘定奉行衆申聞有之候間　村中之者共え不洩様可申渡候　承知之上　村下ニ令印判早々先村え相廻し　納村ゟ可返候

文政二年卯十二月二十七日　　三　喜右衛門

（一宮市史　資料編七　文政二年）

文政小判

この御触によれば、米価下落により御家中の人達が米屋に多く借用し困窮しているということで、五十年無利子で返済することとなったが、これは特別のことであり、これでは貸し主も困るので右のようにするという御触である。

切米払相場　（一両に付）

文化十一年	九斗八升七合
文化十二年	九斗四升五合
文化十三年	八斗八升五合
文化十四年	一石　七升五合
文政　元年	一石二斗八升

文政　二年　　一石三斗九升
文政　三年　　一石三斗

（名古屋商人史　第十一表）

武士の給料は基本的には米であり、これを貰い食用分を除き売り捌き、金銀貨幣を得て生活しており米相場の上下の影響は大きい。この相場表を見ると文化年では一両に八斗～九斗辺りの変動であったものが文化十四年辺りから米相場が下がり始め文政元年、二年頃では三割安、三割五分安となっている。この様子では米は大豊作であったのであろう。庶民は米が安くなり喜び、米で生活している武士はたとえば十両で換金できたものが七両、あるいは六両二分になってしまったわけで、生活はおおいに困窮したことであろう。

乍恐奉内願上候事

一旧冬五拾ケ年賦之儀　被仰出候後は　諸向金銀不融通にも相成候付　随て御家中様方御知行代初　都て御蔵渡米を以て御仕送仕候　私共内輪甚だ不摸通りに相成　右御仕送方行届兼　迷惑至極仕候処　先達て　御金五千両拝借被仰付被下置　難在仕合　奉存候　御影を以　不相替御仕送仕　重々難在仕合奉存候　然処　右御金　私共御取扱御家中様へ引当に仕候へば　御米壱石に付き弐拾両余ならでは　相当不申　左候ては　御当用は御間に合可申候得共不時御入用等之節は御差支相成　御気之毒　奉恐入候　付ては　此上　奉願

上候御事　奉恐入候得共　此上　御金三万両拝借被仰付被下置候様　奉願上候　右願之通り被仰付被下置候はゞ　返上方　左奉申上候　御内考被下置何卒　御聞済被下置候様　重々奉願上候　左候はゞ　猶更　御家中様方御摸通り宜取扱仕　御影を以て永久渡世仕度　恐乍　内願奉申上候

一御金三万両

右御金拝借相済候はゞ　五拾ケ年之間　年に六百両宛返上仕候て　外に御家中様方より御内済に相成候　五拾ケ年賦三万両分　可奉差上候間　其分御役所へ　御家中様より　御取立被成下置候はゞ　終年迄　都合六万両之御取立に相成候付　三万両は御元金返納に相立　三万両は御利足に相当申候　右様御聞済被下置候はゞ　御家中様方へ　御取替金も安利に仕　金壱両に付き壱ケ月銀五分利にて調達仕候はゞ　是迄と違　御利安に相成　往々御家中様方御取続方も　摸通り筋に相成申候間　旁々奉願上候　幾重にも御内慮を以て被仰付被下置候様　奉願上候

一御拝借金相済候付　万一　御米切手御増方に相成候御事も被為在候はゞ　正金高値に相成候事も難計奉存候　若し左様之儀等御座候て　諸向差支に相成迷惑にも相成可申候間　右正金引替は　御米切手に　乍恐　添印仕　時之相場を以　私共より無差支　正金引替　諸向差支不申様取計申度　奉存候

辰七月　　　佐和屋理右衛門

手形師共へ

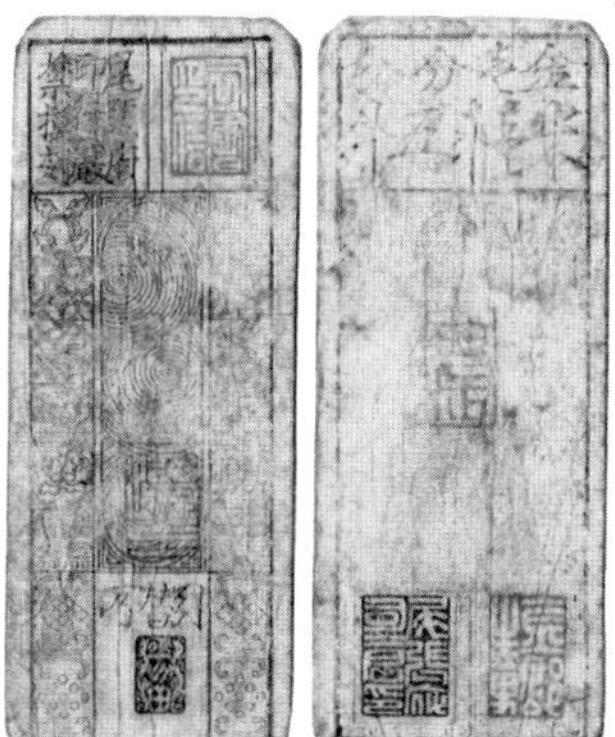

文政三年札
御用達印を押す。

菱屋伊兵衛
山本彦兵衛
山野屋喜三郎
岩本屋万蔵
井筒屋伊助

右五人之者共　御家中御切米手形を以　内輪仕送いたし候付　拝借金　願之趣有之　右五人へ金百四拾九両壱分拝借相済　当辰年より五ケ年御差延　酉より無利弐拾ケ年賦返上之筈　申渡候　付ては　右拝借金返上方締之為　右五人之者共　連印手形に夫々引請之手形師共加判いたし候筈候間　其段　引請之者共へ可申聞候

七月

（名古屋叢書　第十二巻　服部文書　文政三年）

かんたんをくだいて金をかり枕　えいぐわの夢の五十年済

（文政二年（一八一九）頃に流行した落首）

（名古屋商人史（34））

尾張藩は米の下落によって膨らんだ家士の借財を徳政令的にて五十ケ年賦としたが、商人達はそれでは金繰りが立たず金銀が不融通となるので三万両を貸してほしいというのである。その仕組みは三万両借りれば年六百両ずつ返済する。家士借財の三万両分は差し上げるので役所にて取り立ててもらえば六万両となる。三万両は元金、三万両は利息となるというものである。

さらに、拝借金を米切手の増刷で対応されるなら正金の引替えを引き受けるともいっている。

現に米切手の発行は尾張藩の借財であるのでとても正金での貸し出しはなく三万両は新規米切手添印札の発行になったものと考えられる。その添印米切手は絵姿等資料はないが「御用達印と印判」を押した米切手と考える。

それはこの次には文政十二年に米切手が発行されるが「新切手」と御触にあるので享和三年来、同じ米切手の仕様で添印の変更ですごしたのであり、これまでの米切手はすべて資料に残っているので残存の米切手の中で差し引算を行い残った米切手がこれに当たり、文政三年札となる。

（文政八年（一八二五））

当時通用之五匁三匁米小切手　揉損文字等難相分切手多分ニ相成候付　今般新切手ニ引替相成筈候　尤引替時節等ハ猶追而可相触候

三月

（寺社方御触同様）

（一宮市史　資料編七　文政八年）

文化三年（一八〇六）に発行した小米切手が痛み文字が見ずらくなったので新切

手を発行するとの御触である。一匁札と五分札は以前に通用停止となっているので通用札は五匁札と三匁札である。

◆――米切手の漉所

ここで少し話はそれるが尾張藩の藩札である米切手の「紙」はどこで漉いていたかということをお話ししたい。

文政八年（一八二五） 尾張藩庁より美濃国武儀郡長瀬村、武井助右衛門並びに、上有知村梅村清兵衛に御用紙（銀札用紙）の漉立を命ぜられた。

同年 尾張藩役人の丹羽正行は御用紙製造の監督と共に「楮木製作方漉立之法」を著した。

文政十一年（一八二八） 武儀郡長瀬村の武井助右衛門が尾張藩の米札用紙を上有知の梅村清兵衛と共に漉立てた。

天保六年（一八三五） 長瀬村の武井助右衛門と上有知の梅村清兵衛は共同で尾張藩の銀札用紙を作成した。

天保十年（一八三九） 武儀郡上有知村の梅村清兵衛が尾張藩の「ヲ」之字を漉入れ、この*紙を「ヲ之字紙」と称した。

弘化二年（一八四五） 十一月より五月まで「宝」の透かし御用紙を漉く。

（参考：美濃和紙年表／岐阜県手透紙沿革史／美濃市史）

*――この紙は尾張藩の蔵米手形に使用された。

以上のように尾張藩の藩札である米切手は尾張藩領の美濃紙が使用された。また、上有知村（現・岐阜県美濃市）には尾張藩の代官所である上有知陣屋が置かれていた。

では文政八年以前はどうだったのだろうか。

○紙漉職辰巳氏留記　二

聞　覚

御役所に有之候紋紙廉寸法

一尺二寸三分

一尺六寸五分

あみ糸十三通

外手前有合せ候廉

一尺三寸五分

一尺六寸五分

是は米札　(尾州)　此紋也

みの小倉村にて四つ切と云　右之あつらえ出来

長一尺九寸三分

一尺五寸五分
あみ糸二十一通
以下省略

（名古屋叢書　第十一巻（紙漉職辰巳氏留記　二））

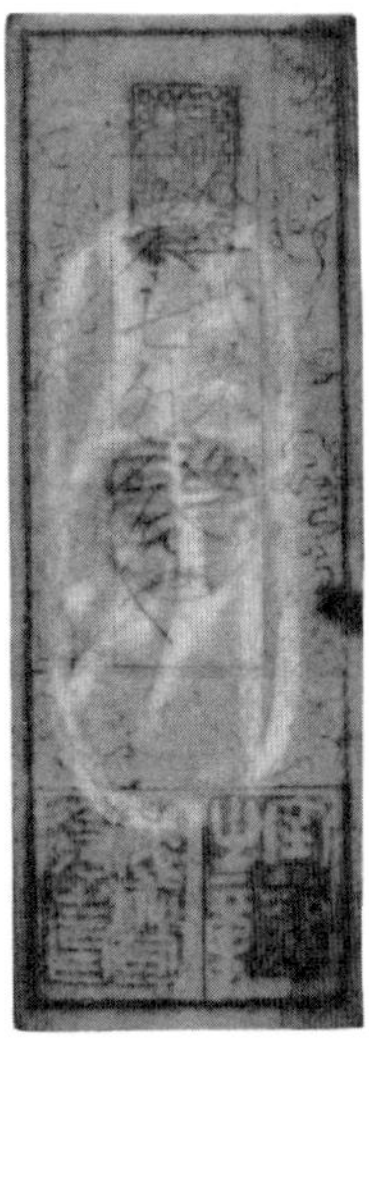

寛政十年札（漉かし紋）

紙漉職辰巳家とは尾張藩の御用紙漉師として寛文十一年（一六七一）より担当した家柄で城近くの紙漉町（現・西区城西一丁目辺り）に居を構えていた。そして、この辰巳家で紙漉した寛政十年（一七九八）の米札の「漉かし紋」が残されているので寛政四年（一七九二）からの米切手はここで紙漉をおこなっていたことだろう。機密性の高いものほど資料は残りにくいが、点と点を発見しては一本の線として結んでいかなければならない。尾張藩の米切手の紙漉は、前半の寛政四年からは紙漉職辰巳家、後半の文政八年からは美濃上有知村の梅村清兵衛と長瀬村の武井助右衛門が請け負ったことになる。

一元御紙漉田中八郎兵衛と申者　濃州大矢田村より只今之御紙漉へ引越候儀
承伝候得共　右之地所等之儀　御上より被下候哉　又は何方より買受候哉之
儀　相知れ不申候　其頃　右八郎兵衛儀　御用紙代前金拝借仕　右金子引負
出奔仕候処　私先祖辰巳市右衛門儀　右受人に御座候付　請人より弁返納仕
候様被仰付候得共　市右衛門儀は帯刀仕浪人者之儀故　中々返上難仕御座候

付　市右衛門儀　御紙漉職相勤　追々弁返納可仕候様　付ては御采幣紙・御黒印紙秘密之漉方之儀は其節八郎兵衛親存命罷在候付　右之者より両御用紙漉方之儀相伝仕候而　瑞龍院様代寛文十一亥年　御扶持方十人分被下置　苗字帯刀にて御紙職相勤候様被仰付候　其節より右御紙漉所に罷在候処　天明三卯年　私相続仕候節　紙漉岩蔵養父弥吉儀　常々御用相勤候付　右御用場住所共相譲　御年貢之儀は弥吉相勤　私儀は町宅に住居仕候　尤も御采幣紙・御黒印紙　御用向御座候節は　右場所にて相勤候様被仰渡候　右場所之儀は　町方御役所御支配にて　名古屋村庄屋へ御年貢相納　其外　町弁諸役所等之儀は無御座候　右之通にて代々私先代迄持伝候儀に御座候　依之　御達申上候　以上

月　　　　辰巳新左衛門

御納戸御役所

（名古屋叢書　第十一巻（紙漉職辰巳氏留記　一））

寛文十一年以前の御紙漉は田中八郎兵衛という者で、前金の千二百四十七両を拝借したまま逃げてしまったが、その請け人*であった辰巳市右衛門（辰巳新左衛門の先祖）が八郎兵衛の親に紙漉を教えてもらい引継ぎ金子を返済したとある。尾張藩札の初期札である銀札は寛文六・七年*に発行されたが、寛政年の米切手が尾張藩の御紙漉所の辰巳新左衛門に「仰渡」されていることから、機密製造である寛文の銀札用紙の製造はやはり前御紙漉、田中八郎兵衛に依頼したものと考える。

＊**請け人**――売買・貸借・身元保証などの際の保証人。

＊――通用は六～八年にかけて。

御用紙御漉立之一、には黄赤之御切手紙（銀札用紙）の注文があり、神洞村の忠左衛門に見本紙を渡して漉かせそれが合格したので請け負ったことになっている。このとき用いた染料は蘇芳と山梔子であった。

（参考：武井家「永代記録」）

武井家「永代記録」によって銀札の五匁札と三匁札の色が蘇芳と山梔子で染めたことのわかる貴重な資料である。

（文政八年）

当時通用五匁　三匁之米小切手　此節新小切手出来引替候間　面々持合之分　十一月十五日ゟ十八日迄之内　本町壱町目　三町目農商米切手引替所両所之内え差出　新米小切手ニ引替可被致候
但　右切手五匁　三匁共　銘々包分　員数　名前共包之上ニ書記可被差出候
一諸向持合候小切手　十一月十九日ゟ十二月十五日迄ニ新小切手ニ引替候ニ付　右日限之内ハ　新古之小切手取交通用筈候　日限相済候上ハ古小切手

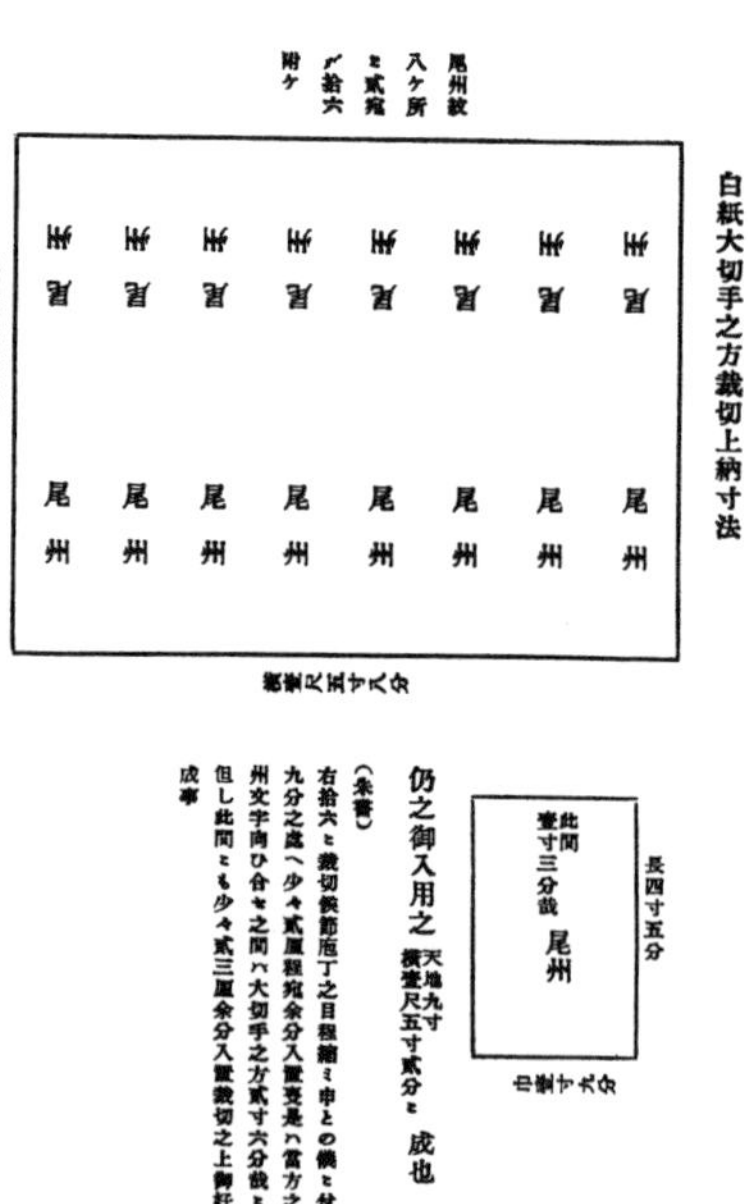

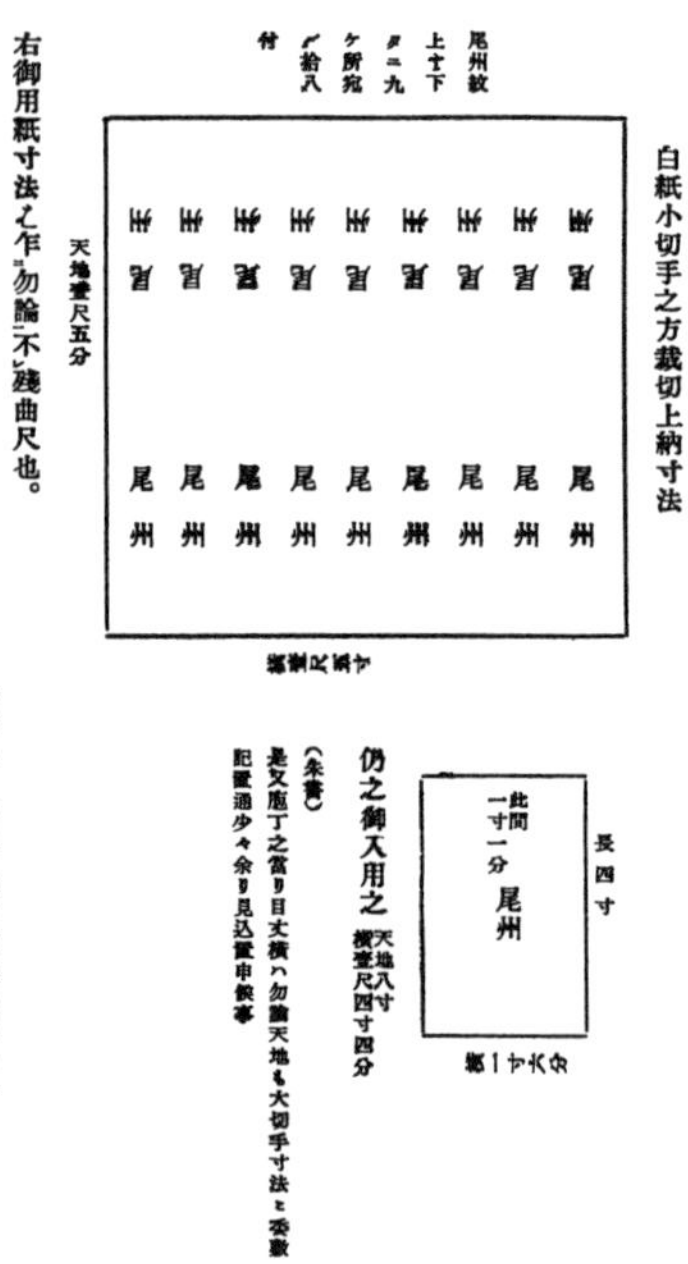

岐阜県手漉紙沿革史
尾張藩の札紙　梅村清兵衛

ハ通用相止候
　但　引替中外ゟ小切手受取候ハ、　本文日限之内　前顕引替所え差出　新小切手ニ可被引替候
一御城下住居ニ而無之寺社之輩ハ　其所え付　十一月十九日ゟ十二月十五日迄之内　引替候而も不苦候
一若引替指支候小切手ハ　其員数之預り書付可相渡候　替り切手早速不受取候ハ而ハ難渋之向ハ　其子細相認預り書付相添　替切手渡り方之儀　御家中之輩ハ御勘定奉行所え申出　寺社之輩ハ支配筋え可申出候
一無拠筋ニ而十二月十五日後ニ至り引替之儀申出候分　来戌盆前迄ハ　其子細ニよつて引替可申候　右期節を超候而引替申出候えハ捨ニ相立　古切手ハ引揚切候　兼而可被心得候
一右引替中ハ及混雑候ニ付　於引替所ニは銭ニ引替候儀ハ指支候
　　十一月　　　　　　　　　　馬　九八郎

……………………………………

当時通用五匁　三匁之米小切手新古引替方之義　委細此間相触置候　然処事多之時節ニも有之　態々名古屋え引替ニ罷出候而ハ被是費用相懸り　可為難渋候付而ハ名古屋え用事之序等も無之村々ハ　陣屋おゐて引替取斗候筈候間　村毎ニ一村一束之金高取調　当月二十五日迄ニ右員数幷有無共書付を以陣屋え可申出候　其上ニ而金子差出方之儀可及差図候
　但　先達而相触候趣解キ相成候訳ニハ無之　名古屋表え罷出難渋成村々之分

を　本文之通取斗筈候　此段不相混様可心得候
右之通承知之上　村下ニ庄屋令印判　夜中とも少も無滞順達納村ゟ可返
候　以上
十一月二十一日
佐屋御代官所
（一宮市史　資料編七　文政八年）

今回の小切手の発行は御触書の「揉損文字等難相分切手多分ニ相成候付」とあるように、文化三年より永い間小切手を通用させてきたが傷み、文字などが見ずらくなってきたので新しい米切手を発行するということである。この文政八年は「酉」年にあたり、文化札は裏面に添え印がないが、文政八年札は裏面に赤印で「酉改」の添え印がなされた。「宝」の漉かし文字も変更され縮み小型となる。

（文政九年）
文化三寅年ゟ通用米小切手之内　贋切手之儀　今般新古引替ニ付預りニ相成候分　幷年来預りニ相成居候分共　此節ゟ盆前迄之内　農商引替所おゐて正切手ニ引替候筈候間　先達而夫々請取置候預り書付持之　引替所え可罷出候　右之趣村中不洩様申通辞　此状承知之上早々先村え相廻し　納村ゟ可返候　以上
二月六日
佐屋御代官所
（一宮市史　資料編七　文政九年）

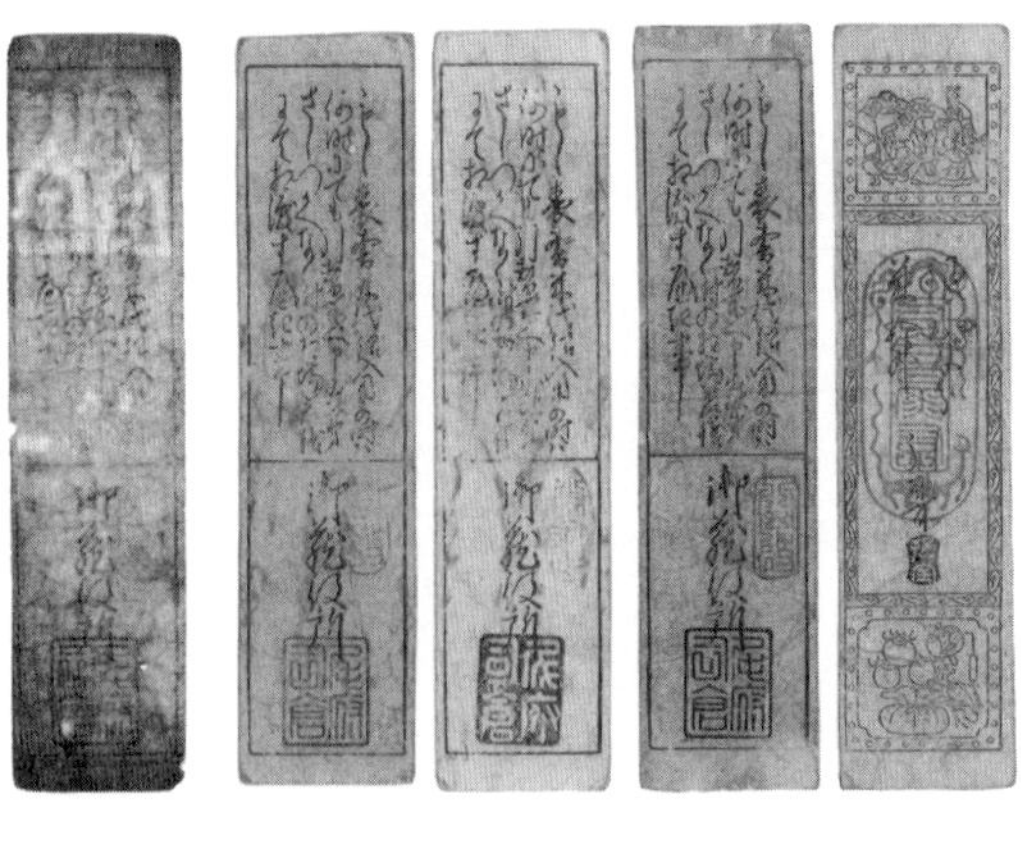
文政八年札

預かっていた贋札の小切手を正切手に引き替えるとの御触である。

四月二十三日

似せ銀札作り　御仕置

（名古屋叢書　第十七巻　風俗芸能編　猿侯庵日記）

◇――文政十二年札

（文政十一年）

当時通用壱両幷壱分之米切手揉損文字等難見分　一統迷惑之趣ニ相聞候付　今般新札ニ引替相成筈候　尤引替時節等　委細ハ追而可相触候

五月

別紙之通相触候様　寺社奉行衆　御勘定奉行衆被申聞候付　相触之候間　寺社之輩幷村中不洩様可申通候　此状先村ニ相廻　留村ゟ可返候　以上

五月二十四日　　織　大　助

別紙村々　庄　屋

（一宮市史　資料編七　文政十一年）

文政十一年になると小切手と同様に米切手が古くなったので引き替えるというこ

で一両札と一分札の新札の発行である。享和三年（一八〇三）より二十五年目となる。

（文政十二年）

当時通用壱両幷壱分之米切手　此節新切手ニ引替候間　面々持合セ之分　五月二十六日ゟ六月十一日迄之内　其支配陣屋々々え差出新米切手ニ引替可申候

但　右切手壱両幷壱分共銘々包分ケ　員数　名前共包之上ニ書記可差出候

一後家寡之類又ハ病気等ニ而難罷出者ハ　庄屋幷親類模寄之方え取集名前分ケニいたし　且　壱両幷壱分共　是又人別毎ニ包分　夫々上包ニ員数名前書記可差出候

一右引替ニ付而ハ　四月二十一日ゟ六月十一日迄諸向之分引替候ニ付　日限中ハ新古の米切手取交通用之筈候　日限相済候上ハ古切手ハ通用相止候

但　引替中　外ゟ古切手受取候ハ、　本文日限之内陣屋え差出　新切手ニ引替可申候

一若引替差支候米切手ハ　其員数之預り書付可相渡候　替り切手　早速不請取候而ハ難渋之者は　其子細相認メ預り書付相添　替り切手手渡り方之儀　支配々々陣屋へ可申出候

一無拠筋ニ而　六月十一日後ニ至り引替之儀申出候分　来寅盆前迄ハ名古屋本

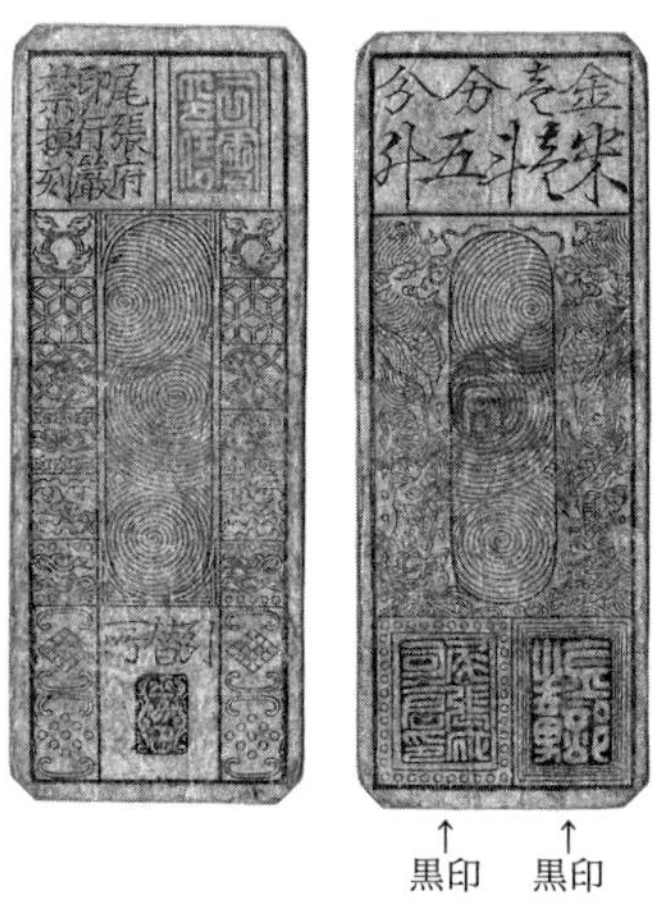

文政十二年札

p. 5 口絵参照→（黒黒印）

町壱町め三町目農商米切手引替所両所之内え申出候ハヽ　其子細ニよつて引替可申候　右期節を超引替申出候得者是迄之切手ハ引揚切ニ候　兼而可相心得候
一右引替中は農商引替所混雑およひ候付　同所おゐて正金ニ引替候儀ハ差支候
一是迄之切手面ニハ正金引受之者名前等載有之候処　新切手面ニハ不載候得共右引請之者相解候訳ニハ無之　名前等相顕候儀ハ差止　引請方之儀ハ是迄之通無差別候間　此段心得違無之様可致候
一切手引替日限之儀　前顕之通ニハ候得共　於陣屋ハ四月二十一日ゟ六月十一日迄　農商引替所おゐてハ五月二十六日ゟ六月十一日迄之内　何れニ而も模通次第引替方差支無之候間　勝手次第引替之儀夫々え可申出候

四月

別紙触書付　寺社奉行衆被相渡候ニ付　右弐通差越之候　書面之通り承知有之且新切手引替日並之儀は頃日相触置候通り可相心得旨　其村々寺社之輩え不洩様申通辞候上　村下ニ調印いたし　刻付を以先村え順達　納村ゟ此触状可返候以上

四月二十四日　　矢　藤九郎

別紙村々　庄　屋

別紙書付一通り差越之候　書面之通承知有之　寺家末寺当地一派之宗門其外支配之輩えも如例不洩様　可被相触之候　已上

四月二十日　　　　　　　　　　小山清兵衛
　宛
　米切手引替ニ付触書
御朱印地寺社領百姓共引替日限之儀　御支配所之外御代官衆支配所之振　五月
二十六日ゟ六月十一日迄之内ニ　模寄御代官衆陣屋おゐて引替之筈候事
　四月
　　　　　　　　　　　　（一宮市史　資料編七　文政十二年）

紙を新たに漉き直しての発行である。この御触には重要なことが書かれている。
「是迄之切手面ニハ正金引受之者名前等載有之候処　新切手面ニハ不載候得共
右引請之者相解候訳ニハ無之　名前等相顕候儀ハ差止　引請方之儀ハ是迄之
通無差別候間　此段心得違無之様可致候」
　これまでの米切手には正金引替えの請け人の名前を乗せていたが新米切手では名前を乗せないことになった。しかし正金引替えの責任が無くなったわけではないので勘違いしないようにということで、文化年から始まった「正金引受之者名前等載有」はなくなり、享和三年の初期双龍札の「商印、農印」札の発行と同じになったが、米切手表印「金部之章」を「赤印」から「黒印」に変更して「漉かし文字」も「尾州」の大文字から細目に変更しての発行となった。

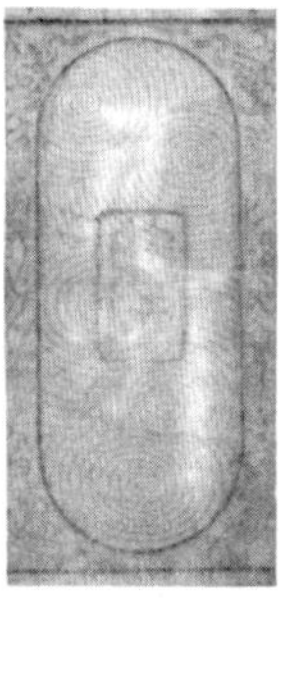
「尾州」の漉かし文字

（文政十三年）
　当寅年麦御直段
一正金　両ニ六斗六升
一米切手両ニ六斗五升
右之通今月相極候
　六月八日
（一宮市史　資料編七　天保元年）

文政十三年、十二月になると天保元年に改められる。

（天保二年）
当時通用五匁　三匁米切手揉損　文字等難見分不通用之切手も有之　諸向難渋之趣相聞候　尤農商会所おいて引替候得共　段々揉切手多相成引替方も早行手繰難行届　依之今般新切手出来　揉札引替申込候へは　其節右切手を以引替筈候
一弐朱切手之儀　享和年相止候処　今般　小切手通用高之内相減　弐朱切手ニ振替致通用候筈ニ付　小切手揉札引替之内え差交相渡候間　先年之通り心得無差支通用方取斗筈候
　但し　是迄揉損札引替候節ハ　銭四文ツ、添差出候処　今般之新札ニ引替候内ハ添銭ニ不及候

金箱（「文政十三年」と箱書がある）
一両札を入れる

一当時通用切手之内　五匁　三匁之文字相分り候分ハ　無差別取引いたし候筈
ニ付　当分之内ハ新古之小切手取交通用之筈候
一去酉年迄通用之古小切手引替之期節相後レ難渋之向ハ　申込次第　当卯年中
ハ引替可相渡候　右已後申込之分ハ捨リニ相成引揚切之筈候
一前顕揉札新切手ニ引替候期節ハ追而可相触候
六月

………………………

当時通用五匁　三匁小切手揉損之分引替方之儀　諸事比日相触置候趣を以
此節ゟ農商会所ニおゐて新切手ニ引替筈候
七月九日

（一宮市史　資料編七　天保二年）

天保二年になると「文字等難見分不通用之切手も有之」文字が見分けできなくなり通用のしない米切手が増えてきたので新切手と引き替える。

「弐朱切手之儀　享和年相止候処」と御触にあるように、享和三年に発行された金札は金一両札と金一分札で二朱札の発行はなかったことになる。そして小切手の通用が減ってきたので二朱札を通用させる、小切手と混ぜて渡すとしている。

「金二朱札と銀五匁札、銀三匁札」の新規発行である。

天保二年銀札

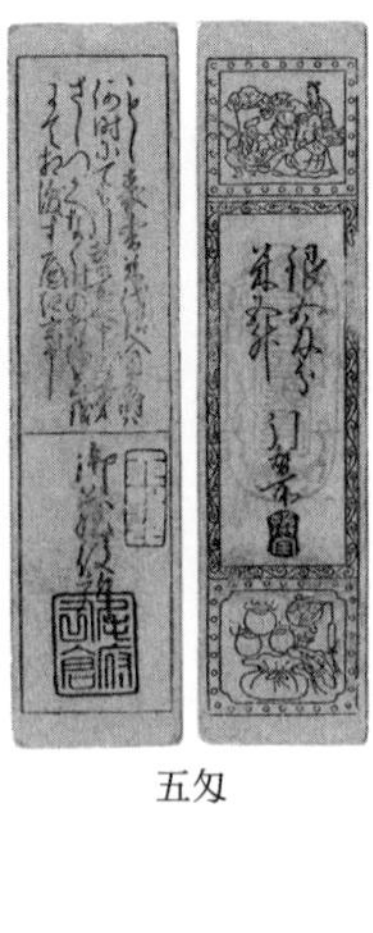

五匁

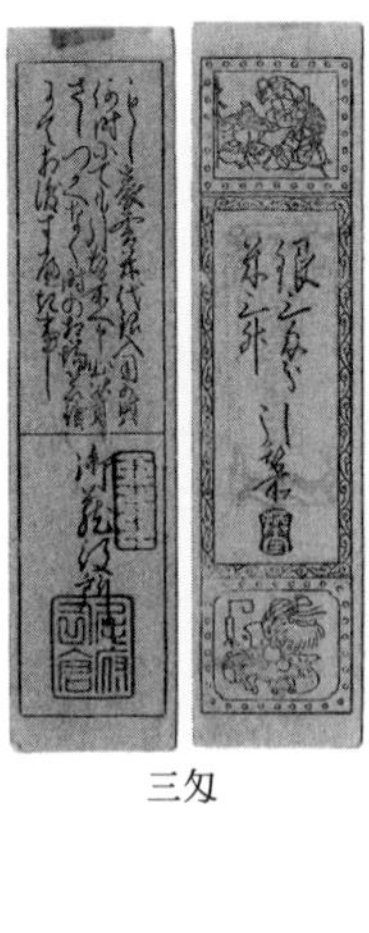

三匁

→漉かしの宝の文字が長くなる

また、揉損札の引替料の銭四文は不要として文字の見える米切手はしばらくそのまま通用させるという内容である。

この天保二年は「卯」年であり五匁札、三匁札裏面に「卯」の黒印が押された。

さて、前の札は文政八年酉年（赤印）としてこの札を文政八年札としたのは、札の「酉改」の赤印を消して天保二年の「卯改」印の贋印を押した札が何点も見つかったからである。文政札の通用禁止後に贋印を押して通用を計ったものと考える。

二朱札を「享和年相止候処」としているが、なぜ二朱札の発行を止めたかというと五匁札の発行がある。たとえば金一両が銭六貫文とすると二朱札を銭に直すと「七百五十文」となる。銀五匁札を銭に直すと「五百文」と近いので五匁札発行で足りたものと考える。今回の御触では「小切手通用高之内相減」小切手の通用が減ってきたとしているので、文化、文政時代は商業も盛んになり、通貨不足となったので、額面の高い二朱札を追加発行したのであろう。

新規に発行されたこの二朱札の表下の印、「金部之章」「尾張府司倉印」二ケがともに「黒」印であるので、当時通用の金札をそのまま写したと考えると、文政十二年発行の金一両、金一分札も同様に黒印札ということになる。

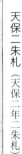

天保二朱札（天保二年二朱札）

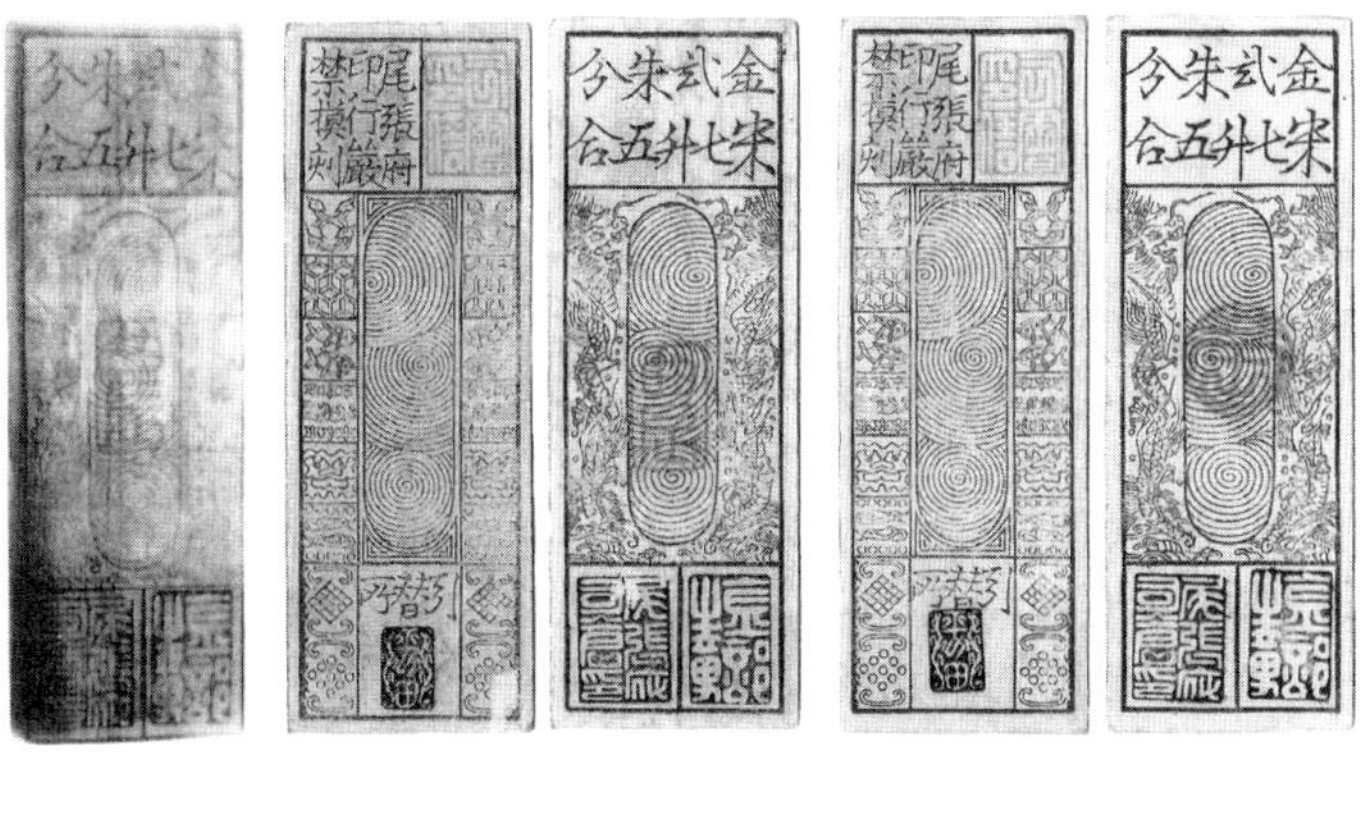

→漉かし文字は「尾」の字

◇——正金不足と米切手

（天保三年）

文政八酉ゟ通用之五匁　三匁切手　此節弐朱切手取交　新小切手引替候間面々持合之分　当十月ゟ来巳二月迄之内　茶屋町幷本町三丁目農商米切手引替所之内え差出引替可申候

但　右米切手五匁幷三匁共　銘々包分ケ員数　名前共包上ニ書記可差出候

一後家寡之類又ハ病気等ニ而難罷出者ハ　村役人　町代幷親類等模寄之方え取集メ　五匁　三匁共人別毎ニ包分ケ夫々上包ニ員数名前書記可差出候

一若引替差支候小切手ハ　其員数之預り書附可相渡候　替り切手早速不請取候而ハ難渋之者ハ　其子細相認メ預り書付相添　替り切手渡り方之儀　支配々々役所え可申出候　以上

十月

……………………………………

文政八酉ゟ通用之五匁幷三匁切手　此節弐朱切手取交　新小切手ニ引替方之義触出候処　引替而已ニ罷出儀費用も有之難渋之儀ニ付　村々御年貢を始メ　三役銀等諸上納物当十月ゟ来三月まて之内ニ必持合之古切手を以指出候様可致左候ハ丶　自然と引替相成候筋ニ付　有限之内ハ決而古小切手不残様上納物ニも可差出候　尤御城下序等を以罷出候分ハ農商引替所ニ而も引替差支無之候付

旁模通之儀ニ候間　右之心得を以取斗可申候

十月

（一宮市史　資料編七　天保三年）

（天保四年）

当巳春夫銀之儀来月六日取立之筈候間　同日朝五半時ゟ八ツ時迄之内無遅滞可令上納候

一古切手銀之儀当二月中引替之筈候間　可成たけ右上納之節差交令上納　右以後請取候分ハ兼而触置候通　同月中必引替可取斗候

右之趣夫々承知之上村下ニ庄屋令請判　早々相廻し納村ゟ可返候　以上

正月二十七日　鵜多須陣屋

別紙村々　庄屋

（一宮市史　資料編七　天保四年）

文政八年札の引替え回収である。農商の米切手引替所や御年貢を始め、三役銀等諸上納物等に古切手で上納するようにと御触を出して回収を計っている。

文政八酉年ゟ通用之五匁　三匁切手之儀　当二月迄ニ引替所え差出新切手ニ引替可申旨相触置候付　右已後三月ゟハ古小切手通用不相成候間　二月中必引替可申候事

天保一分銀
（天保８年）

文政二朱銀
（文政７年）

文政一朱銀
（文政12年）

文政一朱金
（文政７年）

一何卒無拠子細ニ而　二月迄ニ引替難申出　期節を超　追々引替可申分ハ其訳
委敷相認メ　陣屋え当盆前迄ニ申出候得は其子細ニよって引替可申候　其後
申出候共引替ハ不取斗　是迄之切手引揚切ニいたし候間　兼而可相心得候
以上
二月
（二月二十七日　小牧陣屋）

文政八酉年ゟ通用之古五匁　三匁切手之儀　当盆已前迄ニ引替相洩　難渋之向
ハ農商会所之内え申込次第吟味之上　無拠分ハ来ル午三月迄ハ引替可相渡候
右已後申込ミ之分ハ捨ニ相立引揚之切筈候
十一月
（一宮市史　資料編七　天保四年）

尾州地ゟ美濃え穀物差送り候儀不相成　無余儀分は願之上可取斗候処　村々之
内穀類外品ニ相紛　内々美濃地え附送り候者も追々有之　随而所ニより麦類直(値)
段分而高料に相成　難渋之村方も有之趣相聞　不埒之事ニ候　右躰出穀背儀心
得違者有之おいてハ急度咎可申付候
右之趣御勘定奉行衆申聞有之候間　村中不洩様可申聞候　此状承知之上村下ニ
庄屋令印判　早速先村相廻　納村ゟ可返候
壱月七日　松　又右衛門

別添村々　庄　屋

（一宮市史　資料編八　天保五年）

天保三年から始まった飢饉により徐々に米の値段が上がり、美濃に米を内密に送る者がいるので米など出穀（輸出）しないようにとの御勘定奉行からの達しである。他国への津止め*も始まり、この頃、盗人も横行し、米で造る酒も減石*となる。

（天保六年）

米切手壱両分　壱分分追々引替之節　不引替古札所持致居候向ハ可為難渋ニ付　今度新札と引替可相渡候　当時通用之壱両幷壱分之内揉損出来不通用之分ハ　農商会所え引替方可申出候　節々新切手引替可相渡候

但　揉札之儀都而上納物えも早速可差出候

一若引替差支候切手ハ預り書付可相渡候間　替り切手早速不請取候而ハ難渋之向キハ　其子細相認メ預り書付相添支配々々え可申出候　吟味之上引替可相渡候

一引替時節ハ追而可相触候

（省略）

八月四日　　松　又右衛門

別紙村々　庄　屋

……………………………

*津止め――津留。領主が米穀などの物資の移出入を制限停止したこと。

*減石――酒の生産量を減らすこと。

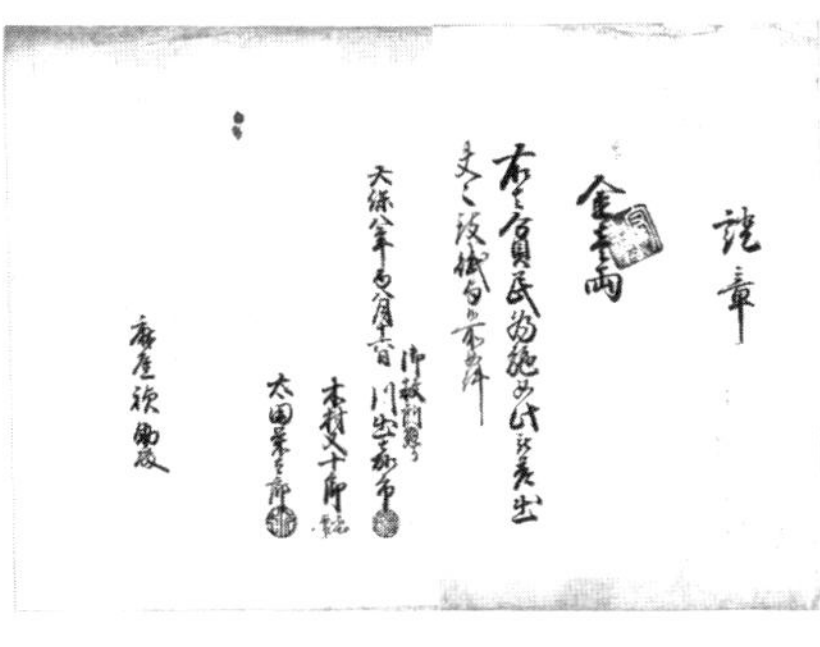

麻屋禎助　和泉町　味噌商
天保飢饉による施金の受領書
金一両

追々引替之節　引替後レ之米切手壱両分　壱分分之古札幷当時通用之揉損切手之儀　当十二月朔日ゟ於農商引替所ニ新切手ニ引替候筈候
但　当時通用之切手文字見え兼候分ハ早速引替　文字見分り候分ハ新札ニ取交通用之筈候
一追々引替後之古札ハ　所持之訳委敷書付ニ相認メ切手ニ添引替所ニ可指出候其模様ニ寄筋々ゟ吟味之儀も可有之候
但　右古札之内　若贋切手有之候得ハ引揚切之筈候
十一月
（一宮市史　資料編八　天保六年）

米切手が古くなったので新札を発行して引き替えるが古札でも文字のはっきりしている切手はそのまま通用させるとしている。旧札はこのまま新札と共に最後まで流通することとなる。この新札への変更は米切手の表下の「尾張府司倉印」が赤印、「金部之章」が黒印へと変更になった。この時、二朱札の発行はなく金一両札と金一分札の発行であった。

（天保七年）
当時通用五匁　三匁之小切手　追々揉損文字等難見分　不通用之切手有之
諸向難渋之趣相聞候間　今般　新切手出来　農商会所おゐて当月二十日ゟ引替候間　揉損切手早速引替候様可致候

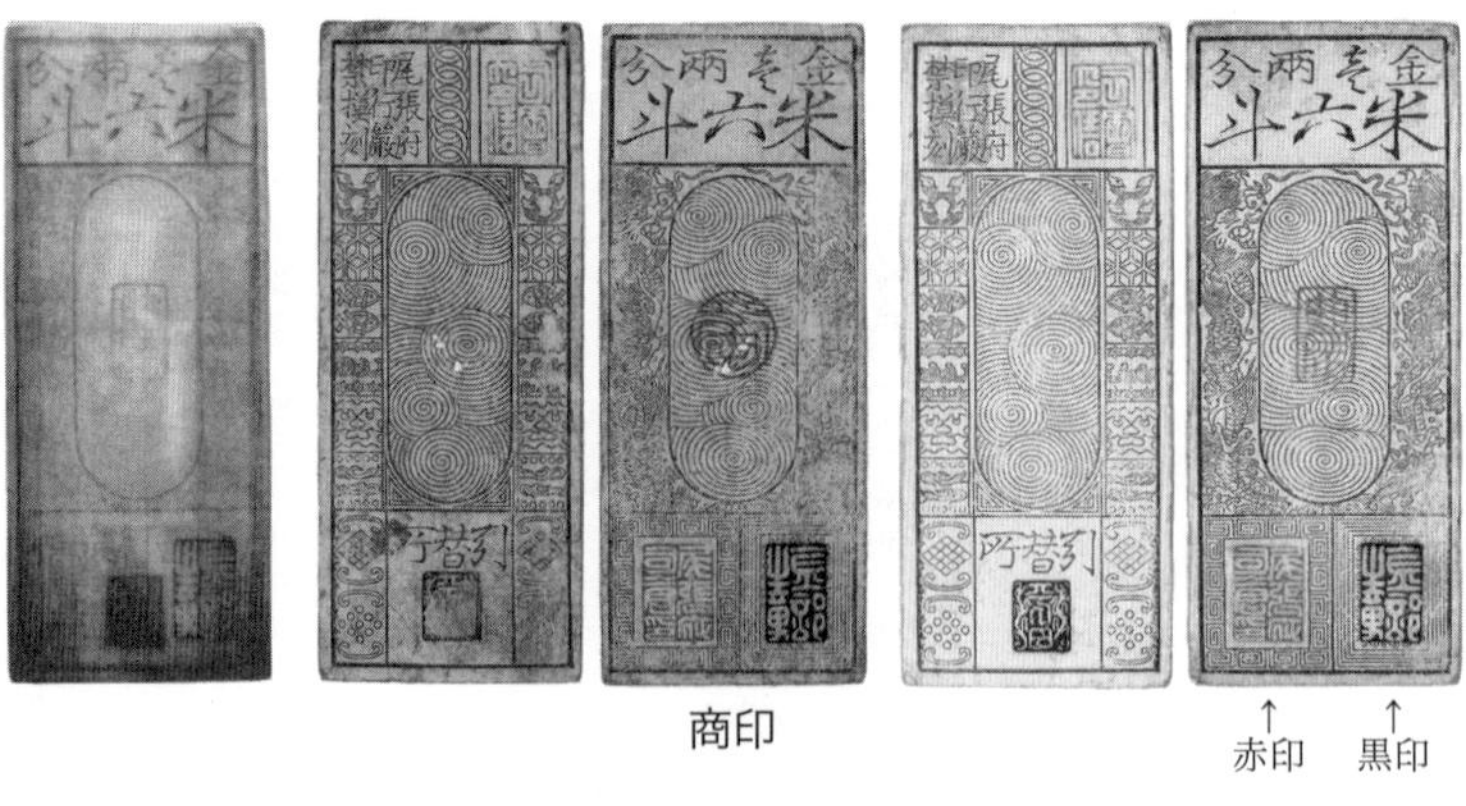

一両札
尾州の漉かし
商印
農印
↑赤印　↑黒印

但し　文字見分り候分ハ新札ニ取交通用之筈候
　一揉札之儀　都而上納物ニも可指出候
一揉損札之内　若引替指支候切手ハ預り書付可相渡候間替り切手早速不受取候
而ハ難渋之向ハ　其子細相認メ預り書付相添　支配々々迄可申出候　吟味之
上　先々替切手可相渡候
　五月　日
（小牧陣屋）
（一宮市史　資料編八　天保七年）

新たな銀札の発行で銀五匁と銀三匁札の発行であるが、以前の発行は天保二年（一八三一）で「卯」改印であったが、今回は天保七年（一八三六）申年で銀札裏面に「申」改印が押された。天保二年札と同様に五匁札は黄色札で三匁札は赤札である。

一壱分八匁西大海道村
右ハ当五月上納麦代金之内　如此悪札　古札等出候間　替金持参　来ル二十六
日四ツ時引替可申候　此旨承知之上早々順達　納所ゟ可返候
　六月二十六日
小牧陣屋
右村々庄屋

……

米穀高直ニ而渡世筋ニ差詰　近頃悪業之者多く相聞　中ニハ野あらし之ものも

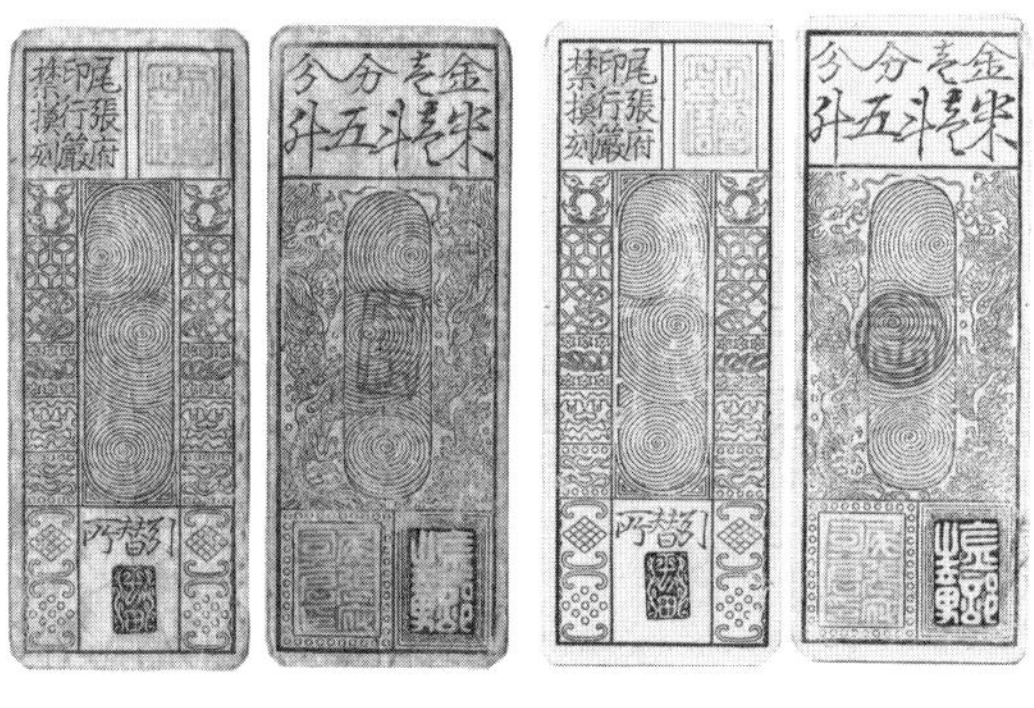

一分札

相聞候　就夫　村々宗門帳人別之内　困窮ニ而袖乞ニ罷出候ものハ幾人有之哉　亭主名前　家内人数書付ニいたし　来ル二十九日迄ニ可申出候　此状早々相廻留村より可返候
八月二十五日
川　加一郎様
別紙村々　庄　屋
（一宮市史　資料編八　天保七年）

天保の飢饉は続き米はますます高値になり悪徳業者や泥棒の類が増え、村人からは物乞をする者も出てきている。天保七年もやはり凶作となる。同年には名古屋広小路において施行小屋を建て米の施しを行い、桜の天神社（現・中区錦）では金を集めて銭の施しも行った。また、藩主斉温の婚姻費用には五万両を要した。天保八年は大雨風となる。天保九年には江戸城西の丸の焼失による御手伝い普請として尾張藩は木曽の木材や金九万三千両の支出を要し、多大な出費をすることとなる。天保十年には殿様御逝去となった。
（参考：一宮市史　天保七年〜九年／名古屋叢書第五巻
御日記頭書／名古屋市史　二期、三章、五節）

（天保八年十月）
此度新規吹立被　仰付候五両判之儀　十一月朔日ゟ通用可致候　小判壱分判ハ同月十五日ゟ追々引替可遣候尤有来小判壱分判之儀も　追而及沙汰候

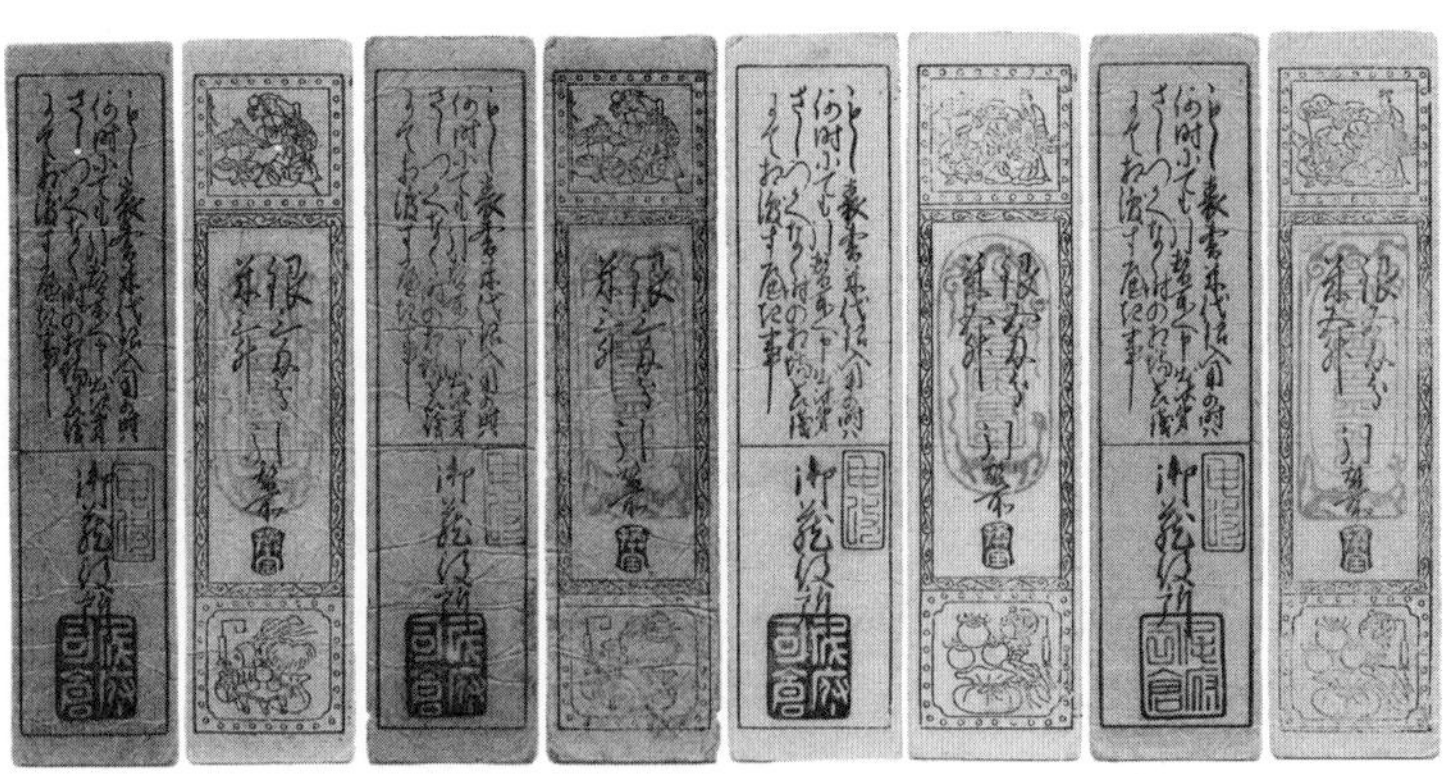
天保七年申札

迄ハ新金取交受取方　渡方　両替共ニ無滞可致通用候
上納金も可為同前事
以下略
（一宮市史　資料編八　天保八年）

（天保九年）
近来　正金不融通ニ相成　隋而諸色直段等引上　諸向之難渋不少
別而他所懸引等いたし候商人共ハ　火急之入用差支　迷惑ニ及候
由相聞　尤之事ニ付　融通方之御仕法追々御評議有之事ニハ候へ
共　近来　御勝手向追々不時簾立候大造之御入用差添　御繰合方
追々差支候付　正金引替方等之御手当迄ハ難被行届次第ニ有之候
就而ハ　不時御入用御繰合方幷正金融通方え付　此已後　米切手
通用減方之御仕法等御調へ有之ニ付　今般　町中え五万両程調達
可被　仰付候処　近年之世柄ニ付　町々一統渡世筋不景気　其上
下々難渋之者共救筋え付　夫々分限ニ応し多分之施等奇特成上ケ
金等ヲもいたし　内実難渋之向等も可有之　然ル処　右金高
前々調達金之振間口割等を以被　仰付候而ハ
弥々難渋之向も可有之事ニ付　別段之訳を以　御救筋ヲも被為相
含　別紙之通
調達方御仕法被為　仰出候条　右書面之通可相心得事
十一月

＊御手伝い普請――幕府が諸大名に資財や人足を負担させて行わせた大規模な土木工事のこと。はじめは大名が工事も担当したが、のちに経費だけを分担するようになった。

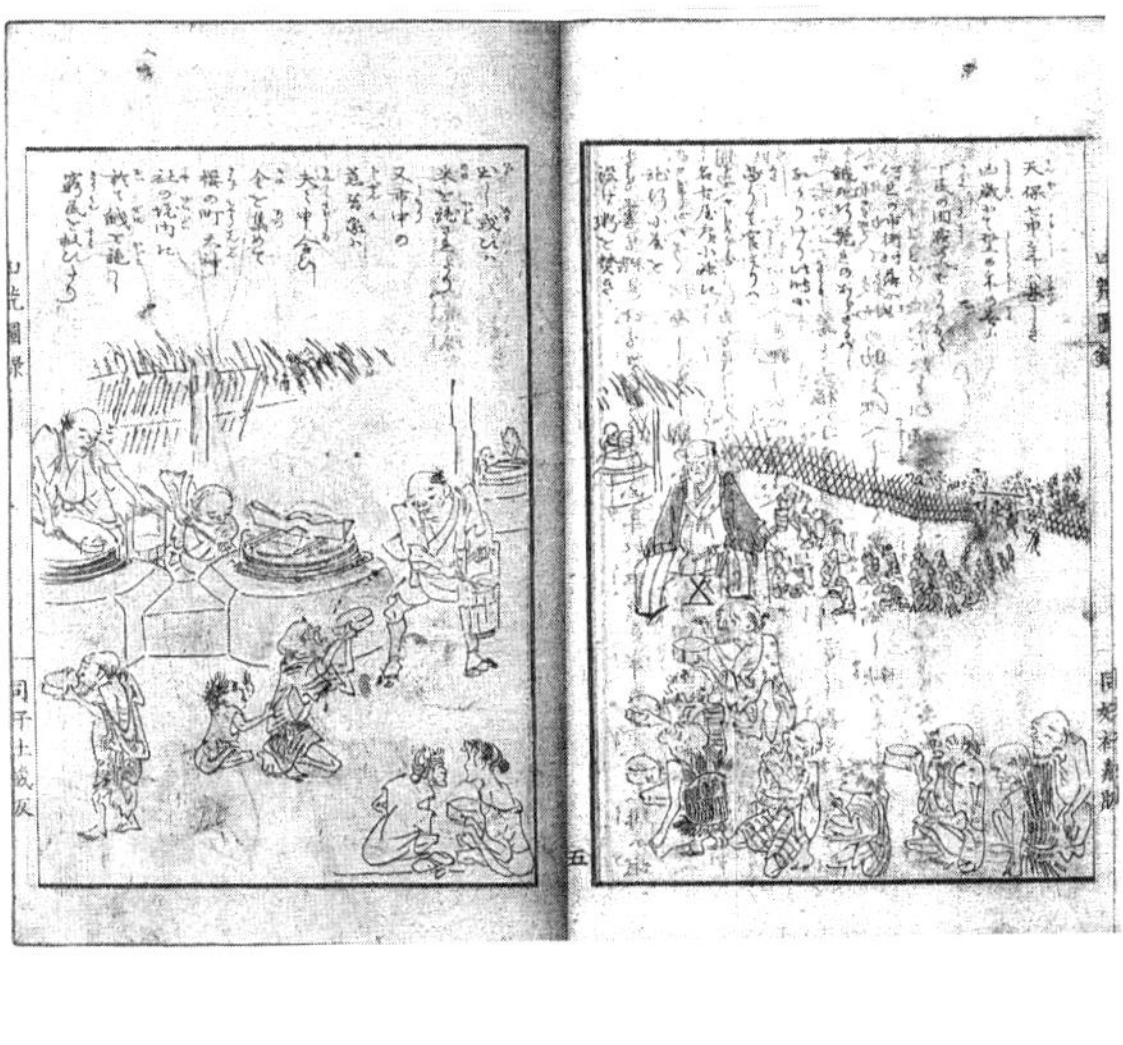
凶荒図録　広小路（粥の施し）

御城下町中壱人ニ付金弐分宛　正金を以調達可仕候　右金子　永々御借上相成候事

但　壱人ニ而金弐分調達難致程之者ともハ　何人組合壱人分致上納候而も不苦幷身柄之者共等えハ一軒より何人分致上納候而も不苦事　此調達金高　凡五万両程

右金高籤引等を以　壱人え金千両宛籤当り之者五拾人程え　都合五万両程御救として被下置候　右金子ハ其者共より永々御借上ケ相成　右御借上相成候金主共五拾人程えハ　年弐歩利之割を以　永代御手当として年々金弐拾両宛　永々無際限被下之候事

但　右上納金之儀　御扶助寺社之輩を始　他支配之者ニ而も　望之者ハ加入為致不苦候事

右調達いたし候者共之内えハ　上納金御支払之有余を以慥成引当品等有之候得ハ　支配違之者たりとも　追而御吟味次第　御貸渡ニも可相成事

右之通相心得　当月二十五日迄ニ夫々上納金取集メ　金主名前等委敷書付ケ平田包を以　所役人ゟ役所え可差出事

十一月

今般　町中え別紙之通触出シ相成候　夫ニ付　村々望之者有之候ハゝ　加入可致旨導方之儀　御勘定奉行衆被申聞候ニ付而ハ　触為知候迄ニ而ハ愚昧之者共等御主意承兼候者も可有之候ニ付　其方共え申談候間　別紙引受村々庄屋共え談判　不洩様導方可取斗候

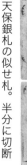

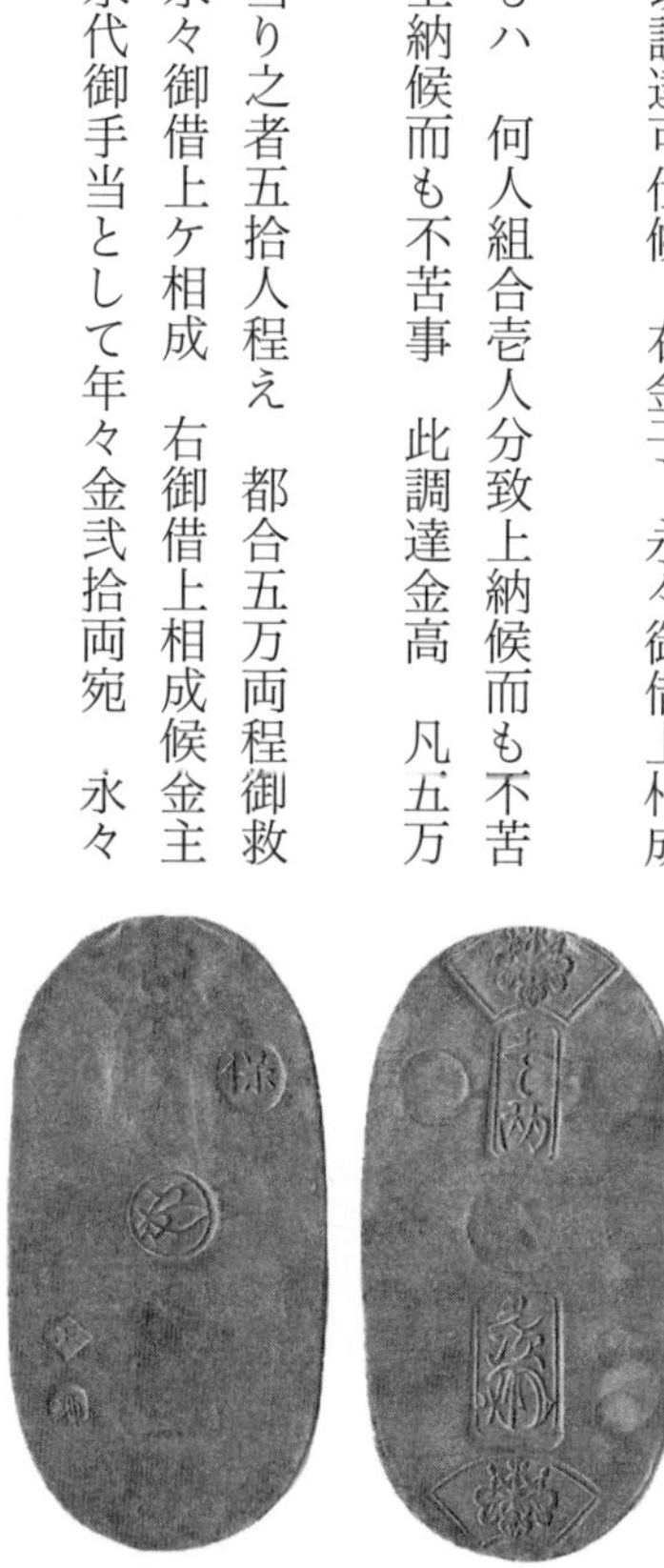

天保小判

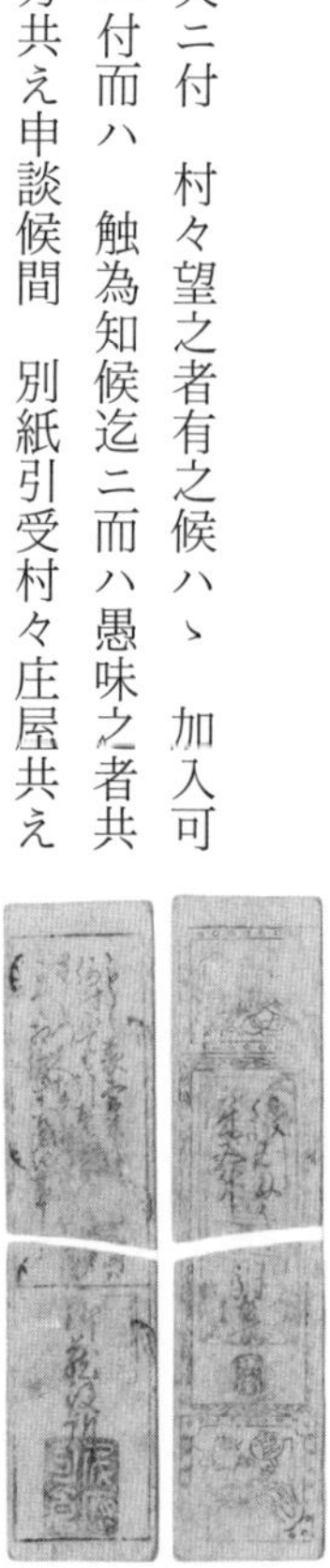

天保銀札の似せ札。半分に切断

十一月十九日

（壱番御触状書記　岡谷真倖（岡谷家　触状留書））

多大な出費でますます正金に窮すると、天保八年より九年にかけて「正金融通懸」と角印を押した富札を名古屋桑名町二丁目反物会所で発行した。その興行場所は同町六丁目戸隠寺境内（戸隠山福泉寺、天台宗（現・中区錦二））で盛んに行われ、富札の益をもって正金不足の解消を図ろうとするが追い付かず、藩は多くの正金を一気に得ようと新たな*富籤方式による調達方法を考えた。それは町方に正金を五万両ほど調達することにして御城下の町人一人に「金二分」の正金の上納を割り当て、金持ちは一軒で多くを上納してもよく、金二分を出せない者は何人かで組を作り一人分として出してもよいとした。この五万両の調達金は籤にて一人に金一千両を当たり金として五十人に渡すとした。この当たり金の総額は五万両である。ただし、この金子は全て借り上げ、金一千両の年二分の利息分金二十両を永々と渡すとした方法であった。

（天保十年正月）

商方御勝手御用達

今般正金添銀　別限被相立別紙一印之通　御領分中一統為　御触有之　二印之
通　銭屋取締役両人之者江も申渡候条　右書面之通相心得　是迄之会所相場春
被差正候間　以来会所おゐてハ　五匁之添銀ニ而引替方取斗候様可致候　付而

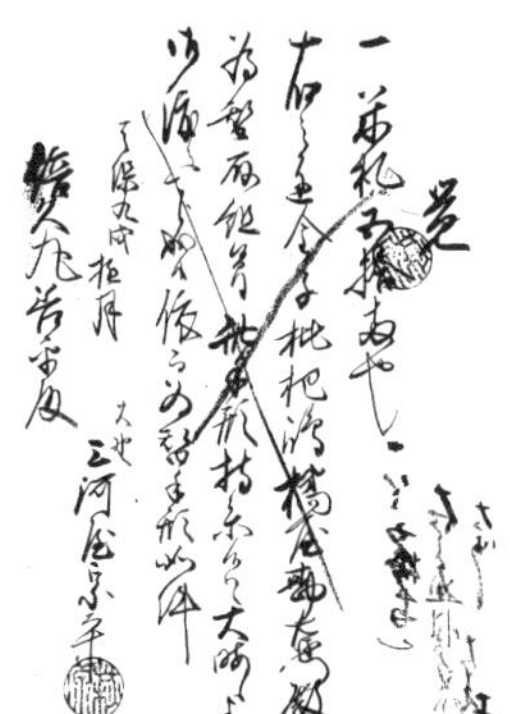

天保九年米切手五十両の為替手形「知多大野三河屋」

正金融通懸の富札

ハ引替之為　手当農商両会所江正金壱万両ハバ相渡候　猶御勘定所ゟも引替手
当方取斗品可有之候間　其旨相心得　先ニ右壱万両を以程能　引替方取斗　当
分之間　内々引替金高役所江可申達候　仍別紙の触書　写等弐通相渡候
但　本文引替手当として相渡候壱万両之外
猶　又　壱万両程ハハ追々繰替可渡候間
本文壱万両之内　引替相済候米切手　添銀共
追而役所江差出候様可致候
正月
（壱番御触書書記　岡谷真俸（岡谷家　触状留書））

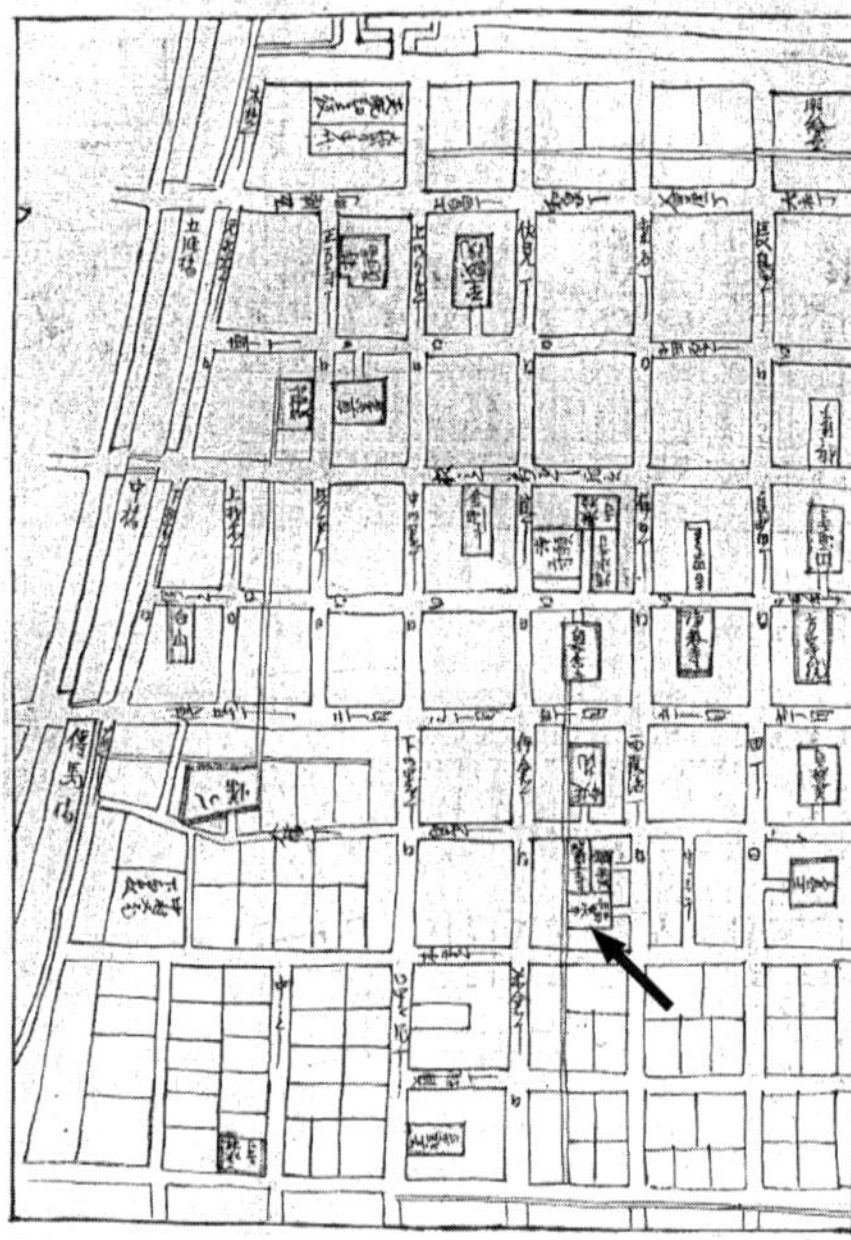

戸隠寺周辺図（現在の中区丸の内／錦一・二丁目）

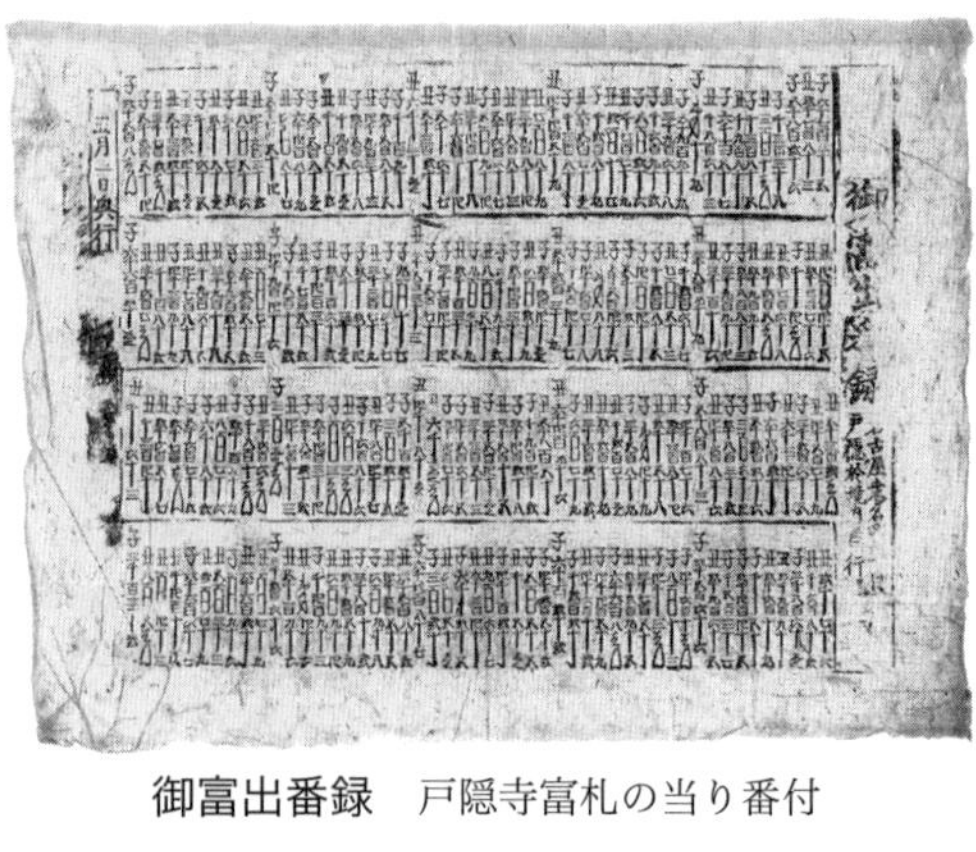

御富出番録　戸隠寺富札の当り番付

＊**富籤**――賭博興行のひとつ。主催者が発売した札を、指定日に抽選して当選金を支払う。富突ともいい寺社救済のほかにも盛んに行われた。

正金に苦慮しての御城下町中一人に金二分の正金調達金五万両のうち、一万両は早速引替え手当金として農商両会所へ渡され、追加の一万両も後日引き渡されることとなった。

（天保十年）

正金添銀之儀　当二月朔日より　御領分中一統已来金壱両ニ付銀五匁迄之添銀ニ而取遺り可致候　右已上之添銀を以取遺りいたし候儀一切不相成候　若右之制限を相背高直之添銀を以取遺りいたし候者有之おゐてハ　右取遺りいたし候正金幷ニ米切手共　双方ゟ取上ケ　其者共　急度御仕置可申付事

一添銀制限相立候付而ハ　已来　内輪ニ而彼是名目を附　表向添銀御定之通ニいたし　別ニ規模等相立取遺りいたし　又ハ高割を以正金借入　添銀背之主意を相遁候　取扱いたし候者若有之相顕ニおゐてハ　是又急度咎申付へく事

一制限相背高直之添銀を以取遺りいたし候者を訴出　吟味之上　相違無之おゐてハ　前条双方ゟ取上ケ候金子不残　身柄之差別なく訴主え可被下候事

右之通ニ付而ハ　是迄之会所相場ハ被差止　已来　農商米切手引替会所ニおゐて五匁之添銀ニ而引替方取斗之事

但シ　諸向ゟ正金農商引替会所え差出候得ハ　添銀当分四匁五分之割ニ而米切手と引替候事

正月

……………………………………………

大須の富札（戸隠寺で興行）

御城下触状留書

農商米切手引替会所え諸向より正金指出候得ハ　添銀四匁五分之割ニ而米切手
と引替候筈相触置候処　右之割ニ而は諸向より之入金少く候付　正金繰合之為
当分之内添銀両ニ五匁之割を以引替候事
但し　米切手引替方之儀は　乍勿論是迄之通　五匁之添銀ニ而本文正金繰合
等之都合次第ニ引替方可取計斗候事
（添書　二月十七日）

………………………………………………

今般　正金添銀制限相立　引替方御仕法被相立候　付而ハ　諸問屋共を初メ他
所取引いたし候者共　商筋模通宜相成　夫々懸引先おゐても安堵いたし　商取
組可申ニ付　自然と他所懸合之商筋手広ニ相成　是迄ゟハ商ひ高等相増可申候
右ハ近年打続国産之品々不作ニ而他所より之入金等逼迫之時節ニ付　一時ニ他
所商手広ニ相成　多分之出方差添ひ候ハ　一旦正金融通方之差響きニも相成不
可然事候　御領分中之儀ハ手広成事ニ付　たとへ何程大金之御手当を以引替方
等為御取斗有之候共　際限も無之事候条　当分内ハ時節柄をも篤と相弁へ　可
成丈他所出金之すじ相扣　諸向之障り不相成様心懸取引可致事
右之通相心得　他所懸引致候者共ハ下人等えも篤と相示置候様可致事
二月
（一宮市史　資料編八　天保十年）

米切手の添銀が一両に五匁となった。

五月の御触では高須輪中（岐阜県海津市）等に水入り等になったが七月の御触になると豊作の兆しは見え始めるが無駄な費用は省き、凶作の助けとならぬように諭している。

◇——廃札の焼却

本書で引用する御触状書記は天保九戊戌正月吉日、岡谷真倖（157頁写真）とある。岡谷家七代目の御当主である。岡谷家は尾張藩御用達三家の伊藤、関戸、内田家に次ぐ地位にあり、同じ家格としては熊谷、小出、伊藤忠左衛門がある。岡谷家の商売は幕末頃よりさらに繁昌して一段と大きくなっていく。この御触状書記は天保八年の暮れから始まっている。天保十年には米切手揉札の処理について絵入りで具体的に書かれており、米切手の流れの中で「廃棄処理」という隠された部分が解明できたことは先人に感謝したい。米切手の発行の記録は御触で多く残されているが流通途中の廃札処理の記録はなかなか無いように思われる。

御焼捨被仰渡書付之写

米切手減方ニ付前津村於大池堤明後二十五日米切手焼捨　取計候筈候付而ハ
右切手於役所包之上裁切方ヲ始炸捨江付候儀諸事前振之通可取計候　尤炸捨場
所ハ為見届御徒歩目付支配　勘定幷町奉行配下小人目付等壱両人ツツ相越筈候

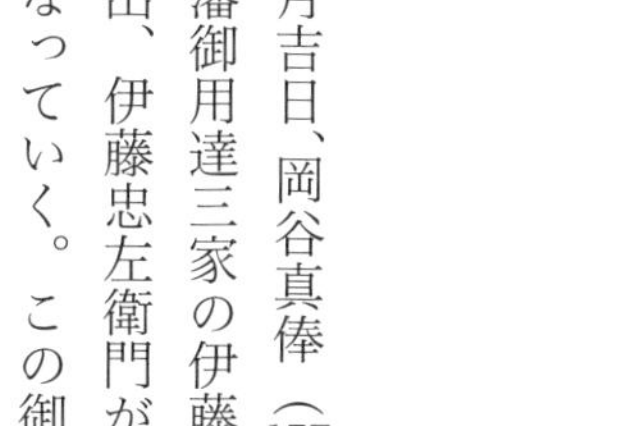

札バサミ

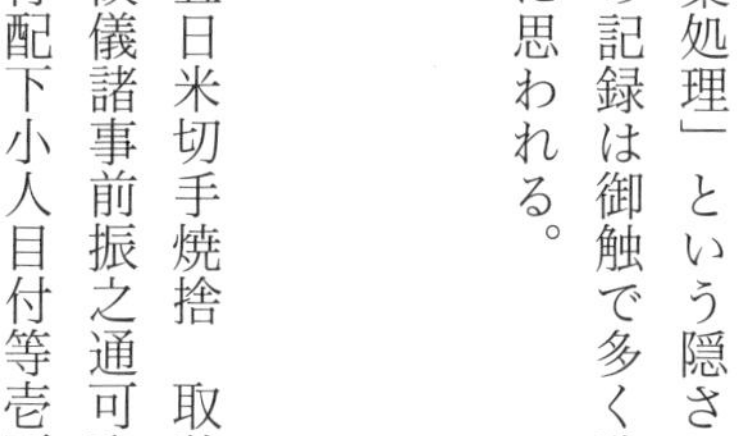

札入れ

一　当日若雨天ニ候ハバ快晴次第取計候筈候
一　前津村庄屋江茂極之儀申渡相成筈候条炸捨場所耳差障相成候　肥土
等有之候ハバ庄屋江懸合為取除候様ニ相心得候
一　幕之儀ハ如側役所ゟ三貼幷串共可相渡候間事済之上可差出候
一　焼捨ニ付入用之諸色類炭割松之類床台等ハ其方共尓て取賄可相廻候
追而代銀可相渡候　尤当日出如
側相心得罷出日用之者も五人可召連且又諸色類之内借入ニ而間合候
品ハ借入廻候様可心得候其内兼而入用品心当之外若臨時入用之品出
来候ハバ前津村庄屋江懸合間合セ候積可心得候此段庄屋共申渡相成
筈候
一　明二十四日朝四ツ時炸捨可相成米切手改方為取計候筈候間其方共之
内壱人ツツ罷出改方等心得候会所附手代壱人ツツ可差出候
一　焼捨之当日如側引替所休日之事

二十四日於御勘定所御書院　　金高タテ数

御小人目壱人　　御勘定所吟味役壱人　　支配勘定組頭壱人
田宮庄蔵様　　川村　平井勘九郎
支配勘定衆一人　　町方御役人壱人　　立切役御中間壱人
加藤八郎右衛門　　太田栄太郎様一人

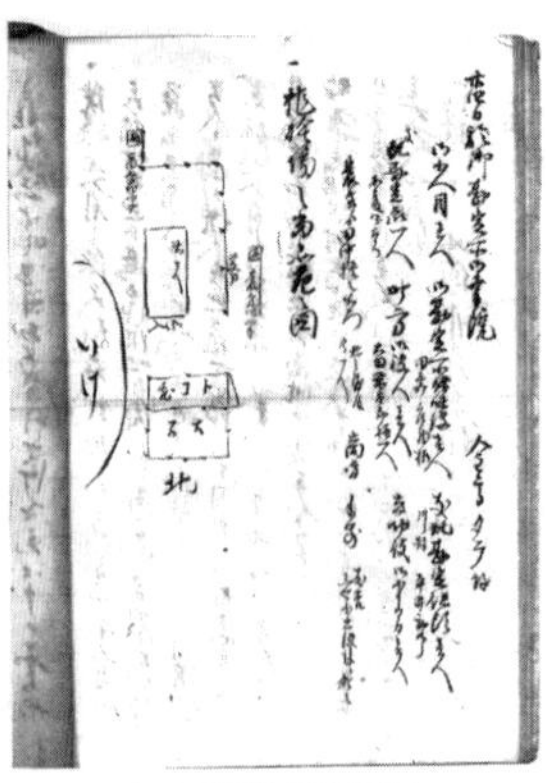

壱番御触状書記
岡谷家触状留書

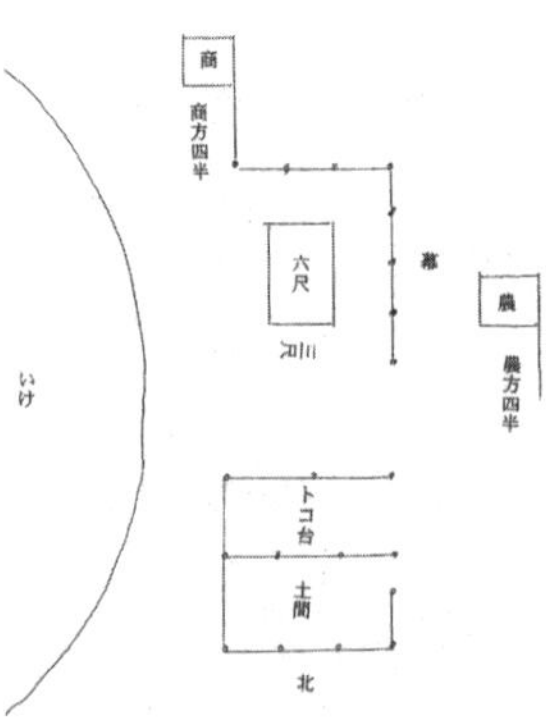

右図を模写拡大

農方ら　田中権之右衛門　惣兵衛殿　今壱人
商方　手前　友吉　十一やら出役後ニ願与

一　焼捨場当日如左之図

別紙一印之通淡路守殿被仰渡ニ印之通在々江触出相成候付右之趣可申通旨奉行衆被申聞如右写弐通差越し候被得其意早々順達納所より御勘定所江可被差戻候　以上

四月朔日

早川熊之助
伊藤彦九郎
富田桂之助

（一番御触状書記　岡谷真倖（岡谷家触状留書））

記録からは前津村大池の堤の西側で廃札となった米切手を切断し、炭や松の木で焼き処分したとわかる。絵図を読み解くと「農方、商方」の旗を立て幕で囲んで「床台」「土間」と見えるのでそれぞれ役人や世話方が詰めていたのであろう。また、「三尺」とした長四角のものは焼き場であろう。この地は当時、池と共に精進川が流れていたが、新堀川が造られた明治末期から大正初年までに池は埋められたので、この場所を示すものとして今はバス停の名で「大池町」と残っているだけである。

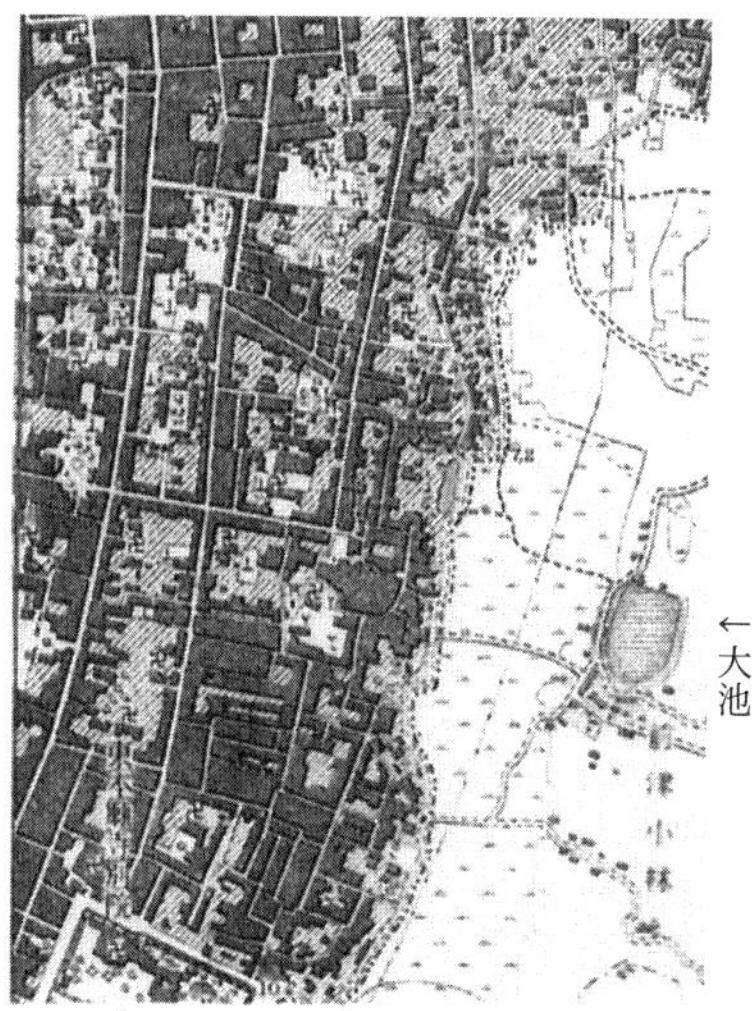

大池周辺図（明治二十四年測図）

一天保十二年丑六月二十六日左之通御触有之
近来正金不融通に有之　右に付当時御難渋之御勝手より添銀御出方之御費用
も不少　第一御国民一統難渋之趣達御聴不一形御心配に被思召此度米切手通
用之儀可被差止旨被仰出候　然共大数之事に付急卒正金に引替候儀は難被行
届　漸々に可被差止候　就夫是迄は揉切手等通用差支候分は新切手を以節々
引替　其上も段々揉切手多分出来通用差支候様相成候得ば　一般に新古引替
候事に候処　向後新切手出来方被差止　右御細工所之儀も此節取仕舞相成候
付ては新古引替之儀は都而不取計候　且又此已後通用差支候揉切手等　農商
引替所へ差出候得ば　同所おいて篤と見改候上揉摺等之恰好に寄改之印を加
へ　可相渡候間　右之分は尤通用差支無之　右改之印難加揉切手は当時通用
之米切手之内を以引替　右揉切手は其座にて角を裁切　右之分追而焼捨に取
計　右之外御家中を初米切手減方へ付　差上金幷品々上納物之内よりも消切
手を以相納　右之分是又同様焼捨相成筈候
一平常米切手取扱方之儀　是迄迚も麁抹にいたし候儀は勿論有之間敷候得共
前条之通新切手出来方被差止　幷此以後は揉切手之分通用之米切手を以引替
候付ては　猶更常々大切に可取扱候
右之通厚御趣意を以御仕法被相立候上苦心得違為利慾正金買〆商物同様いたし
候者相聞候はゞ　御吟味之上無添銀にて正金引揚　猶其仕儀に寄急度御咎可被
仰付候条其旨篤と可相心得候
六月

（御日記頭書）

天保十二年は文化十三年より二十五年、天保三年からは冷害、風害、水害と打ち続き、九年の江戸城西の丸御殿火事による御手伝い普請には大数の御出金、御家中にも百石百俵に金二両の上納金、七年には御婚礼、十年には殿様御逝去と続き、米切手の発行許可高の米高十二万石、金二十万両をはるかに超えた米高四十六万二千四百石（金七十七万両）以上の発行に達し、幕府は老中水野越前守の名において尾張藩の発行条件に違背すると重臣に怠慢と不振行為を責め、再延期願いを一蹴した。

しかし、直ちに米切手通用の停止はできず、再三、幕府に願い出て、後に国家老、竹腰は江戸に至った。幕府は「発行許可高の米十二万石分に対しては十ケ年以内に必ずこれを回収することを条件に通用を差し許す代わりに許可高以上の米切手五十七万両は整理すべし」となった。藩はこれにて発行停止を決意、米札細工所の閉門、未発行米切手、揉損切手の破棄処分を行った。また藩は名古屋御三家、伊藤次郎左衛門、関戸二郎、内田忠蔵には金十万両、御勝手御用達には金二十万両の調達金を命じた。

（参考：御日記頭書／尾張藩の財政と藩札）

尾張藩は幕府令により米切手細工所も止め、未発行切手も廃棄としたので以後の米切手に対しては大切に通用させるようにいっている。また、以後揉損切手は農商会所で見極め「改印」を押して通用させるとしているのでこの米切手は「天保十二年寄改札」となる。
　この天保十二年の揉損札の再使用は旧札も含め実施されたものと思われ、小型小判印を札下部に押されたのがそれにあたると考える。金札では日本銀行に金一分札が所蔵されており、天保六年札裏面に㋑㋠の文字が確認できる。銀札では五匁札㋭印で確認されている。

天保丑ナゾナゾ（青窓紀聞）

（かけて）	（解く）	（心は）
関戸	平田包	尾張計通用
内海屋	一朱銀	位はないが沢山
笹惣	百文銭	穴が大き
皆川屋	弐朱金	世間評判よくふへる
十一屋	たゝ銭	乞食の手へも通用する
伊藤賢	大判	今でもたしない
菱喜	南鐐	先代より見苦しい
吹原	十文銭	大きても人がませぬ
菅伊	雁金	壱人立にはならぬ
山甚	真の弐分金	頓と退役
美濃勘	銀札の色	かさ計り
大鐘屋	小判弐分判	近い内へった

寄改札
㋭印がある

中甚	弐朱札	壱両に八枚物
神戸	古米札	摺よごれても元がよい
田島屋与三	小粒	へったが人が好く
杉山屋	新米札	先見た所がはでな
泉権	長者町場札	役にたゝぬ
平野	元銭	かたい所はかとうてもやはり壱文
永伝	永楽屋	かわりはあれど壱文通用
桔佐	裏元の銭	前から性がよい
高新	場札	前より少々性がよい
堀田	王わ札	へる計でふえぬ
藤新	銀玉	前から少々ある
清水屋	古銭	名高い計で役に立たぬ
塩利	鍋銭	なぶる程へる
さゝかみ	一朱銀	ちさいがよほどある
みの治	三文銭	近頃つかれた
米三	文銭	子供女中がうれしがる

（名古屋商人史（35））

米切手減方等え付　在々之者共壱人ニ付金壱分ツ、調達為致　鬮引之上鬮当り
四百人之者へ都合拾万両程為御救被下之　右金子永々御借上永代為御手当年々

金五両ツ、永々無際限被下候筈候間　別紙仕法書写取置　村中之者へ不洩様致一覧　望之者ハ出精調達方村役人ゟも深切ニ可申諭候　尤小前之者迄人別　家別等ニ申付候訳ニハ無之候間　此状能々相弁可申諭候　猶小割之儀ハ近村引請人え申付　其者ゟ可申談候間篤と可致示談候　此状承知之上早々先村へ相廻留村ゟ可返候　以上

九月二十五日　　矢　藤　九　郎

在々之者共壱人ニ付金壱分ツ、調達為致　右金子永ク御借上相成候事

但　壱人金壱分調達難致程之者共ハ何人組合壱人分上納いたし候而も不苦

并身柄之者共ハ一軒ゟ何人分上納致候而も不苦候事

一知多郡幷濃州地正金取扱之場所ハ正金を以可致調達　其余之村々ハ米切手を以可致調達事

右調達金高凡四拾万人程之積　拾万両程

右金高鬮引を以壱人え金弐百五拾両程ツ、鬮当之者四百人程え都合拾万両ほど御救として被下之　右　〇金子ハ其者共ゟ永御借上相成　右御借り上相成候金主共四百人程えハ年弐歩利之割を以永代御手当として年々金五両ツ、永々無際限被下候事

但　知多郡幷濃州地正金取扱之場所ハ正金を以被下候事

一本文上納金之儀　御家中家来共　寺社之輩を初他支配之輩ニ而も望之者ハ加入為致候筈

一御勝手御融通方之御都合を以　扣帳等之書入物有之者共ハ年八歩利を以一ヶ

年限之貸渡金取斗候事

（一宮市史　資料編八　天保十二年）

天保十二丑十月十七日今般米切手融通又は御勝手御繰合筋へ付　在々幷熱田地
おいて懸金鬮引仕法相立望之者加入為致　落鬮之者へ為御救被下右金子は其者
共より永く御借り上相成　右御借り上相成候金主共へ年弐歩利之割を以永代為
御手当年々無際限被返下筈候処　右は御家中之家来又は寺社之輩幷他支配之者
に而も　望之者は模寄之場所へ加入之儀可為勝手次第旨御側御用人申通之

（御日記頭書）

（諸事留扣帳　天保十年　平田喜三郎）

在の者への調達金である。金一分で四十万人、金高は金十万両の調達であり、籤引きで一人につき二百五十両が四百人に当たり、それは全て借り上げ利息金として金五両を永々と渡すというものである。

去年調達之儀追々鬮引取斗筈　就夫尾州村々之内ニハ勿論模通筋え付鬮引ハ不
致　村々組合口数千口ニ付鬮壱本　都合五千口ニ而鬮五本別段引分被下方相願
候村々も有之　付而ハ其村々おゐても右躰取斗方望之有無相訂　明後九日朝以
書付否可申出候　此段承知之上無滞先村へ相廻　留村ゟ可返候　已上

二月七日

市　東　七　郎

（一宮市史　資料編八　天保十三年）

口数千口で籤一本、つまり村々の口数が千口で籤一本なので五千口で五本の当たりにならないか。口数の千口は金一分で金二百五十両であるので五千口で五本の当たりにしてほしい。皆、籤をしないで引き当たりにしてほしいということであろう。

銭相場引下ケ方追々御世話有之候得共　段々相場引揚り　当時米切手壱両ニ付銭四貫五百文恰好ニ相聞　諸人一統令難儀候間　各別ニ引下ケ売買可候　併一時ニ引下候而は難儀之向も可有之候間先々四貫七百文程ゟ段々引下方相励売買可致候　猶引下方追々可申談候間其旨可心得候　若不正之売買いたし候者有之おいてハ急度咎可申付候

三月

右之通相触候様御年寄衆被仰聞候由　御側御用人衆被申聞候旨御勘定奉行衆被申聞候

三月二十九日　　渡　源九郎

（一宮市史　資料編八　天保十三年）

この頃、一両につき六貫文前後であった銭相場が四貫五百文になっていた。ということは約二割の銭高になっていたわけである。江戸時代の貨幣制度は金、銀、銭の三本立てでそれぞれの需要と供給で相場が常に変動していた。時代が下ると銭需要がだんだんと増える。銭といえば一文銭であったが明和五年（一七六八）になると四文銭ができ、更に天保八年（一八三五）に至れば百文銭が出されたが物価高に伴って銭の需要が増していた。また、尾張藩の御触として他国での代金の支払いは一両以上の銭を使い、銭として釣り銭をもらい受けるようにと達しを出している。

尾張藩は財政困難を理由に、天領*であった江州八幡町（高五百五十石）と、藩領である美濃の竹ケ鼻、神戸（ごうど）の二ケ村（高千六百九十七石余）を領地替えすることを幕府に願い出て、天保十三年二月に許可された。江州八幡町の実高は十万石の土地と評価されていた。

（参考：尾張藩の財政と藩札）

正金引替添銀　段々高料相成候ニ付而　追々格別ニ御世話有之候得共兎角不引下　当時ニ而は却而引上ケ　随而銭相場幷諸色直段迄も各外引上ケ一統難渋不少候　付而は米切手被減方応而可取斗之処　従来御不如意之御勝手之上　当時御繰合筋別而御差支之折柄　右之儀取頻難相調候　併当節之模様を以ハ　御国内一般之難渋難被忍候間　右補い之為　在町共当寅年ゟ拾ヶ年之間蔵役為相勤右役金を以減切手取斗候様ニとの御事ニ候　就夫　近年在町共追々調達金等申渡　其上米切手減方へ付　厚志之者共ハ消切手上納をも奉願候時節ニ付　此上役金等相勤候儀は何共難被　仰出筋合ニ候得共　添銀高料等之儀当然差懸　其分ニ難被成置ニ付　不被得止無余儀前顕之通被仰出事ニ候間　右之御主意深く

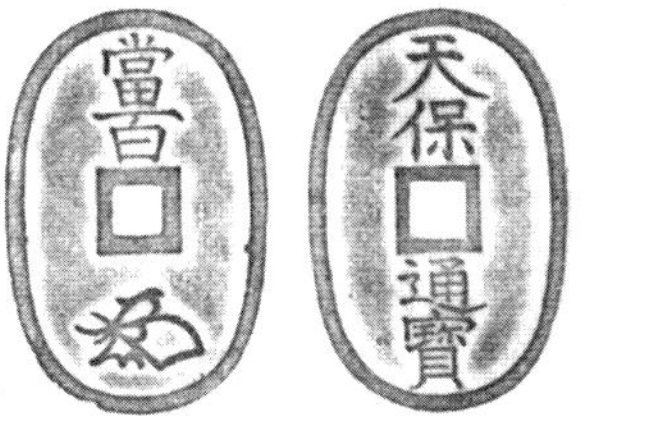

天保百文銭

四文銭

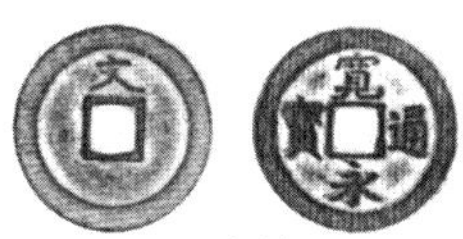

一文銭

＊天領――幕府直轄の領地のこと。重要地には奉行や郡代、代官が置かれた。

相弁　御国恩冥加之為銘々土蔵所持之分ハ一戸前ニ付壱ヶ年金弐分宛　其支
配々々奉行所等へ可致上納候　尤右蔵役之儀拾ヶ年と被　仰出候得共此已後添
銀等及下料　前々之通ニ相成候ハ、猶御吟味之上役金上納　御免可被　仰出候
間　兼而其心得可有之事
　四月
（一宮市史　資料編八　天保十三年）

蔵持ち*に米切手減り方冥加金*の御達しである。蔵一戸に金二分、十ケ年の上納金で通用の米切手を消切手*にして減らしていくということである。

（天保十三年六月）
津島　米切手減方
正金融通の為　六月から十ケ年　毎月富突興行ス
寺社奉行所
（一宮市史　資料編八　天保十三年）

尾張津島神社（牛頭天王社）の富籤である。津島の富籤は千両富で有名であり、双六にもなっている。津島神社は尾張領地内に信仰と共に組織があり、その世話人を中心にして組織力で富札（抽選券）を売りさばいている。藩はその有名な津島神社の組織力に目を付け米切手を減らすための正金を得ようと富籤の興行をしたのである。

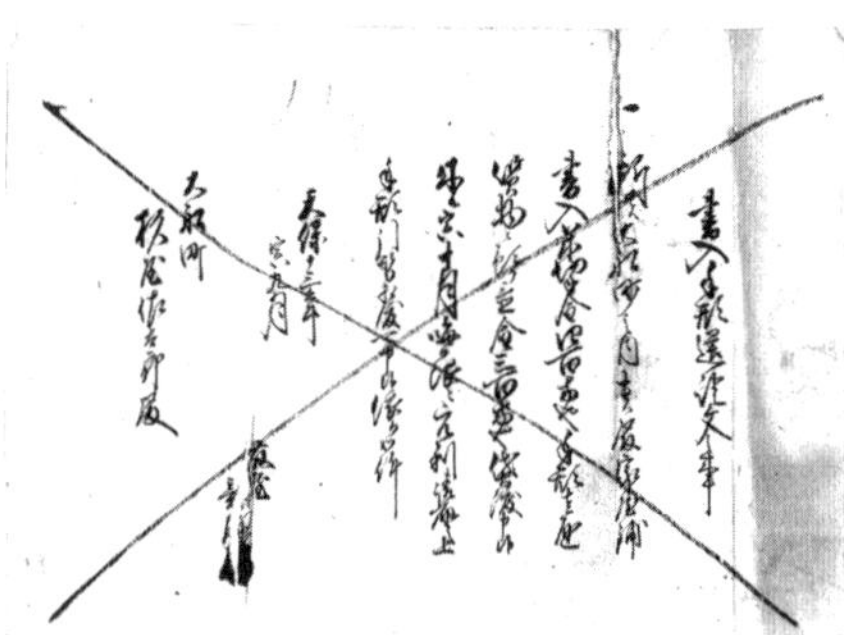

天保十三年　米切手四百両の手形

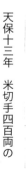

＊蔵持ち――蔵を所有している。金持ち。財産家。

＊冥加金――商工業者などに課せられた雑税。本質的には領民が営業の許可や独占を領主に願いでる際の献金。原則として金納であった。

＊消切手――通用の米切手に「消切手」と書き入れ廃札にして上納すること。

蔵役金之儀来ル十八日ゟ二十日迄之内ニ必陣屋へ可差出候　右ニ付左之通夫々
相心得可申候
一蔵役之儀ハ消切手之御趣意ニ付　正金上納場之儀ハ一戸前金弐分之内半金壱
分ハ正金ヲ以可致上納候　添銀之儀ハ尤被下筈候
一美濃地之儀　来卯年ゟ四月上納之節ハ正金　九月上納之節ハ米札ニ可相心得
候
一米切手消方左之振ニいたし　可成丈古切手ニ而真偽等銘々幷村役人手前おゐ
て篤と取改可相認事
壱両札　表　何村
同断　裏　誰
壱分札　表　何村
同断　裏　誰
其余右ニ准
一上納之節ハ判代壱両付ニ付拾弐文ツ、銭ニ而可差出候
但　来年ゟは御定之判代ニ而宜候
一請取通新規取扱左之振ニ相記可差出候　直紙竪帳ニ

金弐分　何村　誰

金弐分　美濃地村々之分　何村
内壱分正金

米切手は三枚合わせ

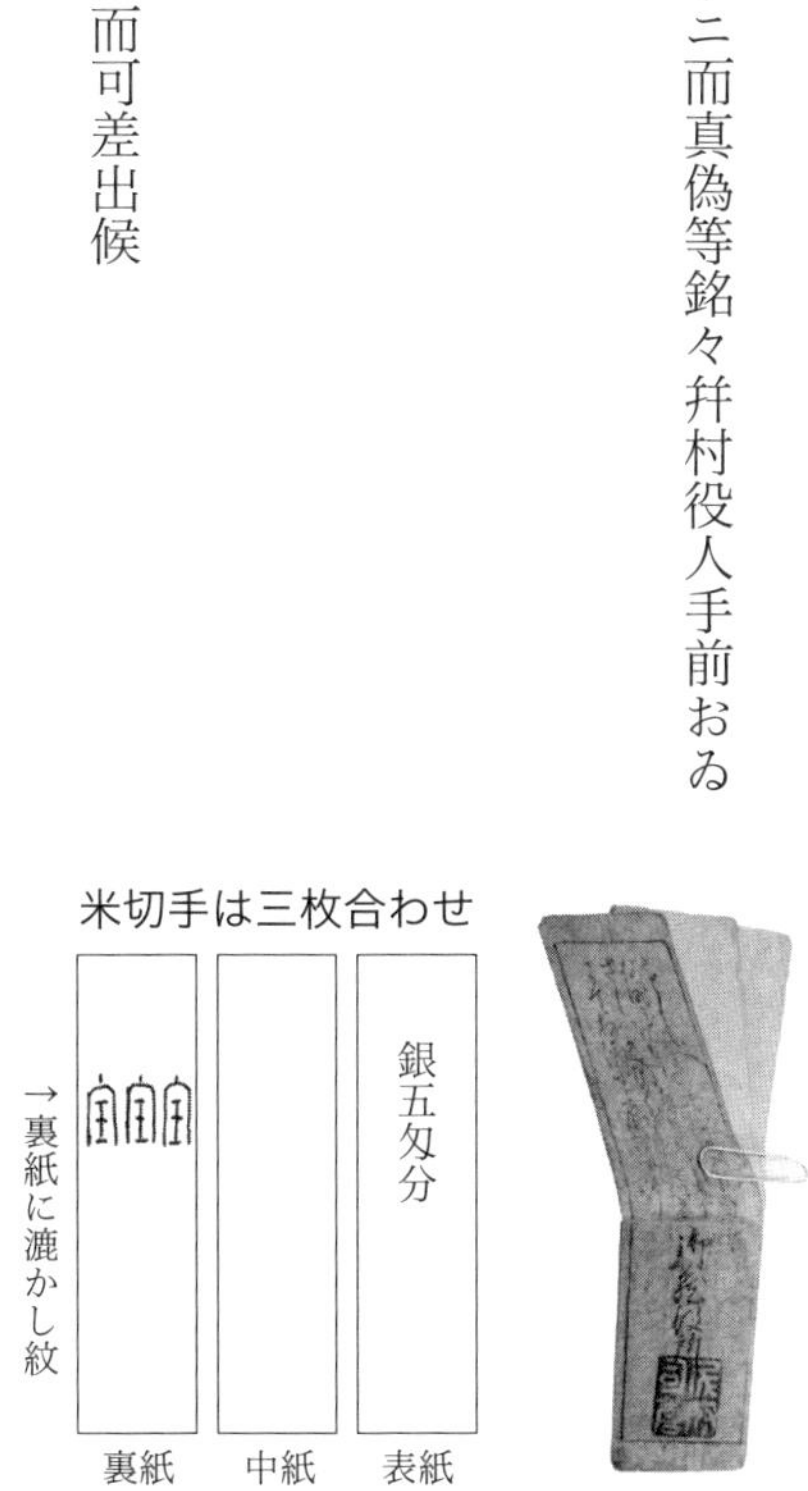

〆金何程

右之通相心得　一村毎ニ金子等村役人え取集候上陣屋へ可差出候　此旨承知之
上刻付ヲ以先村へ相廻　留村ゟ陣屋へ可相返候　已上

十二月十二日　　鵜多須陣屋

（一宮市史　資料編八　天保十三年）

安良村鬮引調達金口数書上帳

「　天保十三年

鬮引調達金口数書上帳

寅十一月　　」

鬮引調達金　去ル丑年上納仕置候処　右ハ今般鬮当りニ而　被下候段　難有奉
存候　依而右之旨申談候処　村内一統之者共　名前之内ゟ鬮相当り候節者　調
達金高応シ割取仕候得は更ニ高下無之右ニ相決し悦居候　以後故障之儀為無之
印形仕候処　如件

天保十三年寅十一月

十三口　　卯右衛門　印
七口　　弥兵衛　印

六口　　柳　助　　　印
六口　　九郎左衛門　印
四口　　重左衛門　　印
四口　　栄左衛門　　印
三口　　五兵衛　　　印
　　　以下略
〆百十六口
　　六人組　庄三郎

（江南市史　資料三　古文書編下）

在方籤当たり方で、上納金一人金一分、籤当たり者四百人、金二百五十両であり、その配当金は金五両である。この場合は多人数での応募であったゆえに口数による配当金の振り分けとなる。私事ではあるがここでは父親の母方の先祖の一族が献金して当たり分配金に与っている。

◆——御払銭の発行

近来御国中銭払底之趣相聞候付　種々御世話有之候得共　兎角不融通ニ而一統

難渋之趣ニ付　段々御評議之上　公辺より御払銭之儀被　仰立　追々ニ銭御払
下ケ相成候筈ニ付　下々御救ひ之為御払切手を以銭可売渡候　尤右切手ハ左之
者共え引受人被　仰付候

石橋　栄蔵
伊藤　忠左衛門
熊谷　理三郎

一右切手　左之通取交　追々ニ出来之筈候得共　先々弐匁分　壱匁分と弐段之
切手ゟ引替候筈候
御払銭壱分分
同　銭弐朱分
同　銭三匁分
同　銭弐匁分
同　銭壱匁分

一右御払切手と銭引替方之儀　引請人所おゐて引替候筈切手ニ認有之候処　今
度　御用会所出来候筈候間　同所え申出次第正金銭相場を以引替銭可相渡候
但　右之通　会所出来筈候得共　少しも早行之為会所出来候まてハ御国産
会所おゐて無差支引替候筈候　尤右相場之儀ハ引替候所幷御国産会所ニ張
出置筈候

一右御払切手を以諸品取遣払代え譲引いたし候儀ハ勝手次第ニ候得共　金銀と
引替候儀ハ不相成　全銭御払切手之事ニ付米切手同様ニ相心得申間敷候　正

路ニ取引可致候
一御払切手汚レ或ハ損等出来之節ハ前文引受人共之方え申出候ハ、　吟味之上
引替可相渡候
一右御払切手を以模通能銭と引替出来いたし候得はとて　慾情を以銭引替貯置
候類之者ハ　兼而隠密を以吟味為致　疑敷事有之おゐてハ召捕及吟味候間
聊も疑惑不受様取引可致候
四月
（一宮市史　資料編八　天保十四年）

天保の飢饉頃から始まった物価高で銭需要が増し、それによる小銭不足は銭高になり、天保十三年には銭相場引下げのため、銭相場世話方百人をもうけ正金融通を図るが正金は不融通で治まらず、また、銭の囲い込みも始まった。尾張藩は銭の融通を幕府に依頼するもすぐには間に合わず、当分の間、銭切手（御払銭切手）を発行して乗り切る手立てを取った。

切手引請人を石橋栄蔵、伊藤忠左衛門、熊谷理三郎とし、銭一分分、銭二朱分、銭三匁分、銭二匁分、銭一匁分の銭切手を発行、引替えは御用会所とした。また、銭切手であるので金銀への引替えはできないこととした。ここで重要なことは御触にある「御払切手を以銭可売渡候」「同所え申出次第正金銭相場を以引替銭可相渡候」の言葉である。従来の紙幣の発行であれば藩の負債を補うゆえの紙幣で当局による強制通用で始まっているのであり、正金への引替え力、

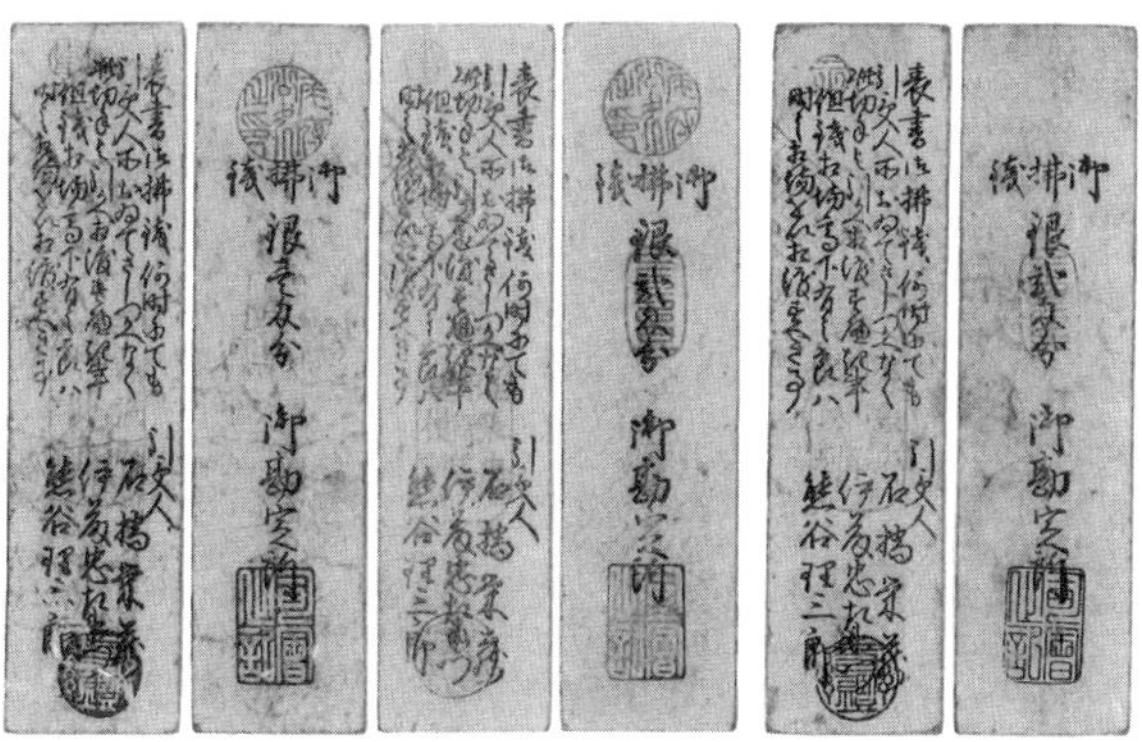

天保14年6月増印　　天保14年４月

資金がなければ信用がなくなり、たちまち下落するが、この銭切手は「銭可売渡候」で売り出されたのである。また、同所へ申し出があれば銭相場をもって銭と銭切手を引き替えるとある。つまり、この銭切手の元は正金との引替えであり、正金は引替引請商人の御用会所の手元に残り正金に裏付けされた銭切手であるので下落することがない正金同様な紙幣なのである。今後は通常の米切手と御払銭切手の二種類が通用することとなる。

石橋栄蔵引受　金七十両

当時通用之米切手を以正金ニ引替候節　一両ニ付添銀六拾五匁　銭相場ハ正金壱両ニ六貫五百文　米切手壱両已上両六貫三拾文　右已下小買之分ハ銀壱匁ニ付百文之割ニ而取引可致旨　兼而相触置候処　兎角金銭共不融通　在町諸商人共取引差支候ゟ　都而万物蔭直段有之　自然と高料相成　差当不模通ニ差迫四民難渋之趣ニ相聞候　付而ハ正金銭不融通方之儀　御仕法も有之候へ共　先々当分之内　正金添銀之制限被相触候間　乍勿論米切手商ひ物同様取引いたし候筋ハ有之間敷候へ共　可成丈添銀少いたし取引　銭之儀も添銀之割を以取引可致事ニ候得ハ　都而欲情ヲ相難　正路ニ取引可致候　若正金　銭買〆等いたし候者有之趣於相聞ハ早速召捕　吟味之上相違無之ニおいてハ　金銭取上ケ厳重之咎可申付候　右ニ付買〆又ハ正金銭囲置候類之者内々訴出候者ハ褒美差遣追而あだをなさゞる様ニ取斗可遣候　隠置脇ゟ相知候ハ、本人と可為同罪事

五月

（一宮市史　資料編八　天保十四年）

天保十四年卯六月十七日御払銭切手之儀今般増印出来候間其旨相心得是迄之切手所持之者は来月十日迄に引替所へ差出増印切手と引替可申候　右日限過候ては銭と引替候儀　差支候間可得其意候　尤右之外は兼て触置候　通無違却相心得取引可致旨通辞有之

（御日記頭書）

御払銭切手は短期通用の目的で造られたため、切手の造りが簡単であったので切手に増印（印を追加）して似せ札防止とした。この「尾府公処之印」は今後色々と活躍することとなる。

天保十四卯九月五日左之通御触有之

正金融通方へ付当時通用米切手之内公所之御印を初添印いたし候儀等に付

別紙之通寺社在町へ相触候　付ては御家中之輩他所詰を初勤向等へ付無拠正金入用之向へは　正金添銀時之相場より壱両に付弐歩（分）宛引下候相場を以平田所にて添印無之米切手と添印切手と引替可相渡候条可得其意候

　但引替時節之儀は平田所に張出置筈候

近来正金不融通添銀高料相成御国中一統難渋之趣相聞候故追々融通方御世話有之候得共　兎角行届兼候付今度左之者共へ正金引替方引請被仰付当時通用之米切手表之方へ公所之御印幷御勘定所之印を押　裏之方へ引

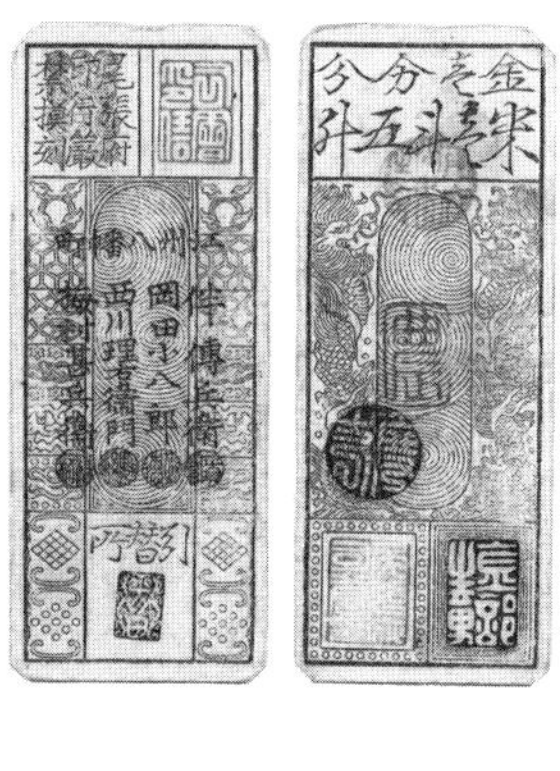

江州八幡町添印札

尾州御領江州八幡富札

請人共名前添印為致右切手追々に取交御領分中一般に通用被仰出候間無差別取引可致候

江州八幡町
伴　伝兵衛
岡田　小八郎
西川　理右衛門
梅村　甚兵衛

右添印切手正金と引替候儀無差支取計候付諸向相対にては添印有之切手を以無添印之切手と取引之節は正金同様様之歩合を以可致取引候
右は御国中正金融通之為格別之御主意を以御仕法被相立候事候間慾情を以引替方申出間敷候
若添印無之米切手を以添印切手買込又は正金を囲ひ置候類之者於有之は吟味之上厳敷咎可申付候　是迄は正金引替方之儀御手当も不被行届故乍左御容赦相成候筋も有之候得共　今度要用之分正金引替方差支無之様御仕法被相立候上は一統難有奉存相互に融通宜様取引可致儀勿論に付　若心得違慾情之取計有之おいては身柄之無差別召捕吟味可申付候条其旨相心得正路に取引可致候

（御日記頭書）

江州八幡町の添え印切手である。尾張藩は八幡町の扇屋伝兵衛、大文字屋理右衛門、松島屋小八郎、灰屋きせを御用達に任命し、四人から一万五千両、市田清兵衛他十三人から一万六千両、都合金三万一千両をもって運営させた。これらの米切手は一両に銭八文の引替えで正金同様であった。

尾張藩がこの近江八幡町に目を付け始めたのは天保の始め頃で、同町からの承認を得たのは天保十一年十月であった。ところが領地替え*地がなかなか決まらず、やっと尾張藩領美濃の竹ヶ鼻と神戸の二ケ村、高千六百九十七石と決まり天保十三年二月正式に領地替えの許可に至ったのである。

（参考：尾張藩の財政と藩札）

一天保十四卯九月二十八日御払銭切手之儀金銀幷米切手と引替候儀は不相成趣触置候処　此節銭払底にて御家中之輩難渋之趣に相聞候間　銭引替度向へは正金添銀時之相場を以平田所にて当人壱人壱分迄は米切手と引替銭切手可相渡引替時節之儀は平田所に張出置筈之旨御触有之

一同日左之通御触有之

御払銭切手之儀御用会所おいて引替候筈相触置候処　少数之分迄も引替方一々右会所へ罷越候ては手遠之場所は不模通難渋之筋に付　当分壱人壱分迄引替度者は左之者共方にても時之相場を以無差支引替可取計旨申渡置候間可得其意候　尤壱分以上引替度者は節々御用会所へ可申出候

一右切手之儀金銀幷米切手と引替候儀不相成趣触置候処　此節銭払底にて難渋之趣に相聞候付　御用会所両替屋之外諸向相対にては金銀幷米切手と引替之儀可為勝手次第候　尤右切手を以米切手と取引之節は正金添銀時之相場を以

＊領地替え――知行地、所領を別の場所に移すこと。転封（てんぽう）、国替（くにがえ）、移封（いほう）。幕府が諸大名に対して有していた処分権、統制権の一つとして執行された。ここでは、近江八幡という近江商人で代表される財政豊かな土地と交換するという有利な条件である。

取引可致候
但引替取扱候両替屋共之儀追て増減之儀も可有之候得共　右之儀は節々不
相触替目之訳店々に為張出置筈候

上長者町　銭屋　政　蔵
京　町　和泉屋　太　蔵
広井村　銭屋　長右衛門
押切村　銭屋　甚　助
古渡村　梯屋　弥　六
熱　田　善福寺町　大森又三郎
同　所　中道町　清左衛門

右之通寺社在町へ為相触候間書面之通可心得候

（御日記頭書）

御払銭切手は御用会所で引き替えるが、遠くの者は困るので一人金一分までは左の者にも引き替えさせる。金一分以上は御用会所で引き替える。そして金銀には引き替えられない決まりであったが、金銀や米切手と引き替えても良いと御触にはある。

（天保十五年）
（天保十五年は十二月弘化元年と改められる。寺社触添書十二月十八日触）

御払銭切手之儀　御用会所　両替屋おいて引替候筈ニ候処　遠方手遠之場所ハ不模通難渋之筋ニ付　融通之為今度　北方　佐屋　鵜多須支配御代官所おいて銭切手引替引請人出来　右陣屋々々之頭字添印いたし　引請人別紙名前之者共方ニ而　時之相場を以無差支引替取斗　右添印切手之分　御用会所　両替屋おいて引替添印無之切手も右引請人共おゐて引替方無差支可取斗旨申渡置候　可得其意候　尤引替方等諸事添印無之御払銭切手之通可心得候

但　引替取扱候引請人共之儀　追而増減之儀も可有之候得共　右之儀ハ節々不相触替り目之訳宅々ニ為張出置筈ニ候

二月

御印 御払銭　銀何匁分 ○御勘定所

（○）今度御代官支配所之者引替取斗候見分ケ之添印

北方御代官支配所
中嶋郡一之宮村
林　九郎左衛門
速水九郎右衛門
安八郡墨股村
加納又右衛門
葉栗郡玉野井村
墨　八百八
墨　常造
同郡北方村
加藤裕七

沢井儀左衛門

佐屋代官支配所
海東郡津嶋村
大橋 武右衛門
堀田 徳右衛門

鵜多須御代官支配所
中嶋郡起村
加藤 半左衛門
同郡小信中嶋村
吉田 茂右衛門
同郡山崎村
服部治郎左衛門
同郡下祖父江村
民三郎
安八郡今尾村

同郡神戸村
田代 半左衛門
林 庄吉
厚見郡小熊村
篠田 幸助
海西郡鯏浦村
理右衛門
同郡大宝新田
長尾長五郎
〆
同郡富田村
中嶋 甚吾
同郡阿古井村
川嶋治郎左衛門
同郡野田村
幸右衛門
同郡勝幡新田
岩田 和兵衛

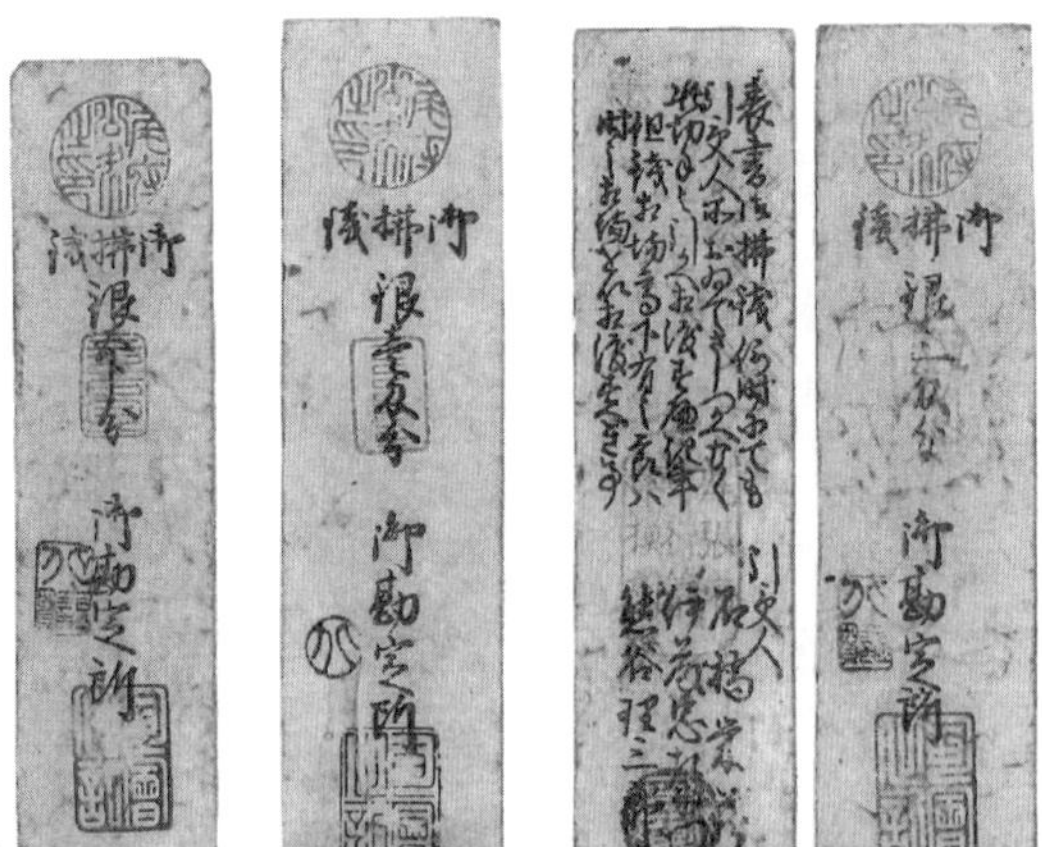
御払銭

→御代官支配の添印

山中伊右衛門
森　庄　吉
足立丈左衛門
不破郡十六村
岡　嶋　嘉　六
同郡笠毛村
傍　嶋　新　七　郎

小　平　治
安八郡大野村
渋　谷　代右衛門
同郡船付村
安　田　七郎兵衛
同郡横曽根村
安　田　三四郎
同郡右代右衛門初後見
安　田　彦　八　郎

右之通相触候様御勘定奉行衆被申聞候間　村中不洩様可申聞候　此状承知之上村下ニ令印判刻付を以先村え相廻し留村ら直ニ陣屋え可返候　以上

二月十六日

杉　三　郎　兵　衛

（一宮市史　資料編八　弘化元年）

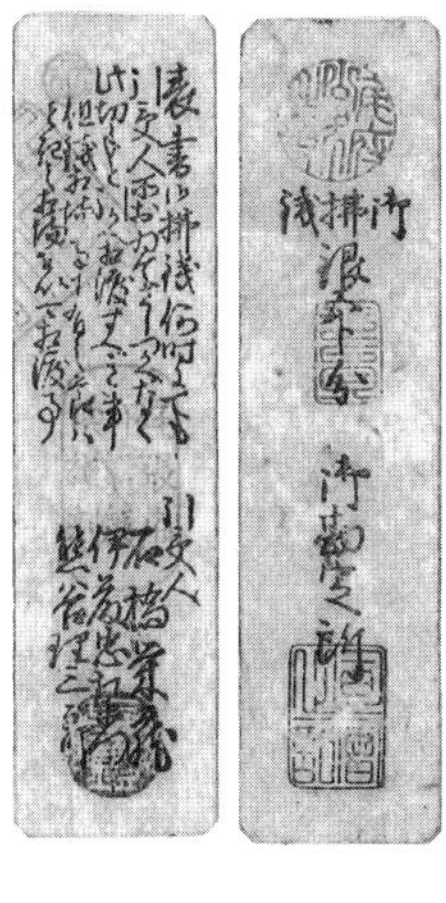

五分切手　二月発行

小銭不足は正金同様の信頼ある御払銭切手の通用利便をもって、たちまち地方まで広まったため、御用会所だけでは融通不便なので濃州を含む地方代官所において銭切手引替え引請人を定め、その代官所印を添え印して、添え印無しの切手と共に差別無く流通させた。

写

御払銭切手之儀融通方え付　今度五分切手出来之筈候間　諸事跡々御払銭
切手之通可心得候

二月

（一宮市史　資料編八　弘化元年）

もともと小銭不足で始まった御払銭切手は銭一匁より更なる少額の銭札の世情要求が膨らみ五分切手の発行に至る。

弘化元*辰二月十九日左之通寺社在町へ為相触候旨にて御家中へ御触有之
正金融通筋へ付去秋以来米切手に公所之御印幷御勘定所之印を押　八幡町之
者とも右切手正金に引替方引請候人別名前添印為致右切手取交御領分一般通
用被仰出候処　猶更此度正金融通之為知多郡左之者共へも引替方引請被仰付
最初八幡町之者共へ引替引請被仰出候振当時通用之米切手表之方へ公所之御
印幷御勘定所之印を押　裏之方へ引請人共名前添印為致右切手追々取交御領
分中一般に通用被仰出候間　遣方等諸事八幡町之者共添印切手同様無差支取
引可致候

知多郡
前野　小平治
間瀬　長左衛門

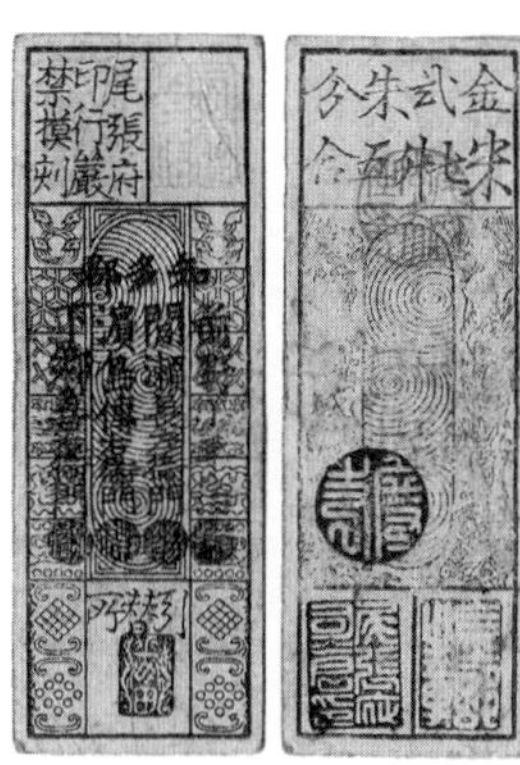

知多郡添印札

＊弘化元年——弘化元年とあるが天保十五年（一八四四）である。天保十五年の十二月に改元となる。

浜嶋　伝右衛門
下郷　善右衛門

一右添印切手正金と引替方之儀は右長左衛門伝右衛門住宅をいて何時にても御用会所同様正金引替方取計　尤右四人之者共添印切手之儀御用会所をいても無差支正金と引替可相渡候間　壱両に付世話料八文宛相添可差出候於両替屋引替候節も同様可心得候

一右之通に付是迄八幡町之者共致添印候切手之儀も前顕長左衛門伝右衛門住宅をいて無差支正金引替可相渡候

右は御国中猶更正金融通之為格別之御主意を以前顕之通猶又御仕法被相立候間融通筋等を初正金持囲方等不埒之儀無之様諸事八幡町之者共添印札通用之節相触置候通心得違無之様急度可相心得候　若心得違慾情之取計有之をいては身柄之無差別召捕可遂吟味候間弥以其旨相心得正路に取引可致候

二月

（御日記頭書）

江州八幡町では高五百五十八石であるが実高十万石といわれ、三万一千両を調達して、八幡町添印札の発行に至ったが、次には貿易等で正金流通の多かった知多郡に目をつけ鳴海、横須賀陣屋支配に五万両の調達金を賦課した。鳴海陣屋方では二万七千六百両の調達、そのうち酒造屋仲間が六千七百両。横須賀陣屋方では二万二千四百両の調達金となった。正金の引替引請は前野小平治、間瀬長左衛門、浜嶋伝右衛門、下郷善右衛門の四名として間瀬長左衛門と浜嶋伝右衛門は自宅でも正金の引替えをするといっている。江州八幡町の米切手と同様の仕様で発行されたこれらの正金の引替引請人は船持、木綿問屋、造酒屋と知多の豪商である。江州八幡町はその役目を終えると嘉永七年五月二十七日に元の天領に戻り、尾張藩御領地を解消された。

（参考：新編東浦町誌　第六章一節／雑記集　全）

日掛ケ銭勘定書写
日掛銭家数千軒貧富之次第ニ付
御冥加為差出候小割書左ニ

一日銭　壱文出候者　五百軒
同　銭　弐文出候者　百三拾五軒
同　銭　三文出候者　七拾軒
同　銭　四文出候者　五拾軒
同　銭　五文出候者　四拾軒
同　銭　六文出候者　三拾軒
同　銭　七文出候者　弐拾軒
同　銭　八文出候者　弐拾軒
一日銭　九文出候者　弐拾軒
同　銭　拾文出候者　弐拾軒

同　銭拾壱文出候者　弐拾軒
同　銭拾弐文出候者　弐拾軒
同　銭拾三文出候者　弐拾軒
同　銭拾四文出候者　弐拾軒
同　銭拾五文出候者　拾軒
同　銭拾六文出候者　五軒
家数〆千軒
此銭一日ニ付三貫六百拾四文
但し　壱軒ニ付概一日ニ
銭三文四分七厘ニ相成申候
右之分一ケ年日数三百六拾日と定
壱軒ニ付壱ケ年
銭壱貫三百壱文弐分
此分家数千軒見当候得ハ一ケ年ニ
銭千三百壱貫弐百四拾八文
但　金壱両ニ付銭六貫六百文
此分為金百九拾七両弐朱銀弐匁四厘余
右を家数壱万軒ニ見当候得は
壱ケ年
金子九百七拾壱両弐分銀五匁四分

又家数十万軒ニ見当候得は一ケ年
金壱万九千七百拾五両三分弐朱銀壱匁五分
又家数四拾万軒ニ見当候得ハ一ケ年ニ
金七万八千八百六拾三両弐分銀六匁ニ相成申候
右之通年々五ケ年之間掛銭之積ニ而　一ケ年分金七万八千八百六拾三両弐分銀六匁を四度四季之頭ニ取立之積　一ケ年金壱万九千七百拾五両三分弐朱銀壱匁五分を其月ゟ年六分之利足を以貸附　利潤畳上候得ハ五ケ年ニ左之積金相成申候
金四拾六万千弐百三拾弐両余
辰三月

土器野新田	伊藤権左衛門
清須村	安藤善六
〃	武田新蔵
〃	早川清太夫
〃	武田長兵衛
〃	丹羽助左衛門
〃	伊藤半十良
石橋村	加藤伊八
イナハ	山田市三良
〃	山田藤吉
〃	山田藤太夫

妙興寺村　　稲　坂　常　十　郎
須谷村　　木　村　重右衛門
勝幡村　　梶　浦　領右衛門
蜂須賀村　　木　全　甚　九　良
古道村　　中　嶋　忠左衛門

御勝手御繰合向年来御不模通ニ付　先般　御改正被仰渡御償筋え付　別紙仕法書之通　村毎日掛銭致　有徳之者共え掛銭引請せ話人申付　各別之時節柄相弁小前末々迄も篤と申諭令承伏候ハヽ　小前百姓壱軒ニ付一日銭壱文ゟ弐文　三文と次第を立　拾六文を限掛銭為致　日々庄屋手前え取集メ　三ケ月迄限　其村限　庄屋　組頭立合預り　三ケ月晦日ニ至り　右預り銭せ話人手前え為差出陣屋え伺ひ之上　薄利を以未進等高科借財繰替方え貸附候得は　困窮村凌方一筋ニも可相成哉ニ付　右仕法を以　御領分中在町之家数凡四拾万軒之見当を立五ケ年之間懸銭為致　年々三ケ月目ニ至り　せ話人ゟ年六歩利割を以貸附　利潤元利為積試候処　六ケ年目ニ金四拾六万千弐百三拾弐両余ニ相成　一廉之御償筋ニ可有之哉　併右年限中追々ニ為貸附之分一時ニ取立行届間敷間可成丈取立　右之金銀在町え御救之為無利十ケ年賦ニ御貸附相成　六ケ年取立　残之分も元利畳上貸附先ゟ無利十ケ年賦ニ而取立之筈　在町共庄屋　町代　組頭等え締筋厳重申付　毎年陣屋等え取立候得は聊無消失壱ケ年ニ金四万六千百廿三両余宛　十ケ年之間別段之納出来　御償筋一際之御為筋相成候条　小前之者共御国恩冥加之程会得仕候上　藁細工等手馴候仕業聊宛余分に心掛ケ　平常渡世

営之障り不相成様相心得　別紙仕法書之通取斗候而ハ如何可有之哉　先日支配
所限其方え引請方申付　其筋ゟ申談相成候間　夫々了簡を以仕法相立　猶土地
之風儀ニ隋ひ被行安キ筋深申合遂勘弁否早々可申達候
辰三月十三日
（一宮市史　資料編八　弘化元年）

蔵役銀に続き日掛銭*の冥加金である。一日一人一文から十六文までを貧富の具合で振り分け五ケ年徴収、それを村内に貸し出しその利をもって四十六万千二百三十二両を集めようという考えである。

御払銭切手之儀融通之為　今度　岐阜地おいて阜之文字添印致　右地町会所ニ
而時之相場を以無差支引替取斗　右添印切手之儀　北方　佐屋　鵜多須御代官
支配所銭切手引請人共幷御用会所　両替屋ニ於も無差支引替　右御代官支配所
添印切手　且添印無之切手も岐阜町会所おいて引替方無差支可取斗旨申渡置候
可得共意候　尤引替方等諸事跡々御払銭切手之通可心得候
右之通相触候様　御勘定奉行衆被申聞候間村中之者へ不洩様可申聞候　此状承
知之上村下ニ令印判刻付を以相廻留村ゟ可返候　以上
三月二十四日　杉　三郎兵衛
（一宮市史　資料編八　弘化元年）

*日掛銭――毎日一定の額の金銭を積み立てること。また、その掛け金。

岐阜の「皐」印のついた御払銭切手の発行である。他代官所添え印の御払銭も無印の御払銭もすべて取り扱うとしている。こうして小銭不足で発行された銭切手は広がっていったが銭不足は変わらず続いている。

このような銭不融通の解消のため、銭切手は天保十四年四月に発行されたがその少し前の天保十四年三月には次のような御触が出されていた。

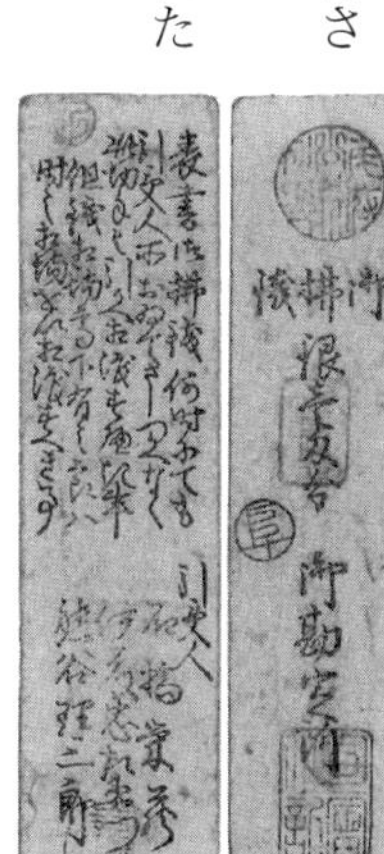

御払銭切手「皐」印札

銭不融通ニ付　村々庄屋所ニ而銭切手取拵　隣村迄も申合致通用候趣相聞候　右之通取斗ニおゐてハ甚以不都合之事候間急度不相成候

右之趣篤と相心得可申候　此状承知之上相廻　留村ゟ可返候　已上

三月十二日　　鵜多須陣屋

（一宮市史　資料編八　天保十四年）

小銭不足は各村でも起こっており、村札を作り村中のみならず村を越えて流通していたのが解る。御触が出るようでは役所の許可なく内密に通用させていたことが考えられる。

銭切手引替方ニ付　引受村々商人ゟ月々銭切手引受人え売出候銭　当四月分此節引受人え受取候筈候　付而ハ引受村々丈ケ一所取集置　此所え銭切手引受人ゟ取ニ遣候筈候間　取集置候所　来ル六日陣屋え可申出候　此状早々順達納所ゟ可返候　已上

六月　　　　　　　　　　　　　　　　　　　　　　　　　佐　屋　陣　屋

（一宮市史　資料編八　弘化元年）

各所に広がった銭切手であるが、四月分の銭を引受人に渡すので銭引替え人は一ケ所に決めておいて取りに来るようにとの御触である。領内で集められた銭や幕府に融通を願った銭が月々配分された様子がよく解る資料である。

写

百姓町人所持之金銀器幷櫛　笄　かんざし　たはこ入　紙入類　かなもの等
農商両会所え差出方之儀追々相触候処　夫々指出候付　兼而　公辺御触之通座方え可相廻積　直段為遂吟味候処　一ト通り之相場よりハ格外下直ニ有之　其上彼地え差下賃等も相懸り　此分銘々え可相渡代金之内を以引去相渡候而ハ難渋之筋ニ相見候付　格別之御吟味を以上中下之分とも座方直段ニ五歩上ニ而御買上相成候付　兼而相渡置候預り書と引替　此節ゟ御国産会所おいて代金可相渡候間　右御主意之趣篤と相弁代金請取可申候事

九月

（一宮市史　資料編八　弘化元年）

百姓町人の金銀を始めとする不要な高級品を農商両会所で買い入れ、御国産会所で代金を支払う。藩は仲介を取り少しでも正金を得ようとしている。

◇――名古屋城の金鯱

尾張名古屋といえば「金の鯱」が有名である。その略歴をここで少し紹介したい。この金の鯱も尾張藩の藩財政に役立っている。

黄金の鱐(しゃち)御造替

慶長十五年庚戌御創建より百十六年の後、享保十一年丙午御造替あり。又、其れより百一年の後、文政十年丁亥御造替あり、是、始より三度目なり。此節の趣には、御天守下東の広庭に、塗篭の小屋一棟仮建にして、そこにて金・銅・鉛、此三品の苔*を吹直す、其説に鉛は木□を冷す為、銅は雨除の為に張包む、金は其表を装ふと云。金鱗を張るべき時に及で、御城代衆、小笠原三九郎殿下条庄右衛門殿金色の評議、甚微細なり。先づ仮りに金の苔二枚を、御天守上の新しく出来し鱐(しゃち)の腹の能く見ゆる所に付けさせて、日光に映ぜしめて、是を御本丸番所辺の地より望み試見らるゝに、其苔の金、本ン磨きといふ製は暉曜(てりかがや)き過ぎて優美ならず、半磨といふ方は黄色にて光輝温潤なれば　遂に是にぞ定らるゝ。（中略）又、金にも此時、銀多く吹入れしよしにて色昔に比しては悪く、其製薄くして重ねさえ縮みしかば、（後略）

（金城温古録）

＊苔――金鯱の鱗のこと。

金鯱については次のように記している。

或記に曰、シブン付金黄金千九百四十枚、小判にして一万七千九百七十五両。
黄金の事、享保御修復の時、金薄く打たる故、大にあしく、文政には又それよりも薄く打たる故、十年ばかり過て、早、めくれるやうに成、其上、銀を大分交ぜて打ければ、性あしく成。

（金城温古録）

この記録より、すでに享保の修理の段階に金を薄くしたとある。文政の造り直しの吹き直し（改鋳）にはまず、黄金の鱗はより薄くして、銀を多く入れたとあり、明らかに金の鯱より金の鋳出を図っている。金色は銀を混ぜることにより白く悪くなり、鯱の金の色揚げにおいて苦労したようである。

金鯱は享保十五年（一七三〇）、文政十年（一八二七）、弘化三年（一八四六）の三度にわたり改鋳が行われている。

（参考：大にぎわい城下町名古屋）

享保十五年から文政十年まで約百年、慶長十五年（一六一〇）から享保十五年までと同じくらいの年数で修理しているが、文政十年から弘化三年までは二十年に満

*——金鯱の黄金
金城温古録に「シブン付黄金千九百四十枚、小判にして一万七千九百七十五両」とある。この場合「小判にして」とあるので小判の金量が正しいことになる。

慶長小判と金量

1枚	17.737g
	×
	17975枚
	×
金量	0.8569%
	=
金	273199g
銀	45910g

以上であるが、慶長大判で計算すると金量は58kg少なくなる。ただし黄金千九百四十枚を小判並みで計算すれば同量である。

参考文献
『金銀初心手引集・全』
明治十九年十二月
大川仙次郎出版

たず、余りにも短い。文政年の記録では吹き直しに銀を多く混ぜたとある。修理のたびに金の鯱から金を取り出したのである。黄金の鯱は財政難の折から金の玉子だったに違いない。これから紹介する弘化三年の修理の時は尾張藩としては米切手の通用停止にむけた対処に大わらわで、さらに金鯱から金を抽出した。尾張藩の危機を乗り越えるため金の鯱は身を削るがなおも天守に輝きつづけるのである。

御国中正金融通筋之儀　追々御世話有之　当時添銀九匁九分ニ而何となく制限之様ニ成来　却而商売筋等差支難渋之趣ニ相聞候　付而ハ正金融通筋幷〆り方等を初　町奉行所おいて一手ニ引受取扱候儀ハ相解　右一手取扱相成候節申談置候石橋栄蔵初之者共　正金銭融通世話方之儀も相解候間　以来　前顕添銀九匁九分之相場ニハ不拘　相対次第之添銀を以取引可致候
一右ニ付　添銀相場之儀ハ両替屋共ゟ日々町奉行所え申達　御用会所幷農商会所へも為張出置候間　差支無之様取引可致候　勿論　欲情を以正金買〆等いたし候者有之おいてハ　厳敷咎可申付候
一持合之正金　節々御用会所え差出候儀相解候
一添印札正金引替候儀ハ　是迄之通御用会所ニ而取斗候筈ニ候得共　正金入用之訳を以農商会所おいて添印無之米切手と添印札と引替相渡候儀ハ当分差止候筈候
　但　銭切手取扱筋ハ尤是迄之通之筈ニ候
一江戸積荷物運送方等ニ付　送り状ニ添印等受候儀幷海難備銀之儀　廻船宿運

賃銭之割合等を目当ニいたし　廻船宿ニおいて取立　御国産会所え差出候儀

ハ是迄之通可相心得候

一江戸積荷物之外　京　大坂其外諸国え積廻候分　廻船宿惣送り状幷荷主送り

状ニ御国産会所おいて添印等いたし候儀　其余熱田地且在中より積出候分

夫々添印受候儀以来相解候間　米穀幷油等之外正金融通筋え付　他所商締付

居候分ハ　前々之通勝手次第他所商可致候

一米穀を初諸商物正金相場之事ニ付　他所相場見合程能相場相立置　米切手ニ

而取引之節ハ添銀時之相場を以正路ニ売買可致候

一在中ニおいて他所商取組候者ハ　兼而触置候通　町奉行所鑑札所持致居　町

奉行裁許を受候筈ニ候得共　常々之儀ハ都而支配御代官え願達いたし可受指

図候

一他所ゟ諸品買入候儀可致勝手次第候

一木綿　瀬戸物　美濃物　糠為替御用之儀ハ前々之通相心得　此已後も出精可

相勤候

右之通相触候間　其趣相心得　諸商売取引正路ニ可致候　若不正之取斗いた

し候者有之おいてハ急度咎可申付候

十月　　　　　　　　　　　　　　　　　（杉　　三郎兵衛　　勘定奉行）

（一宮市史　資料編八　弘化元年）

添銀九匁九分であったのを今後は自由相場とするので、正金融通の取締を町奉行所で行っていたのをやめ、世話方を勤めた石橋栄蔵等も解任したとの御触である。

3 米切手停止令

正金融通方追々御せ話有之候処　添銀九匁九分之儀制限之様ニ成来却而商売筋等差支難渋之趣相聞候ニ付右添銀ニ不拘相対次第取引可致旨去月為相触候処　添銀段々高料ニ相成　他所ゟ仕入物等難行届哉ニ相聞　此上諸色払底ニおよひ候而ハ一般ニ難渋不少候　尤年々米切手減方之仕法ハ被相立居候得共全躰之通用高多数故之儀ニ相見へ此躰ニ而ハ難被捨置候　併御勝手御模通筋え付数拾年通用之米切手一時ニ引替停止之儀難被　仰出　必至御行詰之時節別而不容易事ニハ候得共　今日之添銀相場金壱両ニ付五拾弐匁之処　四拾三匁之添銀ニ而所持之米切手五分通正金と引替　五分通ハ先々増印之上差戻し右引替候米切手ハ裁切減切手ニ相成筈候間　早々引替方等可取斗候　右増印切手を以正金取引添銀之儀ハ可為相対次第候　尤引替中ハ増印有無ニ不拘取交通用可致候

一銭切手之儀ハ是迄之通被差置候間　聊無差支通用可致候

一右米切手引替方等之儀ハ　来ル廿三日ゟ先々当分之内三ノ日　六ノ日　九ノ日を定日ニ相立　農商両会所ニおいて引替候筈ニ候

但　可引替金高幷住所名前共相認候判物相添　引替方可取斗候

十一月九日　(十一月十日)　杉　三郎兵衛　勘定奉行)

(一宮市史　資料編八　弘化元年)

◇――六分回収・四分増印

(弘化元年(天保十五年))

一十月二十二日御家中之輩他所詰を初勤向等へ付正金入用之向へは　正金添銀時之相場より壱両に付弐分宛引下候相場を以平田所にて添印無之切手と添印切手と引替候筈去年相触置候処　以来右弐分宛引下候相場を以引替候儀は難行届候間町相場にて引替取計筈御触有之

(御日記頭書)

「御家中之輩」とあるので武家に対しての御触である。役向けの「正金入用之向へ」は平田所にて「添印無之切手と添印切手」の引替えを時の相場より二分引き下げて引き替えるとしたが、それができなくなったので町相場で引き替えるとの御触である。

弘化元年十一月

一同年二十九日左之通在町へ為相触候旨御家中へ御触有之
米切手添銀之儀相対次第取引可致旨為相触候以来添銀段々高料相成及難渋候
者も不少難被捨置候付最前之通為相触候処　右之通にては米切手減方少く候
付自ら残切手多幷他所御借入金之都合も有之右為相触候趣は相触候　然処猶
又添銀段々立昇此躰にては最前も相触候通　他所より之仕入物等難行届諸品
及払底候ては一般之難儀不少候間最前相触候添銀よりは暫引上方には候得共
多分に減方取計末々安心取引為致候為　今日之添銀よりは暫引下五拾五匁之
添銀にて所持之米切手六歩通正金と引替相渡　四歩通増印之上差戻筈候間得
其意早々引替可申候　右増印之分は今般関戸哲太郎伊藤次郎左衛門内田忠蔵
へ引請申付　右三人致調印正金無差払時之添銀を以於農方会所引替取計筈候
一右米切手引替方等之儀は来る二十九日より隔日為引替候筈候間　右引替候者
之名前員数共認候銘紙添商方会所へ差出真偽等改を請農方会所へ差出候積可
相心得候
一銭切手之儀は尤是迄之通被差置候間聊無差支取引可致候

十一月　（御日記頭書）

添銀九匁九分のところを先月より相対取引を解いたら高くなり、仕入物も難しく、苦しむ者も出て問題であり、何とかしたいが一度に全て引き替えるのは難しく、以前のように添銀相場五十弐匁を四十三匁に引き下げて、五分正金に五分を米切手に

銘紙（名刺）
大船町藤屋新左衛門

増印して返すのは米切手の減り方が少ないので、五十五匁の添銀で六分を正金に、四分を増印して差し戻すとある。いよいよ米切手の回収の始まりである。

その増印札は関戸哲太郎、伊藤次郎左衛門、内田忠蔵の三名に引き受けさせた。引替えは来る二十九日より隔日の引替えである。金一両に五十五匁の添銀で引き替えるのである。通常、金一両は銀六十匁近辺の相場で上下しているので、およそ米切手金二両で一両の正金と両替することとなる。増印して返却される札は天保十五年改札である。この年は辰年で「辰改」印と「関戸哲太郎、伊藤次郎左衛門、内田忠蔵」の三名の名印が押される。

当時通用の米札は九十万両に達していて、家老の成瀬は家中、庶民の被害の軽減を思い回収を考えたが、十月末、添銀は六十五匁に上がり十一月四日に四十三匁に下がり九日には五十二匁に上がった。在藩の成瀬等は十一月九日に一旦は御触を出したが、尾張藩の財政力なきことから添銀六十匁六分回収を考えた幕府や竹腰は、五十五匁の添銀での正金の引替えとして、増印札の四分は関戸哲太郎　伊藤次郎左衛門　内田忠蔵の三名に引き受けさせた。

この引受けには天保十五年冬に三氏を江戸に招き正金引受けを説いて承諾させ、準備を固めた。天保十五年は十二月二日弘化と改められる。

（参考：尾張藩の財政と藩札／名古屋市史　第二期第三章）

一弘化二年巳正月二十二日米切手引替之儀去冬より為取計候処差出方少く相見

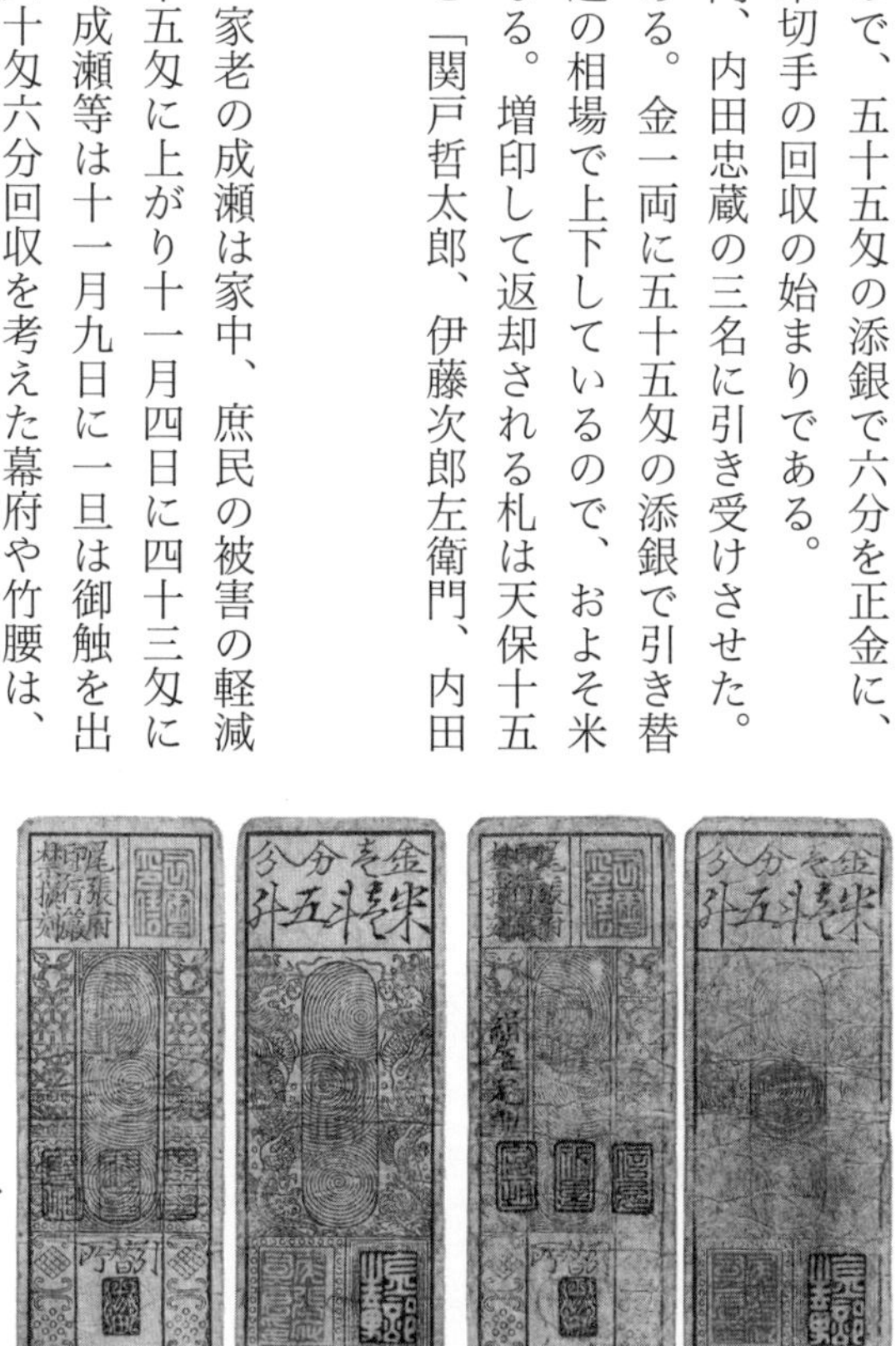

辰改札

→ 関戸 伊藤 内田 の名印

候　就夫右弐朱以下之分は近比揉摺切手格別多く候付　増印切手には不相成候間正金に引替候六歩之方へ可成丈右弐朱以下之切手にて差出候様可心得候
右に付ては先々三匁切手之分来二月中に悉く引替尽右以後は通用不相成筈候
其余五匁弐朱之切手も追々に限月相立引替候筈候間其心得早々可差出旨寺社在町へ為相触候由にて御家中へ御触有之

（御日記頭書）

米切手を引き替えに来る者が少ないが、二朱以下の米切手は揉摺札が多いので増印切手にはせず正金に引き替え六分回収の方にするので、二朱以下の切手を引替えに出すように、三匁切手は二月に引き替える。五匁二朱切手も段々と引替えを進めるので早く差し出すようにとの御触である。

米切手減方ニ付六分通正金引替　残四分通ハ増印出来　右増印之分関戸哲太郎　伊藤次郎左衛門　内田忠蔵引受　正金入用之節ハ時之相場を以引替候筈候旨等　去冬申通辞候処　実意を以引替候者少く候間　銘々所持金を初追々商物代等ニ請取候米切手とも　早々引替ニ差出候様可相心得候
一右之通引替方少ク候付　増印切手之儀　不事馴随而請取候儀断候者共も有之趣ニ相聞　商人共儀ハ通用被　仰出候切手品物等之代金ニ難請取旨申断候儀ハ　別而不都合之筋ニ候間　増印切手之儀無差支一般ニ取引可致候
一正金融通方ニ付而ハ　去冬以来各別ニ御世話有之候御主意を令忘却　慾情之

取斗いたし　添銀之高下を以商物同様取扱候者も有之哉ニ相聞　不埒之至候
此以後右躰之取扱いたし候者於有之ハ　吟味之上急度可申付候間　其段兼而
相心得可申候
正月

（一宮市史　資料編八　弘化二年）

証文之事

正金千六百両也

但　利足一ケ月
金壱両ニ付三ト（分）ツヽ

右之金子拙者共引請町奉行所江
御借入相成候処実正也　此為引当拙者共
扣（控）地之内　熱田前新田八町ト差入置申候
返済之儀ハ当巳年より寅年迄十ケ年賦
相極毎年十一月ニ至割当之通元利共無相違
返済可致候　若一返済方難取計節ハ右
引当之地所左方江相渡可申候為　其庄屋
奥印為致候　為後証仍而如件

弘化二年巳正月

内田忠蔵

伊藤次郎左衛門
関戸哲太郎
麻屋禎助殿
知多屋権左衛門殿
美濃屋源兵衛殿
美濃屋弥兵衛殿
井桁屋勘兵衛殿
橘屋四郎兵衛殿
藤屋松兵衛殿

前書之通相違無之仍致奥印候以上

右新田庄屋
内田忠蔵

右写之通之証文壱通私方ニ慥ニ預リ置申候以上
但　年済元利皆受取ニ相成右之証文先方江
差戻候節此預書私方江御戻可被下候
弘化二年巳二月
麻屋　禎助
美濃屋弥兵衛殿

（名古屋和泉町　麻屋禎助　文書）

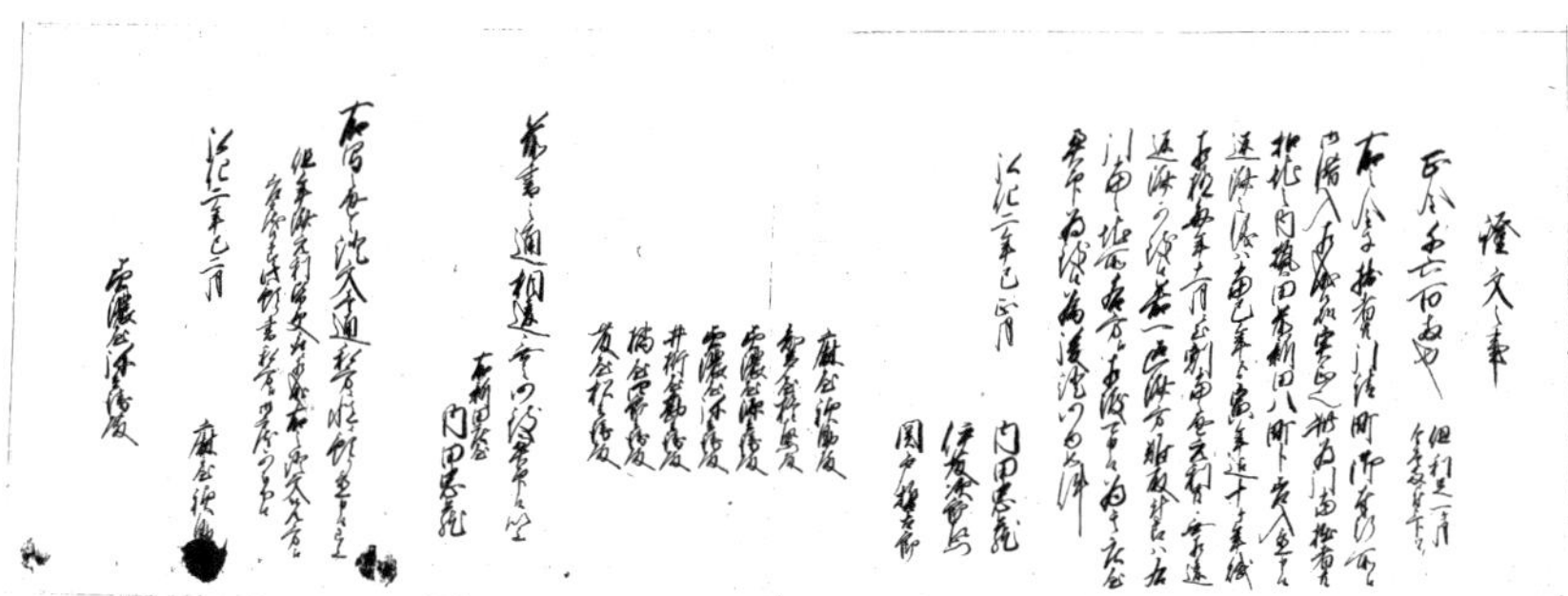

証文之事

弘化二年巳二月の証文である。引替えを六分回収、四分増印返却札を関戸哲太郎、伊藤次郎左衛門、内田忠蔵に裏判を押させ正金引受をさせたが六分回収に至っても藩はその財源を借財に頼った。これは内田忠蔵の熱田前新田を三名が保証人となり、千六百両を御城下御用達商人七名に借受、町奉行所へ貸し出した。内田忠蔵は自らの土地を担保に、各商人から借用して藩のために金を集めた。負債となれば三名が返却義務を負うこととなる。

一弘化二年巳二月二十三日米切手減方に付先達而相触置候弐朱切手限月之儀
　来月二十五日迄に悉引替尽し右以後は通用不相成筈候其心得弐朱幷五匁切手
　共可成丈六歩通正金引替之方へ早々可差出旨御触有之
（御日記頭書）

来月の二十五日には二朱切手を通用禁止とするので六分の正金引替えの方に差し出すようにとある。二朱切手の通用禁止であり、また、庶民の増印切手への引替えが思うように進んでいなかったのである。

一弘化二年巳三月十七日左之通寺社在町へ為相触候由にて御家中へ御触有之
　米切手減方相触置候内五匁切手之儀当四月五日限にて通用停止之筈候間
　右已前可成丈六分通正金引替之方へ早々可差出候事
一減切手是迄は通用停止之同日より引替方とも差支候筈候処右之通にては遠方

之者共難渋之趣も相聞候　付ては弐朱切手之儀当月二十五日限通用は停止に候得共引替方等は当月二十九日迄取計　五匁切手之儀も前条之通四月五日限通用停止に候得とも　引替方等は同月十日迄取計筈候間　夫々六分通正金引替え方へ可差出候右日限以後差出候分は引揚切之筈候

三月

（御日記頭書）

五匁切手は四月五日限りで通用停止となり、二朱切手は三月二十五日限りで通用停止とするので六分の正金引替えに来るようにとの御触である。

今般　米切手減方大業ニ付　御借入之正金御返済方え付　日懸銭被　仰出　別紙之通　尾州　濃州御領分中在町え為相論候　付而ハ　社人　修験　堂守　陰陽師之輩おいても右書付之趣篤と相心得　身分相応ニ出金いたし米切手減方之趣意事実相貫候様可相心得候　且右日懸銭口数之儀三月五日迄ニ取極可申達候尤銘々ゟ申達候而は難渋ニも可有之候間　隣村同職ニも申合　都合次第当奉行所え可申達候　且日懸銭之儀は翌月上旬迄ニ村役人え可差出候　以上

二月

寺社奉行所

（一宮市史　資料編八　弘化二年）

米切手を減らすのは大変であり、金子の返済もあるので尾州濃州御領分すべての人は日懸（掛）銭を三月五日までに奉行所へ連絡のうえ、翌月上旬までに納めるようにとの御触である。

一弘化二年巳四月十六日是迄通用之米切手壱両壱分札之儀当五月十五日限にて通用停止之筈候　引替幷増印之儀は同月晦日迄取計候間早々可差出候　尤右日限以後差出候分は引揚切之筈候旨寺社在町へ為相触候由御家中へ御触有之

（御日記頭書）

三月の御触は五匁切手が四月五日にて通用停止となるので六分引替えの方へ出すように、二朱切手は二十五日で通用停止となるのでなるべく六分正金引替えの方へ出すようにとの御触で、この四月の御触は先の関戸哲太郎、伊藤次郎左衛門、内田忠蔵の三人引請けによる辰改札への米切手の引替えが思うように進まないことからの再度の御触である。

従来通用の米札九十五万六千八百八十両の中、関戸、伊藤、内田三氏の所有に係れる米札五万両は正金引換引受の報酬として全部無添銀にて増印米札となし、又、藩所有の米札五万両も、同じく全部増印となし、其他八幡町人添印米札等の正金引換に及ばざれりし分もありて実際正金引換のために減じたる米札は四十八万九千百三十七両にして猶、増印米札として四十二万四千百九十八両の巨額を除せり、

（名古屋市史　第二期第三章（片岡喜平治御用向覚書））

尾張殿家来衆江

尾張殿御領国米切手多数相成　士民困窮及び　此節追々取潰不被申候而は
御領中難立行に付　金弐拾万両五ケ年に割合御拝借之儀被仰立候　公儀に而も
當時御用途莫大之折柄に付一ト通に而は難被及御沙汰筋に候得共　御家政難相
立　士民及難渋候儀難被御捨置　格別之思召を以　當巳年ゟ来ル酉年迄五ケ年
之間　毎春金四万両づつ御取替金被成遣　當年之儀は此節四万両被遣候間　此
上厳重に御倹約被在之　其年々御収納を以可被相納候　然上は右年限中米切手
不残被引替　御勝手向御取直方　其向々江厚被申付　不都合無之様勘弁いたし
可被取計候　右之趣可被申上候

右御取替金渡方幷ニ納方等委細之儀は御勘定奉行可被申談候

七月

（尾張藩の財政と藩札）

幕府は毎春に金四万両を五ケ年の割合をもって貸し出すので、その年々の収納米をもって返却するように、それと共に倹約して必ず約束の年月内に米切手を回収するように伝えている。

米切手減方ニ付　当五月迄ニ増印いたし相渡置候米切手之儀　猶更　五拾五匁

之添銀にて正金ニ引替可相成抔と浮説相立候者有之　随而添銀相場ニも相拘候哉之趣相聞候　右ハ莫だ之米切手被相減候ニ付　相残候米切手之儀ハ安堵いたし正金取交無疑念通用可致候
右之通御勘定奉行衆被申聞候間村中不洩可申通辞候
（添え書　七月一日　　児　貞一郎）
（一宮市史　資料編八　弘化二年）

五十五匁の添銀で引き替えた米切手に更に五十五匁の添銀で正金に引き替えるという話が出ているがそんなことはないので安心して通用させるようにとの御触である。世情混乱した様子である。

御国中銭不融通諸向難渋ニ付　去ル卯年　公辺え御払銭之義被　仰立　御払切手を以銭為売渡候　已来追々銭融通いたし候処　右ハ全当分之積故紙品も麁末ニ付　追々もめすれ多ク相成　且贋札も出来安候間　此節可被差止之処　小切手減尽相成　諸向不模通之折柄　銭切手迄も相止候而ハ不弁利難渋ニも可有之候間　是迄米切手ニ被相用候紙品を以　銭切手之品数摺立　是迄之銭切手と引替可相渡候　引受人初通用方都而是迄之通可相心得候　付而ハ已来銭切手之名目被差止　小札米切手と相唱　諸事銭切手之通可相心得候　尤引替日限等之義ハ追而可相触候
但　右銭切手品数之内え五匁分をも差加へ摺立出来之筈ニ候

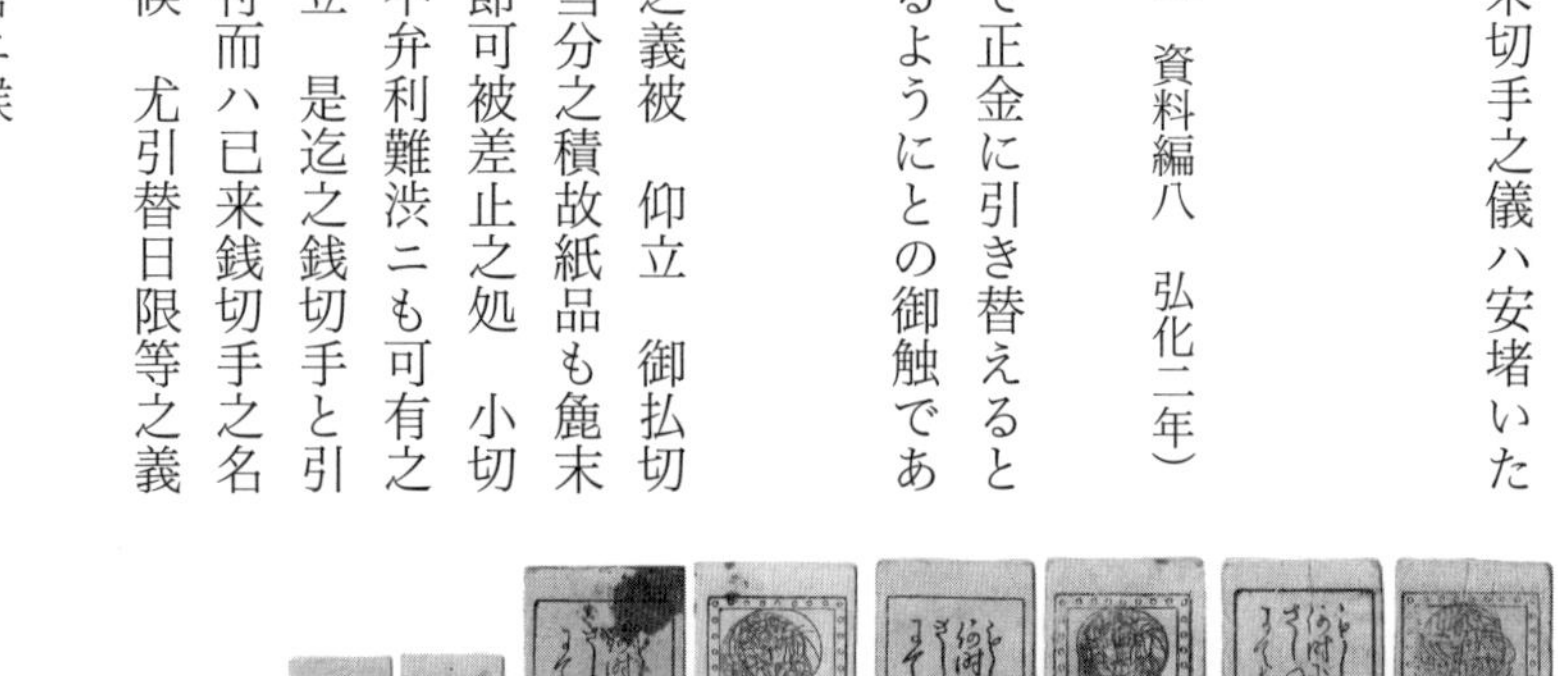

小札米切手（弘化二年）

表面の赤印は八角印（右）及び分銅印（左）である。

九月二十一日

山　貫一郎

（一宮市史　資料編八　弘化二年）

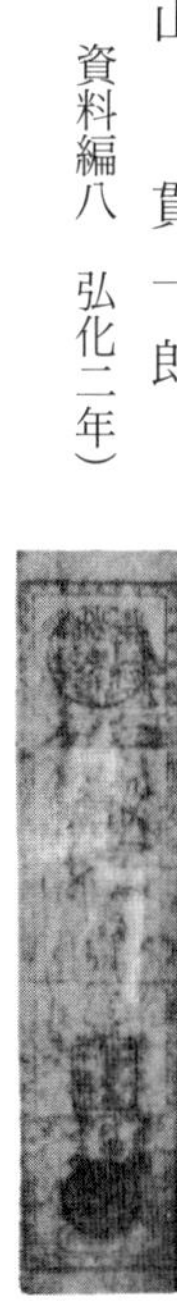

五匁漉かし文字「尾州」

御払銭は長い間の通用が目的ではなく悪い紙を使用したために擦れた品も多くなってきた。また、贋札も作りやすいので銭切手を通用停止とするが、小米切手を通用停止にして引き上げているので銭切手までも停止しては不便になるからこれまでの米切手と同じ紙を使用して銭切手を摺り直す。そして銭切手と引き替え渡すが引受人をはじめ通用はこれまでと同じである。今度は銭切手から小札米切手と呼び名も変える。引替え日は後程連絡する。

　また、この切手は銭切手品数に五匁を加えるとの御触である。銭切手の通用は止め、小札米切手と名を改め、銀五匁、三匁、一匁、五分札の四種類を発行した。

銭切手引替方等之儀ニ付　頃日相触置候趣有之　引替日限等追而可相触旨をも相触置候処　銭切手之儀ハ来月十一日ゟ通用停止之筈候　付而ハ　来月朔日ゟ小札米切手と農方於会所ニ引替可相渡候

但　右引替之儀通用停止後ニ而も引替候間　不差添様可差出候

（添書　十月二十八日　杉　三郎兵衛）

（一宮市史　資料編八　弘化二年）

銭切手は十一月十一日通用停止として、小札米切手は十一月一日からの発行とし

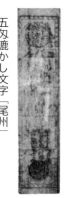

た。同、十一月十九日の御触で九月から十二月までの日懸銭を上納するように御触が出されている。弘化三年閏五月には日懸銭御勘弁停止とされた。

一当四月八日夜　布袋野ゟ半道程北　村名不改百姓家ニ而　小札米切手三匁銭四百文被盗取候先無之哉　村中遂吟味　有無をも来ル晦日迄可申達候　此状承知之上早々順達留ゟ可返候　以上

五月二十七日

（一宮市史　資料編八　弘化三年）

一弘化三年閏五月十四日当時通用之米切手之内にも米切手幷小札米切手と通用方差別有之　不模通に付今度米切手に公処之御印添印出来之筈候間通用方小札米切手と同様可相心得候　付ては銘々所持之米切手商方会所へ為差出右差出候当日之添印相場を以勘定之上　小札米切手之員数に相当候丈添印之上相渡右添銀之儀は消切手に為取計候筈候条　尤引替日限之儀は追て相触可申旨御触有之

（弘化三年御触状之留　津島村）

天保十五年、六分を正金に引き替え、四分を関戸、伊藤、内田の三名に添印、引替請人を申し付け、差し戻した米切手と銭切手から受け継ぎ新規に発行された小札米切手が通用しているが、「三名に添印」「辰改」札の米切手には添銀が必要であり、

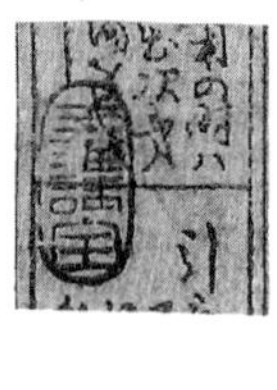

三護宝

北

阜

鵜

鵜コ

代官印

新規発行の小札米切手は銭切手同様に正金同様で通用していた。そこに着目した尾張藩は、同米切手に通用の差のあるのは通用不便として「三名に添印」の「辰改」札の添銀分を消切手として廃棄させて、「三名に添印」「辰改」札に「公処之御印」を押し、小札米切手と同様に通用させようとした。

一、(弘化三年)十二月三日米切手に公所之御印添印之儀来る十日より取計候付ては兼而相触候通通用方小札米切手同様可相心得候　就夫銘々所持之切手当日之添銀相場を以引替添銀丈消切手に取計筈候処　右之通にては引替に付多分之減相立可為難渋に付右之儀は相解　来る十日より商方引替所おいて時之相場に不拘無添銀にて引替候筈候間不差添様可差出旨御触有之

（名古屋叢書　記録編）

一、此迄之増印札ニ公所之御印居り　来ル十日ヨリ無添ニテ御引替之筈
右引替之儀正月二十五日限り是迄之小札米切手同様通用之れ筈　但小札
壱匁ニ、百八文
十二月二日（天野忠順筆記）

（尾張藩の財政と藩札）

十二月三日の御触で当日の添銀相場で辰改札を公所(処)御印（添印）札と引き替え小札米切手と同様であるとした。これによって米切手を少しでも減らそうとしたが多

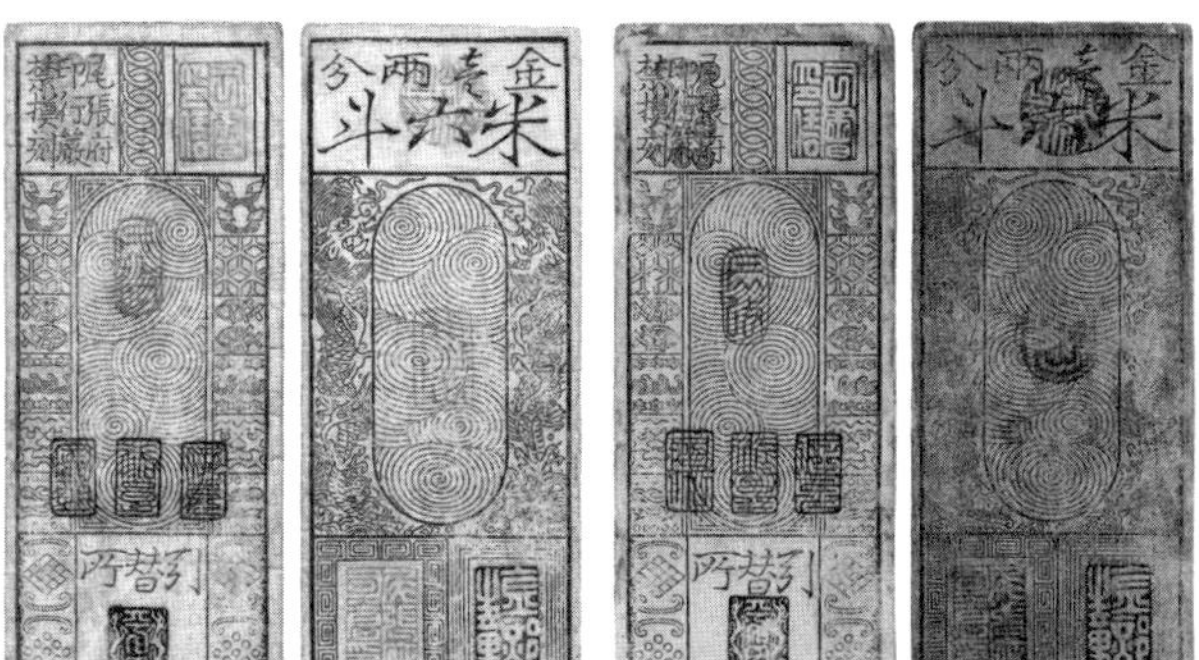

公処御印の増印（弘化三年）

く減らないので、来る十日からは無添銀で引き替え小札米切手と同様であると発表した。この御触では当初、藩を信じて公処御印（添印）札と引き替えた者は多分の損害を受けたこととなる。

一同（弘化三年十二月）二十一日米切手に公所之御印添印之儀来正月二十五日迄に不残添印取計候筈候間右日限迄に不残引替候様可致旨御触有之

……………………

一同四未正月二十日米切手に公所之御印済切手に引替之儀来る二十五日迄之筈候処　未引替残多右日限迄にては引替方差添銘々可為難渋候付来月十日迄は引替取計候筈候　尤御印不相済切手は来る二十五日以後通用可為停止候間不洩様早々引替可申候　尤来月十日後差出候分は引上切之筈候条兼而其旨可存由御触有之

……………………

一弘化四年未三月二十七日正金銭之儀追年不融通に付段々御世話も有之候得共米切手之添銀次第に立昇一同難渋之趣相聞難被捨置儀に付　旧蝋米切手に公所之御印添印取計通用方小札同様可心得旨為触知置候処　却而不模通之訳も有之趣相聞候付右為触知置候趣は相解候条　米切手小札米切手共米札之位を以正当に取扱　尤多分之添銀等不附様可致取引候　且又諸商物之儀も去年相触候趣を以卯年已然之通米札直段に相立精々下直に可致売買候　若此後不正之致取扱等候者於有之は速に召捕吟味之上厳敷咎可申付候条　兼而其旨可相

心得旨在町へ為相触候由御家中へ御触有之
（御日記頭書）

繰り返し、公処之御印（添印）切手に引き替えるように御触を出してきたが進まず、公所之御印を押す（添印）ことで小札米切手と米切手と同等の価値に高めようとした。しかし、庶民の信頼は得られず米切手の価値が下がり始めたため、とうとう諦め、小札米切手と米切手とを自由相場とした。

知多郡大野村
濱嶋伝右衛門分
農方
御勝手御用達
取次

（表面）
「覚

金八拾両壱分
銀六匁四分
但利足一ヶ月金壱両ニ付銀四分壱厘
来丑正月ゟ相渡筈
両已下無利足

右者弘化三年十二月村々御払居米代
先納金判物引当米切手調達金
百五拾両今般正金二取直證文
相改候元利共追而可令返済者也
　嘉永五年
　　子十二月　御勝手方
　　　　　　　御勘定所

本文證文調方吟味之訳有之
嘉永六丑十二月取調相渡候書」

（裏面）
「表書調達金嘉永六年丑年御借財減筋江付　差上切
之儀相願候処　格別之訳を以願意二不拘　年々何程小分
たりとも返済之途相立置　追而御勝手御摸通附次第表書
之通可取計候　其内其方又ハ子孫共若所令落難渋
陥候程之事今出来候ハハ別段御救筋可有之者也」

（濱嶋伝右衛門資料　嘉永五年）

これは知多郡大野村、濱嶋伝右衛門家の資料である。濱嶋家は大野の木綿買継問屋で知多木綿を集積してこれを江戸に送り繁昌していた。天保十五年には知多郡調達金の米切手引替え引受人四名、前野小平治、間瀬長左衛門、濱嶋伝右衛門、下郷

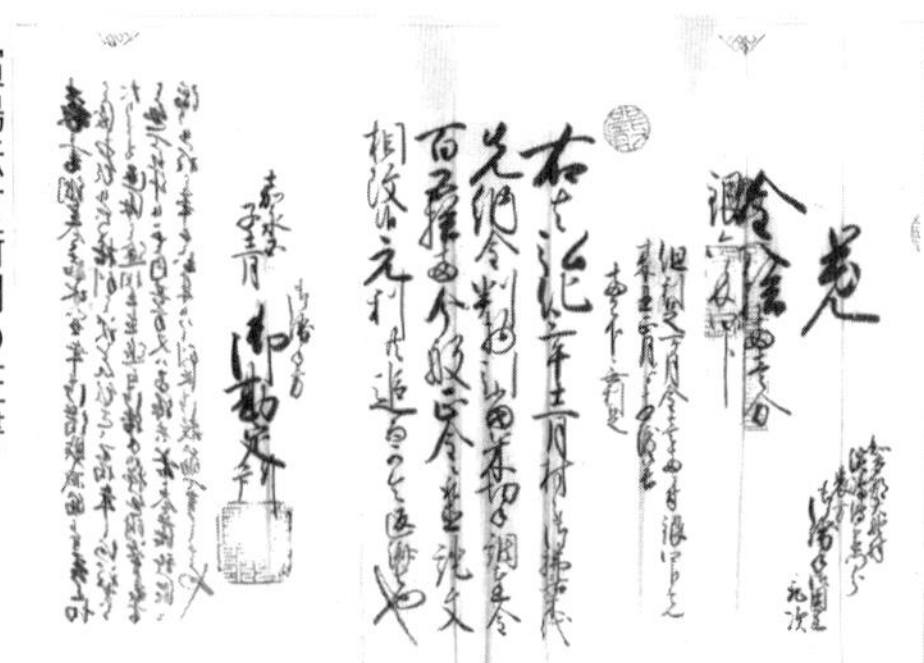
濱嶋伝右衛門の証書

善右衛門のうちの一名となっている。

この資料は弘化三年十二月（一八四六）に決済される御払居米代の先納金の話である。御払居米代とは、藩庫に納められる年貢米を郷倉*の段階で売り、その切手をもって年貢米の納米と相殺するものであり、さらに先納金とはその米のできる前に前払いするものである。つまり、「判物」証書は更に米切手調達金に引き当てられ、すり替えられたのである。米は貰えなかったのである。この証書は嘉永五年（一八五二）に下付され、そして当時百五十両分だった調達金を正金に取直し元利共に返済するとある。さらに裏書には「表書調達金嘉永六年丑年御借財減筋江付　差上切」とあるように、借財を減らしたいので「差上切*」でお願いしたいが少しずつでも支払う。御勝手向きが良くなったら表書きのようにする。子孫で困るようなことがあったら助けるとしているが、実質この証書がそのまま残っているということは返済されず「差上切」となったのであろう。

*郷倉——ごうぐら。農村に設置された共同の倉庫で、本来は年貢米の一時的な保管庫であったが、のちに凶作飢饉にそなえる穀物貯蔵庫としても利用された。

*差上切——さしあげきり。これ以上の返済を求めない。さしあげる。

濃州　中島郡石田村（尾張領）

弘化四年　四月十一日

十二日戻り

一、消札御冥加金覚候

一、米札　拾五匁　　後藤久右衛門

一、同　　七匁五分　　兵助

一、同　　弐匁　　忠三郎

一、同　七匁五分　新七
一、同　三匁　辰右衛門
一、同　三匁　銀右衛門
一、同　弐匁五分　半右衛門
一、同　拾匁　惣吉
一、同　弐匁　甚三郎
〆五拾弐匁五分
一、米札　拾七匁　下組中
一、同　三拾弐匁五分　上組中
〆五拾弐匁五分
〆百〇五匁*
此銀　壱両三分
右ハ今般御消札ニ付為　御冥加上納仕度奉願候　以上
未四月　中島郡石田村
庄屋　兵助
小笠原九郎右衛門様
御陣屋

（濃州中島郡　石田村　庄屋日記）

*――拾の位がないという意で原文に〇がある。

尾張藩は米切手を少しでも減らそうと冥加上納金を納めさせている。石田村

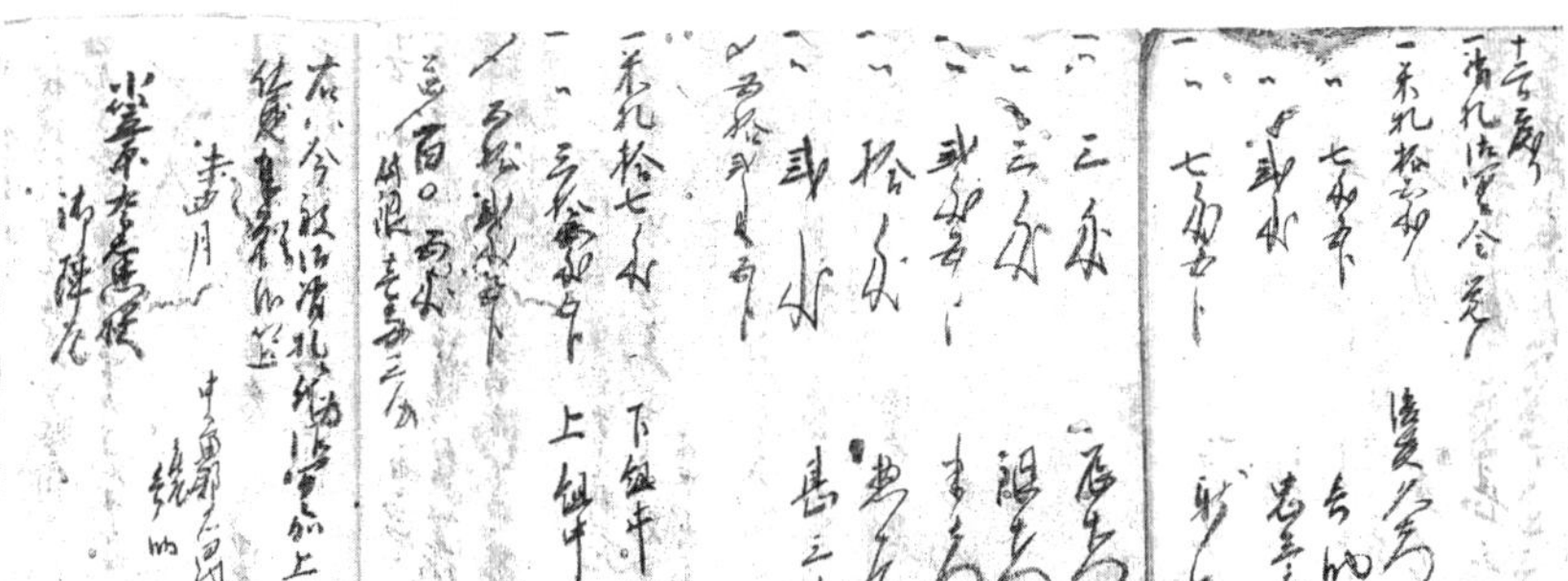

濃州石田村日記（弘化４年）

では一両三分を全て米切手で陣屋宛てに納めさせている。

米切手添銀引下ケ方ニ付　消切手上納願方之儀申諭置候趣有之候処　此度　御吟味之訳も有之候付　消切手消切手上納相願候様申諭置候趣は相解候　乍去　米切手之儀　品々減方為御取斗相成候上も未多数之儀ニ付此姿ニ而被差置候而ハ際限も無之候間　下々難渋不相成様　上おいて別段御仕法被相立　御繰合次第追々ニ消切手為御取斗可相成候
右之趣可申聞旨御勘定奉行衆被申聞候間承知之上村下ニ令印判　早々相廻し留村ゟ可返候　已上

五月十日　　　　杉　三郎兵衛

（一宮市史　資料編八　弘化四年）

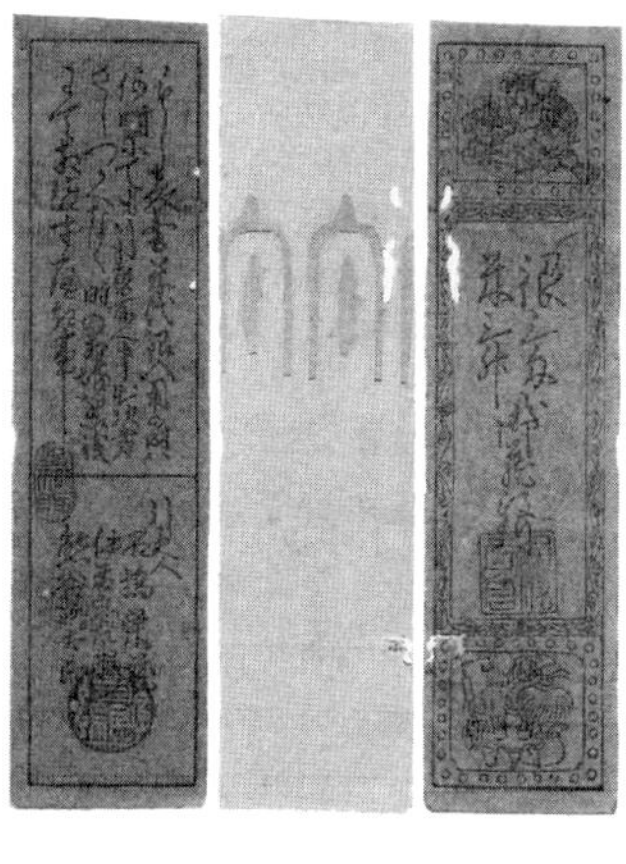

似せ札
宝の瀧かし文字がハサミで切込されている。小米切手

一弘化四年未五月十日左之通御触有之
是迄諸渡金諸上納とも正金幷米切手添銀附又は無添銀之米切手と三段に相成居候処　已来諸渡物之儀都而正金又は米切手添銀付にて相渡筈候間諸上納物之儀も同様正金又は米切手添銀付にて可相納事
　但諸拝借幷被返下金調達等幷相対借財之類は正金米切手共取引尤是迄之通之筈候事

五月

諸商物之儀去る卯年已然之通米切手直段に可相立旨追々相触候趣も有之候処

今般諸渡物上納物共都而正金立之筈相成候　付ては諸色米切手直段に致置候
ては不釣合に有之候付此段篤と御吟味之上　已来都而正金直段を以商売可致
旨被相改候段相触候間為心得相達候事
五月
（弘化四年　御触状之留　津島村）

世情は正金と米切手、小札米切手、近江八幡添印切手、知多郡添印切手といろいろと通用していて混乱しているが、諸上納や諸渡物は正金値段と米切手は添銀付値段とするとしている。そして従来は諸商物の値段は米切手であったが吟味のうえ正金値段をもって商売するように改めるということである。米切手回収に一段と考え方が進んだこととなる。

一弘化四未九月二十五日左之通大目付通辞有之
御勝手向従来御不如意に付御倹約之儀追々被仰出候処御吉凶等へ付御難渋弥
増候間　猶又去丑年分段御省略被仰付年限中質素倹約筋をも被仰出同卯年御勝
手御改革相成御償筋に付ては種々御仕法被相立銘々願之上増上米をも仕候処
御繰合之筋途も不相立候付去巳年源懿様御代御側御入用等品々厳敷御省略被仰
出　且又当御代に被為成候ては御側御定金壱万両之処半減に被仰出五千両に被
改替候程之御儀に候得共　不時莫大之御物入も有之御借財古今未曾有之金高相
成　至于当時候ては必至御差迫御国役も御勤難被遊御家中を初御国民御撫育も

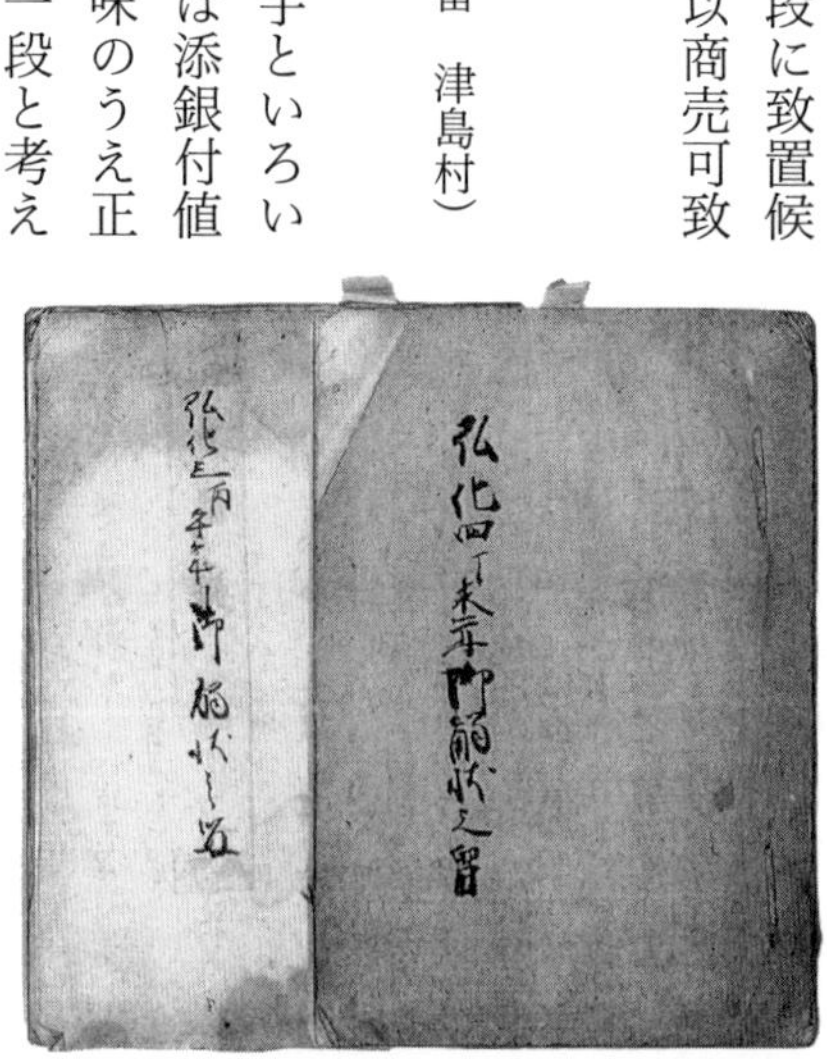

津島村御触状之留

不被行届不容易期に至候付　当未年より来る子年迄今般諸事格段之御切替被仰出八ケ年之間には御取続方之筋途も相立候様被仰出　御側御定金猶又五百両被減四千五百両に被改替　前大納言様御側御入用壱万両之処五千両に被改替貞慎院様利姫様御入用之儀未御定金は不相立候得共是迄よりは半減をも超被減　摂津守様へ被進米四千九百石之内九百石被減　被進金弐千五百両之内五百両被減中務大輔様へ被進金千両之内弐百両被減　且公辺御勤品御容赦筋之儀是迄被仰立等は無之候処　無御拠御時節と相成既に御勝手御取締筋之儀御老中方ゟ被相達候趣も有之　旁御上物等を初御勤品諸事御省略之儀被仰達　従公辺被進物之儀も御用捨之儀被仰立　幷紀州様水戸様田安様一橋様姫君様方を初諸向御音信筋且御老中方初御役人向へ被遺物之儀も厳敷御改革相成　其外都而分段に御省略為御取計相成筈被仰出候　就夫御家中を初衣食住等先年に引比候ては段々奢侈に押移候付夫々制度も可被相立処　左候ては差当難渋之筋も可致出来と制限は不被相立候間　衣食供連等を初他之不及見合年限中は銘々心次第専に倹約之筋を可心懸候　尤御目通へ罷出候節も衣服品不都合之儀は御免被遊候　且又他所詰之儀は聊差別有之事候得共御屋敷内召連候供廻等之儀は銘々心次第にいたし　他向へ拘り候節迚も相応に相減御家風格別質素に相見候方可然候間　他向参会之節たりとも衣服を初可成丈倹素を用御国を初他所共文武之嗜は格別其外之儀は万端格別に切替　追々相達置候通御宛行半減之心得を以諸事省略仕候様にと之御事候

九月

（御日記頭書）

倹約令である。領民にも協力を得るため、具体的に倹約の内容を示している。武士についても上げ米の増の御触が出ている。混乱する尾張藩に幕府は年内回収の厳命と同時に資金として正金十万両の貸与を行った。

（参考：名古屋叢書　記録編／尾張藩の財政と藩札）

◆――米切手通用やむ

○嘉永元年十二月

一同十二日左之通御触有之

米切手之儀寛政四年子年公辺へ被仰立弐拾五ケ年季を以通用被仰出候付文化十三子年悉停止可相成処　段々被仰立猶又弐拾五ケ年通用相済　重而年限に至候而は必停止可被仰出御主意に候処　天保十二丑年に至停止難行届候付猶再三被仰立候処　最早年限継は難相済近年之内通用被差止候様被仰出　其後去巳年に至早行減方厳敷被仰出候得共御不如意之御勝手向に付其儀も不行届　右に付ては種々御主法等御取調中に候処此度従公辺格別之思召を以御拝借金被仰出当年中に不残引替方相済候様御沙汰有之候　付ては格別之御仁恵を以壱両に付

弐百八拾匁之添銀にて正金と引替通用之儀は当年限停止之筈被仰出候
　右に付御家中之輩は明後十四日より於平田所正金銭と引替候筈候間　大小切
手共壱枚毎に姓名小さく相認候銘紙添早々差出正金と引替可申事
　但贋札は預書相渡追而御吟味相成候事
一他所等へ相越居無拠引替方延引および候輩は其子細に依而来春に相成候ても
　引替可申事
一是迄米切手にて相対貸借等訳立方之儀は追而可及沙汰候事
　　　十二月十二日

一嘉永元年申十二月十四日左之通御触有之
米切手当年限通用停止被仰出候付ては拝借金返上分調達金被返下を始相対貸借
等米切手之分訳立方之儀　天保十四年卯年より当年迄は其年々添銀相場平均左
之添銀を以正金に立替訳立取計　右卯年以前之分は都而今般相触候卯年之添銀
を以正金に立替訳立可取計事
　　但兼而添銀高下之無差別約定之証文等有之分は尤可為相対次第事
一右に付相対借用金預り金等之儀米切手を以致返済候ては利慾之筋より追々返
済方取計候輩多可相成　随而引替方及遅々御主意に相触候間返済方等取計候
はゞ　今日より左之添銀相場を以正金に立替致返済米切手所持之輩は早々引替
方取計可申事

天保十四卯年
拾五匁五分
弘化元辰年
拾六匁五分
同　二巳年
三拾四匁五分
同　三午年
五拾弐匁
同　四未年
百六匁五分
当申年
弐百八拾壱匁

一金銭貸借利息之儀に付天保十三寅年公義御触之趣有之且御家おいても高利之金銭取引不可致趣等追々為相触候処　近来猶又高利に相当候取引も多分有之哉に相聞以之外之事候　今般米切手引替方被仰出右に付是迄米切手にて貸借之分前顕之通訳立方御仕法可相立候　付ては弥以追々相触候趣堅相守以後高利之貸借等致間敷候　若相背候者於有之は吟味之上急度御咎可有之条猶更篤と可相心得候

十二月十四日

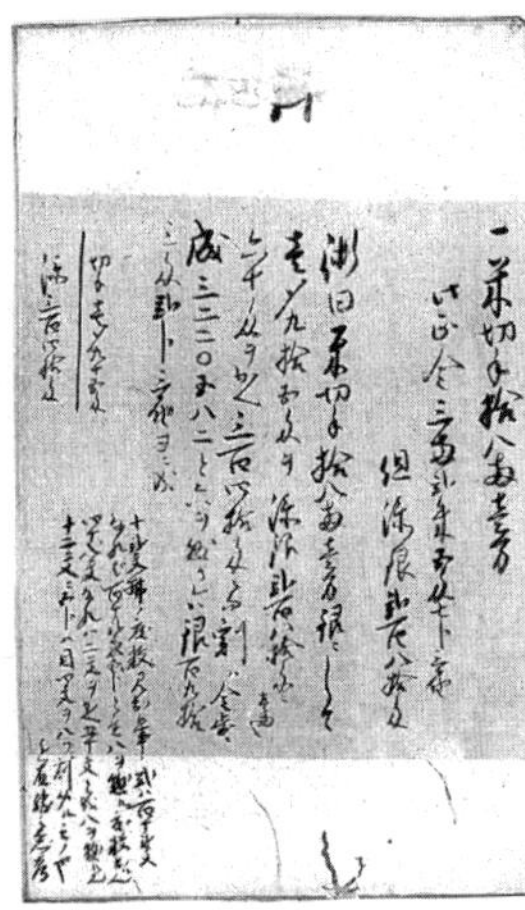
手控　鵜多須

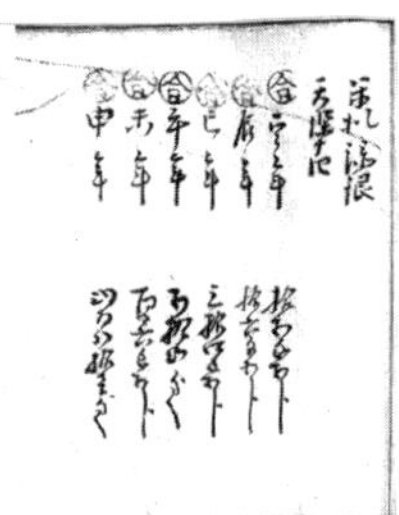
大福帳　津島水野長八資料

（御日記頭書）

米切手小札米切手之儀当年中ニ不残引替方　公辺ゟ御沙汰有之　正金と引替通用之儀ハ当年限停止之筈被　仰出　右ニ付去ル十四日ゟ引替方之儀相触候処未引替残不少趣ニ付　右之分来ル正月四日ゟ八日迄是迄之通引替候筈候間諸事先達而相触候通相心得　右日限迄ニハ必引替候様可致候　尤右日限以後ハ捨リニ相立筈候間可存其旨事

申十二月

（一宮市史　資料編八　嘉永二年）

小札米切手は伝馬町及び袋町に会所を立て和泉屋三右衛門、藤倉屋長六、銭屋伝兵衛、井桁屋治右衛門、駿河屋半七、白木屋善右衛門等五人の銭屋に正金の引替えを命じた。

（名古屋市史　第二期第三章）

嘉永元年申十二月十二日の御触で米切手の本年限りの通用停止の沙汰がでた。十四日より平田所で一両に二百八十匁の添銀との引替えをするとの御触である。また、米切手での借用金預り金等の添銀相場も示した。

一両に二百八十匁の添銀は、一両が銀六十匁とすると二八〇＋六〇＝三四〇匁で一両となる。米切手一両は五分の一以下の銀で十匁六厘になって引き替えられた。

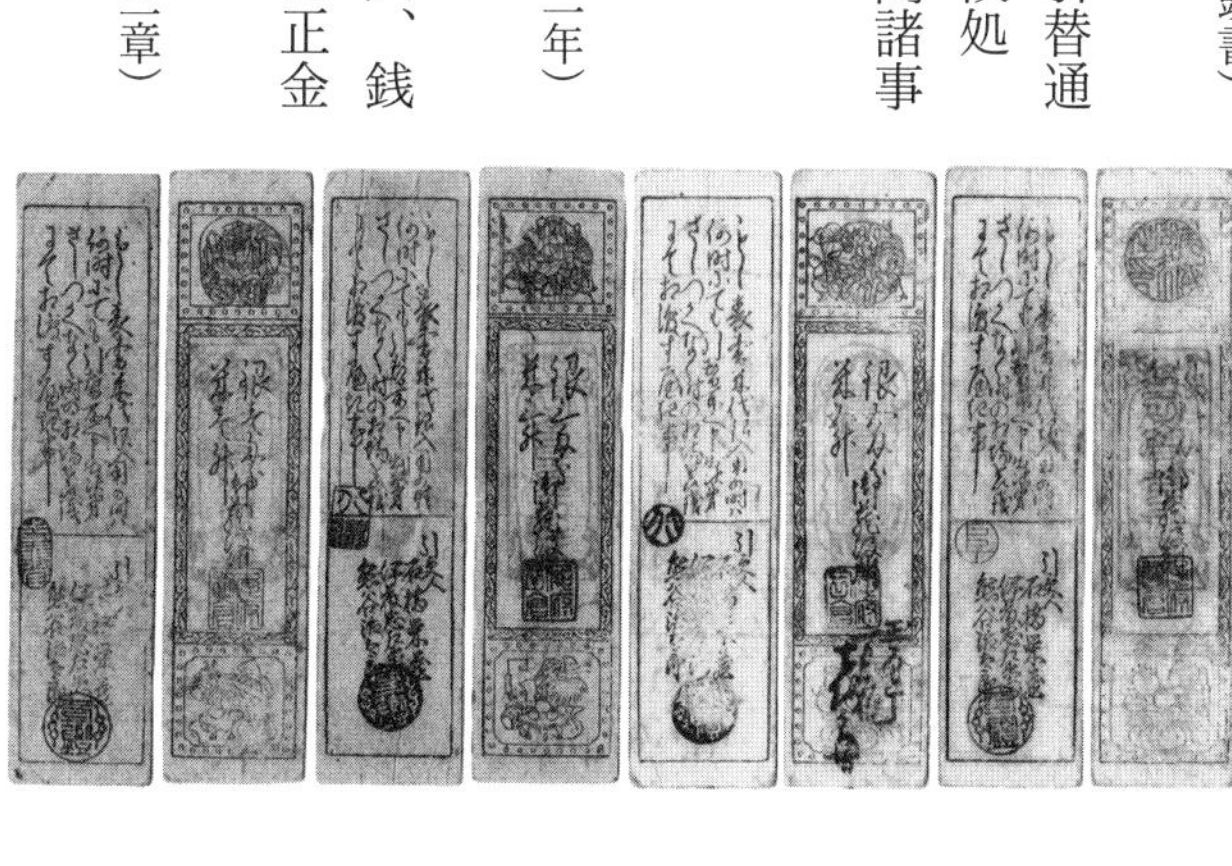

小切手

そして、銭切手より変更された小札米切手も回収されている。また、御触には「大小切手共壱枚毎に姓名小さく相認候銘紙添早々差出正金と引替可申事」とある。大切手と小切手があったことになる。大切手とは一両札と一分札のことである。一両札と一分札は関戸、伊藤、内田の辰改札に改められ、後に「尾府公処之印」を押され通用してきた。二朱札は既に弘化二年三月二十五日に通用停止となっている。ここで問題になるのは小切手である。三匁切手は弘化二年二月中に通用禁止、五匁切手は四月五日に通用停止となっているはずである。それからの発行の記録はない。尾張藩は天保十二年の幕府からの中止令が出た時に細工所も閉鎖されたはずである。その時も古札に「添え印」して通用を計っている。

ではいつどのように発行したのか、また、どのようにできたのかを考えてみたい。尾張藩は銭切手から小札米切手に変更した時に新たに紙を漉いて発行している。小札米切手は正金を裏付された切手であるので正金分預り分のみの発行で増札はできない。もともと小切手は不足しており、それを補うためにも銭切手を小札米切手に振り替え発行したという経緯があるので、これを利用して小札米切手そのものを一部変更して小切手を発行したのである。それは大切手の一両札、一分札の「尾府公処」印の改め札（一両札一分札も古札から綺麗な札を選んで添え印札としている）の発行時に小米切手不足解消のために振り替え、小札米切手を隠れ蓑にそっくりな小米切手の発行に着手したのである。

一嘉永元申十二月二十八日左之通竹腰兵部少輔生駒因播守佐枝将監申渡之

米切手小札米切手之儀当年中に不残引替方公辺より御沙汰有之　正金と引替通用之儀は当年限停止之筈被仰出　右に付去十四日より引替方之儀相触候処未引替残も不少趣に付　右之分来正月四日より八日迄是迄之通引替候筈候間諸事先達て相触候通相心得右日限迄には必引替候様可致候　尤右日限以後は捨りに相立筈候間可存共旨事

十二月

（御日記頭書）

江戸で米切手回収終了を報告した竹腰兵部、佐枝将監、鈴木主殿はその功を評時服を賜る。尾張藩は年寄、高橋河内、側用人渡辺監物、成瀬半太夫、用人長野久兵衛は責任者として蟄居を命じた。

（参考：名古屋市史　第二期第三章第五節）

寛政四年（一七九二）から始まった米切手の流通であったが、竹腰兵部少輔、生駒因幡守、佐枝将監の申渡しにより嘉永元年（一八四八）申十二月末日にその流通は止まった。最終引替えは翌二年正月四日より八日までとなった。なんとか保たれてきた添銀相場も天保十四年頃よりは上がり始め、嘉永元年の引替え時の添銀相場は一両に二百八十匁の添銀となったが、むしろ藩にとっては添銀は多ければ多い程、正金が少なくてすむので都合がよかった。ただ、領民は多大な損害を被ったこととなる。

五十六年に渡る米切手の通用は止まったが、商方御用達、農方御用達の役目まで終わったわけではなく、負債は残り調達金の賦課は続いた。嘉永六年（一八五三）ペリーの来航があると外国船打払令が発せられ、海の護りに軍備と軍資金を要し幕末を迎えて行くこととなる。長州征伐や明治初年には戊辰戦争等に多くの戦費を費やし、尾張藩の収納米を担保として尾張の御用達名引受による短期紙幣が発行されたり、小銭不足による商方札、農方札、贋二分金対策札等いろいろな札が発行される。また記録によると、名古屋市中では天明七年（一七八七）に初めて流通した米会所札が後年まで続いており、明治初期には知多郡においても多種類の村札や私札が使用された。

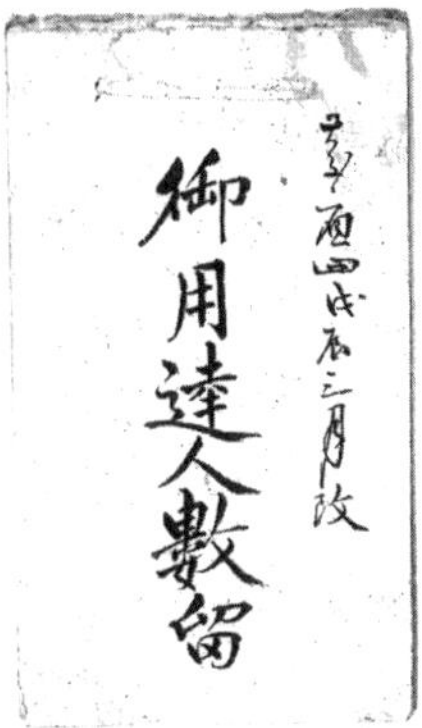

慶応４年

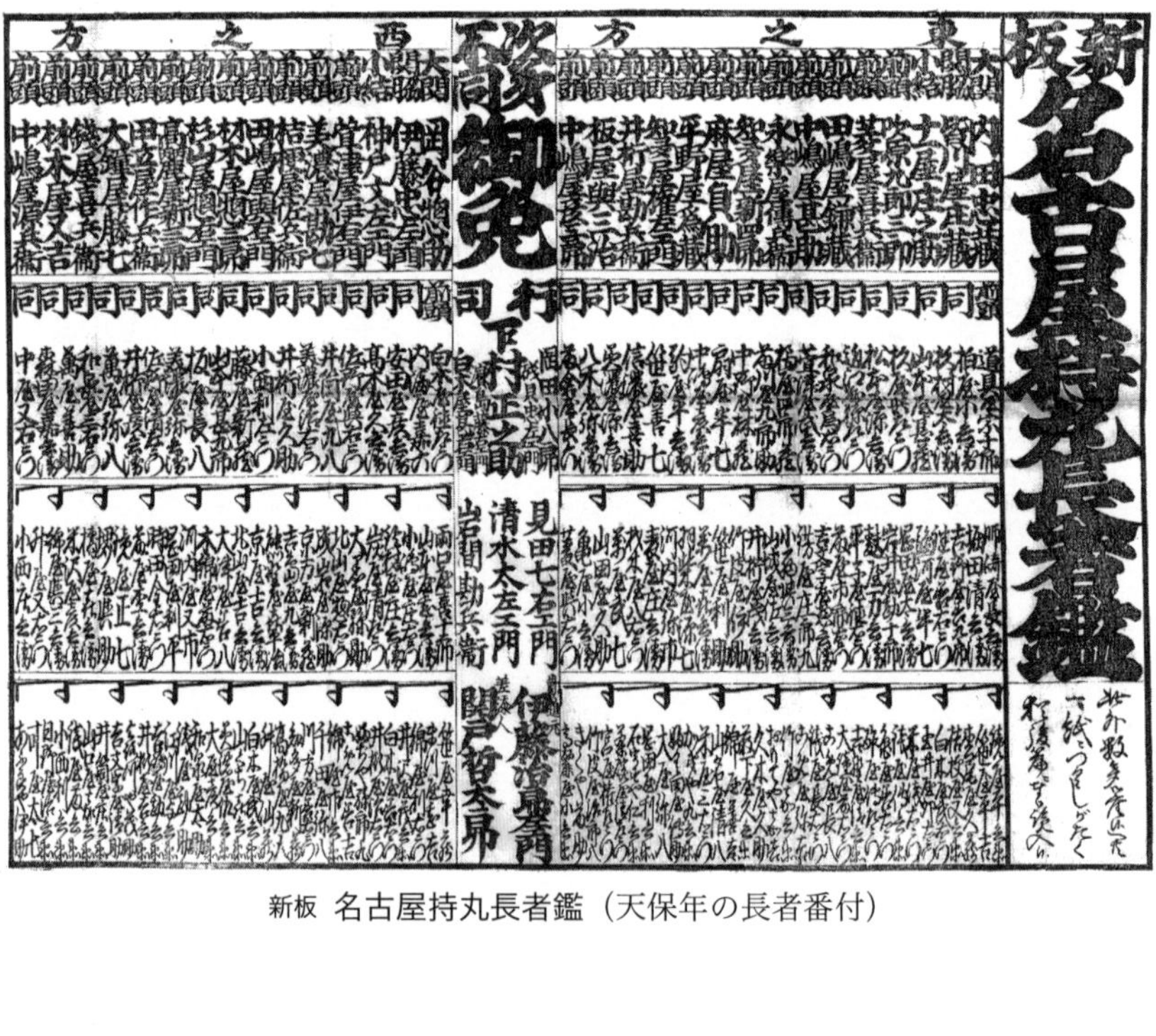

新板　名古屋持丸長者鑑（天保年の長者番付）

4 尾張の明治札

◇――尾張藩の贋二分判金の回収と札の発行

幕府の特権で発行されていた三貨の金、銀、銅貨は時代が下ると産出される金は減り、経済の発展と同時に需要が高まると金には銀を銀には銅を混ぜ増やし、銅貨は小型から鉄銭へと変わっていった。幕末となり日本と外国との貿易が始まり開港すると外国人は銀貨を持ち込み（東洋貿易は銀貨が主流通貨）、当時通用していた小判（天保小判）を天保一分銀と両替し、貿易をせずに小判と引き替えるだけで三倍の利益を得たため、日本は大量の小判を失った（日本は鎖国政策のため世界の金銀比価に対し三分の一で金が安かった）。それに伴い幕府は安政、万延と一段と金量を下げ、外国と同等の金銀比の金貨を造り流通させたのが幕末における主流通用金の新二分判金（万延二分判金）である。また、外国船往来による海岸防備のための財政負担は増大してゆき地方貨も多く造られるようになった。その影で天保百文銭の密鋳が行われたが、これは日本全国通用を狙った贋金である。

悪金二分札の発行

この新二分判金（「万延二分判金」重量八分　金二二九銀七七一）は、倒幕運動が起き、軍資金を必要とした資金力のない倒幕側は、劣位金の二分判金（幕府発行の金貨より金量の少ない金貨）や銀台や銅台（銀及び銅に金メッキ）の二分判金を数多く造り、慶応四年に戊辰戦争が起きるとその進展と同時に明治政府は軍資金及び政府維持のため、各地で贋二分判金をばら撒いたが、その存在が知られると二分判金の受け取り拒否がおき、経済は大混乱に陥った。この贋二分判金は尾張以北に多く残されている。それは新政府軍の進軍が東海道、中山道、北陸道と分かれ江戸、会津を目指したからであろう。

受け取り拒否はひいては正貨に対する信用も無くなり、二分判金は不通用となり、国内の混乱のみならず外国側からの申し入れ等もあり、国際外交上の問題として、ついに明治政府は自ら造り、ばら撒いた贋二分判金の回収に動いたのである。江戸・大坂・京都等の両替商に出入りする二分判金は十三、四種にのぼり、そのうちの十中八九は贋金であったという。

明治政府は明治二年七月六日付けをもって政府が新鋳貨と兌換するまで保証するということで、贋二分判金対策に乗り出した。そして、正貨二分判金の分析結果を各公使に「弐分判金分析結果、百両に付、金三十五匁二分、銀百二十四匁八分、一〇〇分中、金二二％、銀七八％」と発表している。それに伴い政府は国内向けに以下の御触を出して贋金の禁止令を発布した。

万延二分判金（拓本）

（参考：日本貨幣物語／金銀初心手引集）

贋金取扱候者有之ニおいてハ厳科ニ可被処旨等　従　朝廷御布告の趣有之兼而触示置候　付而は右躰之者ハ有之間敷候へ共　所持之贋金取引差支候而ハ諸民難渋之次第ニ付　何と歟御仕法も可被相立候得共　奸商共一己之利欲ニ迷ひ「他」邦ニおいて贋金直安買集　御藩内え持込散出いたし候而ハ贋金通用禁絶之途難相立不埒至極ニ付　厳敷吟味せしめ　如何之者ハ速に召捕　所持之贋金取揚厳重之所置可申付候条　諸民おいて互ニ心を付　如何之者ハ無斟酌支配所え可訴出候事

七月

添書　　七月二十九日

不通用之弐分判所持いたし及難渋居候者有之哉ニ付　御吟味之次第有之候間銘々所持之金高一村毎ニ取束　明二日迄可書出候　其内金高多ニ而他向之聞を厭ひ候者ハ封物ニいたし当人持参可致事

但　若心得違　有合ニも無之余分之員数書出候者共有之おいてハ　吟味之上急度可申付候条　其心得正実之金高可書出事

八月朔日

（一宮市史　資料編九　明治二年）

他国より贋金を安く買い集め、藩内に持ち込み使用した者は召し捕え厳重に処分する。各人が所持している贋金を村ごとに集めて書き出すように、多く所持している者は封印をして本人が持参しても良い。ただし、数量を余分に書くようなことが無いように誠実に書き出すようにとの御触である。

「御触ハ無之悪金上納之当日郷宿に張出シ有之候書付写」
悪金之儀ニ付従　朝廷被　仰出之趣も有之　銘々所持之員数為書出
夫々為御達可相成候得共　海内一般之儀ニ付早行御引替と申場合ニ至
まで長々貯居候而ハ第一不融通　且難渋可致候間　御引替御所置相立
候迄　陣屋御用達左之人別ち預り小切手と引替可相渡候間　広ク流通
可致候　尤御引替之御処置相立次第　切手所持之者へ員数ニ随ひ代り
金可相渡候間　右切手聊無差支通用可致事
但　本文通ニ候得共悪金一旦陣屋へ可差出候　小割之儀ハ其節可申談
事

御用達人別

小信中嶋村　吉田　世郎
横曽根村　安田　彦八郎
山崎村　服部　譲太郎

大代官御役所

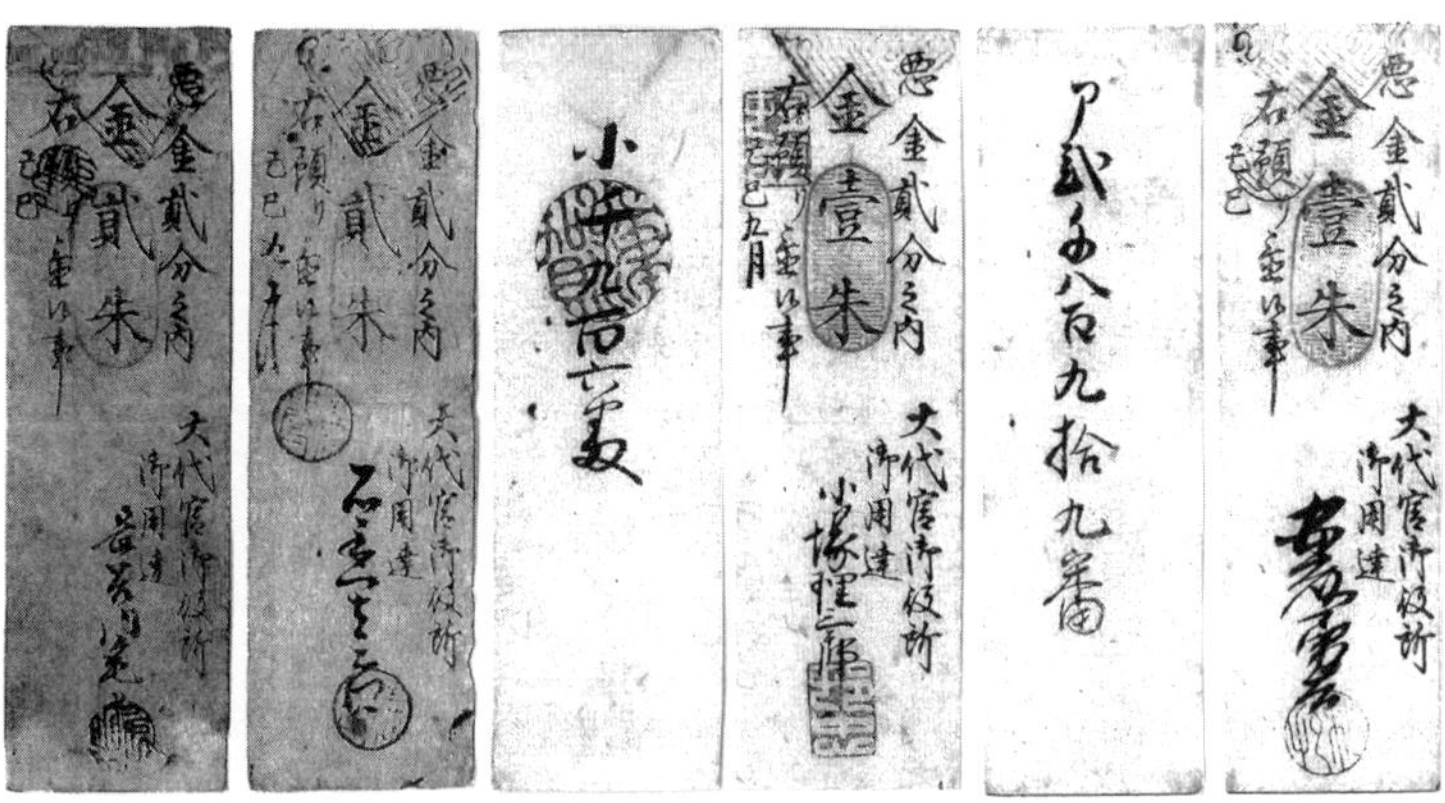

オ　オ　ウ　オ　ウ　オ

大尻村　早川　利右衛門
下祖父江村　渡辺　新助
船付村　谷　伝之右衛門
宮崎村　神田　恭介
大野村　渋谷　代右衛門
山崎村　黒宮　民三郎

巳九月　鵜多須陣屋

（明治二年）

贋金上納之砌平田所おいて為相改候処　其村々封金之内ニ少々ヅツ通用金有之候付可相渡候間　来ル十七日より晦日迄ニ印判都合次第可罷出候　其節平田包代可致上納候　此状即刻廻達留ゟ可返候也

七月十日　小牧邑宰

（一宮市史　資料編九　明治三年）

「御触ハ無之悪金上納之当日郷宿に張出シ有之候書付写」とある。明治二年九月の御触の張出（掲示）の写しである。朝廷の仰せで贋二分判金を集めたがこの悪金二分判金を正金に引き替えるまでには時間がかかるのでそのままでは困るであろうか

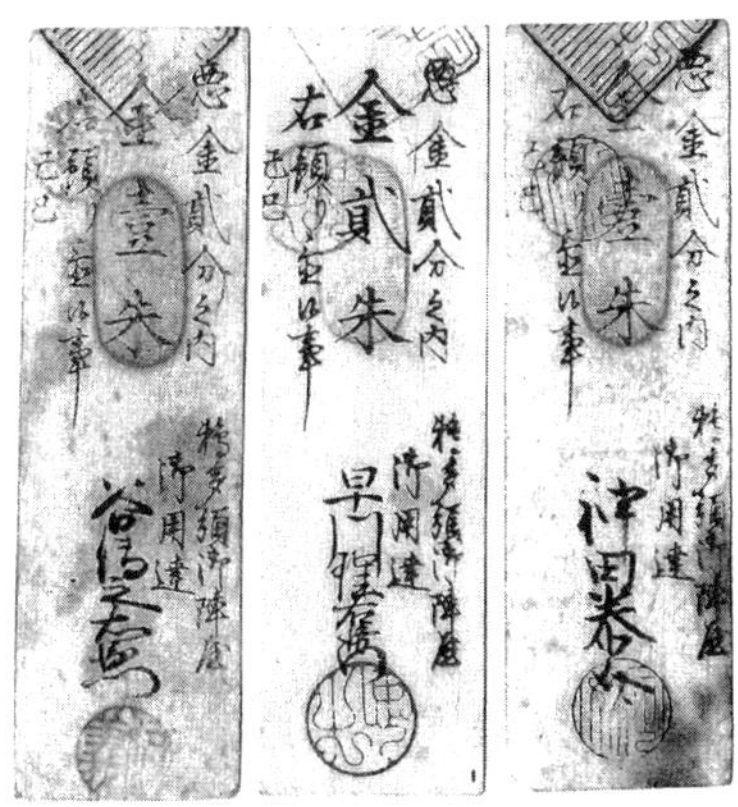

鵜多須御陣屋

オ　オ　オ

ら陣屋御用達の者より「預り小切手を渡すのでそれをもって通用させるように」、引替えは整い次第「金子と切手を引き替える」としている。この御触には「贋金」とせず「悪金」としている。この表記の悪金がそのまま「悪金弐分之内」と書き示された札が尾張には残存しており、この札が「陣屋御用達左之人別ゟ預り小切手と引替可相渡候間」とある札と思われる。

この札には「金弐朱」と「金壱朱」の二種類が存在しており、役所名及び御用達名とでなっており、現在発見されている札の中の陣屋名では大代官御役所、鵜多須御陣屋、清須御陣屋等が発見されている。知多郡は郡中でまとまり一種類の札を作るように横須賀陣屋から示され、話し合ったがまとまらず、別途村々で組合を作り、何組かでまとまって組合単位で引替札を作ったという記録がある。つまり知多郡で多くの引替札が造られたことがわかる。ただし、鵜多須陣屋の御触には美濃地の村も含まれている。

政府は、同二年十月の布告により銀台*（銀に金メッキ）二分判金百両につき、太政官札三十両に引き替えるという処置をとり、引替えは明治三年十二月十五日までとしてそれ以後は「地金として取り扱った」とされている。よって、これらの札の通用は最短で一年六ケ月程と考えられる。名古屋の御城下五条町の資料では金百五十両の贋金を回収、三分一高、四十七両二分二朱四匁五分を未二月、明治四年二月に引き替えるとしている。

明治三年の御触では村方封印の中には通用金（本物）があるので取りに来るようにとある。

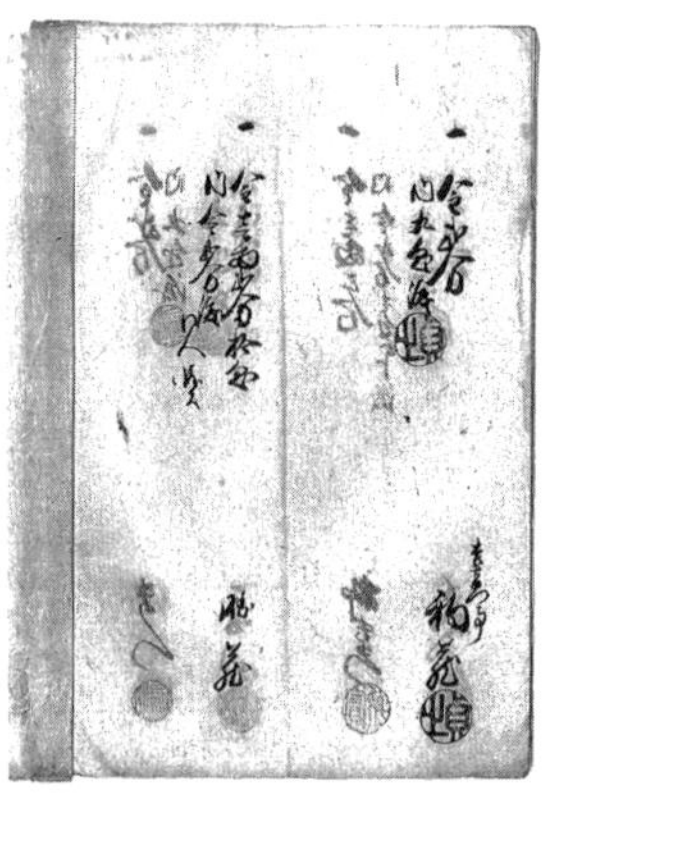

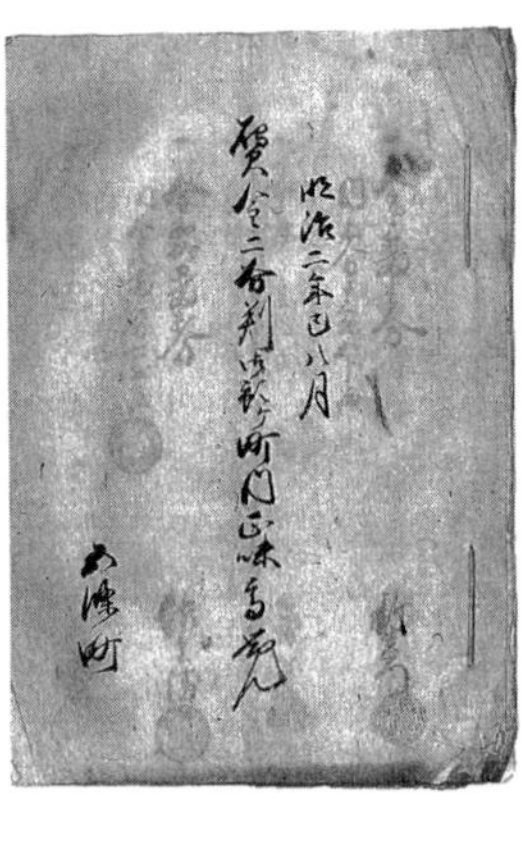

明治二年巳八月
贋金二分判御預ヶ町内正味高覚
五条町

*——銅台の引替えはなされなかった。

農方会所札の発行

○明治二年十一月

恐乍以書奉申上候御事

村々之者共悪金受取迷惑仕罷在候付而　其御筋江御達被下置候趣被為在候由
右御規則相立候迄代り切手御渡相成候旨御談之趣奉承知精々申合候処　何分大
金之儀ニ付乍恐通用融通方如何候半哉心配仕候　仍而先々御試之為金高ニ四ケ
一通御渡相成候而ハ如何候半哉　尤引替候ニハ不及旨兼而御談之趣御座候得共
猶又奉願候ハ右切手私共おゐて正金又ハ金札ト引換候儀ハ難行届奉存候　右御
採用可相成御儀ニも候ハヽ、此段村々ニも御布告被下置候様奉願上候　仍之御受
旁奉申上候　以上

巳　十一月　　　　村々総代　連印

○明治二年十一月

乍恐奉申上候御事

一　大代官支配所悪金引換五分通御渡居候而ハ　諸御陣屋ゟ今般御談面ニ而ハ

弐分五厘御渡相成候趣　付而ハ地方一体不相成候半而ハ不行届次第ニ御座候間　五分御渡之分弐分五厘御引揚相成候様仕度事諸御陣屋一同奉願上候

但　此儀ハ大代官用達おゐて締仕候筈ニ候

一　引替小会所之儀　銘々御陣屋ゟ取究御達申上候

一　引替所ニハ御目印御免被下候事

一　壱匁札ト壱匁五分札与同印形ニ而　壱匁五分ハ少し大ノ形ニ奉願上候

一　御払居初諸御上納物御請取相成候様仕度奉願上候

一　引替方両様共壱両ニ付壱匁宛切賃受取申度事

但　右切賃を以会所雑費仕払仕度事

一　今般札製造入用之儀　銘々ゟ出金与申儀ハ行届兼候間　御入用を以御仕立被下候様仕度事

一　新札ニ用達之者ニも陣屋毎ニ一印宛加印仕度事

一　農方会所江出張之儀ハ　遠方ゟ出張仕候儀ハ迷惑仕候間　大代官方用達中ニ而持張候様仕度申合候事

一　惣会所江諸陣屋引替金差添へ候節ハ　其陣屋ニ而差上り引替候筈ニ御座候

一　御上納物之節封方之儀ハ　於惣会所封御上納仕候事

但　封方料一両ニ付六厘ツヽ請取　会所入用等仕払候事

明治二年十二月　農政方

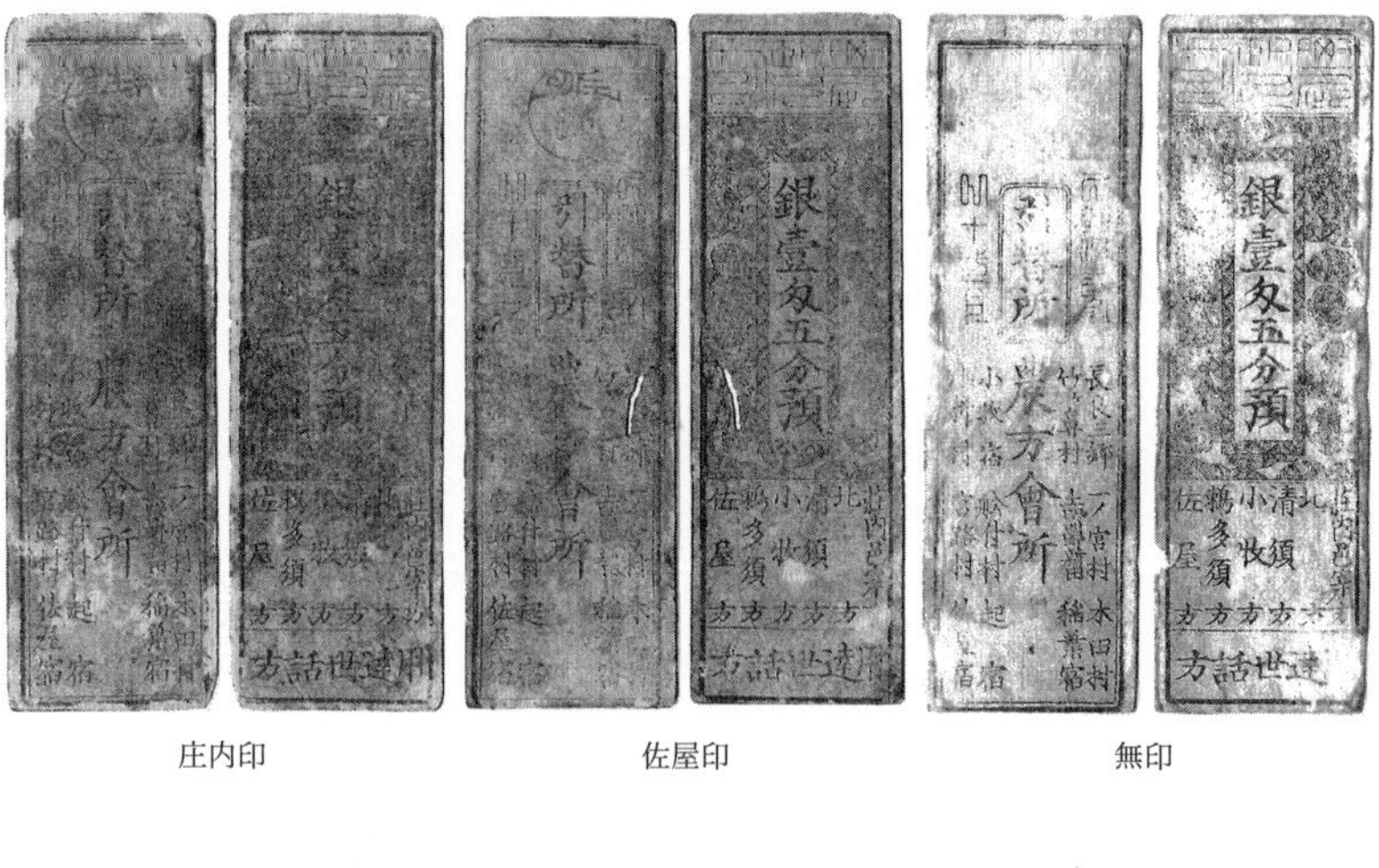

庄内印　　佐屋印　　無印

右之通一統申合仕候　仍之御達奉申上候　以上

巳十一月

福徳村　長谷川宅右衛門
清須総代　天野三郎右衛門
鵜多須総代　吉田世郎
北方総代　今枝軍蔵
小牧総代　谷　半兵衛
佐屋総代　野村留兵衛

（愛知県史　資料編二三）

この御触によれば、贋二分判金の代りに発行された切手は、大代官支配所では五分の発行であり、他陣屋は二分五厘の発行である。そのため不公平となるので大代官支配所発行の二分五厘分の回収をお願いしたい。札は一匁五分と一匁を造り各陣屋毎に一印*の加印をする。引替えには一両に一匁の切賃*を取り封印には六厘を請け取り、会所運営を行うというものである。

農方会所に明治二年十二月に発行された札がある。一匁五分と一匁の二種類があり、札頭には「農政局」と尾張藩の明治初期の役所名があり、中

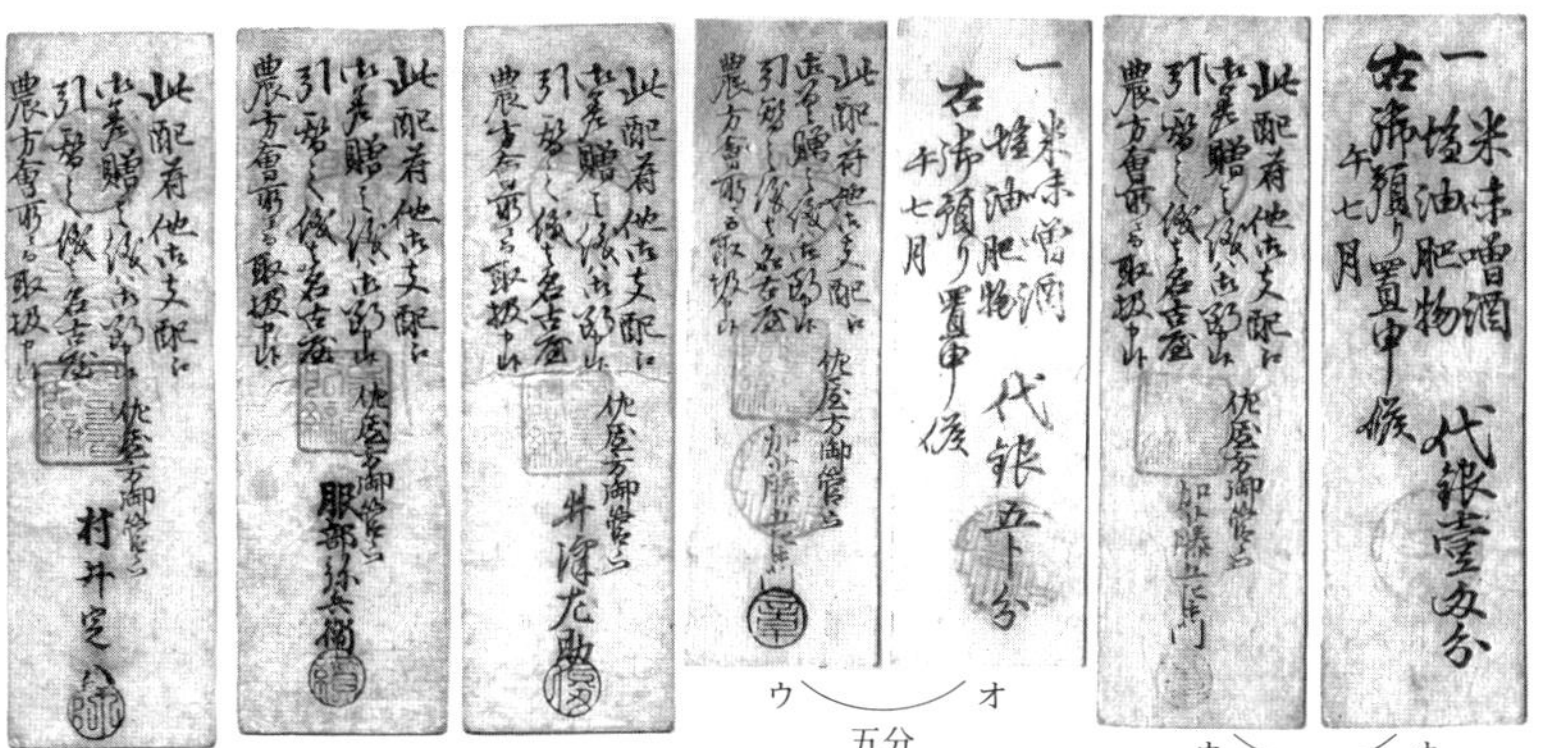

ウ　村井定八　ウ　服部政兵衛　ウ　井沢佐助　ウ　オ　五分　加藤五佐衛門　ウ　オ　一匁

明治三年　農方会所（佐屋）（一匁、五分有）

*一印――札の裏に陣屋印。
*切賃――手数料。

央には「額面」、その下には尾張内の地方役所名が入り、「荘内邑宰方、北方、清須方、小牧方、鵜多須方、佐屋方」の用達世話方とある。裏面には「明治二年十二月」、中央には「農方会所」、引替所としては村、宿名が入り「長良三郷、一ノ宮、木田村、竹ヶ鼻村、土器野新田、稲葉宿、小牧宿、船付村、起宿、小折村、宮路村、佐屋村」等とある。この農方会所札には三年札もあり、二年札の改め札となる。一匁と五分札の表面は「額面」「米、味噌、酒、塩、油、肥物」と表記、裏面は「此配符他支配江御差贈之儀ハ御断申候　引替之儀者名古屋農方会所ニ而取扱申候」とあり、地方役所管下名と御用達名となっていて、偽造防止策として漉かし文字は農方の「農」の字を入れている。

以上から、当初、贋二分判金の引替え札は明治二年九月に悪金札として二朱札と一朱札を発行したが、発行数量の少なさに流通、引替えに不安を覚え、発行量の増刷と個人引受けから、二年十二月に農方会所の引受けとして一匁五分と一匁札が各役所印を押されて改めて発行された。三年札になると各御役所管下の農方御用達の個人引受けとなって一匁札と五分札が再発行されている。

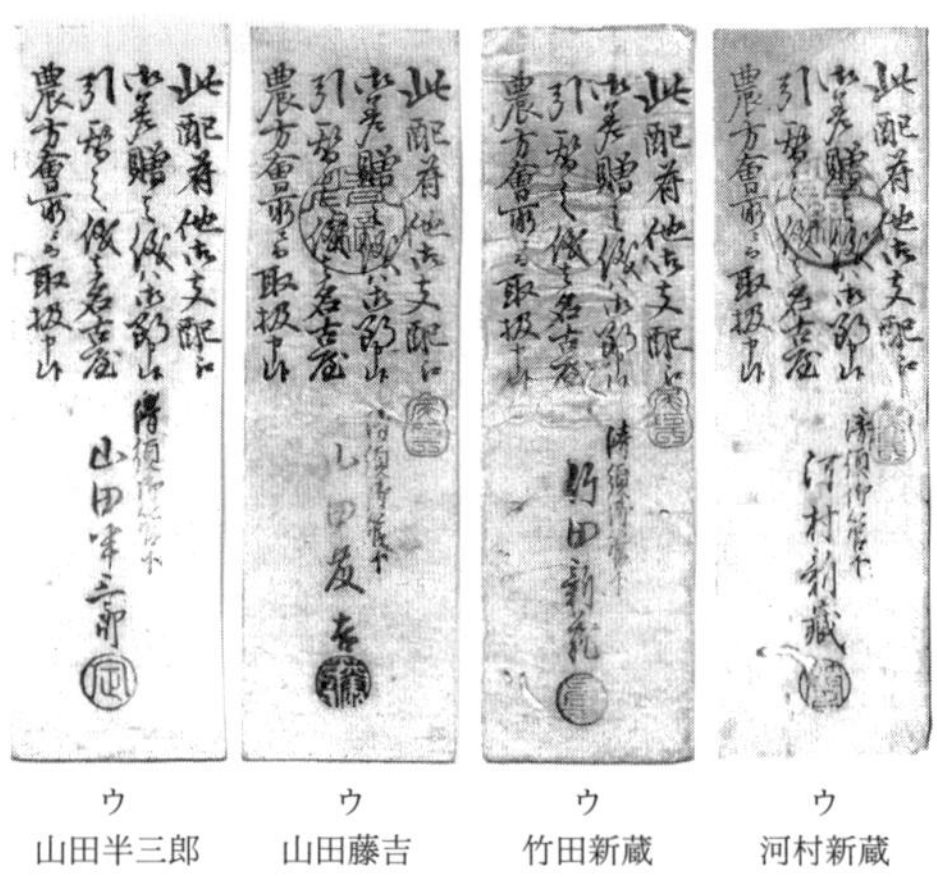

ウ　河村新蔵　　ウ　竹田新蔵　　ウ　山田藤吉　　ウ　山田半三郎

漉かし文字

明治三年　農方会所（清須）

知多郡の贋金対策札

贋金の二分判金は金高百数十万両の多くが流通して、その存在が世に知れると正金の二分判金まで信用が無くなると同時に不通用となり、物価は上がり各地で一揆や打ち壊しが起こり世情は不安定になった。外国公使の抗議もあって明治政府は贋金の通用を停止するとした。贋金の引替高は信濃の三十五万両余り、岩代十五万両余り、尾張は三番目に多く十三万両余りであった。知多郡南郡総管所（旧、横須賀陣屋）の明治二年七月の調べでの贋金は一万六千四百四十七両だったという。藩はこれら贋金をただ回収しても庶民の生活が困窮するので、知多郡管内の有力商人総人数六十七名を招集して、明治政府より正金との引替えが済むまでの間、紙幣を発行して贋金と引き替え、当分の間の融通を図るように命じた。

ただし、南郡管下の中には尾張藩から分離、明治政府から独立を認められた犬山藩があるが、その犬山藩領は除くとある。また、別途、知多郡との繋がりが強かった愛知郡鳴海や三河加茂郡寺部は含むとしている。三河の寺部は尾張藩領で渡辺半蔵家の領地で一万三百三十石四升二合である。知多の犬山藩領は亀崎村、成岩村、乙川村、吹越村となるがこれらの村は含まれないことになる。

知多の有力商人のうち、大野組、岡田組は管内一円での通用として引替所を作り流通させるように提案をしたがまとまらず、地区別に十七組に分けて発行することに決まった。有脇、藤江、生路村の三ケ村は長坂五右衛門、徳右衛門、弥右衛門が行い、石浜、緒川、村木、横根、大府、広江村の六ケ村は竹内重次郎、日高理兵衛、小島源助が、半田村の小栗三郎兵衛等は大足から阿久比の十七ケ村を引き受けている。贋金は明治三年の七月と十月の二度にわたり額面の三割で引き替えられたが、岡田組では三割の引替えでは村民の難渋と考えて、村方で二割を負担し、合わせて五割の引替えとしたとある。この考えは岡田組のみならず知多全体のことであろう。

日高家の記録では明治二年十二月に九十五両発行して、四年九月から五年六月までに引き替え回収されたのは七十四両で二十一両が未回収となったと記録されている。

（参考：東浦町誌　第六章）

○岡田組札

覚

明治二巳年七月御調

不通用弐分判

一　金高六百弐拾両束分

御改刻者

御封印之上村方江御預ケ

翌午七月四ケ壱

此金百五拾五両御取上ケ

同十一月十三日

跡金四百六拾五両御引上ケ

　但岡田組五ケ村取

右　村数岡田　森　鍛冶屋　松原　羽根　他ニ佐布里　古見

右ハ両浦村数之組合セ都合ニ寄り右二ケ

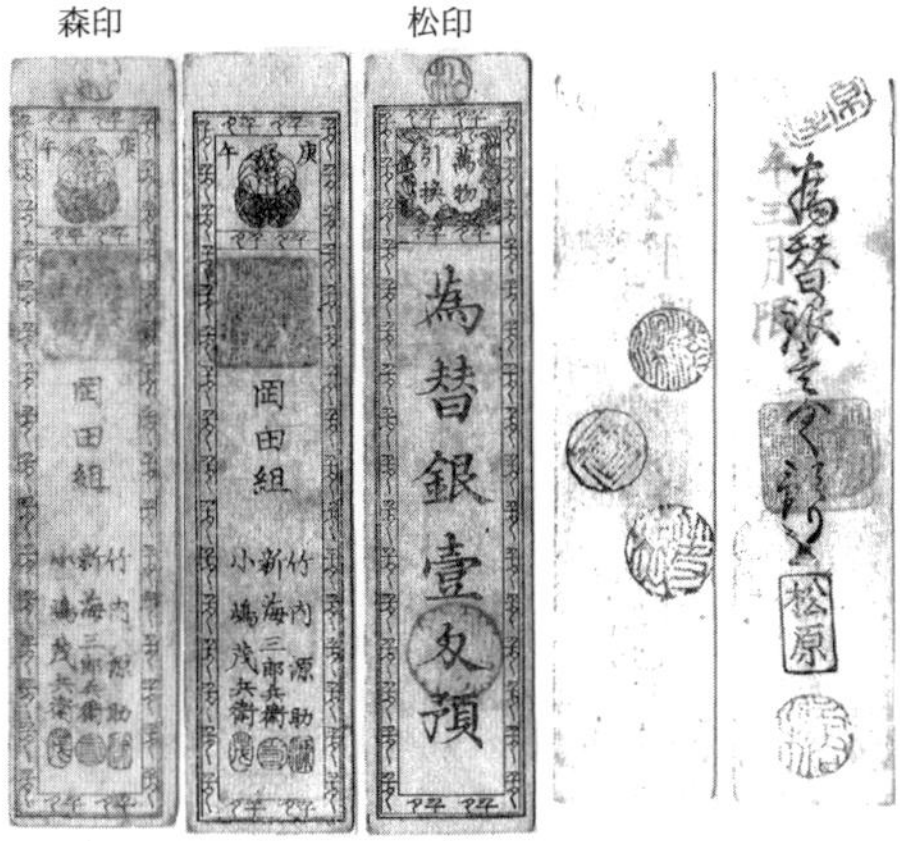

岡田組札

村ヲ岡田五ケ村江組込如之岡田組ゟ有之候得共
七ケ村組合ニ御座候
右贋金御上ニ而者三歩金ニ而御下ケ之筈　三歩金ニ而ハ所持之銘々難渋たるへ
く付　当人にて罷村方ニて五分金ニ引換シ候付　弐分金村抱ニ相成（以下略）

壬年五月　　岡田村製札ニ付
総代　竹内　源助　印
新海　三郎兵衛　印
小島　茂兵衛　印

額田県　御出張所

（明治五年　竹之内家文書　知多市史）

差入申證書之事

一　札　千〇〇四両也

右は私共組内贋金之儀　去秋御締ニ相成　村々庄屋方ニ御封印之儘預り居申候
処　右小前融通方へ付　甚難渋筋相見へ殊ニ御上様ゟ御談事も有之　村々今般
札相捹一統無差支諸色引換安穏ニ成立申候　就而ハ引請人其元方へ相願ひ置候
上ハ　右諸何ゟ金子引替方ニ罷出候得共　頭朱印之通り村々庄屋方ニ而速引替

差出可申旨　御約束申上置候　為後日之連印證書仍而如件

明治三年
午五月

古見村庄屋　　与三郎　印
佐布里村庄屋　兵助　　印
岡田村庄屋　　仲右衛門　印
森村庄屋　　新　八　　印
鍛治屋村庄屋　彦左衛門　印
羽根村庄屋　　幸左衛門　印
松原庄屋　　小島茂兵衛　印

札引請人
松原村　小島茂兵衛殿
岡田村　竹内源助殿
同村　　新海三郎兵衛殿

（知多市史　近代　四章）

贋金活用預り切手出来方頃日雛形差出候通承届候付　早行執行候様可致候　付而者切手出来員数書附ニ取調　見本切手相添引替已前可申達候

小鈴谷村　盛田久左衛門
小之浦村　樋口九右衛門

九月十七日　　南郡総管所（明治二年）

（盛田家文書　愛知県史）

資料は明治三年と五年であるが、明治五年資料では明治二年七月の御調べで贋二分金の合計が六百二十両であり、岡田組としては五ケ村の岡田、森、鍛治屋、松原、羽根に佐布里、古見村を加えた合計七ケ村の組合で、政府による引替金高は三割であるが、そこに村方の負担分を二割として合わせて五割の引替えとするとしている。明治三年の資料では札の発行高は千〇〇四両である。その訳として、庄屋がお金を預かっているがそのままでは生活に困るので上様からのお話もあり、札を拵えた。札とお金の引替えは頭朱印の村の庄屋にて引替えできるように約束するとある。

さて、そのままの札が残されている。表面の頭朱印は松原の「松」の丸印、札の周辺はカタカナの「チタ」文字で文様、そして万物引換の文字と為替銀壱匁預、裏面は庚午、角印の中には七ケ村の村名が入っている。その下には岡田組請人の竹内源助、新海三郎兵衛、小島茂兵衛の名がある。頭朱印は他に「岡、森」印等が発見されている。この御触は明治三年五月ではあるが「去秋」とあるので当初の発行は明治二年である。二年の資料は発見されていないがそれに価する札がある。薄紙であるが表上に松原庄屋の角印、午三月限、為替銀壱匁預りとあり、壱匁預りの上に朱の角印が押してあり、角印の中身は三年札と同じ七ケ村が刻んである。その下には村名の松原印が長方形の印で押してあり、その下に丸印、裏面には引請人三名の印判がある。札には午三月限とあるのでこの札が二年札となり、資料の札は三年札で二年札の改札となる。以上のように知多郡では各村々で組合を作り、贋二分金への対策札を発行した。ただし、知多郡ではこの札以外に物価高騰あるいは太政官札流通による小銭不足に対応すべく別の札も同時に発行しており、区別の必要がある。

○緒川組札

村切手金高幷ニ引替残り書上御届
明治二年巳十二月発行
一　村切手金九十五両銀七匁三分四厘
明治四年未九月より当月迄ニ引替
内金七十四両
引替残り金弐拾壱両也
右の通御座候　以上
明治五年壬申六月
緒川村　日高理兵衛
額田県　御支庁

（参考：新編東浦町誌　第六章）

この緒川村での組合は石浜、緒川、村木、横根、大府、広江村の六ケ村で竹内重

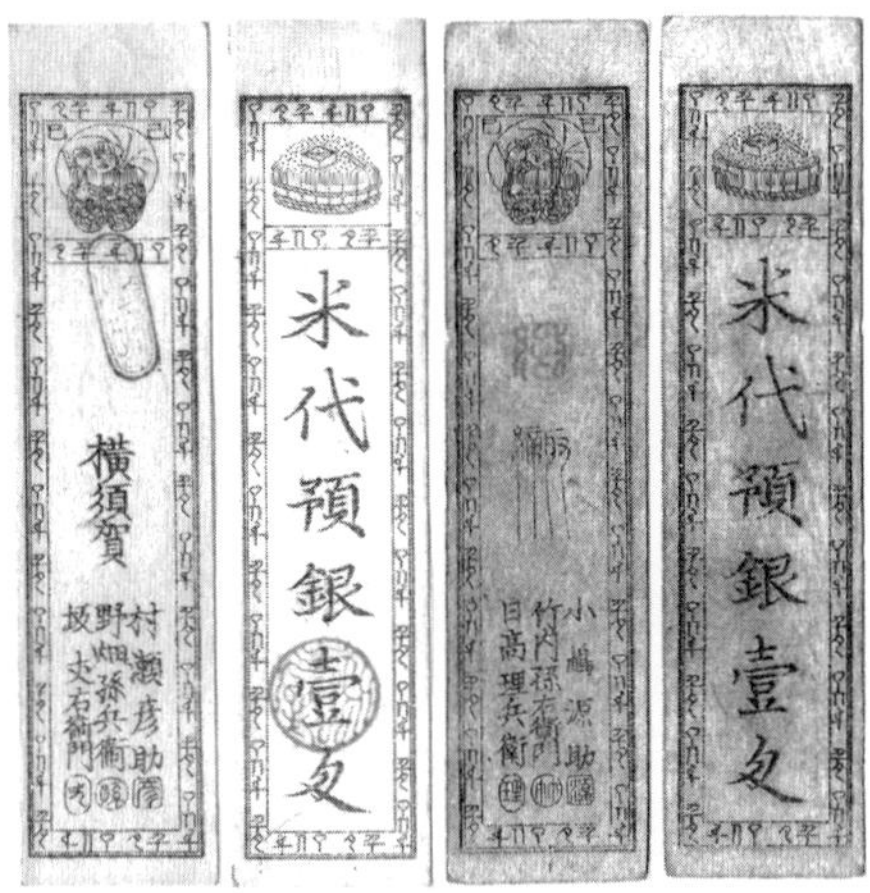

横須賀村札　緒川村札

次郎、日高理兵衛、小島源助が引替え請人となった。当月までの引替えが七十四両、引替え残りが二十一両とあるので村切手金高九十五両銀七匁三分四厘の銀七匁三分四厘は意味不明であるが、これは集まった金の三割高の金高かも知れない。そう考えれば端数金高であっても理解はできる。五年六月の九ケ月の引替え期間で引替え残りが二十一両、二割以上の引替え残りである。その後も引き替えられたかも知れないがずいぶん多い気がする。当時は小銭不足でそれを補う意味では利便性は高く引替えが進まなかったのかも知れない。この緒川組札は一匁札と五分札の二種類が発行されている。札の周辺は「チタ、アイチ」のカタカナ文字で囲っており裏印は三種類があり、それぞれ三名の責任者印となっている。他に同じ紋様の札では知多郡横須賀村札と愛知郡鳴海駅札がある。これらは漉かし文字も同じで知多郡、愛知郡を表す平仮名で「ち」「あ」の漉かし文字がある。ただし、これは本当の漉かし文字ではなく合わせ紙の中紙を青く刷り上げ、その中に「ち」「あ」の字を白く抜き残したのであり、それを透かして見ると漉かし文字のように見えるのである。

鳴海駅札

オ
五匁

オ
三匁

オ
五分

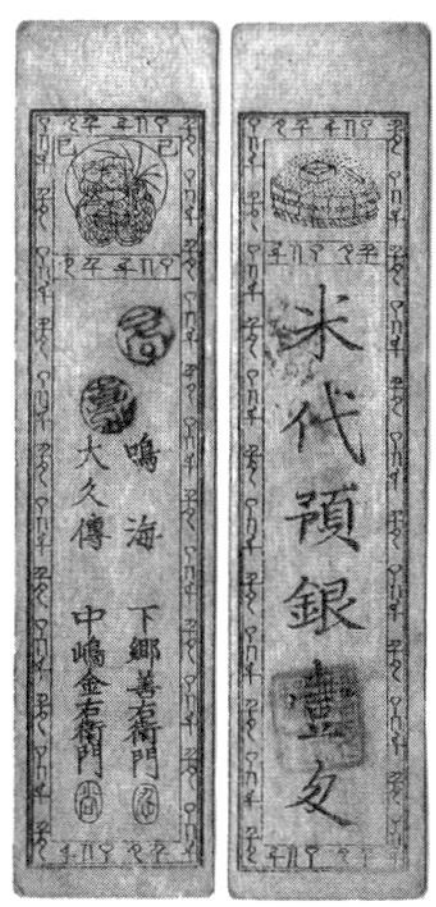

愛知郡鳴海駅札

信州の贋金対策札

○明治二年七月　駅逓浅間会議二分金不通用対策楮幣発行議案

七月九日午後儀事案

一　飯田表弐分金贋塞よりして民心忽ニ沸騰シ殆いふえからさるの形成ニ至る　道路の説のミニかきらす　今朝伊那県ゟ確報あり　且昨日飯田藩目撃する処なり　其未夕発せさる当て撫飾之策を施すハ牧民の職任といふべし　弐分金之真贋を弁別シ其根源を施せんこと勿論なれ共　即今焦眉之急を救んと欲するにハ　一時神速の策を施さるへからす　もしこれを行わんとせハ他策なし　楮幣を造作して是を民間ニ備し　彼弐分金を握って飢餲せんとするものを救ひ　もつて其払騰を防ぎ弁利を得せしむへし　仰会計局の楮幣大札を多く作て小札を少なくす　民間の不弁甚しといふへきそや　已ニ楮造幣の器械を水火ニ没し再ひ小札の出へきなし　其藩　其県の活断を以て是を所置する非るよりハ殆救ふへかさるに至らんとす　是ニ加ふるに弐分金壅塞を以てし終禍を速にせり　天幸なるかな全国民政局の諸君爰に会合す　大に熟議を遂て全国流通の小楮幣を多く製して之を民間に流通せハ　弐分金の沸騰や大札の不弁や春氷の旭に解る

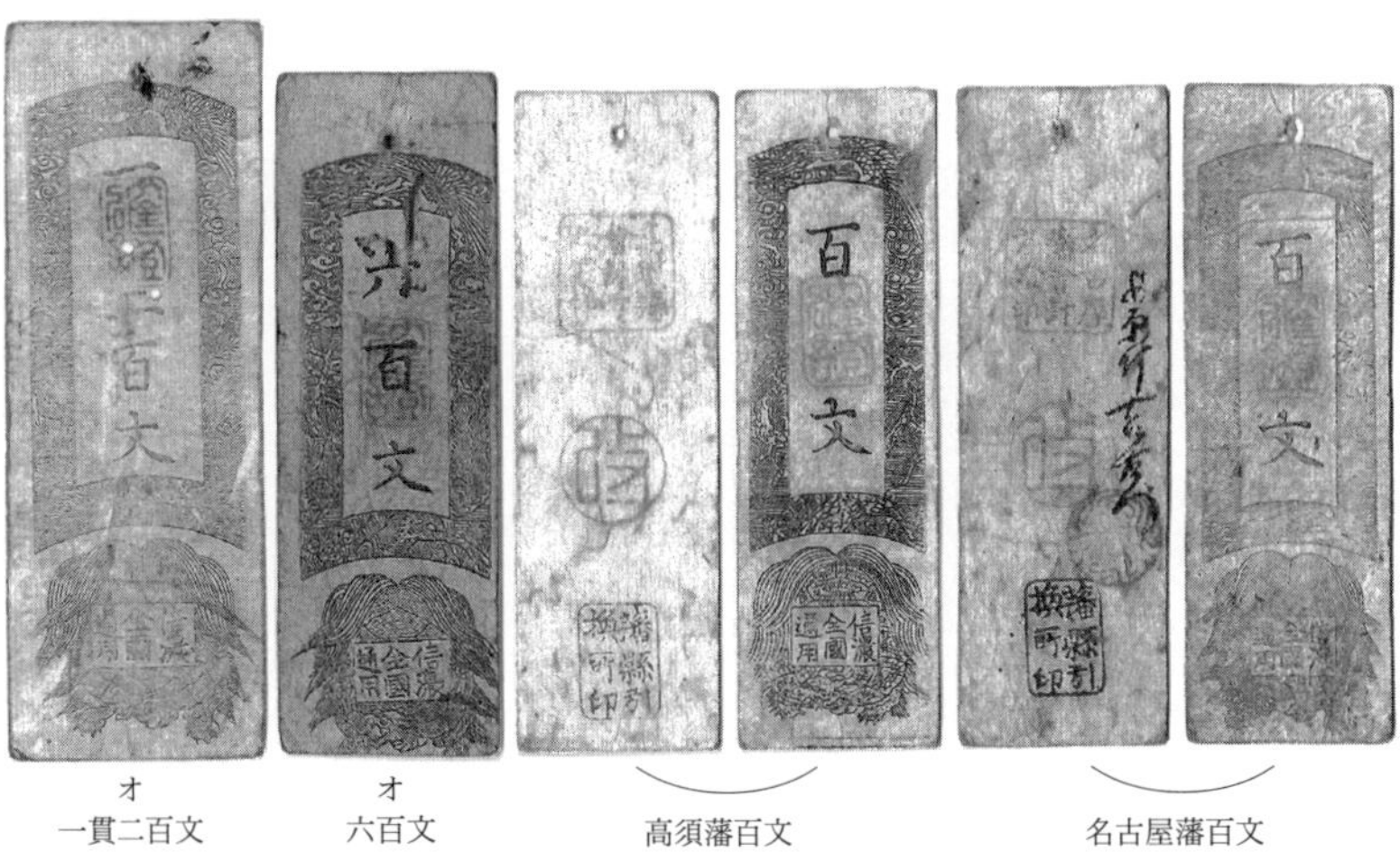

信濃全国通用札

オ
一貫二百文

オ
六百文

高須藩百文

名古屋藩百文

か如し　もシ此策を以て一時を救助せバ分金贋物の根本ハ天朝にて絶させ給ふ
なるへし　其造楮幣の仕法幷大小の任如何

○明治二年九月　信濃全国通用銭札発行伊那県布達

覚

松代藩
会計方
之証印

伊那県
会計方
之証印

他ニ松本藩　上田藩　高遠藩　高島藩　飯山藩　飯田藩
小諸藩　岩村田藩　竜岡藩　須坂藩　名古屋藩　高須藩
椎谷藩　中之条局　中野局　塩尻局　御影局

当国一般大札多ク小札幷銭払底ニ而取引差支難渋いたし候趣追々相聞候ニ付
今度当国諸藩一統会議之上　当分融通之為ニ信州一国通用之銭札を製造　明朔
日ゟ発行いたし候間　金札と引替度ものハ当所引替所江申出引替可申事
一只今摺立出来候分ハ壱貫弐百文札　六百文札　百文札　先々施行いたし候事
一引替金札其儘引替人江相渡置候間　銭札ヲ以金札ニ引替度ものハ引替所江持
参いたし候へハ　何時ニ而も無差支引替候筈ニ候事
一引替貨として百文ニ付壱文ツゝ之割合ニ而　引替所江可差出事
一御年貢其外諸上納ものに銭札相納候而不苦候事
一今度製造銭札之義ハ一国流通之事ニ而　全国諸藩　当県諸局極印之札共取交

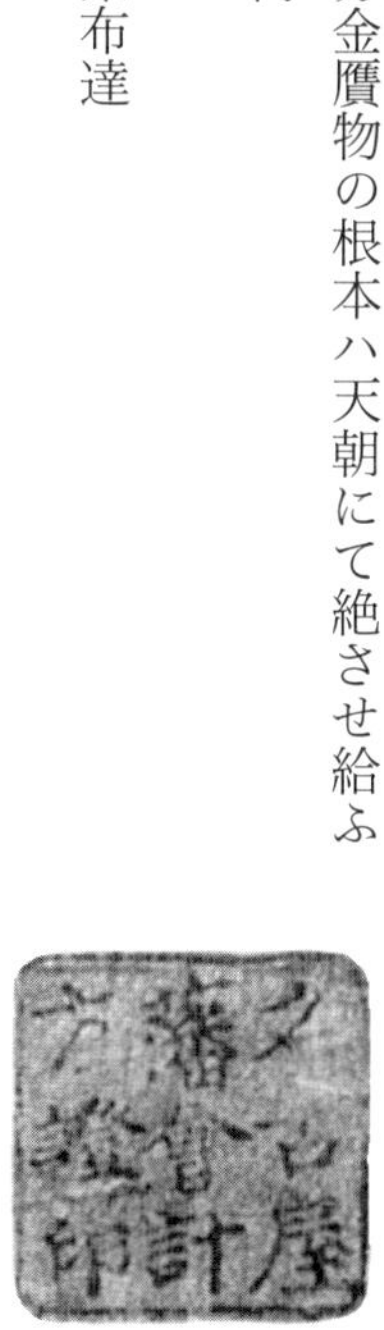

名古屋藩会計方証印

通用引替差支無之筈ニ候事

一銭札通用差留候節ハ前広に触示置引替可遣筈ニ候間　此段も心配なく可致通
　用事

右之条々相心得へく事

右之趣村々社寺始小前末々ニ至迄不洩様可申聞　廻状村下江令請印刻付ヲ以至
急順達　留村ゟ可相戻者也

九月晦日　暮六ツ時出ス

御役所

伊那県

今般別紙之通り当国一般為融通銭札製造御発弘相成　就而ハ過日御許容相成候
村々限り之銭札兼而申聞置候通り令停止候条　其旨相心得来十五日ヲ限り村役
人手元ニおいて引替可遣候　尤引替済境可届出者也

九月晦日

伊那県

御役所

飯島町　北割　南割

本郷　小平　前沢

大草（御料）　同村四徳　外ニ六十二ケ村小塩洞迄

○明治三年正月　伊那県信濃全国通用銭札停止引替触

全国通用銭幣之儀正月二十日限停止之筈　正銭楮幣取交追々引換候事
一村々ニ於テ取集　県各局　各藩区別相立封シ之上引替所へ可差出事
一各藩之分預り置　其極印元江掛合引所へ可差出事
一各藩之分預り置　其極印元江掛合引換済之上　代幣可相渡事
右之条々相心得　社寺幷小前末々ニ至迄不洩様可相達者也
正月　伊那県
御役所

（資料集　信州の紙幣）

当時通用の金貨といえば幕府の製造した二分判金が中心で流通しており、資金力のなかった明治政府は贋金の二分判金や政府紙幣の太政官札の十両、五両、一両、一分、一朱札の発行で財政を賄っていた。この太政官札は大札が多く、また二分判金は贋金の存在が知れると不通用となっていった。幕末の開港による物価高から始まり、戊辰戦争に続き贋二分判金の不通用は新政府への不信や騒動となり、更に物価を押し上げ、銭不足を招いた。この銭不足により飯田領では打ち壊し等の混乱に発展していて、その小銭不足と贋二分金の解消対策として信濃国の全国通用札を一万石に千五百両目処として松本にて銭札一貫二百文、六百文、百文札の三種類を製造、明治二年九月に発行されたが明治二年十二月の藩県札の禁止令により、明治三年七月末には通用停止となった。政府は明治二年十一月に太政官札の大札を補うために民部省札の金二分、一分、一朱札を発行した。

このようにそれぞれの立場で明治政府の放った贋金の対策は取られたが、最終的に多くの損害を出したのは一般庶民であった。また、これら信濃全国通用札は贋二分判金による不通用への対策と太政官札（大札）の発行による小銭不足と両対策であるため、札はそれぞれの藩、県、局の石高によって発行高は決められたので尾張藩内の札の発行理由とは少し違いがある。尾張藩の場合は贋二分判金と札との直接の引換えであり、贋金の数量に見合った金高の発行が行われた本来の贋金回収札といえる。

◇──名古屋の商方会所札

一旦は止まったはずの札であったが明治初年に尾張名古屋で発行された商方会所札という札があり、それは二種類が確認されている。一種類は巳九月とあるので明治二年九月の発行で銀三匁七分五厘、銀二匁、銀一匁、銀五分であり、他方は午とあるので明くる明治三年三月の発行で銀三匁七分五厘、銀一匁、銀五分札の七種類が確認されている。商方会所札は市中一円の通用が目的と思われ、「米穀屋、焚味噌屋、酒造屋、塩屋、油屋、薪屋」の商人裏判となっており、三年札には「名古屋」と追加されている。

○明治元年

金札之儀小札ハ払底　拾両　五両札ニ而ハ御用代渡方差支　於在町も不融通ニ御座候付　壱両　壱分　壱朱位之預切手製作仕　右切手丈ハ兼而金札御金場又者農商会所ニ備置　引替方無差支取計　上納金を始金札同様之取扱ニ仕候方可有御座候半哉奉伺候

十二月

地方懸り初江付札

書面之通可有御取計候　其内小切手有之商法江付御開業ニ差障り等有之候次第ニ至り候節ハ　兼而備置候元金札を以即座ニ引替　右小切手被廃止行届候様心得可被置候

十二月

御国産懸江札

書面之趣を以申談候

十二月

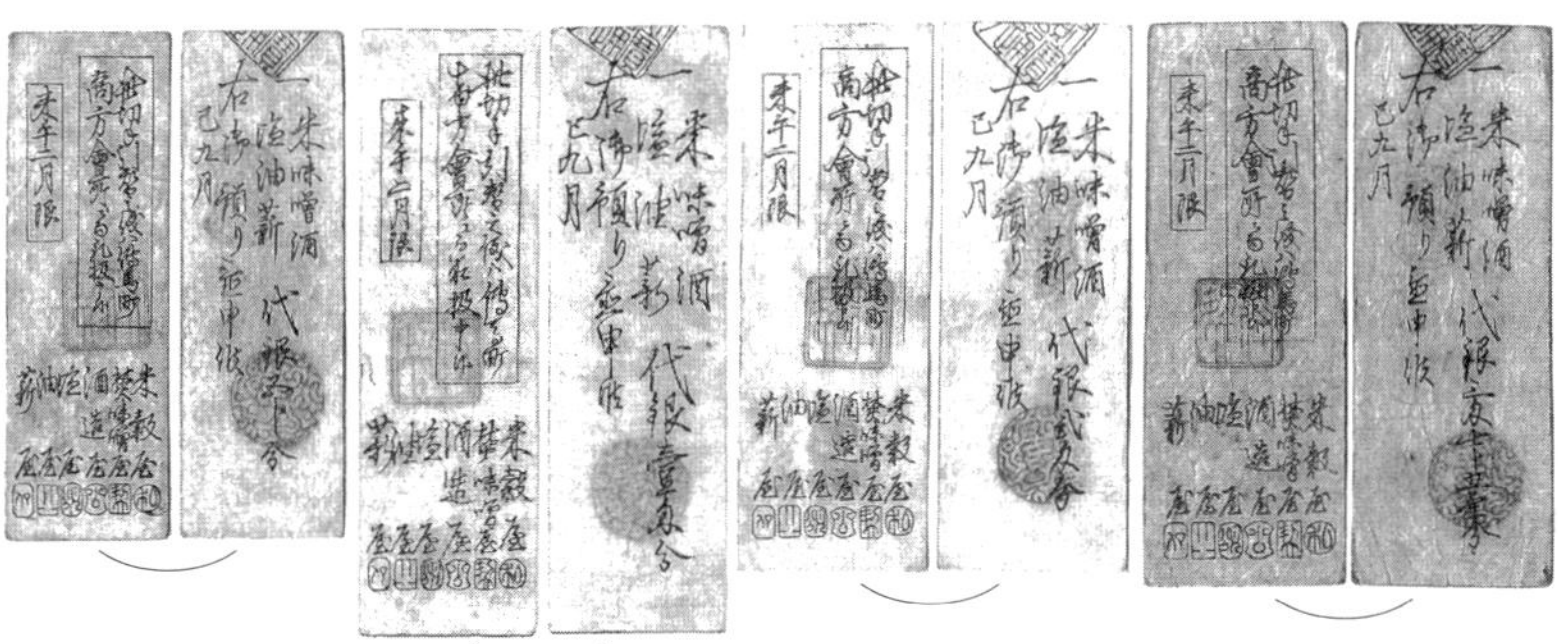

明治二年　商方会所

銀三匁七分五厘　銀二匁　銀一匁　銀五分

右御年寄衆江御一覧被入候上御仕払

（御勝手御用留　徳川林政史研究所　尾張徳川家文書、愛知県史　資料編二三）

当時　金銀取遣共差支之次第有之　世上一般迷惑仕候　折柄に付　私共相対次第金銀預り置　右預り書を以て大坂両替屋振込金預り書之振同様　世情取遣無差支様取斗方行届間敷哉之趣　御尋被為在　尤も官府おいては聊かも御関係不被遊　更に御委任之筋との御儀等　承知仕候□被行候節は　金銀請取渡等不容易手数　且つ締に付ては末々之儀迄も深く勘弁仕置不申候はては不相成　何分何れも多端之折柄　心配至極に御座候得共　世上一同之弁利　御国中繁昌之基と可相成も難斗候付　段々申合等仕候処　往々迷惑筋にも不相成様之儀に御座候はば　如何様共尽力可仕　先々試之為　細細と穏便に取行可申哉と奉存候

就夫　仕法立之儀　凡之次第　箇条書を以て申上候

一　預り金拾両以上之分は一々相認　預り主宛名付にて預り書差出候事

一　同壱両以下之分は　兼而切手に取調置相渡遣候事

一　右預り書を以て　諸上納幷に仕払に御立被下候事

一　預り金請取に来り候節　請取人幷に通用□利子付　私共封金を以て相渡し
　上納にも御立被下候事

一　上納に相立居候預り書　金子と御引替之節も封金を以て上納之事

一　若し贋切手等出来仕候節之取斗方　兼而被成下置度　大坂両替屋おいては贋預り書持来之節は眼前にて消捨　聊かも違論無之由に承知仕候　右等之

振にも可仕哉　奉伺候事
一　発行之節は御触流にも可相成哉　又は漸々に流布為仕可申哉之事
一　拾両以上預り書之儀は　全く相対之私事に当り候付　子細も有御座間敷
小切手之分は尤も預り書之交刻込置可申候得共　通用切手に類し候筋に付
一応朝官に御達可被遊哉　御吟味被下置候事
　但　預り書切手共　雛形取調次第御達申上候事
右之通に御座候　猶　此上愚行之趣も御座候はば追々御達可申上候　以上
　巳五月
岡谷惣助
伊藤次郎左衛門
関戸哲太郎
（名古屋叢書　御国産御用留）

文頭に「金銀取遣共差支之次第有之　世上一般迷惑仕候」とある。これは当時、贋二分金が横行しており、人々は二分金の受け取りを嫌がり経済は行詰まり混乱していた。つまり、流通の要であった金貨の二分金が不通用となっていたので我々で金銀を集めてそれを預り、十両以上は「預書」をもって諸上納や支払い等に使用通用させようということである。一両以下は小切手を造り通用させるように計画している。また、当時幕府の発行した貨幣がそのまま通用していたが、その二分金が不通用となり、それに代わる新政府発行の太政官札は、十両、五両、一両、一分、一朱と大金が多くその通用は小銭不足をもたらしていた。

以下は尾張藩御用達、筆頭三家のうちの関戸家の御国産御用留である。慶応四年四月に朝廷が商法司を置くと、尾張藩は同年十二月勘定奉行所に国産懸を置き、藩からの貸渡し金と商人の資金をもって関戸哲太郎、伊藤次郎左衛門、岡谷惣七*を国産用達総裁として国産の振興を図ることとした。当然ながらこれには多くの名古屋御用達商人も参加して盛り上げた。慶応四年の戊辰戦争のさいに新政府軍の軍資金不足から贋金の二分金や天保百文銭が流布した結果、贋二分金の存在が世間に知れわたり庶民は正金の二分金と贋二分金との区別がつかず二分金を嫌い不通用となったため、この二分金が不通用のままでは通貨不足となり経済は縮小するので尾張藩としても国産振興がなり立たず尾張国内の通貨通用の安定化を図るために「預書」「小切手」の発行に踏み切るのである。

明治二年六月には尾張藩は藩籍を奉還して名古屋藩となり、尾張徳川家は藩知事となる。

御国産方御勘定所

諸侯摸通之為　金銀預り置　右預り書を以て通用致し候様取斗方之儀　御談被為在　其砌　夫々箇条を以て勘弁之趣　中上置候処　盆前御呼出にて弥々発行可仕との御儀　其内　小切手之分雛形　暫く模様相替御達中上置候付ては差懸り候処　切手之分は御吟味之上に仕　先々相対次第預り書之方取斗可申哉と奉

*岡谷惣七——岡谷惣七真棒。笹屋七代目、慶応三年（一八六七）没。

存候　仍て預り書之印章　別紙之通　取調御達申上候　弥々右之通り取斗可申
儀に御座候はば　印形彫刻も可仕　幷に書前御達申上置候箇条等之儀　為御触
にも可相成哉　此段　御伺旁々御達申上候　以上

巳七月

岡谷　惣助
伊藤　次郎左衛門
関戸　哲太郎

（御国産御用留）

明治二年九月十六日
町奉行所で御扶持二人分下しおかる
諸切手懸りを命ぜられる
同役岡田小八郎　始十四人　弐万四拾七両出来

（尾張の和菓子を伝えて（両口屋是清の三百五十年）年表）

預り書、小切手ができて九月には運用が始まり、名古屋の銘菓を伝える両口屋も町奉行所御用達として諸切手懸りを仰せつかり、御手当として扶持米を二人分貰っている。商方の小切手の発行金高は二万四七両となっている。ただし、この切手の二年札は三年札に比べ残量は少なく簡素で「漉かし文字」も無かったので贋札が多く残されている。特に三匁七分五厘は時折見る機会はあるが十中八九が贋札である。二匁札、五分札はなかなか見られない。三年札は漉かし文字に名古屋の「名」の字が入るがやはり贋札は発見されており特に三匁七分五厘に多い。

明治二年十一月　諸事書上ケ留　商方会所

（中略）

（朱筆）
「〇印」覚
一御切手紙透立　右者是迄之振を以天地四寸五分横巾壱寸三分ニ而漉立紙御切手拾弐枚続漉上ケ

但　天地不切

拾枚ニ付
代銀六匁五分五厘

薄色漉立
拾枚ニ付
代銀六匁七分五厘

右之通立入漉立可仕候

巳十二月

笹屋幸蔵*　印

御切手懸り

乍恐御伺奉申上候御事

諸色配符之儀　先達而ハ金弐万千五百両余出来候処　兎角払底ニ而追々引替方申出候得共不行届ニ付　此度之儀金五万両程も相拵候ハヽ、如何様共融通可仕奉存候付　乍恐御伺奉申上候　以上

五月

諸色配布懸り之者共

（朱筆）書面製造増之儀ハ不相成候　六月

（朱書）御触面之写

当時通用諸色切手之内壱匁分今般製造相成候　諸色配符ト引替相成筈ニ付　所持之者ハ来ル八日より商方御用会所江切手持参配符ト引替可申候　就而ハ是迄之切手停止日限之儀ハ追而可申渡候間　夫迄ハ諸色切手配符共取交無差支通用可致候

＊笹屋幸蔵――笹屋（岡谷）惣助分家。

右之趣無急度及通達候事
午七月五日　　惣町代
（愛知県史　資料編二三）

○明治三年

御城下通用　米　味噌　塩　油　薪　壱匁分之配布　去月中引替之筈候処
在中ニハ未不引替罷在候者も有之哉ニ相聞候付　在中而已当月中引替之筈候条
右様相心得　所持之者ハ早々引替会所え持参可引替候
右之趣村中不洩様可相触候也
午十月
（一宮市史　資料編九　明治三年）

明治二年九月に発行された米、味噌、塩、油、薪の一匁札が三年七月からの引替えで九月中に引替えが終わるところ、未だに引き替えない者がいるので当月中（十月中）に会所で引き替えるようにという御触である。小切手には「午二月迄」とあるので期限を大幅に遅れての引替えとなる。

先般関戸哲太郎初おいて出来方為取斗候諸色切手三匁七分五厘　弐匁又は五分
分切手之儀引替可取斗筈相成居候処　右可取替諸色配布此節出来揚候付　伏見

町壱丁目同人控屋敷おいて来十九日ゟ来月十日限引替取斗候筈候間　当月二十九日迄ニ市農共役前之者手前え取集　限日内都合次第右控屋敷え差出シ引替可取斗候

　閏十月

（一宮市史　資料編九　明治三年）

一匁に遅れて約四ケ月後の触書であるが三匁七分五厘、二匁、五分切手の引替えである。「右可取替諸色配布此節出来揚候付」とあるので新切手との引替えであることがわかる。

閏十月十九日より十一月十日までの引替えであり、一匁札より遅れての引替えである。三年札の表記には「午三月」とあるが閏月があるので八ケ月遅れの改札の発行であることがわかる。この新札の三年札は三匁七分五厘、一匁、五分の三種類が現在残り札として確認されている。二匁札は実物が無いので三年には発行されず三種類の発行であったのであろう。

（中略）

諸色配符勘定帳

覚

一銀八拾弐貫五百四拾弐匁　配符百三拾三万九千九百六拾八枚代

　但シ配符紙壱枚代六厘壱毛六

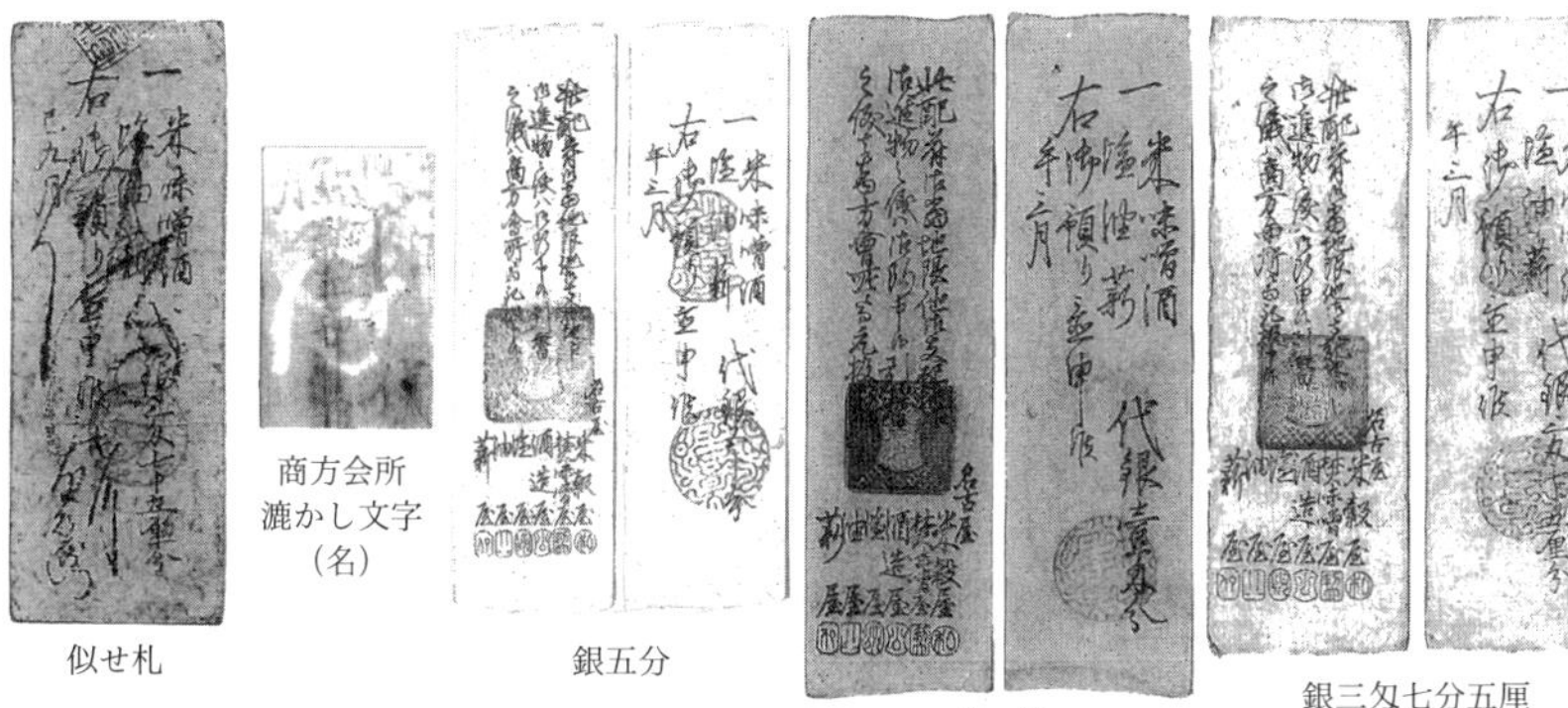

似せ札　商方会所 漉かし文字（名）　銀五分　銀一匁　銀三匁七分五厘

明治三年札

一銀拾八貫百弐拾壱匁弐分五厘　黄木判九面幷ニドウサ引裁手間　摺手間代共
一銀八百四拾匁　象牙之角印三ツ
一銀百五拾匁　水牛丸御留印三ツ
一銀三貫八百四拾匁七分八厘　裏印押手間
一銀三貫七百五拾匁　手伝三人　三百七拾五人　但　壱人拾匁ツヽ
一銀百九拾弐匁五分　裏印御留印共　判直し代
一銀壱貫八百八拾九匁三分五厘　朱幷ニヒマシ油艾　松煙肉色切代共
一銀百四拾五匁　帳面幷ニ大半紙　半切遣ひ紙共代
〆銀百拾壱貫四百七拾匁八分八厘
此金千八百五十七両三分五匁八分八厘

右之通御座候

明治三年庚午年閏十月

伊藤次郎左衛門　切手懸り者共
笹屋　幸蔵
中村屋　治助
中野屋　五助
経師　庄吉
蝶屋　弥三郎
松屋　理兵衛

梅屋　善助
小島屋　忠助
彦助

乍恐口上覚

諸色配布壱匁分引替高内金弐万両ゟ御預り申置候処　会計局ゟ借入調達御談御座候ニ付　外々江相廻し置候而者引替節差支ニも相成候哉に奉存　手難キ御局江調達致置候ハヽ間に合可申哉与奉存　金弐拾万弐千百両内八千両者表向配符引替　伊藤次郎左衛門ゟ壱万四千百両者外々ゟ伊藤次郎左衛門取次調達ニ相成居申候　右之金子御下ケ無御座候付　是迄引替金三家ゟ持寄迷惑仕居申候　何卒急々御下ケ相成候様仕度此段御順願奉願上候　　以上

配付懸り

申正月　　伊藤次郎左衛門

市井局　　御局

明治五年四月　諸色配符切手の引替え期限につき愛知県より布達

諸色配符切手之儀　兼而引換方旧県之節相達有之候処　今以引換残り流通いたし候趣甚不都合ニ付　当廿日ヨリ五月廿日迄ニ左之ケ所おゐて為引替候条　若

右期限後ニ相残り候共一切不為引替不通用たるへく候条　組合村々幷貫属社寺之輩江も無洩早々可申聞候　此廻条調印之上従留返納可致者成
一　一両札ハ　元商方会所ニ而
一　三匁七分五厘　五分札ハ　元農方会所ニ而
壬申　四月十九日　　愛知県庁（印）
（明治五年）

（愛知県史　資料編二三　貨幣の再編と藩債処分）

尾張藩は慶応四年十二月勘定奉行所に国産懸りを置いて国産振興を図るが、その資金として貸下されたのが新政府からの太政官札で、千二百七十三万両が石高割貸付で一万石に一万両の勧業貸付が行われた。国産振興と領内の通貨流通安定化のために府下商人の信用の元に「預札」「小切手」が明治二年九月に発行され、同三年七月と閏十一月に新札と引き替えられるが、十二月には名古屋藩の支藩である美濃の高須藩と合併、同四年七月になると名古屋藩から廃藩置県により名古屋県となり、十一月になると永く尾張藩を支えた商方会所、農方会所も廃止となるなどして商方会所札の役目は終わった。壬申四月の御触にある一両札とは明治三年に発行された農商会所、収納米代先納預札のことであろう。このようにして明治の商方会所として発行された札は回収され終了となった。名古屋市中の贋二分金対策もこの中で行われたことであろう。

◇——明治三年発行、五両札と一両札

慶応三年に大政奉還が徳川慶喜によって行われ、明治新政府が樹立すると翌慶応四年（明治元年）にはその新政府によって尾張藩領から犬山藩の三万五千石、今尾藩の三万石の分離独立が認められた。そして、明治二年の六月には版籍奉還*に伴い藩主は藩知事となり、尾張藩は名古屋藩と名称を改めた。

明治二年十二月五日　布告

先般布告セシゴトク　追テ新貨幣ヲ鋳造シ　皇国内ノ金銀貨幣ヲ改正シ　昨年施行ノ紙幣ハ追々引替ルニヨリ　諸藩ニ於テ旧幕府ヨリ許可ヲ受ケ従前製造セル紙幣ハ　以来其数ヲ増益スルコトヲ禁ス　因テハ是マデ製造総高取調　来年ノ二月中マデニ大蔵省ヘ届出ヘシ　且ツ維新後府藩県ニ於テ紙幣製造ノ向ハ以来通用ヲ停止セシム

（明治維新　藩札盛衰記）

旧幕府製造の金銀貨幣から新貨幣を鋳造するので、昨年発行の紙幣はいずれ引き替えるが、幕府から許可を得て製造の紙幣は増刷を禁止すると同時に流通紙幣高を

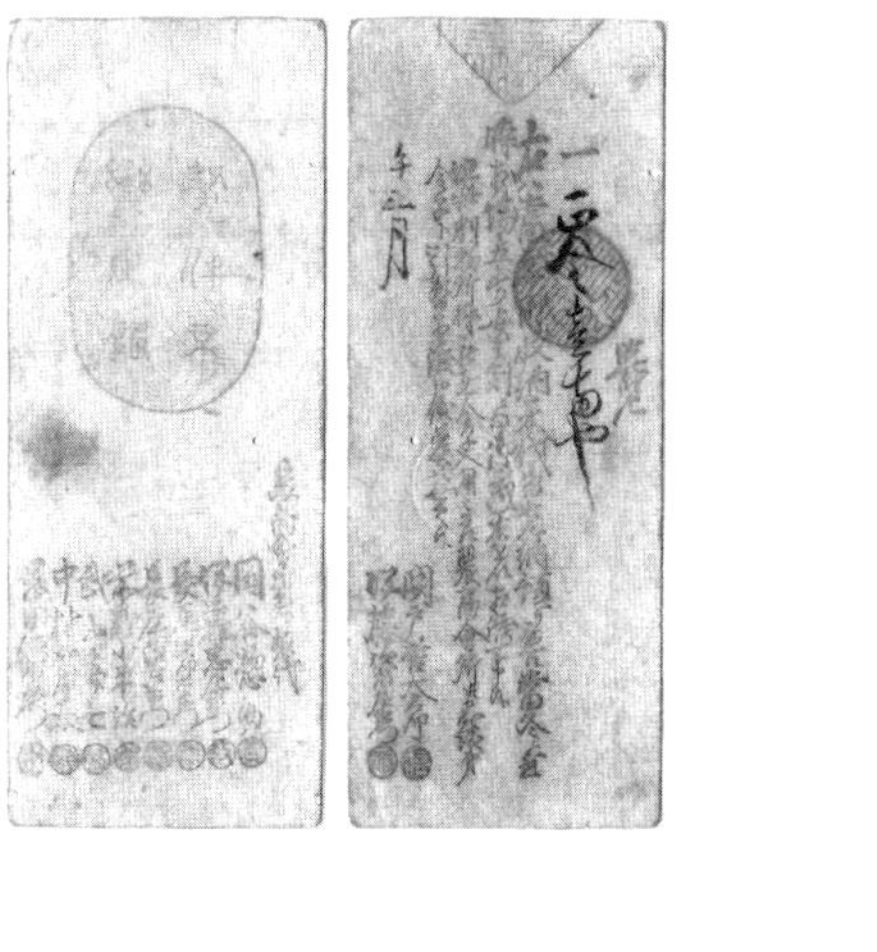

明治三年　一両札

＊版籍奉還——明治維新後も諸藩が所有していた土地（版）と人民（籍）の支配権を朝廷に返還したこと。

来年二月までに報告するように、また、維新後製造の紙幣は通用停止にするようにとの御触である。(昨年発行の紙幣とは太政官札のことである)

明治三年

関戸哲太郎　伊藤次郎左衛門ニ而　当年御収納米代先納金引受　正金五両と壱両と両様之預書出来　金子取集致上納　当冬ニ至り御蔵米を以訳立相成筈ニ候付而ハ金融之為自己取引無差支様相心得　尤金子入用之節農商会所ニ而引替相渡候義差支無之筈候

午四月

(一宮市史　資料編九　明治三年)

関戸哲太郎、伊藤次郎左衛門の本年の収納米、つまり明治三年の収納米を担保にした先納金の引き受けであり、収穫できる米を担保に二人から名古屋藩が金子を借りるということである。そして米が収穫でき、冬になり相場が立ったのなら米相場をもって収穫米である御蔵米にて決済するとの仕様であるが、金子が上納により世情の取引金融不融通混乱を招くので正金五両と一両札の預書を造って流通させるというのである。実質は藩の負債であるにも関わらず、明治二年の十二月には新規藩札の発行の禁止令が出ているので藩札としての発行はできず、農商方扱いとして関戸哲太郎、伊藤次郎左衛門に振替発行させたのである。米切手(藩札)も享和三年からは農方、商方の御用達が運営していたので藩としてはそのつもりだったのであろう。慶応四年から始まった戊辰戦争は多くの軍用金を要し藩の出納方の資金繰りは悪化し窮したのであろう。

壱両札の表面の内容

「　　覚
一　正金壱両也
右ハ當年御収納米代為先納預り置候當冬ニ至
時相場之五歩安之割ニ而御蔵米を以相渡可申候
　但此判物所持罷在金子入用之節ハ農商会所江申出次第
　金子ト引替相渡候儀差支無之候
午三月
　　　　　　　　関戸哲太郎　　㊞
　　　　　　　　伊藤次郎左衛門　㊞　」

一両札裏面の「赤色」の渦巻き印の中には「契伴不変之記」とあり「農商会所懸り総代、岡谷惣助、伊藤忠左衛門、」以下八名の連名でなりたっている。五両札も同様であり、正金が必要の場合は農商会所で引き替えるとしている。また、冬の相場の五分安をもって相渡すとあるのでこれが利息代となる。もともとこの先納金の制度はあり、春先に先納金を受け取り、収穫した御蔵米の相場をもって清算し差引勘定のうえ、その切手（証書）をもって納米するという制度であった。

当年御収納米代先約金　関戸哲太郎始預品物之儀　預証書と引替取斗当冬ニ至リ相場立之上訳立取斗筈候間　銘々所持之判物金高百両以上右証書と引替　百両未満ハ金子と引替積心得　其内小金高ニ而も組合百両已上ニ都合之分は尤証書と引替方差支無之候間　其段農商会所え迅速可申出旨　民政権判事衆被申聞候間此旨相心得即刻廻達留ゟ可返者也

九月十日

（一宮市史　資料編九　明治三年）

九月に入り、相場が立ったので引き替える。百両以上は米代預り証書と引き替え、百両以下は金子と引き替える。組んで百両以上にした者も預り証書と引き替えるとしている。

当年御収納米代先納判物之儀　当十一月朔日ゟ同十五日迄ニ御蔵米概相場を以左之御直段ニ而来月朔日ゟ関戸哲太郎　伊藤治郎左衛門おいて御米相渡筈候

概相場壱斗弐升九合ニ五分安　夕已下刎捨

両ニ壱斗三升五合　　引起

右之通ニ候得共所持罷在候者共摸通之為御年貢米之方え相納度者共ハ摸通次第

之筈候間　右年貢米之方え相納候分ハ　御払据米之見通を以五分安ニハ不相成
概相場之儘左之相場ニ而納と相立候間　関戸　伊藤両家え其段申添切手差出し
候得は請取手形相渡筈候間　右躰取斗度者共ハ前以一応当出張所へ伺出可申候

両ニ壱斗弐升九合

右之通承知上刻付を以先村へ早々相廻納村ゟ可返者也

午十一月二十三日　　　　清須出張所

（一宮市史　資料編九　明治三年）

米代先納判物は十一月一日より同十五日までに御蔵米の相場で来月一日より関戸哲太郎、伊藤次郎左衛門にて米を渡す。

米相場は一斗二升九合としている。これを五分安で計算すると

129÷0.95＝135.7894…となる。

よって、一斗三升五合となる。利息は米六合である。

そのまま年貢米として納める者は五分安とはならず、一斗二升九合とするとしている。また、切手をそのまま出しても受け取りは出すとしている。

去午年御収納米代先納判物之儀　関戸哲太郎　伊藤治郎左衛門おいて引替取斗候分残判物　当六月十五日限り引替之筈ニ候間　持合之者も候ハ、同日迄ニ農方会所え持参引替候様可致候

本文判物と申ハ関戸哲太郎初引受之金札二候事

右之通夫々承知之上

未六月八日

清須出張所

（一宮市史　資料編九　明治四年）

引替え始めから六ケ月過ぎても引替え残りが多かったようである。実質の引替えも始まり信用力と共に使い勝手が良かったのであろう。六月十五日限りの引替えとしている。未年は明治四年で九月に入れば廃藩置県となる。名古屋藩から名古屋県となる。現在においてもこの一両札はまま見られるが五両札は噂はあるが見られない。残り札が多いことは結局は米や金子と引き替えられなかったので藩側の利益となったのである。明治三年三月から通用の始まったこの金札は明治四年六月十五日までの一年三ケ月の通用となるが、最終引替えは明治五年五月二十日の諸色配符切手の停止令のときであろう。

◇――犬山藩札の通用

ここからは、犬山藩札の通用についてである。基本的には犬山の御殿様であった「成瀬家」が「徳川家康」から尾張徳川家の御付家老を仰せつかり、犬山城下の町々を含む周辺の村々、他、飛び地を拝領したのであり尾張藩に属した。途中、正寿（まさなが）の時代に独立運動もするが認められず、明治政府により慶応四年一月「独立」を許され、「犬山藩」を立藩するも完全独立とはならず尾張藩とのつながりは続くことになる。明治二年六月に藩籍を奉還して藩知事となり、更に明治四年七月には廃藩置県により犬山県となったが、十一月には名古屋県と合併と目まぐるしく変わり、明治五年三月には愛知県となったのである。愛知県となると同時に犬山の町は稲置と称した。

（参考：犬山市史　資料編三／尾張藩漫筆）

「犬山藩」の藩札は以上により、明治政府から独立を許された慶応四年一月から明治五年三月までのわずかな間の発行となるが、犬山藩の御触書による発行の記録はいまだに発見されていない。けれども周辺の状態からはおおよその見当はついていた。その中にあって当時、犬山藩領の飛び地であった尾張愛知郡下之一色村（しものいしき）の資料のなかに「犬山」の記述が出ているので参考にしながら紹介していきたい。資料は「明治二年　銭札引替帳」「下之一色村　七月」と表した下之一色村銭札の出入りを記録した長帳である。一枚めくると表紙裏面に下之一色村の村札の見本台帳となっており「五百文、三百文、百文札と引替え、引受人の印判」が押してあり、そして次頁は元札の額面別の数量、総金高が記してあり、七月二十九日の日付けを始めに「村札の貸し出し、切賃、返金記録」となっている。九月に入ると下之一色村札と共に「明治二年九月三日始メ」として「犬山札拾五両、九月七日犬山札拾両」と初めて出ており、飛び地での犬山札とは犬山藩札と考えることができ、それが犬山藩札の通用の始まりとなるので犬山藩札の発行は明治二年九月となる。
以前、犬山藩札の百文札に墨書きで「午」と記した札を確認していたので、この場合の「午」というのは明治三年が午年に当たるので明治三年以前であることは想像できていて、そして、近辺の札発行状況から明治二年九月頃とは考えていた。御触書の発見がない中、この下之一色村の資料はその思いの裏付けであり「明治二年九月始メ」が現在唯一の資料であるのと、他、尾張札の多くが明治二年九月発行なので現行ではここに置きたい。

（参考：明治二年　銭札引替帳　下之一色村　資料提供　神野良英氏）

さて、犬山藩札にはどんな種類のお札が存在するかといえば厚紙で「乾」の「漉かし文字」が入った「百文札」と、障子紙のような薄紙でできた「百文札」と「四十八文札」（表記は四十八文であるが九六銭勘定で五十文通用となる）の二種類がある。漉かし文字の入った百文札は犬山城下の有力商人が引替え引受人となっている。薄紙の百文札と四十八文札は大曽根、下之一色、亀崎、成岩の飛び地村名が入り、それぞれの飛び地の有力者が引替え引受人となっており、漉かし文字は入っていない。この「乾」の漉かし文字は「いぬい」で犬山の「犬」を表しており、「乾山」（けんざん）と書いて犬山と読み、それを漉かし文字として利用している。
犬山藩札は先の説明のごとき二種類が存在し、この下之一色村資料の「明治二年九月始メ」として流通の始まった札はどの札に充たるかということになるが、札は厚紙の「乾」の漉かし文字の入った「百文札」で、札の引替え引受人は犬山御城下在住の「小島宗賢、大島太平」と考える。その理由は、百文札で見ると表面には「銭百文、犬山藩支配所限通用」とあり、その「犬山藩支配所限通用」の上には「朱の角印」が打ってあり、角印の中は厚紙の方は「出納犬信」とあるが薄紙の方は「犬山県印」となっているからである。四十八文も同様である。よって、印判の文字をそのまま読み取ると犬山藩が犬山県になったのは明治四年七月であるのでそれ以降の発行となるが、犬山藩支配所限としながら印判で犬山県としたのは犬山藩と犬山県の狭間の発行であったことが想像できる。それゆえ、厚紙で漉かし文字のある犬山の請人「小島宗賢、大島太平」の百文札が明治二年九月発行札となる。

　さて、発行の理由はなんであったのであろう。当時、日本全国には時の政府、または一部の諸藩による「贋二分判金」が蔓延しており、その存在が国民や諸外国に知れると、二分判金の受け取り拒否から始まる二分判金の不通用が貨幣不足をまねき経済は大混乱に陥っていた。明治政府はその贋二分判金を引き取ることにしたが贋金として価格を下げ三分の一の価格にし、政府にはそれをすぐに引き替えるだけの資金力がなく当面はそれぞれの「藩」や民間の「有力者」に頼った訳であるが、藩や有力者にしても莫大な正

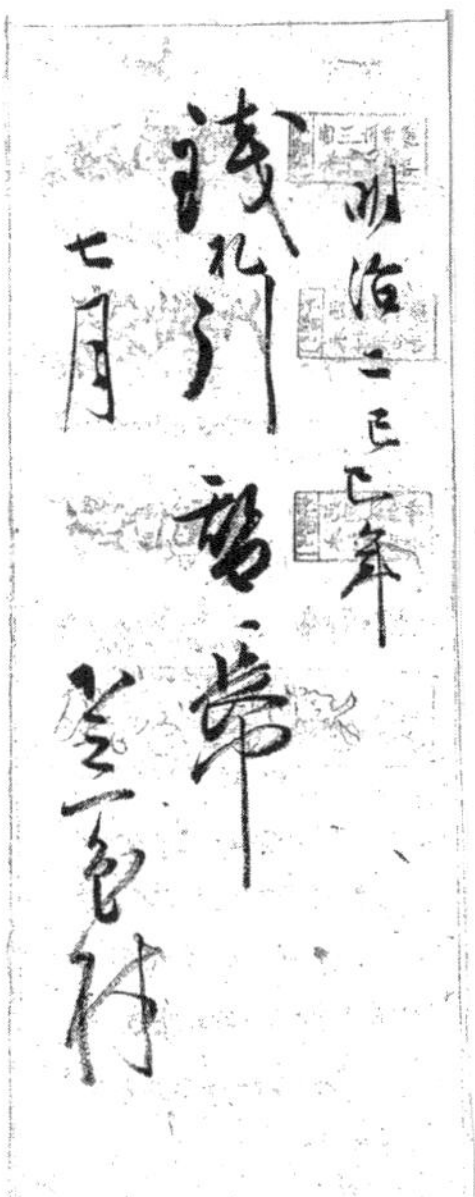

下之一色村　銭札引替帳

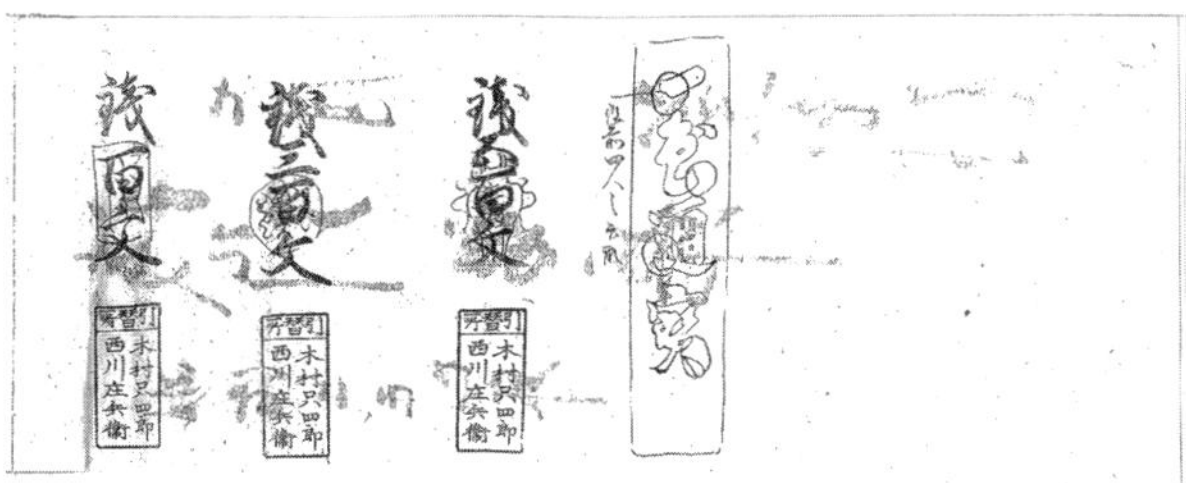

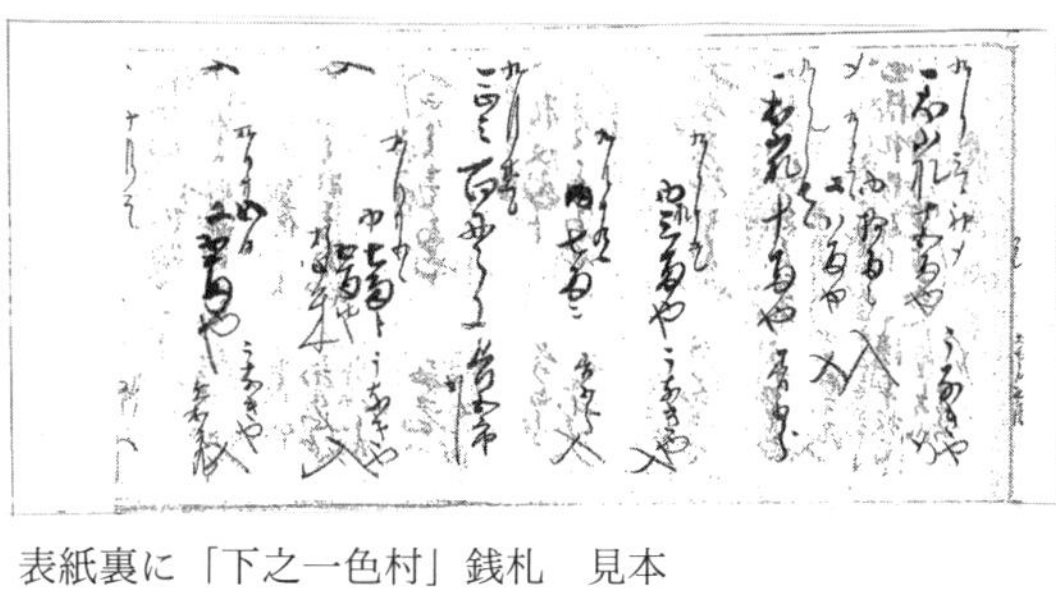

表紙裏に「下之一色村」銭札　見本
九月に犬山藩札

金があるわけではなく「一時の通用の札」の発行で間に合わせようとしたのである。贋金と知らずに受け取った庶民は大損害を被ったのである。名古屋藩の場合は知多郡は除くとして「悪金二分之内」として藩の協力のもと有力者を引替え引受人として札の発行をしているが発行量の少なさから後には農方会所として贋二分金の対策札を発行している。知多郡は除くとしているが、知多郡では知多郡の共通札を作ろうとしたが話し合いでまとまらず村々で組合を作り、組合毎に村の有力者による「札」の発行をしているがその知多郡の資料には「犬山藩は除く」とある。信濃国では「藩、局、県」で合わせ協力して贋二分判金対策用として「信濃全国通用札」を発行している。

当時の札発行には大きくは三つの理由があり、一つは小銭不足、一つは贋金対策、一つは殖産対策である。小銭不足により下之一色村では村札を発行し、明治政府からの殖産対策では明治三年に犬山が犬山商社札を出しており、差引計算で残ったのが贋二分判金対策用である。また、知多の資料では犬山藩は除くとある。

明治二年七月　一色通宝（下之一色村札）長帳の銭札の払い出し。

五百文札	四百枚	二百貫文	二十両（十貫文一両）
三百文札	八百枚	二百四十貫文	二十四両
二十四文札	二百枚	五貫文	二分
五百文札	五百枚	二百五十貫文	二十五両

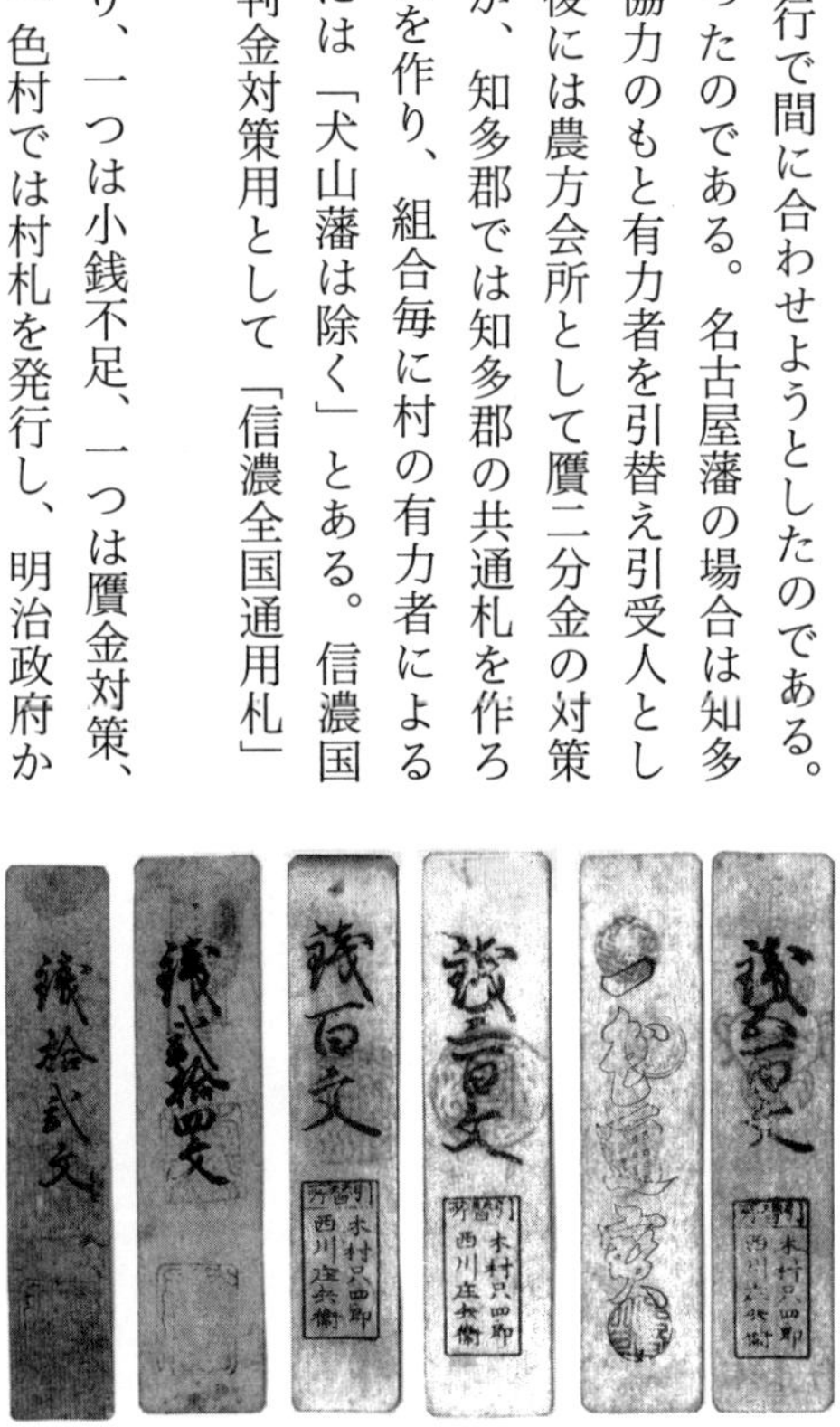
下之一色村札

三百文札　二百四十一枚　七十二貫三百文　七両　三朱四百二十五文
八月
百文札　千八百三十二枚　百八十三貫二百文　十八両一分一朱七十五文
二十四文札　四千百枚　百二貫五百文　十両一分

廃藩置県前後の紙幣関連の御触の内容

明治四年四月四日	楮幣（紙幣の事）の用紙の漉立ての向後差止
七月十四日	紙幣の製造不都合に付　時の相場により追而引き替える
七月十四日	廃藩置県により犬山県
七月十五日	相場の書付　上下あらば相場の平均　相場の布告　紙幣の準備金の報告
七月十八日	紙幣製造の機械を十月までに大蔵省に差出
九月	贋弐分金対策用札の回収
十一月	十一月犬山県と名古屋県は合併
明治五年七月	藩札の引替えの達し　明治通宝との引替え

（参考：藩札盛衰記／豊田市史　年表／犬山市史　資料第三／東浦町誌）

犬山藩札商社札

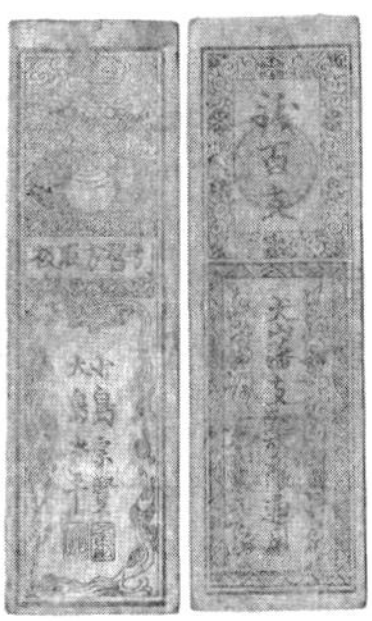
明治二年
犬山藩札

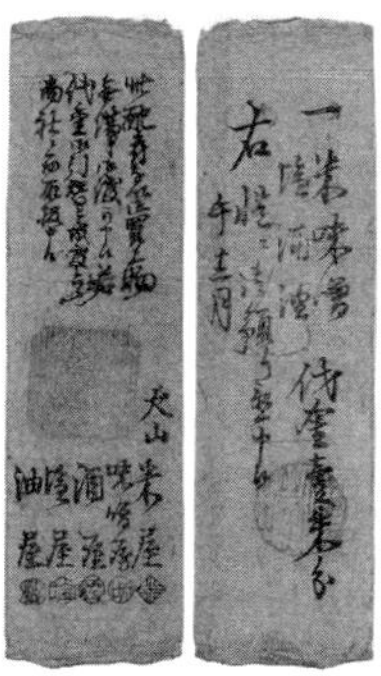
明治三年
犬山商社札

漉かし文字
（乾）

以上の履歴より、一期札は明治二年九月、そして二期札は明治四年九月の発行と思われる。明治四年九月に贋二分判金の回収代金が政府から支払われると、それと引替えに一期犬山藩札は回収されるが、その後も小銭不足は続き、村々は引き続き紙幣の必要性にせまられ藩札の再発行に至る。五ケ月前の明治四年四月四日の政府令により、「乾」の漉かし文字の入った藩札用紙はすでに処分されており、急拵えの「薄紙」を使った「四十八文札」を加え追加発行に至ったと考えられる。その時はすでに二ケ月前に犬山藩から犬山県になっており、犬山県札としての発行はできず見かけは犬山藩として「犬山県」の赤印を押して発行した。ところが同年十一月になると犬山県は名古屋県と合併となり犬山県そのものの自治権がなくなってしまうこととなり、急ぎ藩札の回収となったものと思われる。一年後には愛知県となる。

明治五年明治政府の告知で犬山藩は藩札の資料を政府に上納している。

明治五年一月二十三日告知

旧藩々ニ於テ従来紙幣製造ノ器械幷遣残地紙類ノ東京大蔵省幷大阪出帳出納寮へ差出セル分ハ左ノコトク焼捨ツ

但銅版ノ類ハ取纏メシ後追テ破却

明治四年　百文

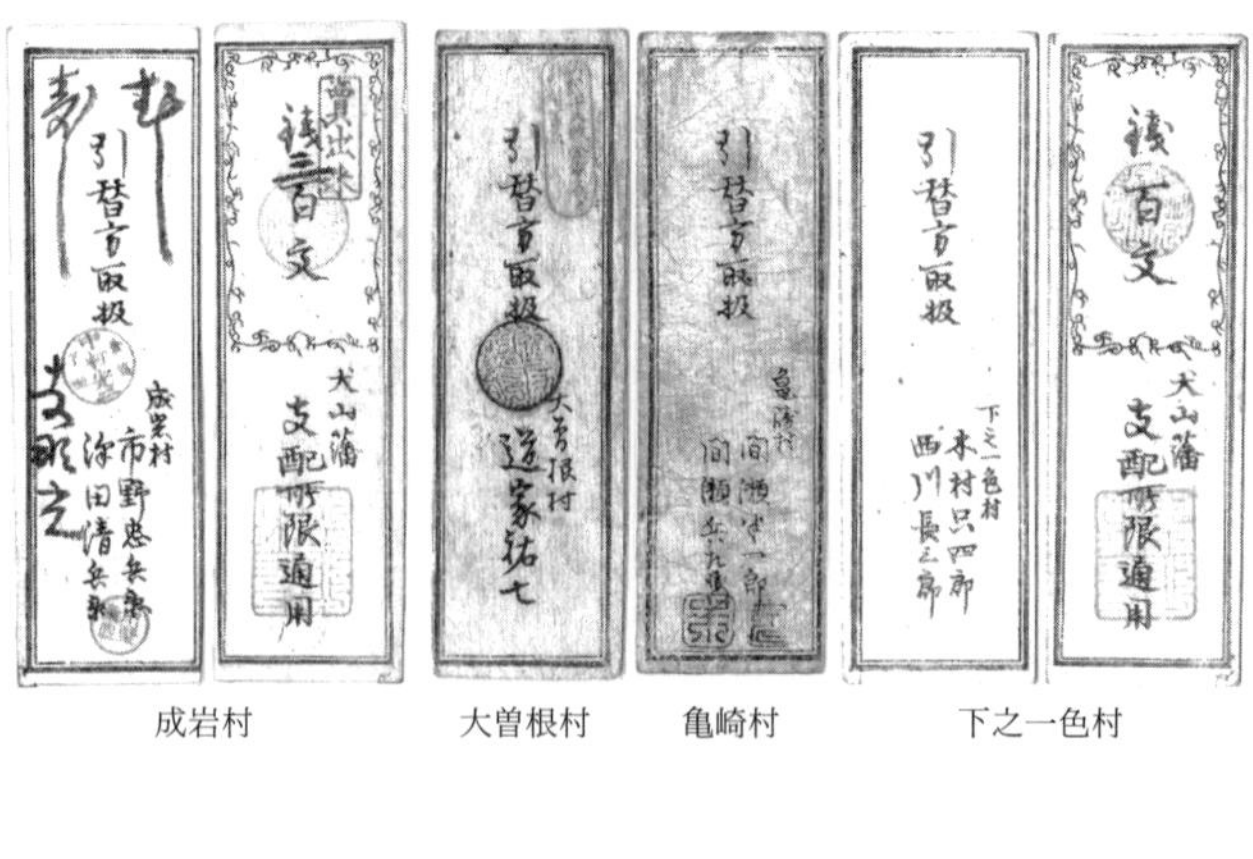

成岩村　大曽根村　亀崎村　下之一色村

金銀米銭札版木合弐千五百七拾弐枚
同印類合三千弐百六拾六顆
同摺掛残紙合拾弐万千六拾壱枚
紙寸定木百七拾七本
紙漉簀カセ布共四拾壱枚
札用裂レ雛形弐

金沢県　鹿児島県　仙台県　豊浦県　柏原県　松代県　西端県　福井県　真島県　勝山県　安志県　福江県　松江県　岩国県　三日月県　西大路県　新見県　大野県　小松県　清末県　延岡県　徳島県　明石県　豊津県　山家県　成羽県　山崎県　柳生県　岡山県　淀県　丸岡県　田辺県　庭瀬県　高田県　豊岡県　飯野県　沼田県　高松県　鴨方県　唐津県　鶴田県　篠山県　園部県　岡田県　久留米県　臼杵県　人吉県　千束県　前橋県　下館県　挙母県　佐伯県　広瀬県　佐土原県　柳河県　母里県　和歌山県　浅尾県　鯖江県　犬山県　舞鶴県　島原県　小松県　大洲県　日出県　西条県　花房県　田原県　芝村県　麻田県　柳本県　岡崎県　宇和島県　高梁県　館林県　三池県　津県　彦根県　鳥羽県　足守県　長島県　峯山県　豊橋県　岡県　亀山県　高取県　大津県　大垣県　松山県　中津県　丹南県　鳥取県　宮津県　龍野県　姫路県　丸岡県

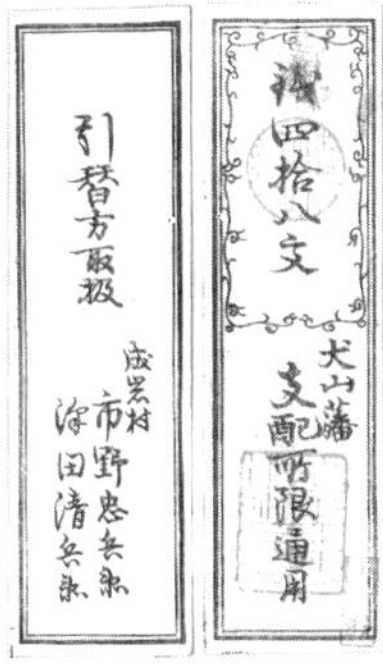

四十八文
成岩村

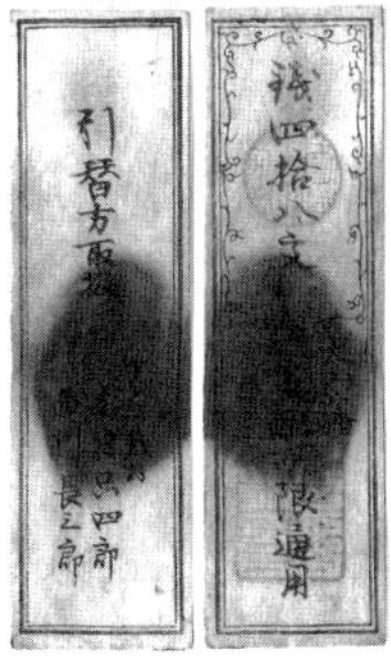

下之一色村

商品札

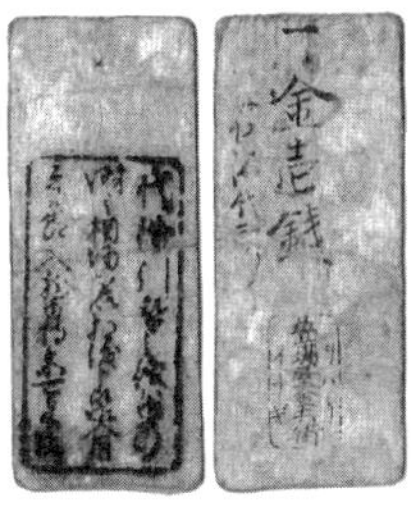
稲置（明治初期の犬山）
犬山中本町豊場屋金兵衛

総計九拾六県旧藩造ノ分
紙漉器拾弐箇　尼崎県管下　紙漉師納
右辛未十二月二十四日　洲崎明神前原ニ於テ紙幣寮検査寮官員立会焼捨ツ
銀札版木拾八組
同摺立地紙一式為金拾八万弐千五百六拾両分　伊万里県
銭札摺掛白遣残紙共拾八万千六百枚　篠山県
右伊万里県ノ分ハ辛未十一月十日　大阪同県邸内　篠山県ノ分ハ同月二十六日・同所出張出納寮構内ニ於テ同寮官員幷県官員立会焼捨ツ
（参考：藩札盛衰記）

以上のように旧犬山藩は犬山県として明治政府に藩札印刷の器械類や資材を納め、藩札も廃札となっていったのであろうことがわかる。なお、犬山にはその他に商社札や産物会所札が発行されているが、これも同時期に回収されたものと思われる。

◇――犬山普請切手

犬山には普請切手という木札があり、その木札は「銀六分、銀一分、銀五厘」の三種類がある。銀六分は四〇×一二〇ミリ、銀一分は三三×九一ミリ、銀五厘は二九×八五ミリであり、銀五厘は銀一分と大きさが同じようなところから間違いをなくすために四つ角がとってある。この方法はよく使われ、額面の小さいものは角がとられている。また札には通し穴のあけてあるのもあり束ねることもできる。

犬山の御城下は御城を北にして南へ本町、中本町、下本町と本町通りが続き名古屋に向かう。東に向ければ旧中山道にあたり善師野宿となり、名古屋からの上街道中山道筋となる。西へは鵜飼町、材木町となり、鵜飼町へは御城大手門侍屋敷から町屋となるが、その点、材木町筋は中本町からの下りで町屋が続き本通りとなる。そして、そこには尾張を護り犬山を護る堀の役目と物流の拠点を成す木曽川があり、その木曽川の堤防は美濃側より三尺高かったといわれ、さらに水の流れを制御する猿尾が造られ守られており材木町川縁にもその猿尾はあった。本町筋は木曽川大段丘の上にあり鵜飼町、材木町は坂下となる。普請切手の発見はその鵜飼町の旧家の蔵からの物であった。鵜飼町（鵜飼屋町ともいった）には徳川家康より木曽から搬出された木曽材の御用を仰せつかり木曽川と木材の管理を任じられた神戸家が居住して屋敷群を構えており、尾張藩御用達、犬山藩御用達であった。木曽材は美濃錦織で筏に組まれ流されるが材木町には材木倉、木材置場があり、その向いには大海家がそれを補佐するかたちで屋敷を構えていた。

鵜飼町には川湊があり、目前は美濃であり中山道の鵜沼宿でもある。渡し舟があることで旅人を始め商人や村人の往来で賑わった。また、川舟による船頭や荷揚げ人足で賑わい、荷は名古屋、大坂の商品や塩などを犬山商人が扱うと同時に東美濃や木曽へと運び、山の産物や漆器、美濃の陶器などを名古屋、大坂、江戸へと運んだ。舟は米も運ぶ。筏への立ち会いもある。鵜飼町、材木町は犬山の物流の拠点窓口にあたり、その犬山は周辺界隈の中心として大いに栄えた。犬山御城下の基本は

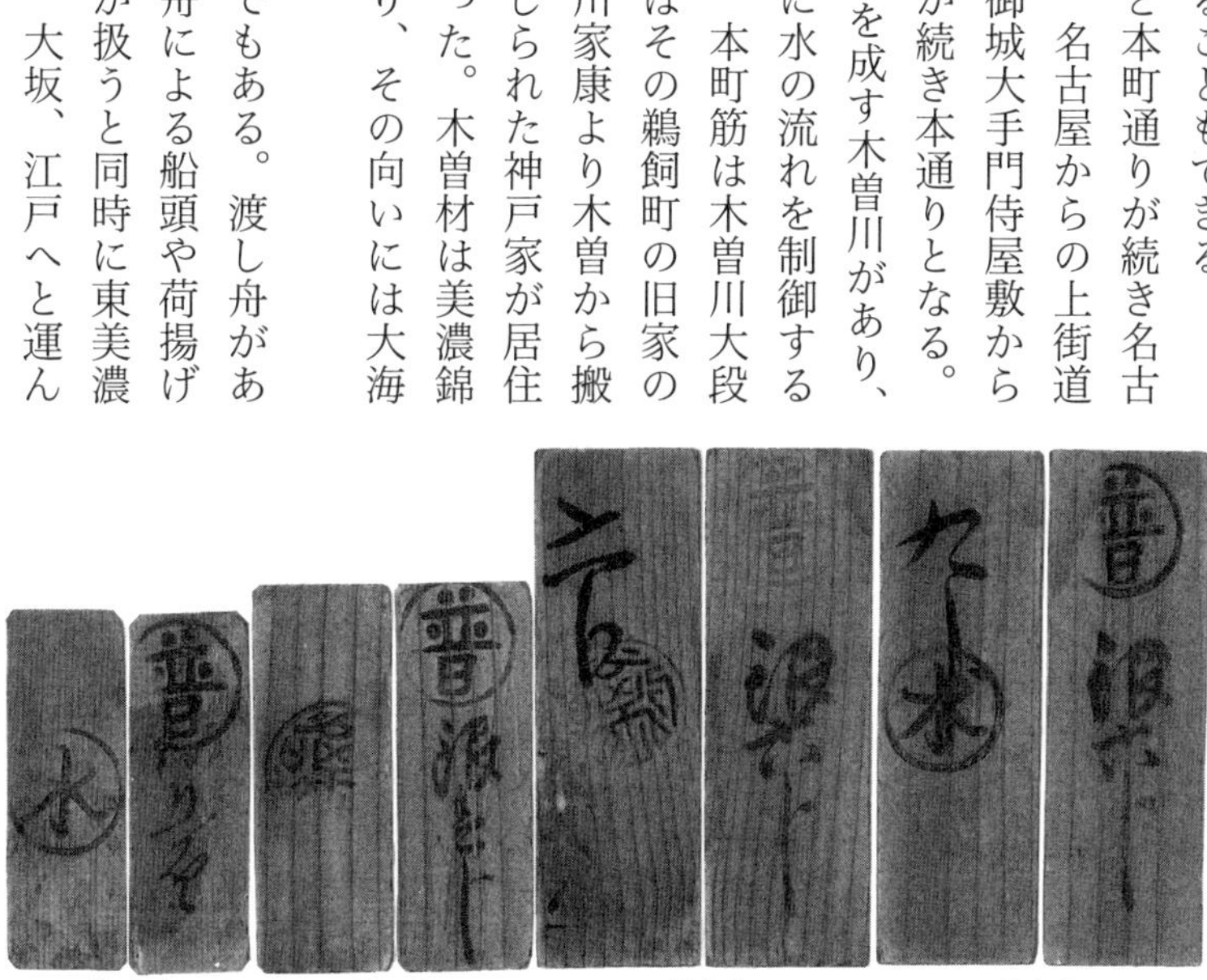

銀五厘　銀一分　銀六分　銀六分

犬山普請切手（犬山鵜飼町　木札）

総構えで成り立っておりその境として坂下木戸で分けられているので坂下は木戸外となるが、馬場町、七軒町には鍵手が設けられ敵からの侵入を阻む防御形態をなすように造られている。同時に各町内は木戸*が設けられ犬山城下の一隅を占めていた。その賑わいは昭和の初めころまで続いた。

さて、木札には(普)の焼印と㊌の焼印、請負または肝煎と思われる焼印とともに印鑑も押されており、㊌、(普)の焼印から水に関連するあるいは普請に関連の物ではないかと思われるが同印両印の物もある。また、犬山藩の関わりなのか尾張藩なのかも現在は不明である。どちらの藩であっても発行には許可が必要で、(普)からは川普請、堤防普請が考えられ、㊌からは船頭や筏夫、荷役人足等が考えられるが両焼印のあるものもあり分けられず、前述全ての関わりかもしれない。川中心で成り立っていた鵜飼町、材木町なので水気に弱い「紙札」の発行はできず、木札での発行に至ったのであろう。また、情報では木札の入っていた木箱には天保十四年七月と記してあったようである。そうすると尾張藩では小銭不足に悩み、小銭の依頼を幕府に願い、小銭が到着するまでにと発行された「御払銭の銭切手」発行の時と重なるではないか。犬山も当然同じように小銭不足であったはずで、そうなれば銀六分、銀一分、銀五厘という低額面の発行は納得できる話である。人足にしても船頭にしても坂下を中心に物事は動いているが人の生活は犬山城下を含め周辺に及んでいるのでこれらの木札は犬山城下を含む周辺にまで使用できたのかも知れない。木札を請人元へ持って行けば正金に替えられる、という仕組みであったのであろう。軽い荷は人で運び、材木を始め大きな物は大八車で運び、また、坂下には馬

*木戸――本来は柵・城郭などの門をいった。江戸時代は、町境の道路（街道）上に設置された防犯用の木製の扉で、その大規模なものとして大木戸が設けられた。木戸の機能の第一は治安維持であり夜間は閉ざされた。名古屋では城下町の樽屋町（西）、赤塚（東）、橘町（南）に大木戸が設置された。

犬山城と木曽川
「木曽川を上ぼる川舟」

場町という町内もあることから、重い荷物は馬を使って運搬を担ったのだろう。人、車、馬と賑わったのである。

坂下の家の造りは本町通りのように御店造りではなく、大方は格子戸の町屋造りで、店（商売をしてなくても表通りの部屋を店と呼んでいた）、中部屋、中庭、座敷、裏は畑という造りであった。父の話では大正から昭和初期は町内の人は船頭をする、車曳（材木を運ぶ）をする、軒下で小商いをする、百姓をする、家では機織りをする（筆者の小学生の時には機織りの車が幾つか転がっており良く遊んでいた）などしており、兼業で生計を成していたようである。特に船頭は多かった。そのことを考えると、その少し前の江戸の生活も同じようであったと思える。戦前までは町（町とは犬山の本町通り）へ行く人で人通りは多かったようで、渡し舟も戦後しばらくまであったようである。筆者の斜め前の家は桑の葉の問屋をやっていて、人丈以上の天秤計で計り、道路にはみ出るように商いをして、買う人も多く賑わっていたのを覚えている。当然のことながら時節の商売である。また、船頭さんの川会所も材木町にはあり、ともに船大工所も材木町と井堀町の二ヶ所にあり、舟は幾十艘と川縁に係留されていた。これらの話は時代の経済成長と共に自然消滅の運命ではあったが、昭和三十四年の三光寺下のダム建設の話で一気になくなり、鵜飼舟、ライン下り舟として細々と続く。また、同年九月には東海地方にあの悲惨な伊勢湾台風が襲い、屋根は飛び、倒れた家もあった。台風の翌日は晴れたが、木曽川には茶色の濁流が流れ、水嵩はまだどんどん増して中洲は消え大河になって、荒れ狂う時に川に飛び込み泳ぎ、中央辺りを流れる流木を抱え岸に持ってくる人がいた。また、船

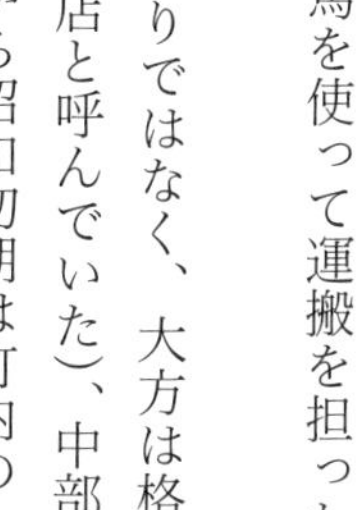

御払銭銭切手

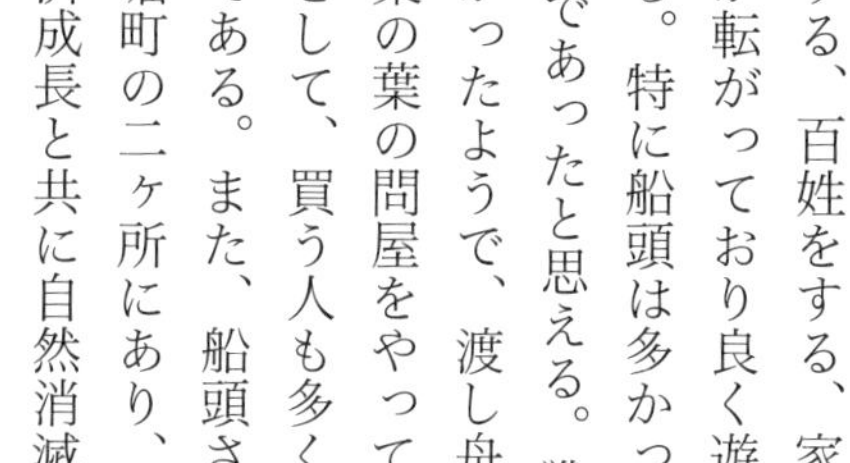

犬山城下鍛冶屋町鶴重手習帳

鶴重は名古屋に本家（鶴重町の由来。現・錦三）があった刀鍛治。犬山の分家の女子が使ったと思われる教本。関東には津島まいりの風習があり、帰りには犬山へ立寄り鶴重の刃物を多くが買ったと記録がある。

頭が舟で漕ぎ出し流木を拾いに行った。舟は波間に浮き沈みをして時折見えなくなる。岸では呆然とそれを見ていた。

木札の入っていた木箱にはもう一つ墨書きにて、尾崎、深谷、福田の三名の名があったそうである。川役人かも知れない。木札はよく使用され角が丸く摩耗し文字も薄くなっていて、また、書改の札もあることから、長く使用されていたのを感じ取ることができる。川湊という場所で、理にかなった木の貨幣として使用されたのである。このように犬山の一区域を中心に使用された貨幣ともなると地名も何も入らないので、発見された時点で紹介しないと歴史から消えてなくなってしまう。私事で恐縮であるがここに生まれて育った筆者としては既に忘れられた昔となったこの界隈をよく父親から聞いていた話を思い起こしながら纏めている。筆者にとってはこの木札によって、このように紹介できたことは大変喜ばしい。

◎当時は銀一匁が百文あたりを上下していたのでそれで銭計算すれば銀六分、一分、五厘は六十文、十文、五文、あたりとなる。

◎馬場町には昭和三十二、三年頃まで、お馬塔（まんと）祭があった。そして、最近は馬がいないので遠くへ借りに行かなければならないという話を聞いた覚えがある。材木町も大正の初め頃まではお馬塔祭であったがその後、巻藁舟（まきわらぶね）（岐阜県川島町から買入）となり、ダム建設により昭和三十四年までにて巻藁舟は中止となった。

◎犬山には猿尾はいくつかあり（木曽川の流れに沿うように猿の尾のようにされた石積が川の主流に向い造られていた）、大雨、台風による大水の際、木曽谷や美濃谷からの水の流れの直流を避け、堤防の護りとして造られていた。犬山を過ぎれば木曽川は大河となる。

◎「官材*は拾わない」（それ以外は拾っても構わない）。これも江戸時代からの風習で犬山人の特権で許されていた。

◎銭切手、小銭不足に悩んだ尾張藩は天保十四年四月に銭切手、御払銭銭切手を発行した。

◎犬山橋*は大正末に造られる。

（安藤一男の昔話より）

（参考：犬山里語記）

*官材――国有林の木材。

*犬山橋――現在は名鉄の鉄道専用橋であるが、平成十二年まで人と車と共用していた。

◇――美濃路九駅通用札

美濃路九駅とは中山道美濃路のことで尾張領に属し、上方（かみがた）から鵜沼駅、太田駅、伏見駅、御嶽駅、細久手駅、大久手駅、大井駅、中津川駅、落合駅をいう。これより北は信州に入り木曽街道の馬篭駅、妻籠駅となり木曽十一駅が続き、贄川駅を最後に松本領に入るが、この木曽街道も尾張領に属する。この美濃路では明治二年に五百文と百文の二種類のお札が美濃路共通札として発行されており、表面には「銭百文・発行駅印」、裏面には「縦鵜沼落合迄通用・明治二年己巳年・引請印、引請人名」があり「引替壱両以上」と表記されており、小銭との引替えは認めていない。

引替え引請人は宿方の有力者が請け負っている。また、札には偽造防止用に「漉文字」があり、五百文、百文共に「九駅用」と仕組まれている。

この札は明治二年十一月鵜沼駅から落合駅までの各駅が共に百五十両ずつ準備した銭札であり、九カ駅で通用する旨の触れを出してほしいと駅方は共同で名古屋藩の北地御総管所（旧太田陣屋）を通し勘定奉行所に願いを出している。それは物価高と銭相場の下落により一両に銭十貫文と公布され、その物価高で銭需要が高まると銭は払底して支払いは困窮となり、支払緩和策として九カ駅通用共通の銭札を作り、伝馬所での人馬賃銭の割り渡しや諸藩の支払う差引勘定の銭不足に使用された。特に九カ駅共通とした意義は大きい。伝馬の人足は駅から駅を継ぎ歩くので他の駅でも通用するのは都合よく、また、旅人であっても九カ駅通行の間はその銭札を人足賃を始めとして宿賃の支払い、昼時期に、休憩にと使用できるからである。

（参考：各務原市史　鵜沼の歴史・第三節　鵜沼宿と助郷）

幕末に至り、諸外国との貿易が始まると日本と外国との金銀比価の違いは約三倍あり、日本の金安から小判の流出が始まり幕府は小判を始めとする金貨の金量を下げた。それにより、物価高が進むと銭需要が高まり小銭不足となり、支払いに困窮するようになると東濃の村々も対策として村通用の銭札や金札を発行している。この美濃路は中山道という街道であると共に九カ駅共、名古屋藩北地御総管所（旧太田陣屋）支配という共通の支配主であったために九カ駅という広大な

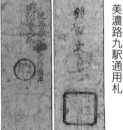

美濃路九駅通用札

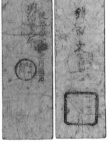

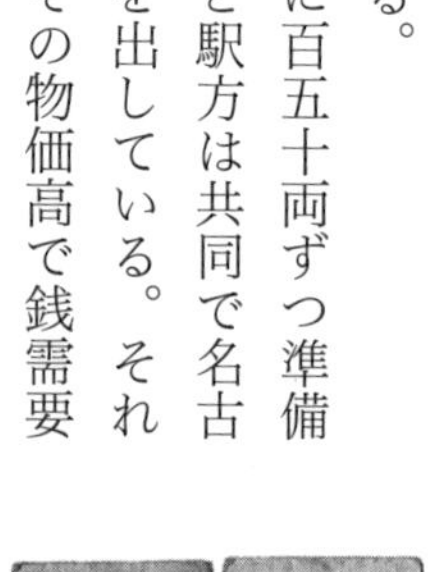
落合駅

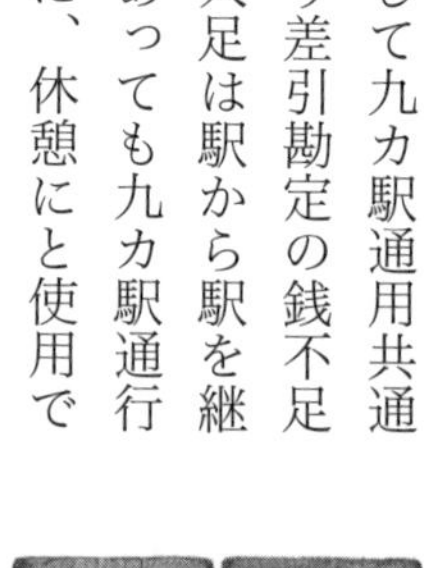
細久手駅

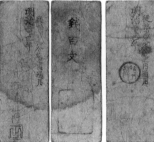

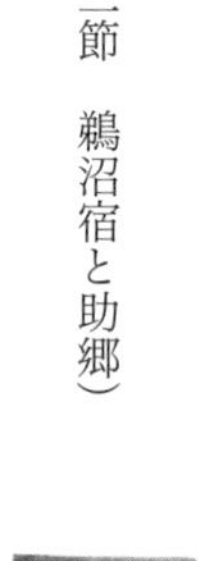
漉かし文字
九駅用

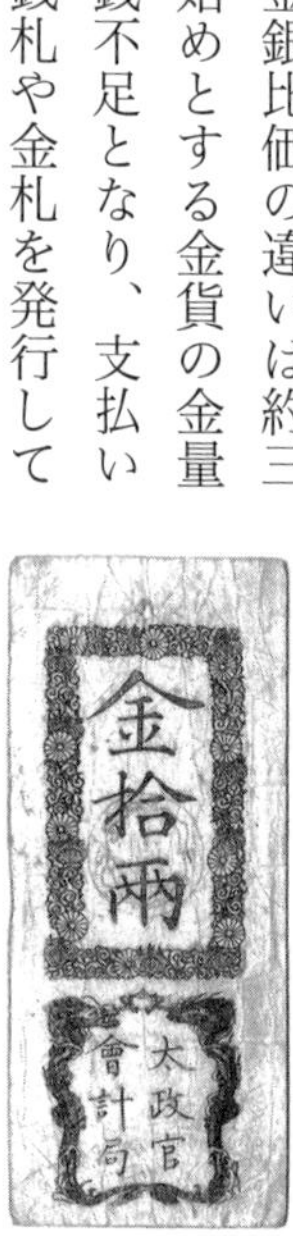

太政官札十両

地域に共通の札を造り流通の利便を図り高められたのである。当時の主流貨幣の金貨は二分判金と新政府の資金不足から発行した太政官札であったが、二分判金は戊辰戦争などでの政府軍の似せ金使用のため受取拒否となり、一方の太政官札は高額札で使い勝手が悪く、差引勘定の釣銭にたちまち困窮し銭不足に至っている。

乍恐奉願上候御事

一　金札九百両　　鵜沼駅より落合駅迄九カ駅

但　壱ケ宿ニ付金百両宛

右ハ頃日　御微兵方御通行之節ハ入用之品々御買上ニ付　繊銭弐、三百文位之処え拾両札等を以御差引被仰付　甚難渋仕候義に有之候　付てハ今般北陸道御官軍越後国御引払　此筋御通行ニ付ては　右様之御取斗有之哉も難斗心配仕候間　其節々約金之手当ニ拝借仕度ニ付　小札ニて御貸渡被成下候様奉願上候尤御通行相済次第金札ニて御返上可仕候間　願之通御聞済被成下置候様奉願上候　以上

辰十月　　九ケ宿

連印

北地御総管所

（中津川市史）

以上のように願い出ており、辰十月というのは明治元年に当り、戊辰戦争の最中

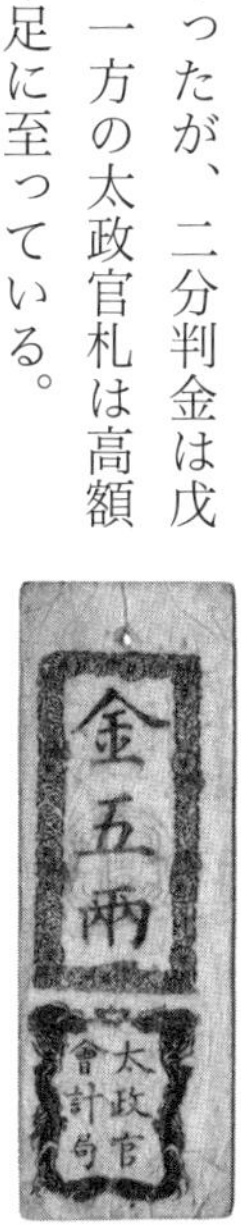

太政官札五両

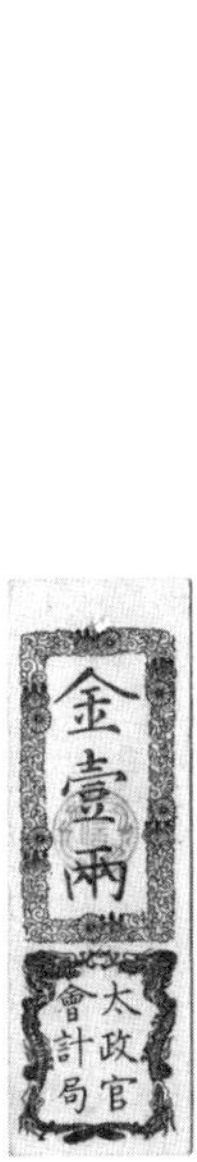

太政官札一両

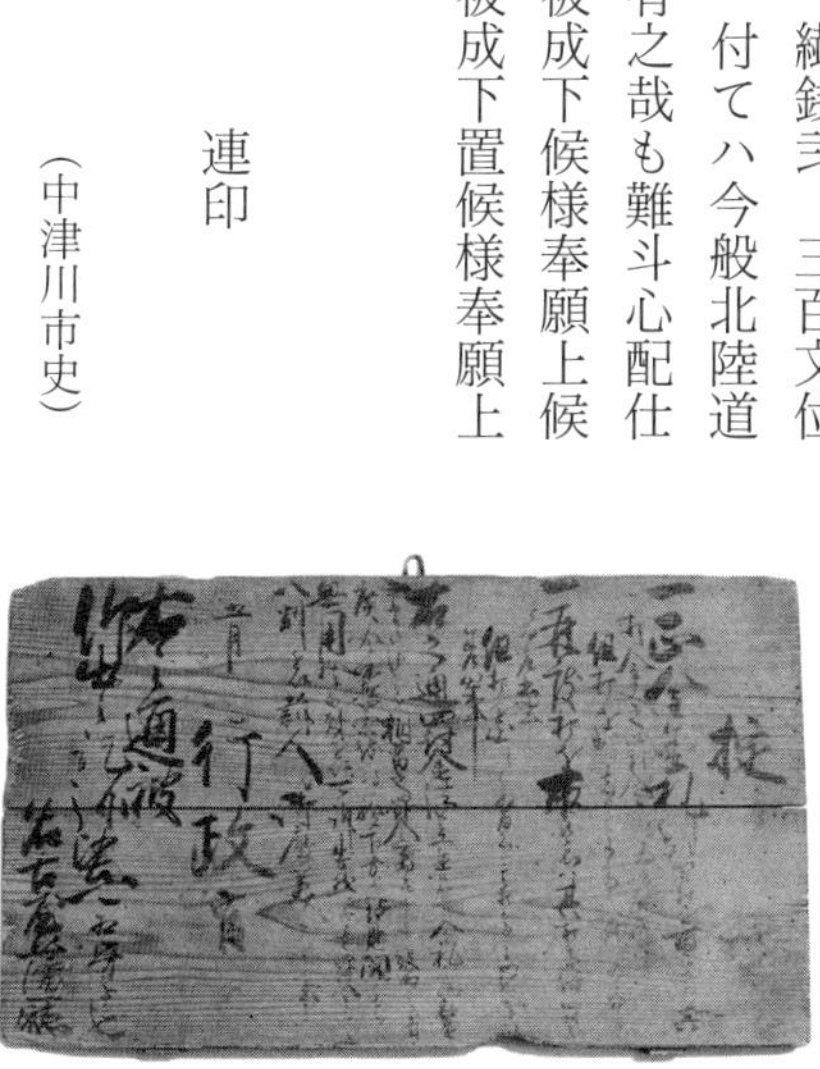
名古屋藩の太政官札についての高札（明治二年）

で兵士の行き来で街道がより一層の混雑を極めて銭需要が増していたのがわかる。二、三百文の買物で十両札を出すとある。当時、一両は十貫文であるので十両は百貫文に当たり、一貫文は千文であるので一文銭で考えると三百文の買物で十万文札を出されそのお釣りとして九万九千七百文を出すことになる（たとえば、三百円の買物に十万円札を出すようなことである）。銭不足に困惑した宿方は小札での貸出しを尾張藩に申し出ているが、尾張藩は先の長州征伐や戊辰戦争等の戦費に台所は困窮しており、藩財政に余裕はなく、よって小札の貸し出しができないため、代って藩は九カ駅依頼の「九カ駅通用札」の札発行の許可を出したのであろう。

札の発行量は　百五十両×九駅＝千三百五十両となる。（五百文、百文の二種類）

紹介の九カ駅通用札は落合駅の百文、裏面は鈴木茂門の丸印と細久手駅の百文、酒井吉右衛門の名前と印鑑である。

尾張藩は明治二年藩籍を奉還して名古屋藩となり、藩主は藩知事となる。

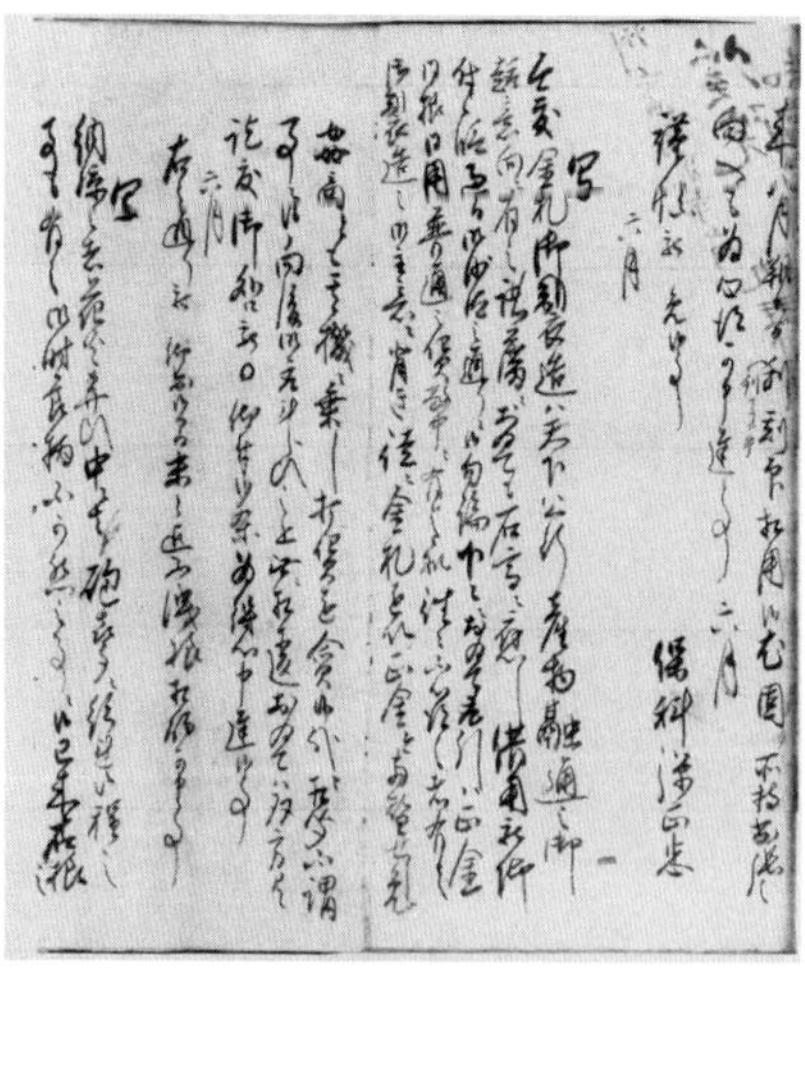

慶応四年六月
濃州鵜沼宿大安寺御触留
太政官札発行についての御触

5 名古屋の諸切手

◇—— 泊切手

下の写真には「泊(とまり)切手」とある。そして、「尾州　御小姓頭取　須加井鍵三郎」とある。尾張藩分限帳で確認すると「六百石取」の藩士であり、住居は「白壁町」であった。安政年では「中納言様御小姓　須加井健吉」とある。元治元年（一八六四）には「御小姓頭取」となっていて屋敷も城内「二の丸の東側」と移り御金蔵の近くに屋敷替えとなっている。泊切手も二の丸の東側に居住していた頃での使用と考えられる。あくる年は慶応となるので明治も目前に迫り、御小姓頭取という役目柄、殿様の周りにあって御用繁多だったのであろうことが思われる。この切手は泊切手とあるように役用の武士が宿泊する際にお金の代わりに宿方に渡し、宿方は後にこの切手を「正金」と引き替え清算するというものであった。

次に、時代ごとの役人休泊の御触書を紹介する。

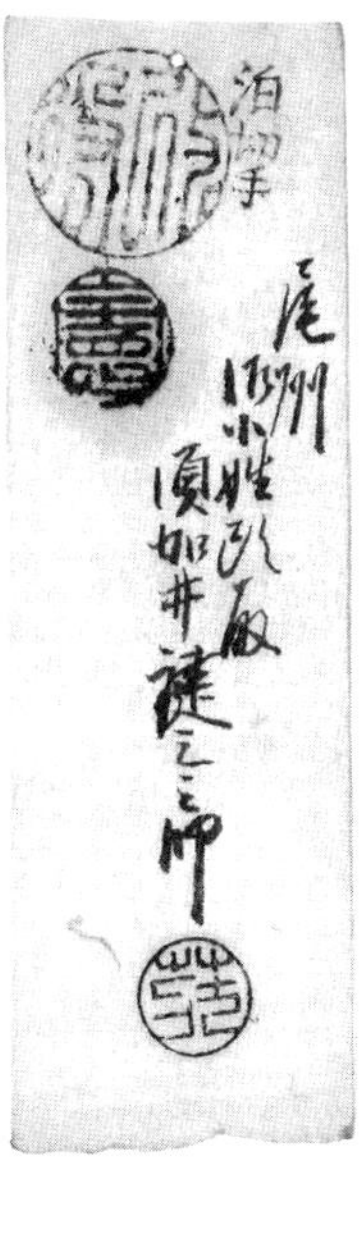

泊切手　御小姓頭　須加井鍵三郎

○享保七年（一七二二）

覚

今度被仰出候通　地方御役人村々ニ而飯米代　泊ハ壱人ニ付銭二十四文　昼休ハ拾弐文宛払申事候　夫ニ付支度*之儀一汁一菜ニ限　菜ハ手作物用之　たとひ有合候魚鳥殺生物たりとも一切不可出之　勿論酒堅出し申間敷候

寅七月　郡奉行

（一宮市史　資料編七　享保七年）

＊支度——昼食のこと。

○文政九年（一八二六）

御勘定吟味役頭取始我等配下共一統廻村之節休泊　是迄木銭米代相払候処　向後切手ニいたし　休泊之節之支度一度ニ切手一枚ツヽ相渡筈候　右切手ハ一ケ年分取束ネ翌年正月中陣屋へ可差出候　調之上木銭米代可相渡候

右之通来亥正月より相改候間　為心得触置候様御勘定奉行衆被申聞候

十二月二十六日　佐屋御代官所

（一宮市史　資料編七　文政九年）

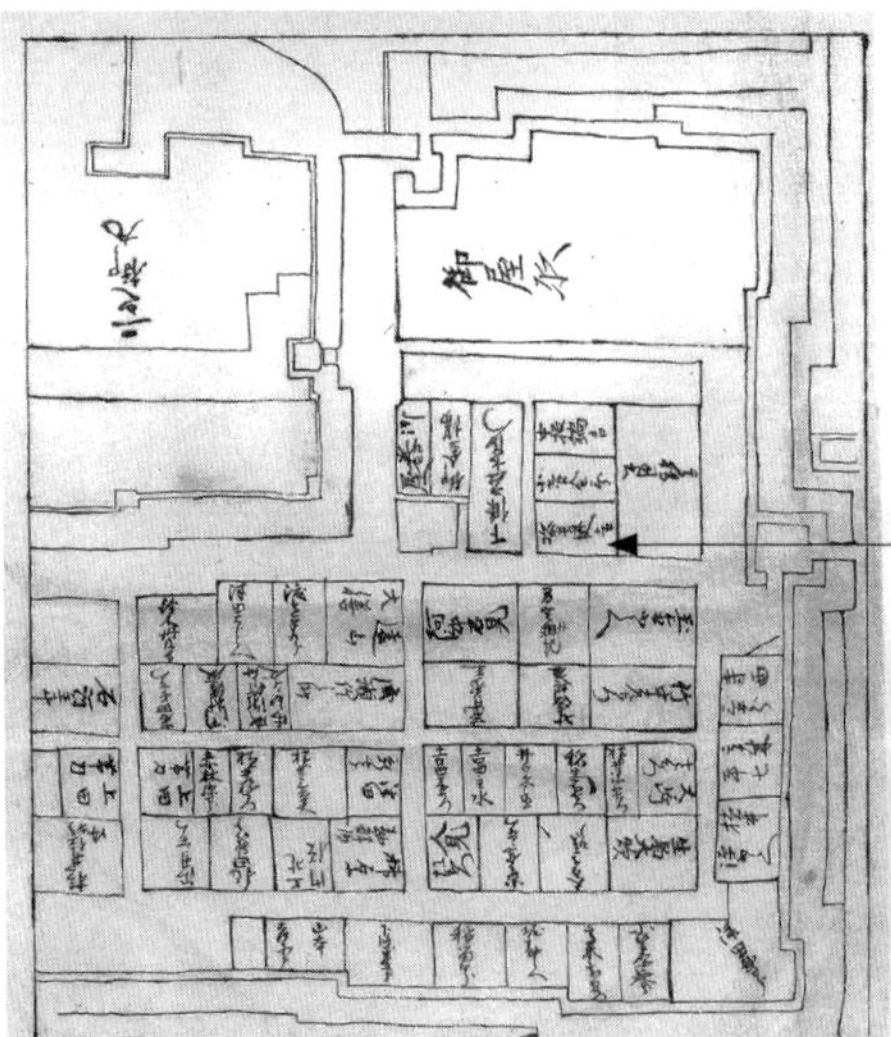

須加井鍵三郎屋敷

名古屋城下分図（安政）

今まで現金支払いであったものがこの御触より「切手」払いとなり、それは一年分をまとめ翌年正月に陣屋に差出し正金を受け取るというものである。

○文政十一年（一八二八）

御役人向廻村之節木銭飯米代　是迄切手相渡候処　向後右切手相止　左之雛形之通村々庄屋所帳面ニ銘々印形いたし候筈候間　令承知　村々おゐて木銭飯米代書込帳壱冊ツ、取調置候様可致候

以上

正月二十六日　　佐屋陣屋

（一宮市史　資料編七　文政十一年）

二年後には村方廻り役人の支払いは「帳面」の書き込み方式に変わったことを知らせる触書である。帳面に宿泊日あるいは昼食した日を書き込み、それに役人は認印を押し、後に帳面を陣屋に持っていき清算をしてもらうということになる。

○天保六年（一八三五）

御役人休泊木銭米代払方之儀　当正月ゟ復已然　休泊之節々直ニ相払候筈候間村々おいて帳面取拵　木銭米代員数月日姓名共不洩様記し置　不払之分ハ其訳認顕　右帳面　二月六月十月十二月四ケ度ニ　三役銀上納之節々陣屋え可差出候。右之趣承知之上此状無滞先村へ相廻し留村ゟ可返候

正月十九日　　　　　鵜多須陣屋

（一宮市史　資料編八　天保六年）

この御触では「節々直ニ相払候」とある帳面方式は変わらないが二・六・十・十二月の年四回の三役銀を納める時に「不払之分」を支払う方式とするということである。つまり三役銀支払い時に差引勘定をするので、少し手間が省けるということである。

以上のように移り変わりはあるがこれは廻り役人の御触書の記録であるので役柄によっては泊切手の制度は残されていたことになる。ただし、泊切手の制度は文政九年の御触に初めて紹介されているのでこの時から始まったのかもしれない。須加井鍵三郎は出張が決まると届出と同時に切手を受け取り出張に出ることになる。切手は渡す時に名と印を押す。当然ながら六百石取ともなれば御供も着くので数人での出張となったことであろう。帳面と違って、この「泊切手」という資料は宿方が正金との引替え時に役所に提出したはずであるから本来は残らない資料であると考えられ、現存しているのは大変貴重である。他の役人も多くこのように使用したことであろう。

（参考：一宮市史　資料編七・八／名古屋城下分図　墨書）

◇——尾張藩の継駕籠壱挺

標記の継駕籠（つぎかご）というのはたとえば宿場から宿場など決められた所を駕籠で継いで行く方法で継ぐたびに担ぎ人足は替わる。緊急事態となれば駕籠は担ぐ人、引く人、押す人と人数を増やし早駕籠として対応している。さて、この札に角印があり読み取ると、その中は「夫馬印信」と読める。「夫」は人足を表し、「馬」は送用の馬を表している。その右横には「不時」の文字があり、不時とは「時無く、時無し」ということで常時、時に関係なく備えるという意味である。下の丸印は「憲」の字で辞書では「官、役人」とある。つまり「役人あるいは役所」を表している。当時の役所、役人とは尾張藩であるのでこの札は尾張藩の「継駕籠壱挺」ということになり、不時の文字は緊急時を表している。役人は命令が出ると昼夜を問わず、この切手を人足に渡し出動することとなる。その考えを元に見合いの文言は無いものかと探してみると以下の文章を探し当てることができた。

尾張藩継駕籠壱挺

○嘉永七年（安政元年）

異国船近海へ渡来之節御手当之ため　村々へ高割ニ而馬被仰付　尤夫之者去年来被仰付候通之心得ニ而　宿馬斗之村方ハ外村と申合ニ而融通仕　分合之儀も夫々申合可置との事　十月十三日引受人斗御呼出シ御代官様ゟ口上ニ而被仰渡

候　左之通書付引受人へ渡候
一　馬六疋　　　　　　上祖父江村
一　馬五疋　　　　　　三十丁村
一　馬四疋　　　　　　中野村
一　馬壱疋壱分　　　　東かか井村
一　馬六疋七分　　　　阿古井村
一　馬弐疋五分　　　　祐久村
一　馬弐疋八分　　　　富田村
一　馬弐疋四分　　　　起　村
一　馬四分　　　　　　加納新田
一　馬壱疋三分　　　　蓮池村
〆　馬二十四疋壱分
右引受
起　村　林　浅右衛門
中野村　祖父江曾左衛門

覚

異国船近海へ渡来之節　弐疋八分御手当馬相当り候分三疋可相勤旨奉畏候　其節ハ鬮引ニ而何時ニ而も御用馬ニ差出シ可申候　以上
寅十月十八日

馬持　牧蔵　印
同断　市左衛門　印
同断　孫蔵　印
同断　喜右衛門　印
同断　与茂吉　印

御村役人衆中

（一宮市史　資料編八　嘉永七年）

○文久三年

御蔵入村々庄屋え

異国船渡来之節御役々出張ニ付夫馬御蔵入給地之無差別高割を以差出筈ニ付兼而覚悟可罷在旨去ル丑年申渡置候処　向後給知ハ其地頭ゟ百姓を召連　夫馬も知行所百姓へ割当差遣筈今般御改替相成　御蔵入給地と引別れ候　付而ハ御蔵入ゟ出候夫馬ハ御蔵米ゟ被下候輩え御渡相成調ニ付　別紙村々割当候夫之者ハ血気成人別選置　何時繰込方申渡候共聊無遅滞出立之用意前以手筈取究置其期ニ臨差支無之様可相心得候

但　模寄々々おゐて肝煎之者人別を以申付　右之者引繰等罷越候筈候間　兼而示合置御用弁第一ニ可心得候

一　右役夫々罷出候跡要務之耕作手抜ケ不相成様厚遂勘弁　幷妻子養育方之儀等　去ル丑年申渡置候通可相心得候

一　夫馬寄場之儀外片端御園町七間町まで之内へ寄集置可請下知候
　右之通改而申渡候間急度可相守候
　　亥三月十七日
（一宮市史　資料編八　文久三年）

　文久三年の御触書では以上のように嘉永六年のペリー来航後の幕府令に始まった異国船に対する海防のため、尾張藩では伊勢湾に突き出した知多半島に狼煙(のろし)台を始めとして、砲台の築台、つまり御台場を造り、藩士や農兵を配置して海防に努め、国境の固めにも藩士が配備され、それに伴う「夫人足」や「軍馬」が常備されたのである。この文久三年には長州は下関で外国船に砲撃を行い、薩摩は薩英戦争を起こしている。尾張のみならず日本としての緊張が高まってきた時である。

　御触によると、御蔵入と給地と分け、御蔵入り地の夫馬は蔵米から給金を支払う。割り当ての村々は「血気成人」、つまり若い元気の良い人を求めている。そしていつ連絡があってもいささかの遅刻もなく出立できるように準備しておきなさい。責任者を決めておくので御用第一に考えるようにと御触は出され、夫馬の寄場は片端、御園町、七間町に常備されたのである。村々では若者や頑健な者を選別のうえ、交代で寄場へ詰めさせた。村の仕事は残った者で助けあったのであろう。

　一目見ただけではただの駕籠切手であるが札の中を読み取ることで重要な事柄を知らせてくれている。この札には「不時」時無く、いつ何時でも、と押され、非常事態を表している。「憲」は役人、役所を表しているので役所印であり、尾張藩の国難緊急時用として使用された「継駕籠壱挺」の駕籠切手であろう。「御役々出張」とあるので藩庁からの出張も数多くあり、尾張藩のみではなく当時は日本全体が緊張状態であったことがわかる資料である。

（参考：一宮市史　資料編／南知多町誌）

◇──車一輌切手

車一輌切手の車とは江戸時代で考えれば大八車のことであろう。札には「文化六己巳十一月」（一八〇九）とあり、頭には「(藤)」、下に「車壱輌」、そして「癸酉」は文化十年にあたり、「藤屋新左衛門」とある。裏面には「車屋、棒屋」「両支配、甚左衛門」「同、肝煎、長兵衛　彦兵衛　平兵衛」と支配一名、肝煎三名の名がある。頭書の文化六年己巳十一月とはこの札の形体が出来上がった時節ではなかろうか。そうすると癸酉の文化十年はこの札の発行された年ということになる。筆者の考えであるが、この文化年の札の発行はその他の色々な札と比べてもずいぶん古い初期の札であるといえる。表面は切手使用人の名である。裏面は名古屋の車屋、棒屋の支配、肝煎名である。ここの表記の棒屋とは天秤棒の棒であろう。車屋は商家よりの依頼で大八車で運搬業を営み、棒屋は天秤棒を支配から借り受け一日の商売をする。これは個人がやたら出来ないように支配や肝煎で管理されていたのであろう。切手は車屋から配布され、使用人は屋号や名前を書き加え、使用毎に商人から車引

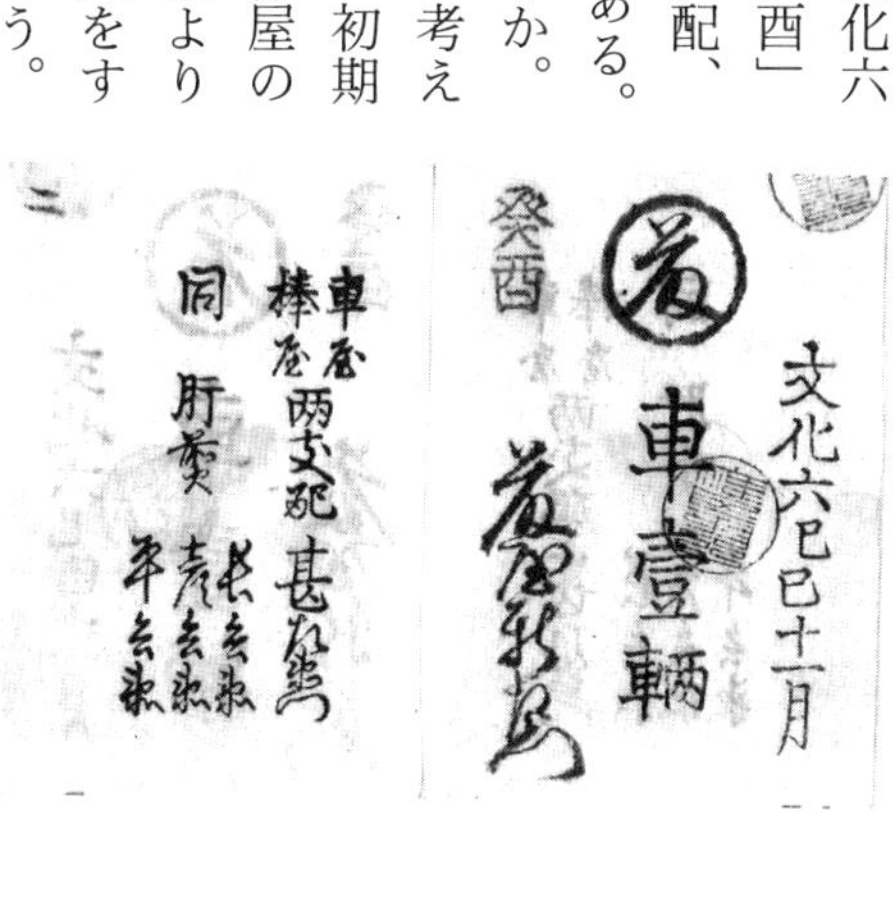

車一両切手　藤屋新左衛門

きに渡され後に「銭」と引き替えられたのであろう。

九十軒町　街東西　京町通新町の東にあり
車屋頭　車屋　棒屋両支配　角屋　清水甚左衛門
名府大八車焼印は天明七未年より始まる。
大八と号する事は、一人雌雄、上下八方往行する故に、大八と称す。
大ハ一人と書る文字なり。八は八方の八なりとぞ。又或書に八人に代わる具成
故に代八と書る説あり。

（名古屋叢書　地理編）

この札に書かれている商人の「藤屋新左衛門」とは「伊藤新左衛門」のことで御城下納屋町、堀川端の利便性の良い、熱田湊から御城下に直接荷物の搬入できる問屋街に居住し、商売は焚味噌や塩を扱う問屋商であった。伊藤新左衛門は塩の中でも「仕込み塩」を扱い、塩問屋七家の冥加金の五十両のうち「一両」であったという。文化五年の藩札である米切手の引替え引請金は名古屋商人の総金高十一万四千百十両といわれるなか「キ組　五百五十両」の引請けであった。この時の高額引請人は三千両で十人、千三百両から七百両が四十三名、次が五百五十両で二十四名のうちの一人となっていて米切手五百五十両分の自分名の添印をし

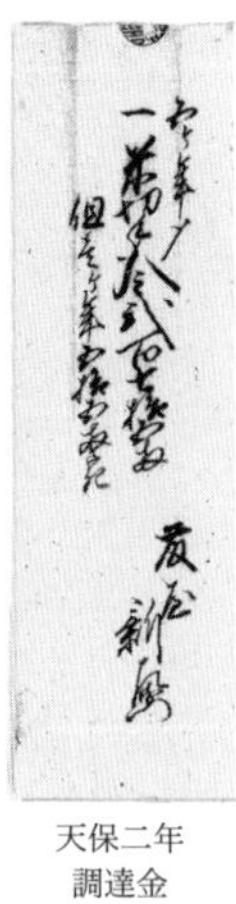
天保二年
調達金

弘化二年
調達金

藤屋新左衛門

ている。伊藤新左衛門は尾張藩御勝手御用達商人で、御勝手御用達格次座町奉行所御用達であった。

大八車の御触

○寛政三年

往還通左之橋々之儀　枇杷嶋同様荷物積候車曳候儀御停止ニ候間　橋上ハ荷物下し持運ひ候様可致候　若心得違　所之者不居合時分　又は夜中抔隠候而荷物積候車曳候者於有之は　向後荷物主幷車曳候者共過料申付筈

鳴海海道筋　天白橋

佐屋海道筋　砂子橋　日光橋

墨俣海道筋　萩原吉藤立合橋

津嶋海道筋　法界門橋　小津村橋

岩倉海道筋　平田村中小田井村立合橋

左之通相触候間急度可相慎候　若背候者於有之は御普請奉行役所ゟ過料申付筈ニ候　可存其旨候

亥十二月

（一宮市史　資料編八　寛政三年）

○文化十一年

在々大八車之儀　寛政二年戌年改有之　定数相立候処　追々車数相増候付　尚

又今般改之上定数相立　此已後新規車拵候儀不相成　在々之者え貸車差留之儀をも　御城下車屋頭え申渡有之候　付而ハ是迄貸車いたし相用候村々も有之候処　以来車借用ひ候義も不相成候間　此旨村中不洩様可申聞候
戌三月十九日
佐屋陣屋
（一宮市史　資料編七　文化十一年）

寛政三年（一七五〇）以前では荷物を降ろしての大八車の通行は枇杷嶋橋のみであったが、文化十一年には八ケ所に追加して増やしている。大八車は重い荷物をたくさん載せるので車輪を補強するために鉄の帯鉄が張り付けてあり、荷を乗せたままの通行では帯鉄で橋の横板が傷つき痛みが激しかったのであろう。車引きは橋のたもとで一旦荷物を降ろし、空荷で橋を渡るとまた積み荷を乗せることとなる。それだけ車の往来が激しくなったのであろう。寛政二年に大八車の数を取り決めたのに文化十一年では増えている。再度定数を決めたので守るようにとの触書である。

（参考：名古屋叢書／一宮市史　資料編七／名塩小史／名古屋商人史）

枇杷島橋風景より部分拡大
橋のたもとで荷を降ろす

◇――名古屋の商品切手

商品切手とは現在でいう商品券のことで基本的には現金に換えられず物との交換

を主体としている切手をいう。筆者は商品券というものは近現代の発展に伴い使用されてきたと思っていたが、江戸時代からあったことを知った時には驚いた。筆者が若い時代の商品券といえば、○○百貨店とか○○デパートを思い起こす。少し前までは何事にも買物は近所のお店で用は足りていた。大きなお店といえば江戸時代から続いたような百貨店（デパート）という老舗が中心であったが、今は新興勢力が経済の発展と共に力を伸ばし大きな商業施設が次々と建てられ、より大型化し郊外へという道を歩んでいる。旧来の百貨店、デパートも生き残りをかけ合併が進んで大きくなっている。そのように競争がより激しくなっている現代、昔は商品券自体滅多に見ることも使うこともなかったような気がするのに、今では商品券でも旧来の店単位を始めとしてお米券とかビール券とか物単位のもの、またはそれぞれのグループ共通券とより広域に、または割引券や地域振興券とかの一部割増券など頻繁に発行して利便性を高め消費者に興味をもたらしている。

さて、名古屋では商品切手は「切手」あるいは「配符」と呼ばれていた。記録からは商品切手の姿が多く見えてくるのに実際にはなかなかお目にかかれない。名古屋の五條町のお祝い事の資料からは酒切手や料理切手が見えてくる。料理切手では「大又配符、大惣配符、河文配符」「川一配符、小文配符」が見える。「さかな配符」も散見されるがこれも料理切手である。酒切手では「米吉配符、雲露配符、白鳳配符、千代露配符、小松屋配符、藤川屋配符、みの重配符、知多屋配符、大久手屋配符、京口屋配符」等、銘柄や屋号の入った切手が入り乱れている。現代以上の多さに目を見張る。資料から酒切手と現物の受け取り数を見比べてみると切手での受け取りの方が三・五倍と多い。「伊藤配符」も見られる。伊藤配符とはたぶん伊藤呉服店（現在の松坂屋）の配符と思われる。他では、まんじゅう切手、お菓子切手、かつおぶし切手、青物切手、乾物切手、うどん配符、ふ配符、とうふ配符等いろいろある。他所のものであるが、とうふ切手は時折見られ、何枚か束にして紙に包んで発見されることがあるので贈答用に使用されていたのがわかる。この中ではまんじゅう切手が多くいろいろと贈り物として用いられていた。うどん切手も多く見られた。このように江戸時代にあっては現代に負けないくらい数多く商品切手はあり利用されていた。（資料は天保～安政　五条町資料）

○天保十三年

諸品商物　配符ニ而差贈候事　前々酒之外先ツハ無之義ニ候処　近来　何ニよらず配符ニ而売出　風儀の害ニ相成候付　以来　酒之外配符ニ而売出候儀令停止候　尤是迄売出置候配符之義　引替ニ相越候分ハ　無差支可渡遣候

五月　日

（一宮市史　資料編八　天保十三年）

酒切手以外の切手の使用停止令である。御触から察すれば切手の元は酒切手から始まったようであるが「近来　何事ニよらず配符ニ而売出」としているのでいろいろな切手が出始めたのは文化の終りから文政の始め頃のように思われる。そう考えると酒切手の出始めはその少し前位であろう。さて、天保十三年に酒以外の切手の使用禁止令が出され「既に売出済は引替え渡すように」としているが、実際にはそれ以後においても諸切手の記録は残っており実質は守られなかったようである。経済が進みその利便性は簡単には止められなかったのであろう。切手で貰えば余分の場合は取り置きができ、必要になった時は引き替えれば良く、また他所へ廻せば無駄がなくなる。利便性が良かったのであろう。

酒切手

①名古屋　三浦屋兼助　堺町　諸白壱升

②名古屋　美濃屋金兵衛　建中寺前　銘酒壱之字壱升

③御酒　配符　大

とうふ切手

④豆腐壱挺　尾州　愛知郡　川名村　米屋源兵衛

この資料のとうふ切手発行の米屋源兵衛は飯田街道沿いの染物屋で川名神社より少し東の南側に存在して米屋でもあった。

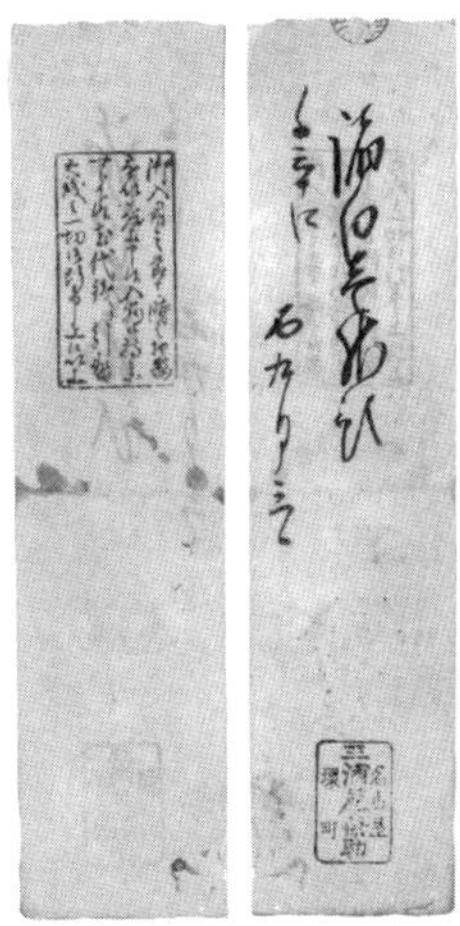

①

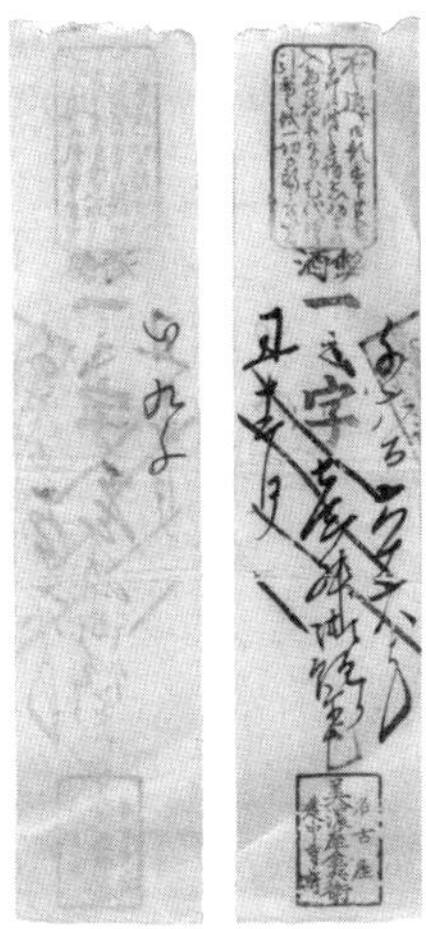

②

③

④

◇――名産品の保証書

産地名産品の保証書として大根の保証書の紹介をする。ただし、尾張藩の産物としては瀬戸物の陶器や、鳴海の有松絞りの方が有名である。瀬戸を始めとする陶器の瀬戸物は藩の「御蔵物」として産物会所を通し数多く出荷されていった。陶器が瀬戸物と代名詞になった由縁である。また、鳴海絞りも同様かと思うが有松絞りは「尾州有松絞、御用会所」として保証されて送り出され、ともに藩の貴重な財源でもあった。

さて、江戸時代に名産品といえども大根に庄屋が保証書を付けて発送していたのには驚いた。筆者も多く古文書を見てきたつもりであったがなかなかこのような資料は見ないような気がしたので是非、後世に残したく紹介したい。それは尾張、知多郡大野の商人、萩原宗平家に残された資料である。大野は尾張廻船の湊町でその廻船によって多くの物資が江戸へ大坂へと輸出され、または輸入された。そして、これよりは船を変え熱田、堀川を通り名古屋の御城下へと運ばれて行き、出て行った。萩原宗平は米なども扱う大野の有力商人で御城下米商人とも取引があった。この大根は贈答用として送られて来たものなのか自ら購入したものなのかについての資料は発見に至らず不明である。

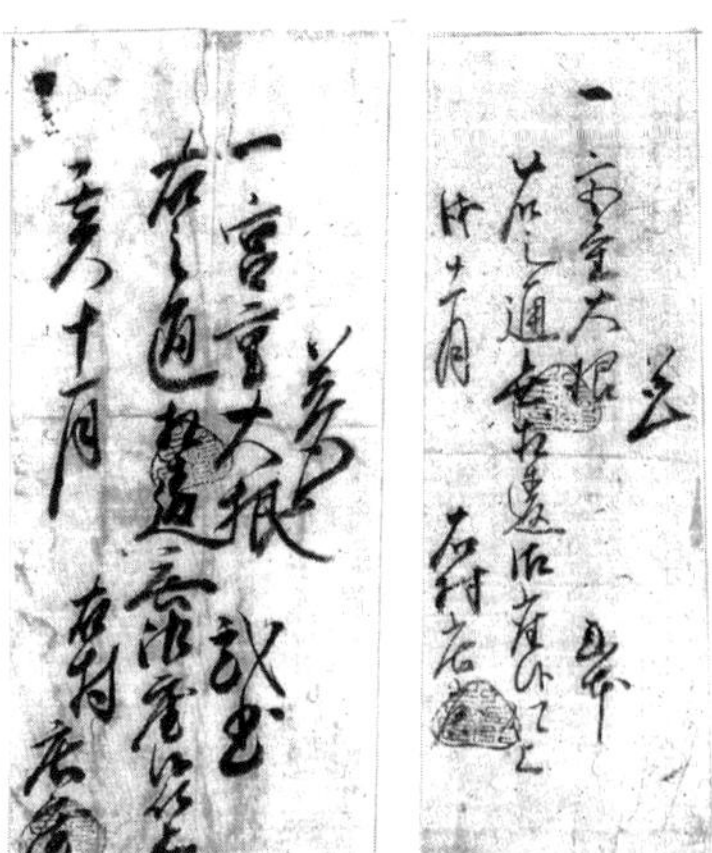

宮重大根の保証書

「　　　　　　　　　　覚

一　宮重大根　　　　　　　　　　弐本

　右之通無相違御座候以上

　　戌十一月　　　右村庄屋　　　印判　　」

（萩原宗平家資料）

この切手は二通あり、他の一通は「亥　十一月」とあるのでこの戌年の明くる年のものであろう。この証文には「右村庄屋」とあり、印判があるので宮重村*庄屋の保証書となる。年号には「戌」とあり、明治元年は「辰年」で、以降の戌年には庄屋呼称は無くなっているので江戸時代ということになる。証書は残念ながら干支の表記のみでいつとは読みとれないが、明治元年より前の一番新しいところでは「文久二年、三年」（文久二年、西暦一八六二）、その一つ前では「嘉永三年、四年」（嘉永三年、西暦一八五〇）となり、残された他の資料から読み解けばその辺りのように思える。

この表記の宮重（みやしげ）大根とは尾張の殿様に献上されていたと伝えられている名産物で「尾張名所図会」の春日井郡では以下のように紹介している。

　名産宮重大根

　　落合の支邑宮重村に産須　当国の蘿蔔（だいこん）ハ尾張大根とて　他邦尓類ひなき名物なり　其うち当所の産を才一として国君より京都　又　関東へも

＊**宮重村**――現・愛知県清須市春日宮重町。

御進献あらせら連　其外　諸侯方へも贈りそへり　世に形大なるを宮重大根といへど此宮重の産ハ形ち大ならざれども美味なる事　言語に絶たり　他国尓て尾張大根と称する物ハ方領村尓つくる所尓して形大なり海東郡方領の条尓も志るす合わせ見るべし、

（尾張名所図会）

また、天保七年発行の「古今尾州味噌見立相撲」では、大関から始まっているが、前頭二段目の筆頭に「宮重大根」を紹介、その項目には「甘味、日本一」としている。この見立表では「尾州味噌」となっているが味噌ではなく手前味噌で尾張の自慢なものを色々と紹介している一枚刷りである。

「国君より京都　又　関東へも御進献」とあり、国君とは尾張徳川家の殿様、京都は天皇家あるいは公家、関東とは将軍家であろう。諸侯とは各大名家のことで尾張の名産として各所に贈られていたようである。また、尾張では方領（ほうりょう）大根が有名であるが方領村で取れる方領大根とは違うといっており、明らかに限定されたところの産物であったようだ。「大ならざる」ともあるので大きくもなかったようである。殿様が好んで贈り物にした特別な名産物であったためか庄屋は吟味に吟味を重ね自らの保

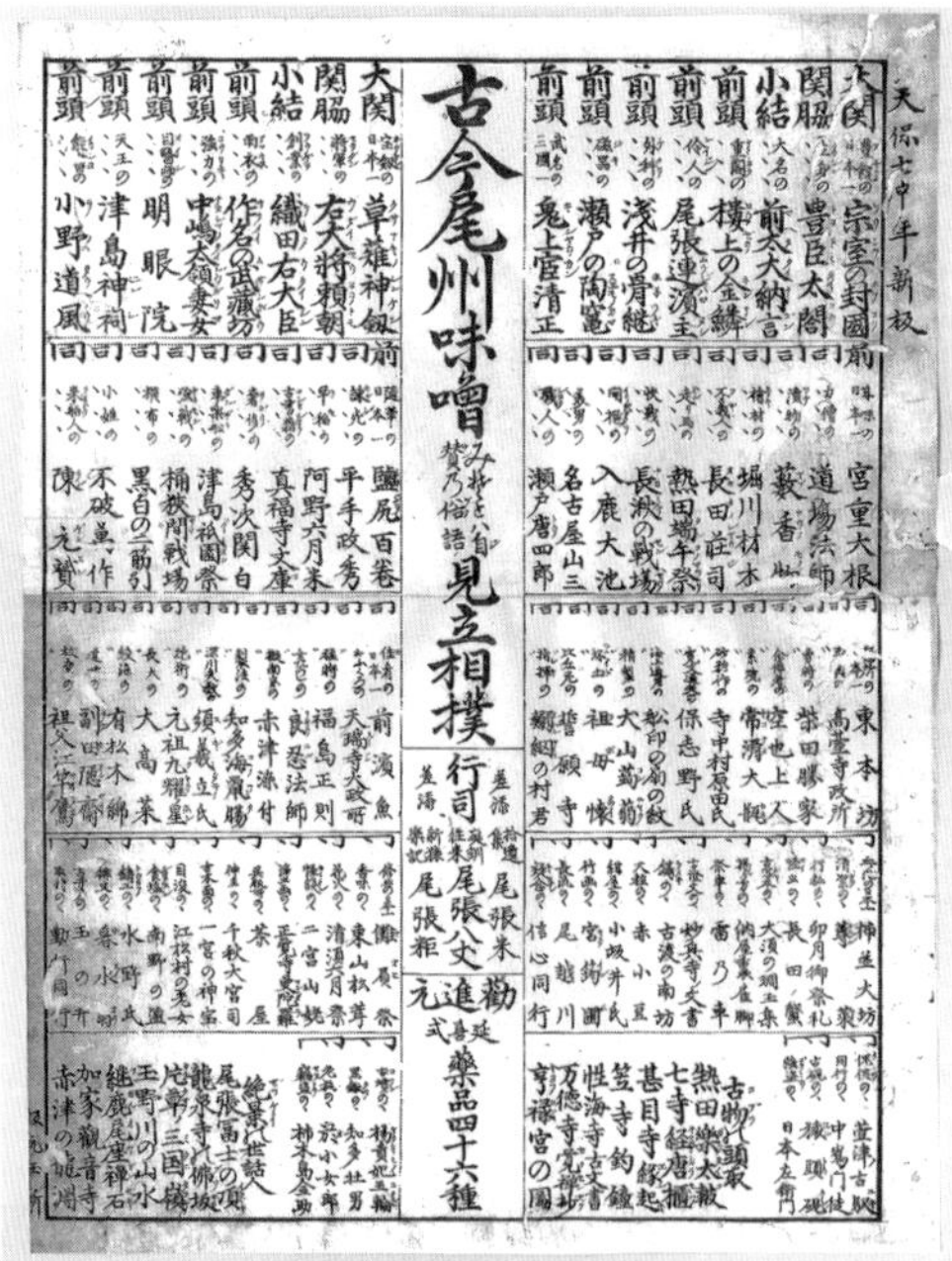

古今尾州味噌見立相撲

証書を附けて送り出していたのである。

この宮重大根は現在にあっても知る人ぞ知る尾張の隠れた名産物として生き続けており、評判もすこぶる宜しきようであり、耳を澄ましていると時折、料理番組で「宮重大根」と紹介されている。

◇——名古屋の通り切手

名古屋の「通り切手」を紹介する。通り切手とは現在の入場券にあたる。名古屋は江戸、大坂、京都に次ぐ町であり城下町である。表高六十一万九千五百石の御城下のなかでも大須周辺は寺が多くあり、その寺内においていろいろと興業が行われ、江戸時代を通し庶民の遊興の場所として大変な賑わいを見せていた。名古屋御城下での賑わいの元とされているのは尾張七代藩主に当たる徳川宗春が享保の改革の倹約令に対し「温知政要」*を掲げ、芝居を始めとする多くの興業などを奨励、推し進めた結果、江戸、大坂を追われた役者や芸人が名古屋に流れ、盛んに興業が行われた。御城下はそれにより賑やかさは増し、名古屋には芸事が根付き芸処名古屋といわれるようになった由縁と伝わっている。ただし、この温知政要の政策により名古屋の町中が栄えたのは間違いないが反面、尾張藩の財政は苦しくなっていった。

清寿院の芝居札、一枚は「清寿院、子五月朔日、芝居、通一人、端附三十八文」裏には番号だろうか「百二十五」とある。また、表には「呉服町七丁目今井佑道」裏には「名古屋玉屋町香具屋」と御店の印が押してあるのでお得意様の配布用の札

*温知政要——徳川宗春が享保十六年（一七三一）に記した政教書。

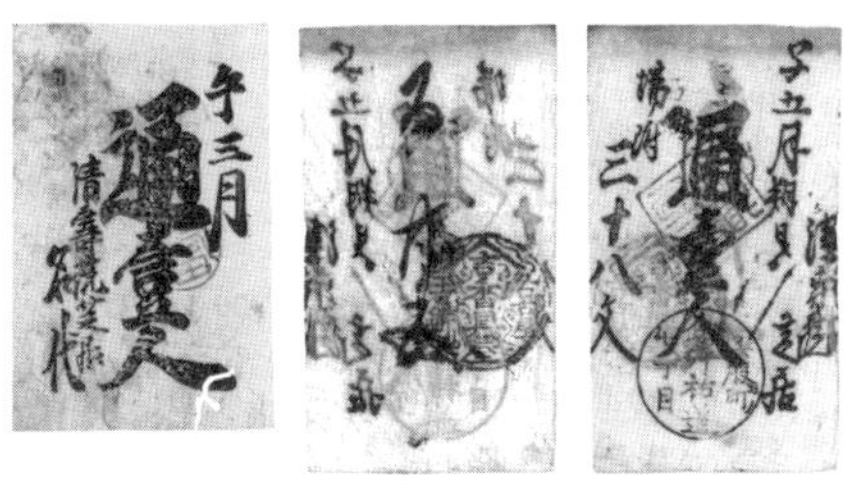

清寿院の芝居札

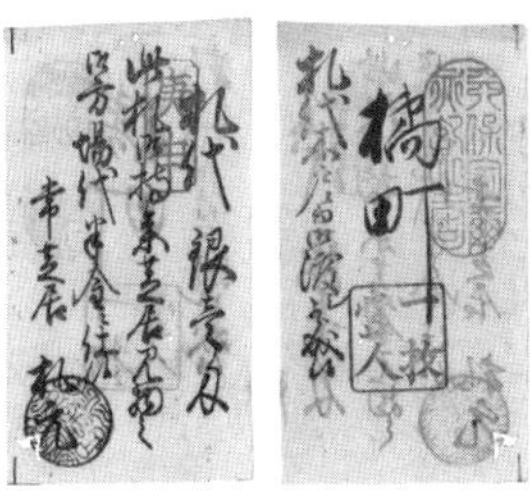

橘町の芝居札

かもしれない。一枚は「午三月、通一人、清寿院芝居、名代」とある。

　橘町の芝居札は「橘町、一枚壱人、札代木戸ニ而御渡シ被成候」裏には「札代　銀壱匁、此札御持参芝居見物之御方場代半金ニ仕候、常芝居　札元」とある。裏の赤印は「庚申」とあるので万延元年（一八六〇）にあたる。

　大乗院の相撲切手は「子四月、通壱人、大乗院ニ而大角力、勧進元」とある。

　後の一枚は「通」とあるが印鑑が読めないので何の札なのか不明であるが、愛知郡川名村米屋源兵衛資料からの発見で御城下入口までは半里と近い。芝居以外の芸事あるいは呼び物かも知れない。

　木札の通札もある。宝生座の焼印があるので現在の大須観音の芝居札である。幕末から明治初期と思われ、材質が木札であることより当日の入場に用いられたと思われ、場銭を払い木札を受け取り中に入ったのであろう。寸法は「六四ミリ×二二八ミリ、六六ミリ×二四〇ミリ」の二種類を紹介する。

　残りの一枚は明治十年頃の末広座（若宮八幡宮の芝居小屋）の通札である。「二の替り御名残り、市川左団次一座　木戸端附　通壱人　末廣座　此札二金十五銭相添御入来可被下北さしき正面さしき不残御早ひ可（か）ち　當ル　六月十五日」とある。

　木札以外は基本的には使用されずに残ったものであり、古文書の中から挟まった形で発見されている。また、使用されたら残らない性格のもので、特に紙類は簡単に処分されてしまうため、このように残ったことは珍しいのではないかと思っている。

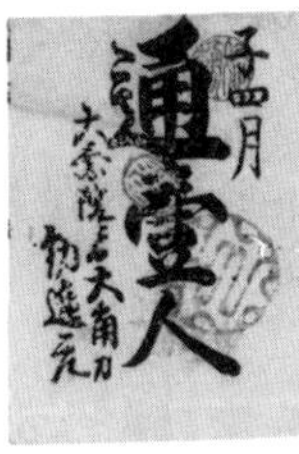

大乗院の相撲切手

不明

宝生座の通札

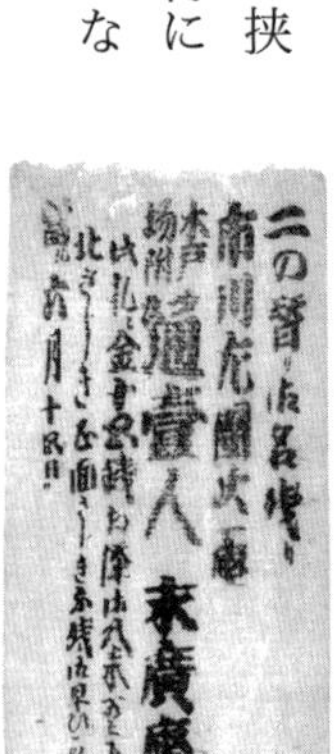

末広座の通札

次は名古屋上御園町吉野屋吉右衛門の天明二年七月の日記である。

○天明二年（一七八二）
　大須大芝居　ひな助参り候　又
　あとニて　六月上旬ゟ　中村富十郎
　年七十七才也　女役参り　大キ（おおき）
　阿多り（あたり）可申候　又　其節　御用金
　東包（とうほう）へ　二万両　可被仰付候　夫ニ而（て）
　も　芝居　者（は）んしゃう阿りニ而ハハ
　其　御用金　御（お）こと王（わ）りニ而　相済也

（永代万日記帳）

鳴海下郷家資料

三月二十六日
　（　略　）
　壱分三朱　　芝居取かえ
　九匁弐分八厘　午三役銀
　八十八匁六分二厘　米り足
　三匁五分　十一印　村田や　車力代
〆弐両三分二朱ト八厘

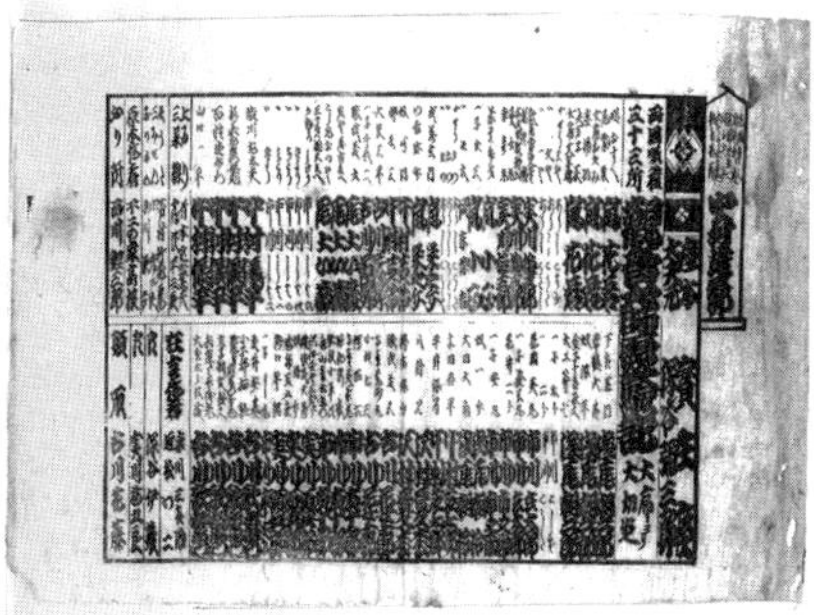

宝生座　芝居引札

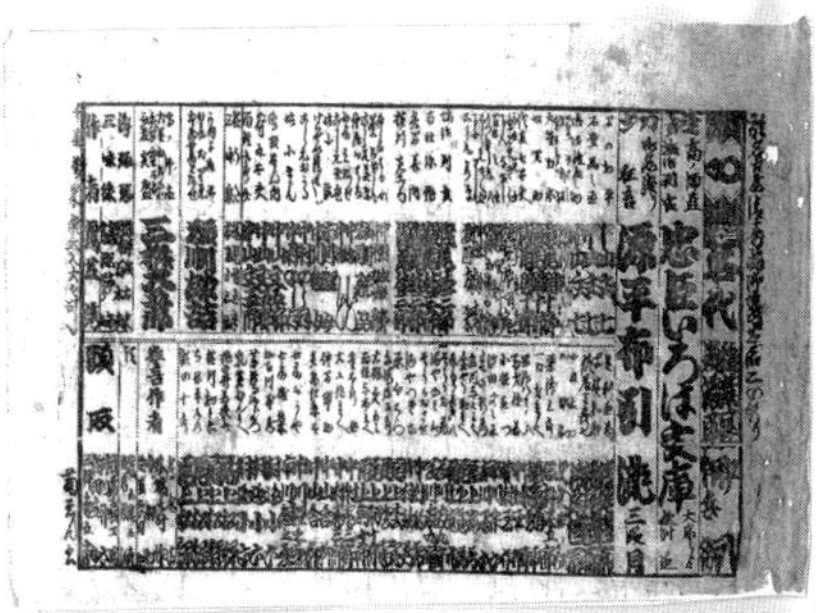

清寿院　芝居引札

村田や米りそく　伝左衛門
一　八十二匁六分二厘
一　九匁弐分八厘　上ケ池　未三役銀
一　四分五厘　芝居入用
〆三十弐匁三分五厘
辰年
一　弐分ト四匁弐分
内
巳十月二十六日
壱貫五百十五文　七ツ寺　角力
三月二十一日
三百四十八文　名古屋支度　四人支度
三月二十四日
壱分百二十八文　清寿院芝居入用

巳年
十月
壱貫五百十六文　七ツ寺　角力入用
三月二十一日
三百四十二文　支度四人

一　壱分ト百二十八文　　清寿院芝居入用取かへ出ス

（鳴海下郷家資料）

大須界隈は常に賑わいを見せており、永代万日記帳では大変な繁昌であった様子が書かれ、中村富十郎が七十七歳であったと年齢まで書いてあった。鳴海資料では、これ以降、後半に続いて芝居見物に出かけた様子が書かれているので毎年のように決まって名古屋まで出かけたことがわかる。御城下の住人に限らず、周辺の村々からも町へ出かけ芝居や相撲見物を楽しんでいたことがわかる。文中に「芝居取かえ」とか「支度四人」とあるように、何人かで誘って出かけていたようだ。名古屋の町までは鳴海から歩いたのか、それとも駕籠に乗って行ったのか。駕籠賃の記載がないのでたぶん歩いて行ったのであろう。この記録から、清寿院へは芝居見物に行き、七ツ寺へは相撲見物に行っていることがわかる。いずれも大須観音界隈の寺々である。

◇――尾張藩の農兵と腰札

ここに二枚の木札がある。一辺が五十八ミリ、一辺が九十ミリで中央に通し穴がある。表裏のうち、片方には「横陣改」と角に囲まれた焼印があるがこれは尾張知多郡にあった代官所の横須賀陣屋のことであり、陣屋印である。一方には墨書きで「西　森村地先守　五拾人之内　四拾五番　大野村　金八」とあり、同じ文言で「四十五番」名前が「惣太郎」というものもある。もう一方の木札には「西　東端村地先守　五拾人之内　八番　東畑村　長助」とある。墨書きにある「西」とは知多郡には西浦と東浦があり西浦は伊勢湾側で横須賀陣屋支配となるが反対の東浦は三河湾で鳴海陣屋支配となる。西とはその西浦を表す。次に表記の森村地先守、東畑地先守とはどういうことであろうか。

文久三年（一八六三）三月になると尾張藩は異国船渡来による海岸守を発令、東浦では知多郡村役人九十三名が呼び寄せられ海岸守裁許役に任じられ東側海岸を亀崎から須佐までを分担して守事となったとある。当然ながら西浦においても同様であったと思われる。

東浦は海岸守場所として、小島源助と塚本源左衛門は他十名と共に須佐村守。師崎村守は十名。片名村、大井村守は十一名。山田村、乙方村、矢梨村守は九名。河和村、北方村守は九名。古布村、浦戸村守は六名。時志村、布土村守は八名。市原村、富貴村守は五名。東大高村、大足村守は十一名。長尾村、岩尾新田、成岩村守は三井伝左衛門、橋蔵、市郎右衛門、中井源七、日高理兵衛、榊原孫右衛門、久野九平二、野村甚四郎、伊藤市左衛門、国太郎。半田村守は久八郎、中野又左衛門、中野半六、美蔵。乙川村守は杉浦善次郎、竹内孫右衛門、寺島嘉平、西尾藤八、竹内貝十郎。亀崎守は成田久左衛門、真兵衛、間瀬左衛門、庄太郎、保之介とした。

一部の農兵には鉄砲術の修行もさせたとある。つまり藩は有力な村役人を海岸守裁許役に命じ、裁許役を藩指導の下で農兵の組織を立ち上げ、知多半島全体の海岸防備にそれぞれの裁許役を中心に当番を決めて交代で当らせたのであり、守備隊と

横須賀陣屋海岸守木札

して固めさせたのである。木札には森村地先守、東端地先守とあるので西浦も東浦と同様であったのであろう。木札中の五十人とは裁許役を中心にした組織人数にあたり、五十人で一組となっている。番号の八番、四十五番とは八番隊、四十五番隊あるいは八番組、四十五番組かも知れない。また、この番号は東端が八番、大野が四十五番ならこの西浦の組織全体として六十番位まであった可能性がある。大野村の金八と惣太郎の組には森村地先とあるが森村には江戸期の地図より日永崎という岬が見えるのでそこが守備場所と考えられる。岬を過ぎればすぐ先は熱田宿であり御城下に迫る位置である。東端村地先守とは師崎と共に東端は、遡る嘉永七年（一八五四）尾張藩の海岸防備のため、砲台の御台場が内海東端村高台に築かれ大筒五門ずつ配備され、大御番頭を始めとする海岸守御年寄の軍勢が守備に就いたところである。狼煙台を造り、伝令早飛脚の組織も整えられ守備を固めた。よって、東端村の長助も五十人の一人として村役、裁許役と共ににぎにぎしく錦旗を立て尾張藩兵と共に御台場の守りに着いたこととなる。尾張の農兵はこの木札を合印として腰に下げ緊張して尾張国、そして日本国の護りに着いたのである。

　その後の日本は幕藩体制から明治に向かって舵を切って行くことになるが、幸いにして尾張藩は海岸防備としては戦がなかったので、無事に明治を迎え解散となったことであろう。一枚の木札からこのように読み取ることができた。歴史では武士一辺倒で語られているが、このように隠れた人々の協力や下支えがあってこその国の守りであった。

（参考：東浦町誌／南知多町誌）

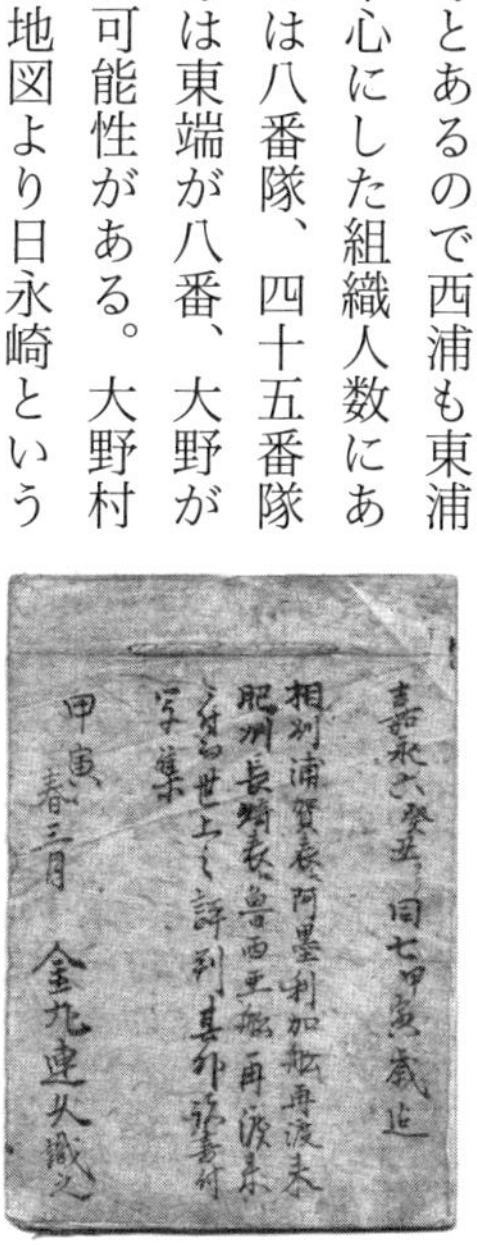

嘉永六・七年
ペリー来航記録本

6 第十一国立銀行と紙幣

明治新政府は金融の疎通と殖産興業を図るため、明治元年、京都に商法司を置き、明治二年には代わって通商司が置かれ、その監督のもとに通商会社や為替会社が設立された。名古屋藩においても明治四年に通商会社が置かれたがそれらの会社は成績はあがらず、それに代わる金融機関の必要性に迫られていた。政府はそれらの代わりに銀行制度の設立を考えた。一方、通貨は幕府の発行した通貨がそのまま通用していたが、金貨での主要金貨は二分判金が中心に通用、銀貨では丁銀や小玉銀は秤量貨幣という不便理性により早々通用停止となり、金の代用貨として一分銀や一朱銀が通用、銭では百文銭や寛永四文銭、大小の銅銭、鉄銭が入り混じり十貫文（一貫文は一文銭で千枚、明治では鉄の一文銭が一文）で一両として通用していた。そのなかにあって主要金貨として通用していた二分判金は戊辰戦争の軍資金として明治新政府が多量の偽二分判金の銀台や銅台を造り使用した結果、庶民に知れると世情は混乱して二分判金の受け取りは拒否され不通用に陥った。江戸、京都、大坂の両替商出入りの二分判金は十中八九偽金だったといわれている。それでなくても各地では物価高による貨幣不足であったが、偽金により一層の貨幣不足が生じて、各藩や村々では「札」を発行して不足分の急場をしのいだ。政府は複雑な江戸期の通

明治初年の寛永銭

寛永波銭	当時通用	十二文	代り	二十四文
寛永銅銭	〃	六文	代り	十二文
文久銅銭	〃	八文	代り	十六文

貨制度の解消とともに信頼性を失った貨幣の信頼を取戻さんがため、急ぎ偽金回収と共に旧幕貨幣の整理と近代通貨への製造に着手する必要性に迫られた。そして、まず先に金銀貨幣の製造の着手を考えた。紙幣では資金力のなかった明治新政府が政権維持のために多量発行した太政官札は通用していたが新政府への信頼性がまだ無く、太政官札は三分の二ほどに下落して通用しており、世情は旧来の藩札を始め、諸札が流通していた。幕末の開港によって外国との交易が始まると我が国と諸外国との金銀比価は約三倍あって、洋銀をもって一分銀に両替、更に天保小判に両替すれば諸外国人は貿易もせずただ両替するだけで三倍の利益を出した。日本はそれによって多くの金、つまり小判が流失することとなった。その違いから世界の共通金銀比価に合わせた貨幣の改鋳を進めると金の価値が下がり物価が上がった。物価が上がると銭需要が高まり日本国中に小銭不足が起こりそれらの解消を図るために藩札を始め宿場札、村札と盛んに造られていったのである。最終的に自力で回収できなかった藩札は明治政府の負債となったが、他にも各種政府紙幣や為替会社札、府県札等が存在して通用しており氾濫していたので、これらは似せ札も造りやすく、新金銀貨の代用としての紙幣の統一と共に近代化も求められていたのである。

　そして、明治五年十一月には国立銀行条例が公布され、六年には第一国立銀行が渋沢栄一によって設立された。その後、国立銀行条例は九年八月に改められ、その条例のもとに政府の奨励もあって国立銀行は各地に誕生することとなった。

紙幣の統一のため、五年四月に発行された流通紙幣は、ドイツ人のドンドルフに

太政官札一両

依頼し製造された通称、ゲルマン紙幣と呼ばれた明治通宝であったが、紙幣の大きさが似通っているのと洋紙の紙質のために地紋や印肉の額面変造の恐れがあったので、明治政府は紙幣の信用度をより高めるために次にはアメリカのコンチネンタル・バンクノート・カンパニーに発注した。

　国立銀行の設立の動きは、名古屋でもさっそく手が上がり第十一国立銀行が設立された。明治十年二月二十日、旧尾張藩御用達の面々であった伊藤次郎左衛門、関戸守彦、岡谷惣助、伊藤忠左衛門、高松長兵衛、武山勘七、吹原九郎三郎、岡田長三郎、中村次郎太の九名による創立発起であり、同年七月には資本金十万円をもって茶屋町三丁目に開業した。この国立銀行というのは資本金の百分の八十をもってこれを国債証書に換え、これを政府に納めて同額の紙幣を発行することができる発行権のある銀行で、また、残りの百分の二十をもって兌換*準備に充てる規定であった。ところが折柄、この明治十年は西郷率いる武士団と政府との西南戦争が勃発した。政府の戦費出費は膨らみ多量の紙幣の放出がされるとインフレーションが進み、米が一・五倍、塩が二倍と物価は上昇、その分貨幣価値は下落したため、同銀行は翌十一年には資本増資に迫られ、金十万円を増資して金二十万円の資本とした。

　明治十一年十一月、名古屋ではもう一行の国立銀行が創立されている。第百三十四国立銀行で、尾張徳川家を中心にした旧藩士による国立銀行であり、副頭取の山内正義は尾張藩の国家老の志水忠平の家臣であった。頭取は尾張藩御用達の岡谷惣助であり、明治十二年一月新柳町に開業、同年の四月に船入町に創立され、資本金は金三十万円であった。

ゲルマン紙幣一円（明治通宝）

*兌換――銀行券を正貨と引き換えること。

政府は国立銀行の当初予定の総資本額が四千万円以上に達し、また、西南戦争で膨らんだインフレの制御を図るため、明治十二年、京都の第百五十三国立銀行の許可で打ち切りとした。

さて、先にドイツで作られたゲルマン紙幣といわれた明治通宝に代わり発行された紙幣の国立銀行券には二種類の存在があり、それは旧国立銀行券と新国立銀行券である。初期の旧国立銀行券はアメリカに発注した紙幣で金二十円、十円、五円、二円、一円の五種類の発行があり、新国立銀行券とは明治十年一月紙幣寮を紙幣局と改め、新式機械設備を輸入し外国人の技術者を招き、我が国の洋式紙幣の製造として初めて明治十一年七月、鍛冶屋の五円と水兵の一円の二種類を発行した。明治政府の紙幣への信頼性、改革意識の取り組みの結果であった。よって、国立銀行券はアメリカ製の五種類と日本製の二種類の発行がある。第十一国立銀行の場合では、立ち上がり時の旧国立銀行券が八万円分、増資分の新国立銀行券が八万円分の二種類の発行を見ていることとなり、明治十二年に開業した第百三十四国立銀行のように設立の遅れた国立銀行は新国立銀行券のみの発行で、創立もすべりこみのぎりぎりセーフというところであった。これらの紙幣は絵柄は全国同じであるが、各国立

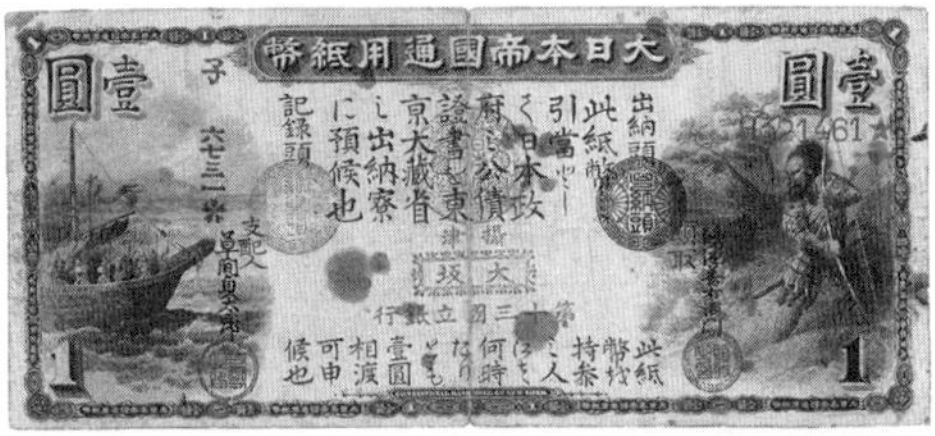

旧国立銀行券　一円

新国立銀行券

第十一国立銀行一円

第十一国立銀行五円

銀行名や頭取名等が押印され、各銀行ごとに組み分けされている。

これらの国立銀行は創立後二十年という期限付きであったので、その利便性が認知されるとより制限の緩やかな私立銀行の設立へと発展していくのである。第十一国立銀行の営業は明治二十四年四月には上長者町四丁目に移転した。

政府は明治十五年に日本銀行を創立して流通紙幣の発行権を取決めると、明治十六年国立銀行条例を改正して満期以後の国立銀行の紙幣発行権を停止とした。世情は私立銀行の必要性が高まり、第十一国立銀行の創立者、伊藤次郎左衛門は資本金十万円で明治十四年九月一日に私立銀行「伊藤銀行」を茶屋町に開店させることになったが、設立にはもう一つの理由があった。それは明治維新時に尾張藩から金三十万両に及ぶ藩債*が出され、個人としての藩債は伊藤、関戸の両家は四千両、内田家は二千両であったがこれらのすべての保証は伊藤、関戸の両家が持つことになっていた。後にこの藩債は太政官の公債で返却されることとなったが明治政府の公債では信用されず、両家が返済を迫られることとなったのである。伊藤家はこれらの残りの債権をすべて引き請け、条件として政府の公債を銀行株式に組換えることにして、各債権者より了解解消としたのである。私立銀行は各地でも盛んにつくられるようになった。遅れること明治二十四年三月、藩債のもう一方の請負人の関戸家は名古屋伝馬町に私立銀行「関戸銀行」を設立した。第十一国立銀行は国立銀行法の二十年満期を迎えると明治二

第百三十四国立銀行五円

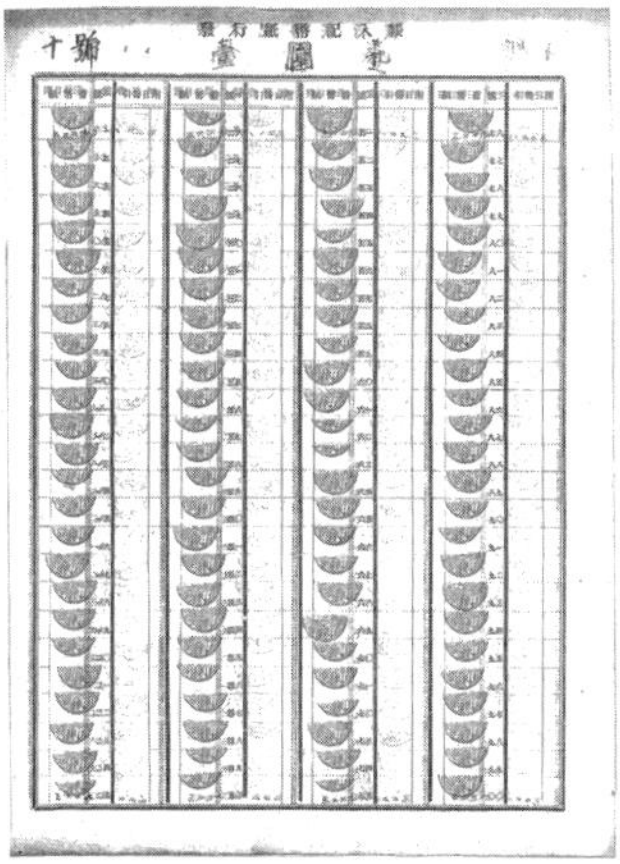
第百三十四国立銀行一円の割印

*藩債——多くは領内の商人からの借財。他に江戸、京都、大坂からの借財も有り。

十九年四月（年月については諸説あり）第百三十四国立銀行とともに株式会社愛知銀行に合併、資本金二百万円で玉屋町二丁目に初代頭取を岡谷惣助として創立となる。改正国立銀行条例公布に伴い、第十一国立銀行と第百三十四国立銀行の代表者及び旧藩主である徳川家は明治二十八年十二月十四日、株式会社愛知銀行の発起人会を開き、その出席者は徳川義礼、伊藤次郎左衛門、関戸守彦、岡谷惣助、中村与右ヱ門、岡田良右衛門、吹原九郎三郎、伊藤由太郎、祖父江重兵衛、山内正義であった。当行は徳川義礼の七千株を筆頭に三百五十六人で形成された。愛知銀行には豊橋本町の第八銀行（資本金十五万円）も加わり、その後、関戸銀行は大正三年に愛知銀行に合併され、昭和の非常時局は日銀や大蔵省の勧奨により伊藤銀行、名古屋銀行とさらに合併が進むのである。名古屋銀行というのは尾張丹羽郡東野村在で文政頃より名古屋に進出活躍した滝兵右衛門が頭取で明治十五年一月に十人の有力者で発足、名古屋近在出身の富商が多く参加した。四月二十四日認可、七月伝馬町七丁目一番地に資本金二十万円で始め、後に三十万円となった。こうして、銀行は明治の中頃から乱立して合併を繰り返し大きくなっていくのである。

（参考：伊藤家伝／日本通貨変遍図鑑／名古屋商人史／明治の名古屋／日本貨幣物語）

関戸銀行金箱

伊藤銀行
（記念品の盆の裏に商号）

参考文献（順不同）

名古屋市史　名古屋市役所　大正四・五年（各編）
尾張藩の財政と藩札（抜刷）　所三男　昭和十年
名古屋叢書　名古屋市教育委員会　昭和三十七年（各巻）
伊藤家伝　岡戸武平　中部経済新聞社　昭和三十二年
名古屋商人史　林董一　中部経済新聞社　昭和四十一年
写真図説明治の名古屋　服部鉦太郎　泰文堂　昭和四十三年
新編一宮市史　資料編七　尾張藩村方御触書集上　一宮市　昭和四十二年
新編一宮市史　資料編八　尾張藩村方御触書集下　一宮市　昭和四十三年
新編一宮市史　資料編九　市域村絵図・市域関係近世史料集上　一宮市　昭和四十四年
日本貨幣物語　久光重平　毎日新聞社　昭和五十一年
師崎屋諸事記――尾張国名古屋納屋町肥物問屋高松家史料　日本福祉大学知多半島総合研究所編　校倉書房　平成六年
日本通貨変遷図鑑　大蔵財務協会編　大蔵財務協会　昭和三十二年
尾張の和菓子を伝えて――両口屋是清の三百五十年　鈴木賢治　両口屋是清　昭和六十一年
岐阜県手漉紙沿革史　森義一　岐阜県手漉紙製造統制組合　昭和二十一年（武井家永代記録）
美濃和紙年表　村井正造編　美濃紙を愛する会　平成二年
美濃市史（通史編・資料編）美濃市編　美濃市　昭和五十四・五十五年
名塩小史――名塩食品三五〇年史　報道春秋社編　青木信樹　昭和四十年
犬山市史　史料編四（近世 上）　犬山市史編さん委員会編　犬山市教育委員会　昭和六十二年
江南市史　資料三　古文書編　江南市編　江南市　昭和五十五年
新編東浦町誌　東浦町誌編さん委員会編　東浦町　平成十年

南知多町誌　本文編　南知多町誌編さん委員会　南知多町　平成三年
知多市誌（本文編・資料編）知多市誌編さん委員会編　知多市　昭和五十六〜五十九年
収集　'79年7月号　書信館出版　昭和五十四年
資料集信州の紙幣　八十二文化財団編　平成七年
明治維新藩札盛衰記　大鎌淳正　日本古札協会　平成五年
各務原市史　史料編近世1　各務原市教育委員会編　各務原市教育委員会　昭和五十九年
中津川市史　中巻2　中津川市編　中津川市　昭和六十三年
尾張藩漫筆　林董一　名古屋大学出版会　平成元年
豊田市史　年表　豊田市教育委員会編　豊田市　昭和五十七年
愛知県の古札　尾張国上巻　名古屋古札研究会　平成二十年
藩札と羽書　松阪市立歴史民俗資料館編　松阪市立歴史民俗資料館　平成二十三年
名古屋城下お調べ帳　名古屋市博物館編　名古屋市博物館　平成二十五年
愛知県史　資料編23　近世9維新　愛知県　平成二十八年（第六章　貨幣の再編と藩債処分）
大垣市史　資料編　近世二　大垣市編　大垣市　平成二十二年
下之一色資料　明治二年（資料提供　神野良英氏）
古札図譜　名古屋古札研究会　平成二十・二十一年〔初出〕
収集（各号）〔初出〕'92〜'95、'97〜'99、'00、'01、'04、'06、'07、'11、'14、'16、'17年
漢和辞典　旺文社　昭和三十九年
山川　日本史小辞典　山川出版社　平成十三年

※〔初出〕は本書内容の初掲載を表す。

著者所蔵資料（順不同）

永代万日記帳　名古屋上御園町　吉野屋吉右衛門　天明二年より文化八年
天保二年触状留書
一番御触帖書記　岡谷真倖　天保九年
諸事留控帳　平田喜三郎　天保十年
触状留書　鳴海陣屋　天保十三年
津島触状留書　弘化三年
津島触状留書　弘化四年
雑集記（江戸時代、尾張文書）
石田村庄屋日記（尾州領、濃州中島郡）　弘化四年
尾張徳川家 分限帳　幕末
手控（尾張、鵜多須）　嘉永三年
柴田新兵衛資料　医者　明和四年
藤屋新左衛門資料　天保～嘉永年
名古屋五条町柴田儀兵衛資料
名古屋和泉町麻屋資料　弘化二年　天保八年
鳴海下郷家資料
知多郡大野三河屋宗平資料　天保九年　他
知多郡横須賀野畑孫兵衛資料　天保～慶応
濱嶋伝右衛門家資料　嘉永
新板名古屋持丸長者鑑　天保頃

古今尾州味噌見立相撲　天保七年
名古屋御城下図　安政頃　手書
御富出番録　名古屋桑名町　戸隠寺　天保頃
尾張名所図会　天保十五年
大福帳　水野長八（津島）　江戸時代
芝居札及び芝居引札　江戸から明治初め
蔵米切手　尾張藩渡辺家　慶応元年
宿継御廻状留　竹佐村（信州、高須領）　宝暦九年
凶荒図録　明治十八年
名古屋地図　明治二十四年
第百三十四国立銀行壱円札　発行紙幣記入帳　尾張名古屋　明治
正金融通富札
大須富札
名古屋藩御高札
美濃鵜沼宿大安寺御触留書
ペリー来航留書　嘉永六・七年
大政御一新ニ付宇内貨幣定価
犬山里語記　町村制札七
尾張丹羽郡御触書留
古紙幣類は全て著者所有

年表

西暦	和暦	事項
一六六六	寛文六年	尾張藩で初めて藩札を発行。判書（はがき）と呼ばれた。
一六六八	寛文八年	尾張藩、庶民の反対により藩札の寛文札の通用停止。
一七五五	宝暦五年	幕府、金札の発行禁止令。
一七五九	宝暦九年	幕府、金銀札の発行禁止令。
一七六六	明和三年	風水飢饉の歳入不足のため、幕府より二万両の借財。 府下（名古屋）商人に調達金を課す。
一七八七	天明七年	名古屋米会所羽書を発行。
一七九〇	寛政二年	藩債二十二万両に膨らむ。
一七九二	寛政四年	米切手の名目で藩札、金札を発行（通称、黄色札。一両、一分、二朱札）。
一七九三	寛政五年	似せ札が現れ、添印改札を発行。
一七九四	寛政六年	米方両替印札の発行。
一七九八	寛政十年	新刻切手の発行（通称、単龍札）。
一八〇一	寛政十三年	単龍札の添印札を発行。
一八〇二	享和二年	銀札の発行（銀五匁、三匁、一匁〔白札〕）。
一八〇三	享和三年	金札の引き上げ、新札（一両、一分札）の発行（通称、双龍札。金部之章赤印　尾張府司倉印黒印）。金札は正金で四分、新刻切手で六分と引替え。

一八〇五　文化元年　銀札三匁切手赤色、一匁切手浅葱色に染め通用。五匁は白札のまま通用。
銀札五分札の発行。
一八〇六　文化三年　農印札に名印を押した農方会所札を発行。
銀札（表角形赤印）の発行。旧札の回収。
一八〇八　文化五年　商印札に名印を押した商方会所札。三百四十九人。
銀五分札引き上げ。
贋銀札造り仕置さる。
朝鮮通信使来日。
一八〇九　文化六年　銀一匁札引き上げ。
一八一六　文化十三年　米切手、二十五年満期のため幕府に再願。
一八一八　文化十五年　小切手（銀札）、農商会所にて取扱。
小切手（表小判形赤印）の発行。
一八一九　文政二年　文政小判の発行。以前は元文小判が通用。
一八二〇　文政三年　米切手に御用達印を押した添印米切手を発行。
一八二五　文政八年　銀札五匁、三匁札の新規発行。（酉改札）
米切手用紙、美濃で初めて漉く。（以前は名古屋府下）
一八一四　文政十二年　大米切手（金札、一両・一分札）新規発行。表印は金部之章黒印、尾張府
司倉印黒印。（引受人の名印、御用達印はなくなる）
一八三一　天保二年　銀札（五匁、三匁札）の新規発行。（卯改札）
米切手（金札）二朱札の新規発行。

一八三二	天保三年	天保の飢饉が始まる。
一八三五	天保六年	大米切手（金札、一両・一分）新規発行。表印は尾張府司倉印赤印、金部之章印黒印。
一八三六	天保七年	小切手（銀札）五匁、三匁札新規発行。（申改札） 飢饉のため、広小路御助小屋にて銭や粥を配る。 中納言斉温様御婚礼に五万両要す。
一八三七	天保八年	正金調達のため富札の発行。（富籤、桑名町六丁目、戸隠山福泉寺） 八月、台風。（台風雨ニ付寺社破損所潰所並寺社領存亡） 天保小判発行。 大塩平八郎の乱。
一八三八	天保九年	町中一人金二分の上納を割り当て、抽選により一人千両を当たり金とする富籤方式を考案し、五万両の調達金。 江戸城西ノ丸御殿焼ける。御手伝い普請として九万三千両を要す。
一八三九	天保十年	大納言様（徳川斉温）御逝去。 米切手揉札の焼却（前津小林村、大池）。
一八四一	天保十二年	文化十三年より二十五年米切手多量発行が発覚、幕府より米切手の停止命令。 米切手減り方、熱田地において一人金一分、四十万人から金十万両の調達金。 寄改印札の発行。

一八四二　天保十三年　天保の改革。
蔵持ちに蔵一戸につき金二分の冥加金の御達し。
天領である江州八幡町と、尾張藩領の美濃神戸と竹ヶ鼻との領地換え。

一八四三　天保十四年　米切手、江州八幡町添印札の発行。
四月、小銭不足により御払銭という銭切手を発行。
六月、御払銭の添印札の発行。（尾府公処之印）

一八四四　天保十五年　米切手、知多郡添印札の発行。
二月、御払銭地方印添印札の発行。同月、御払銭五分切手の発行。
三月、御払銭皁印添印札の発行。
日掛銭冥加金により、十年で四十六万千二百三十二両の調達を計画。
米切手辰改札の発行。六分正金に引き替え、四分増印して差し戻す。

一八四五　弘化二年　二朱札、銀札の回収。
幕府に二十万両借財。
御払銭通用停止、小札米切手（五匁・三匁・一匁・五分札）として再発行。

一八四六　弘化三年　米切手公処御印（添印）札の発行。小札米切手を一部変更した形式の小切手を発行。

一八四八　嘉永元年　米切手、通用停止。

一八四九　嘉永二年　正月八日引替え停止。

あとがき

小生も七十歳代という年を迎え、そろそろかなという思いで尾張の藩札である米切手を不本位ながらまとめに入った。なぜなら、米切手の解明には資料の収集が肝心であるが資料である古文書はそんなに都合よく出ない。資料は多いほど説明に納得していただけると思うのだが、実際はどこにどんな資料が残っているかはわからない。古文書は各々研究者にはお宝であって研究材料として持っているのであって眠っている場合が多い。常に待ちの状態なのである。こうして文書をまとめている最中にあっても頭の中では新しい資料は出ないかなと考えている。さりとて、待ちぼうけになって蓋を開いたら何も出てこなかった何もできなかったではそれこそ今までの努力が水泡に帰してしまう。

藩札ではないが資料にあって未発見の札が何件か残っており、これを何とか発見したいものと思っているが、実際は本当に発行されたかはわからないし、発行されたとしても数が少なければ残っているかどうかもわからないので、自分のなかで切りを付け、これは後任に譲ることとした。

尾張藩の米切手の参考文献としては、大正四年に発行された『名古屋市史』や所三男氏の『尾張藩の財政と藩札』（昭和十年）、林董一氏の『名古屋商人史』（昭和四十一年）が参考になるが、基本的なところは『名古屋市史』が参考になっていると筆者は思う。尾張藩の経済をはじめとして、藩札の研究者といわれる方々はそれを是として発表してきているのでそれ以上の発展は無かったのである。また、多くの人は米切手を多く実見されてこなかったので資料不足に気づかず何の疑問も持たれて来なかったことと思われる。筆者の藩札の研究は収集から入ったので添え印の違い、色の違い等が出てくるとこれらは従来の研究では説明できず、これを解消解明しようと資料集めと研究が始まることとなった。

当初は『名古屋叢書』や『一宮市史』を追加参考にしながら、古文書の発見に努めた。『名古屋叢書』は天保以降が参考になった。『一宮市史』は地方資料ではあるが長期的資料としてこれも参考となった。古文書の収集はこれら参考資料の裏付けとなるもので、尾張の豪商豪農といわれた人々の働きは御触状留書を補足強化するものであった。また、新資料の発見は解明へと繋がり、疑問が解かれ一段と進むものでもあった。多くの古文書を見ていると天保以降の資料はわりあいよく出るが少し前の文政以前となると極端に出が少なくなるため、米切手発行初期中期の資料を探すのは非常に難しいのだが、それでも何かの拍子で見つかることがある。天運を信じての努力である。また、たとえ古文書が出ても米切手に関係が無ければ現状意味がない。領外のものもあるので区別が必要であるが続けて資料探しをしていると尾張の資料かどうかがわかるようになり探し易くもなる。

藩は米切手を発行以来、常に米切手を減らすことを念頭に財政改革を進めていたが解消されず、天保の飢饉以降の異常な発行は幕府に咎められ、ついに幕府令により停止に陥るのである。でもその発行によって天保の飢饉が乗りきれたのかも知れない。御触書と米切手の改印を読み取ることで発行の歴史を組み立てて完成させていったがそれをさらに拡充し、裏付けとなったのが名古屋上御園町吉野屋吉右衛門の日記の存在があった。この日記には初期札からの各新規発行の米切手が絵姿で残されていたので改札との区別が明確となり確証に至り、旧来の過ちを正し、米切手の居場所を定め御触に沿って据え置き完成に至ったと思っている。

令和二年八月八日

安藤　榮

【著者略歴】

安藤 榮（あんどう さかえ）

昭和21年　愛知県犬山市材木町に生まれる。
昭和37年　名古屋へ転居。
瑞穂区白砂町2-61-3在住。

昭和32、3年頃から古銭収集を始める。
昭和48年頃から藩札の収集、昭和63年頃から名古屋の古紙幣の研究を始める。
平成５年５月、名古屋古札研究会を立ち上げる。現在も名古屋市市政資料館にて継続。

◎展示・資料協力・刊行

平成４年６月	岐阜県中津川市遠山資料館。
平成６年11月	愛知県豊田市教育委員会・豊田市郷土資料館。
平成	愛知銀行中根支店にて尾張古紙幣の展示。
平成18年３月	愛知県江南市歴史民俗資料館。
平成19年４月	「愛知県犬山市上野遺跡」発刊（手作本）　以後４冊刊行する。
平成19年７月	「堀川端に居住の名古屋商人」名古屋市堀川ギャラリー展示。
平成22年２月	愛知県史編纂に資料協力（「別編 民俗１　総説」平成23年３月刊）。
平成22年10月	「名古屋祭、東照宮の祭」名古屋市堀川ギャラリー展示。
平成23年４月	「犬山小史展」犬山市文化史料館　中本町磯部邸。江戸から昭和にかけての展示。
平成26年12月	「名古屋堀川端商人と町屋商人」名古屋市堀川ギャラリー展示。
平成28年８月	「弥生時代の道具展」名古屋市天白区展示。
平成29年４月	「鳴海文書と暮らし」名古屋市天白区展示。
令和２年７月	「堀川をとりまく人々」名古屋市堀川ギャラリー展示。

◎講演など

平成21年４月	弥生時代の道具について　犬山西小学校６年生。
８月	和綴じ本の教室　犬山西小学校夏休み講座。
平成24年４月	「尾張、美濃の古紙幣」江戸時代について　岐阜県各務原市郷土研究会。

平成30年10月　尾張藩藩札米切手の研究により愛銀教育文化財団より助成金を交付される。

尾張藩の米切手

令和２年10月26日　第１刷発行

著者＝安藤 榮 ©

発行＝株式会社 あるむ
〒460-0012 名古屋市中区千代田3-1-12　第三記念橋ビル
Tel. 052-332-0861　Fax. 052-332-0862
http://www.arm-p.co.jp　E-mail: arm@a.email.ne.jp
印刷＝興和印刷　　製本＝渋谷文泉閣

ISBN978-4-86333-165-5　C3021